¡Arriba!

Nuevos enfoques para ti

Schülerband 4

C.C.Buchner

¡Arriba!

Nuevos enfoques para ti

Unterrichtswerk für Spanisch in vier Bänden

Herausgegeben von Melanie Hohmann

Schülerband 4

Bearbeitet von Caroline Bertomeu Sallay, Susanne Bravo, Anastasia Geringer, Melanie Hohmann, Matthias Kyr, Jochen Marx und Araceli Vicente Álvarez

Dieser Titel ist auch als digitale Ausgabe unter www.ccbuchner.de erhältlich.

2. Auflage, 2. Druck 2021
Alle Drucke dieser Auflage sind, weil untereinander unverändert, nebeneinander benutzbar.

Dieses Werk folgt der reformierten Rechtschreibung und Zeichensetzung. Ausnahmen bilden Texte, bei denen künstlerische, philologische oder lizenzrechtliche Gründe einer Änderung entgegenstehen.

Die Mediencodes enthalten ausschließlich optionale Unterrichtsmaterialien. An keiner Stelle im Schülerbuch dürfen Eintragungen vorgenommen werden. Auf verschiedenen Seiten dieses Buches finden sich Verweise (Links) auf Internetadressen.
Haftungshinweis: Trotz sorgfältiger inhaltlicher Kontrolle wird die Haftung für die Inhalte externer Seiten ausgeschlossen.

Redaktion: Elisabeth Böhm und Veronika Vogel
Layout und Satz: tiff.any GmbH, Berlin
Illustrationen: Katja Rau, Berglen
Druck und Bindung: mgo360 GmbH & Co. KG, Bamberg

www.ccbuchner.de

ISBN 978-3-661-**80024**-0

CD 1 · 1

Otro año lleno de aventuras y experiencias nuevas les espera a los amigos.

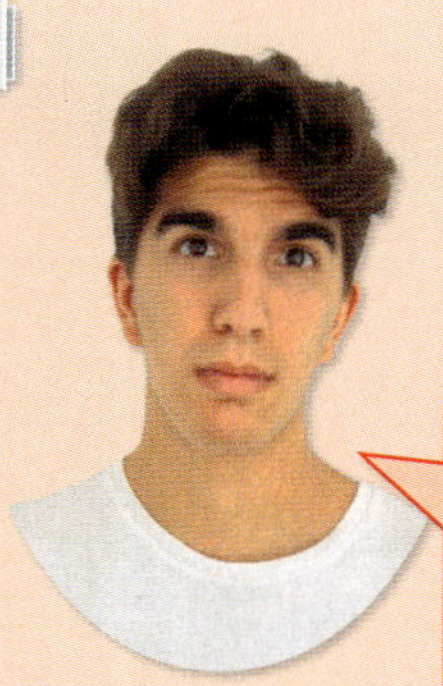

¡Un año en la Ciudad de México! ¡Espero que no me pierda en la megalópolis … ! No creo que me extrañe Daniel 😉 … ¿Lo más importante? ¡Qué haya wifi en casa de mi familia mexicana! 😉

¿A dónde ir? Barcelona o Düsseldorf … ¡Qué decisión más difícil! Ojalá que encuentre la mejor opción para mí …

¡Ojalá que mañana tenga 100 seguidores más 🙂! Pero dudo que a Daniel le importe …

Quiero que no pase tanto tiempo en internet, ¿pero cómo lo hago? Sofia me aconseja que salgamos más, a ver qué pasa … Tengo miedo de que ya no me quiera como antes …

Chile, ¡que chulada! Por favor, ¡que me acepten en el campamento de balonmano! Espero que mis padres me dejen ir sola … No creo que vayan conmigo, ¿o sí? Por favor, ¡que no!

¡A Cuba! ¡No lo puedo esperar! Espero que se pueda rentar un almendrón … Pero, ¿habrá wifi?

1. Lee lo que dicen. ¿Qué deseos, esperanzas y dudas expresan? ¿De qué tienen miedo? ¿Qué les importa?

2. Luego apunta: ¿Qué esperas tú del nuevo año? Piensa en algo que vas a hacer, las vacaciones, las clases de Español, tus amigos, tu familia … Completa las frases a la derecha.

3. Hablad con los / las compañeros/as de clase.

Espero que … • Ojalá que … • No creo que … • Dudo que … • Tengo miedo de que … • Me importa que …

¡Ojo con las formas del subjuntivo! G 3.1

Índice

SANTIAGO
Chile
SANTIAGO

Zeichenerklärungen

Kompetenzen	
	Hier trainierst du das freie Sprechen.
	Das ist eine Hörverstehensaufgabe.
	Hier übst du das Schreiben eines Textes.
	Hier trainierst du das Lesen.
	Dies ist eine Mediationsaufgabe, bei der du zwischen Deutsch und Spanisch vermittelst.
	Das ist eine audiovisuelle Aufgabe.
	In dieser Aufgabe wiederholst du ältere Themen.
A-Z	Wenn du diesen Text nicht verstehst, hilft dir ein Wörterbuch oder diese Liste: 80024-04. Schlage nur die Wörter nach, die du unbedingt zum Verständnis brauchst.
	Dieses Aufgabenformat bereitet dich auf Zertifikatsprüfungen (z. B. DELE) vor.

Verweise	
+ayuda p. 146	Hier findest du eine Hilfe zum Bearbeiten der Aufgabe – wenn eine Seitenzahl angegeben ist, im Anhang.
+ideas p. 164	Und hier kannst du noch etwas mehr tun.
M I 2.4	Der Methodenanhang hilft dir beim Lösen der Aufgabe.
G 4.5	Hier kannst du im grammatischen Beiheft nachschlagen, wenn du Hilfe brauchst.
Ch 4 p. 25	In den Chuletas findest du eine Zusammenfassung dessen, was du in dem jeweiligen Kapitel gelernt hast.
L p. 128	Hier findest du einen literarischen Text, der zu diesem Thema passt.

	Hier kannst du selbst neue Zusammenhänge entdecken.
	Hier erfährst du Spannendes über die Kultur der spanischsprachigen Welt.
	Hier helfen wir dir mit Tipps zum Spanischen und Verweisen auf Sprachen, die du schon kennst.
CD	Diesen Text/diese Übung findest du auf der CD.
80024-01	Wenn du den Mediencode auf *www.ccbuchner.de/medien* eingibst, findest du dort Material für diese Aufgabe.
MK	Hier schulst du deinen Umgang mit Medien.
	Partnerarbeit
	Gruppenarbeit

Vocabulario	
	Symbol für Wortfamilie
mucho cada	Schwarz gedruckte Wörter sind Lernwortschatz. Grau gedruckte Wörter musst du nur verstehen.

80024-04

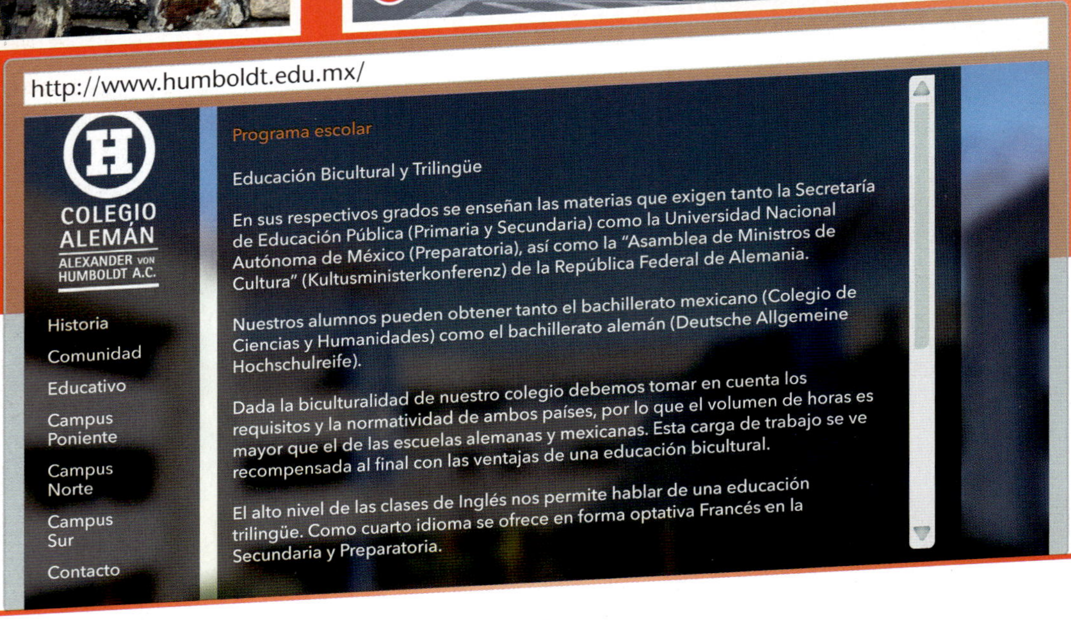

Estudiamos en el extranjero

Capítulo

1

1. ¿Qué sabes ya de la capital de México, la Ciudad de México? ¿Qué imágenes te trae a la mente esta ciudad?
2. ¿Cómo te imaginas la vida en una ciudad tan grande como CDMX?
3. ¿Te gustaría vivir en una megalópolis?
4. Mira la página web del *Colegio Alemán Alexander von Humboldt* de CDMX. ¿Qué tipo de escuela crees que es? 80024-03

¿Qué pasa aquí?

¡Qué emoción! Por fin se cumple el sueño de Sofia: Pasará un año escolar en el *Colegio Alemán Alexander von Humboldt* de la capital de México.

Pronto vas a saber

- describir la vida en una megalópolis
- mucho sobre la historia de la CDMX
- usar la voz pasiva
- algo sobre representantes mexicanos del arte y de la música
- estructrurar y resumir información
- argumentar
- redactar un comentario

Revisas

- contrastar el uso del pretérito imperfecto y del pretérito indefinido
- el futuro simple
- describir pinturas
- el imperativo negativo

Tu reto

1. Elaborad en grupos un mural sobre la historia de Alemania y presentadla.
2. Realizad un talk show sobre el futuro de las megalópolis latinoamericanas.

la megalópolis
la vida cotidiana
la vida cultural
la movilidad
(la circulación d-) el tráfico
la carretera de … carriles
el transporte colectivo urbano
el tranvía

la delincuencia
la basura
la contaminación (del aire / del medio ambiente)

la variedad / la diversidad
el ruido, ruidoso/a
la suciedad, sucio/a
el anónimato, anónimo/a
el peligro, peligroso/a

emocionante
fascinante
variado/a
rico/a en impresiones

A Llegando a CDMX

CD 1 · 2

1 La vida es otra …

En casa de Lupe …

a. Escucha y resume quién habla y de qué habla.

b. Escucha otra vez y contesta las preguntas.

1. ¿Por qué está Sofia en casa de Lupe?
2. ¿Qué piensa su familia de los planes de Sofia?
3. ¿Dónde vivirá?
4. ¿Cuántos colegios alemanes hay en CDMX y dónde se encuentra la escuela de Sofia?
5. ¿Por qué quiere ir a un colegio alemán?

Coyoacán

mole verde

tamales

Una llamada seria

CD 1 · 3

80024-01

Carmen: Escucha, mamá, por favor, es lo que quiere hacer Sofia ya desde hace mucho. Y creo que hemos encontrado la mejor opción para ella. Este colegio alemán es muy conocido, tiene muy buena reputación y nos lo recomendaron nuestros amigos. Además, le conviene, creció en dos países y así se beneficiará de que es bilingüe. Es perfecto para ella.

Abuela: Pero hija, México no es nada seguro, hay mucha delincuencia, muchos asaltos, sobre todo en CDMX. ¡Qué miedo me da! ¡Que no se vaya, por favor!

Carmen: Entiendo tu punto de vista, mamá, pero espero que te puedas tranquilizar y que finalmente aceptes nuestra decisión. Mira, el mundo en el que crecen tus nietos es otro que el que conoces tú. Gerald y yo queremos que salgan y que lo conozcan lo más pronto posible. Yo también salí a vivir en otro país ya de muy joven, no me querías dejar ir a mí tampoco, ¿te acuerdas?

Abuela: Pero te fuiste a Alemania, hija, Sofia quiere ir a México, a MÉXICO, todos sabemos que allí roban a la gente en la calle.

Carmen: Ayy mamá … Vale, sí, hay más criminalidad, sobre todo por el narcotráfico, es un problema grave. Por otro lado México tiene más de 120.000.000 habitantes, todos hacen su vida, van al trabajo, a las escuelas, crían a sus hijos, etc. … Otra cosa, para que te calmes, nuestros amigos tienen sus hijos en el colegio alemán también, así que Sofia no estará sola. No irá sola a la escuela y donde va a vivir, hay vigilancia.
No, por favor, deja que te diga otra cosa. Fíjate, a un chico del grupo de intercambio de su escuela que fue a Berlín, le robaron en una de las plazas más grandes de la capital alemana, ¿te lo puedes creer?

Abuela: Ajá, pero en Alemania no hay terremotos, ¿o estoy equivocada?

Carmen: Gerald y yo tenemos en cuenta que México sufre muchos sismos y terremotos. Recuerdo las imágenes del año 2017 que nos llegaron de los dos sismos tan graves, ¡qué horror!

Mira, yo también estoy preocupada, prefiero que siempre esté conmigo, mi bebé. Tú como madre que eres sabes que no los podemos proteger durante toda su vida, lo que pasa, pasa, aquí o en otro lugar. La cuidarán mucho, estará con personas de confianza, y vivirá experiencias inolvidables.

2 El arte de la persuasión

CD 1·3

a. Escucha el diálogo entre la madre y la abuela de Sofia. Luego haz una tabla y apunta lo que dicen y sienten sobre la decisión de Sofia de ir a México.

La abuela
dice que …
piensa que …
(no) quiere que … + subj.
está … porque …

La madre
dice que …
piensa que …
(no) quiere que … + subj.
está … porque / pero …

b. Ahora lee el texto. Fíjate en la última frase de lo que dice Carmen. ¿Reconoces el tiempo verbal que usa? Busca más ejemplos en el diálogo. Luego forma frases. +ayuda p. 146

yo	aprender	todas mis cosas.
Daniel	poder	el país y la cultura mexicana.
los amigos nuevos	echar de menos (mucho / poco)	a mucha gente.
mi abuela	ayudar	visitarme lo más pronto posible.
mis amigos de Sevilla	querer	a orientarme en la nueva ciudad.
mis amigos alemanes	adaptarse	mi blog.
mis padres	conocer	a la vida en otro país.
	ponerse	de vivir independientemente de mi familia.
	usar	a acostumbrarme.
	leer	celoso/a.
	(no) estar preocupado/a (todo el tiempo)	practicar mi alemán.

c. Apuntad más argumentos a favor y en contra de pasar un año escolar en México. Tened en cuenta también los argumentos que no se refieren principalmente a una estancia en México, sino además a la situación de estar en el extranjero.

d. Imaginaos la primera conversación entre Sofia y sus padres. Al principio, los padres no querían dejarla ir, pero luego Sofia los convenció. Escribid juntos el diálogo entre los tres usando las herramientas siguientes para argumentar y para discutir. +ayuda p. 146 M II 2.2.9/2.2.10

Caja de herramientas

Para argumentar

desde mi punto de vista • (no) estoy de acuerdo con lo que dices, porque … • (en parte) te doy la razón, pero … • por un lado / por otro lado • por una parte / por otra parte • en cambio • por el contrario • ni … ni … • en realidad • la verdad es que … • a pesar de todo • hay que tener en cuenta que … • no hay que olvidar que … • … sino …

3 México lindo

MK

Cread un cartel informativo con algunos datos básicos sobre México. +ideas p. 164

la ubicación geográfica • el número de habitantes • los idiomas oficiales • los grupos étnicos más importantes • las creencias y religiones • el nombre del presidente • el clima • las cinco ciudades más grandes • los destinos turísticos principales

4 Calma, abuela, calma

De: sofia_mexico@hotmail.com
Para: abuelita@hotmail.com
Asunto: **Calma, abuela calma**

Hola abuela, te escribe tu nieta consentida 😉. ¡Ya lleguééé! Anteayer, domingo, me desperté por primera vez en México y todavía estoy medio dormida por el cambio de horario… ¡Nos lleváis 7 horas, abuelita! Así que sigo despertándome como a las 5 de la mañana, ¡qué barbaridad! Mis papás mexicanos me llevaron a un restaurante aquí en Coyoacán y desayuné muy rico. Mira los huevos revueltos con frijoles, pero para mí unas quesadillas de maíz hechas a mano sabrosísimas.

¡Ayer me tocó mi primer día en el colegio! Estaba muy nerviosa, pero me gustó mucho. Solo que ya no estoy acostumbrada a que me hablen en alemán en las clases, me cuesta un poco adaptarme y recuperar mi fluidez en alemán.

En el patio del colegio hay un punto de reunión. Allí nos reunimos cuando hay una alerta sísmica. ¿Te acuerdas de los sismos tan fuertes del año 2017? Vale, de hecho no afectaron casi nada al colegio, no había daños dignos de mención. Entonces, tranquila 😉.

¡Me encanta la zona en la que vivo! En la foto me puedes ver en el centro de Coyoacán con mis amigos de clase y algunos alumnos alemanes del intercambio. Llegaron conmigo, así que podemos explorar la ciudad todos juntos. ¡Un gran abrazo con mucho cariño!

a. Lee el correo de Sofia y contesta las preguntas.

1. ¿Cuál es el motivo de Sofia para escribir la carta?
2. ¿Por qué está todavía medio dormida?
3. ¿Qué desayunó en su primer día en México y dónde?
4. ¿Qué tal con su alemán en el colegio?
5. ¿Para qué sirve el punto de reunión en el colegio?
6. ¿Qué dice sobre los daños del colegio durante el sismo del 2017?
7. ¿Quiénes son los jóvenes de la foto y dónde la tomaron?

b. ¿Qué expresa Sofia con … ?

nos lleváis 7 horas (l. 3), sigo despertándome (l. 4), ayer me tocó mi primer día en el colegio (l. 8), me cuesta adaptarme (l. 9)

c. Mirad las calles de Coyoacán en Google Street View 80024-03 y describid las casas y el ambiente. Luego intercambiad vuestras impresiones. ¿Qué os parece?¿Os gustaría vivir allí? ¿Por qué (no)? +ayuda p. 146

5 Diez cosas que debes hacer en CDMX

MK

Leed las recomendaciones para vivir CDMX como "un auténtico chilango" 80024-03. Usad los enlaces e informaos sobre los destinos y las actividades imprescindibles. Luego planead un día en CDMX: Hablad de vuestras preferencias y elegid por lo menos tres destinos o actividades. Decidid cómo llegar (turibús, bici, metro, etc.) y dónde comer. Usad las herramientas para vuestra argumentación. Al final presentad vuestro día en clase. Elegid el mejor día. +ideas p. 164

Caja de herramientas

Me gustaría conocer/visitar …, porque …
Me interesa(n) … la historia / la gastronomía / los museos / la artesanía / el deporte / las actividades al aire libre, por eso …
Tengo muchas ganas de …
Podríamos … y …

Es mejor ir a … en …, porque … es más rápido / barato / se puede ver más de la ciudad / hay menos tráfico …
A mí me gusta más la comida …
¿Porque no … ?

80024-04

6 Una ciudad sobre otra

De: sofia_mexico@hotmail.com Para: abuelita@hotmail.com
Asunto: **Calma, abuela calma**

Hoy hemos caminado por el centro. ¡Es impresionante! Entramos en la catedral y no me lo vas a creer, pero está muy inclinado todo, por fuera y también por dentro, y muchos edificios en el centro, ¡igual! Resultó que realmente estoy en dos ciudades, porque CDMX fue construida sobre otra capital, la de los aztectas. ¿Lo sabías? Ellos mismos se llamaban mexicas. Por todos los sitios encuentras ruinas de la gran Tenochtitlán, hasta en las estaciones de metro. Cada poco tiempo hay nuevos hallazgos siempre que hay nuevas excavaciones en el centro histórico por nuevas construcciones o remodelaciones …

Hallan vestigios del templo Ehécatl y del juego de pelota en el Templo Mayor […]

Por Niza Rivera, 7 junio, 2017

CIUDAD DE MÉXICO (apro). – El hallazgo de los vestigios del templo de Ehécatl (dios del viento) y del juego de pelota […] en el Centro Histórico […] ofrecen un nuevo acercamiento al esplendor prehispánico de Tenochtitlán.

Se trata de "un nuevo rostro del mexica", dice Eduardo Matos Moctezuma, fundador del Proyecto Templo Mayor del Instituto Nacional de Antropología e Historia (INAH). […] Los hallazgos, que forman parte del Templo Mayor, están localizados en el terreno del Hotel Catedral […] y se trata de las bases del templo de Ehécatl que datan de 1486-1502 […]. El edificio circular, de 34 por 36 metros, se ubica frente al Templo Mayor […].

[…] A unos cuantos metros de ese templo se halló la plataforma de un juego de pelota, con una ofrenda de 31 conjuntos (completos e incompletos) de vértebras de individuos jóvenes y niños.

El descubrimiento se realizó en diciembre de 2009, cuando los propietarios del Hotel Catedral realizaron una excavación y encontraron los vestigios. Con la intervención del INAH se realizó una primera etapa de trabajos en abril de 2010, la segunda en 2014 y finalmente en septiembre de 2016.

En acuerdo con los propietarios […], el INAH seguirá trabajando en el lugar porque aún no terminan los trabajos en el templo y el juego de pelota. Posteriormente se abrirá al público un museo de sitio, en el que también se expondrán los fragmentos de esculturas y restos humanos encontrados. […]

El investigador […] del INAH destacó que el hallazgo coincide con las crónicas de los frailes sobre el Templo Mayor […]. "La importancia de esto es obvia. Estamos ante la presencia de nuestro pasado, de la ciudad de Tenochtitlán relevante ante el inicio de la sociedad mexica", finalizó. […]

Texto adaptado. Fuente: Niza Rivera: "Hallan vestigios del templo Ehécatl y del juego de pelota en el Templo mayor", en: http://www.proceso.com.mx/490117/hallan-vestigios-del-templo-ehecatl-del-juego-pelota-en-templo-mayor-video (Junio, 2019).

a. Lee el texto. Puedes usar el diccionario (digital) para aclarar dudas. Apunta las palabras claves.

b. Usa las palabras clave y resume el texto con tus palabras. M I 3.4

7 Los muros hablan

Diego Rivera, "La leyenda de Quetzalcoatl" 1929.

… Después de entrar en la catedral fuimos a ver el Palacio de Gobierno con sus murales. ¿Te suena el nombre de Diego Rivera? Él pintó los murales que se encuentran en los muros del palacio. Muestran la historia de México. Son gigantes y no te imaginas los detalles.
Después de la revolución mexicana (¿hace como ejemmm 100 años 😉?) el nuevo gobierno contrató a varios artistas para pintar murales en las paredes de los edificios públicos y así educar al pueblo. Estos artistas pintaron la historia de México y al ver los murales la gente se sentía orgullosa de su cultura y de su pasado. Vale, de todos los personajes solo reconocí a Frida Kahlo …
¡Cuídate, abuelita! ¿Cuándo me visitas con el abuelo?

a. Mira el vídeo 80024-03 y apunta las frases completas.

■ un grupo de intelectuales creó el muralismo ■. Entre ellos grandes artistas como ■, ■ y ■.
A través de sus murales difundieron el valor de ■. También pintaron escenas ■.
El muralismo es considerado un movimiento ■, ■ y ■. Existen murales ■.

b. Resume con tus palabras qué es el muralismo mexicano.

8 La gran Tenochtitlán

a. Mira el mural de Diego Rivera. ¿Qué (personas, objetos, elementos …) puedes ver? Apúntalos.

b. Describe el mural: la composición y los colores. M I 4.4

c. El mural forma parte de los murales del Palacio de Gobierno de México y muestra la capital de los aztecas. ¿Qué impresión transmite Rivera de Tenochtitlán, de sus habitantes y de la cultura azteca?

Diego Rivera, "La Gran Tenochtitlan" 1945.

d. Completa el texto con las formas del pretérito indefinido y del pretérito imperfecto. +ayuda p. 146

Cuenta una leyenda que los mexicas ___ (vivir) en un lugar en el norte, llamado Aztlán. Un día, por orden de su dios de la guerra y el sol, Huitzilopochtli, ___ (tener) que dejar su tierra e iniciar una peregrinación hasta encontrar un águila sentado sobre un cactus, devorando a una serpiente. ___ (caminar) durante años hasta que, un día, ___ (llegar) al lago de Texcoco y ___ (ver) la señal que tanto ___ (esperar) justo en un islote en medio del lago. Allí, en el islote central del lago, ___ (fundar) su capital en el año 1325. Los canales y puentes ___ (formar) una red de islas. También ___ (usar) islotes artificiales hechos con material del lago, lodo y raíces. Importantes para la infraestructura de la ciudad ___ (ser) los acueductos, las calzadas y chinampas. En 1519, cuando ___ (llegar) los conquistadores españoles, alrededor de 150.000 ___ (vivir) en la ciudad de Tenochtitlán. Tenochtitlán ___ (ser) la ciudad más grande y estructurada que cualquier ciudad europea de la época.

e. Luego relacionad las imágenes con lo que habéis leído y describid lo que veis.

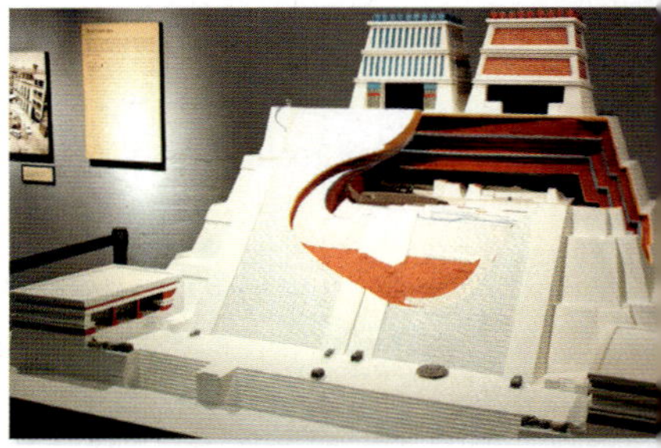

9 El Templo Mayor

El Templo Mayor era el edificio más grande dentro del recinto sagrado de Tenochtitlán. Tenía tal importancia que cada Huey Tlahtoani (gobernante azteca) que tomaba el poder tenía la obligación de aumentarlo. Debido a esta razón el Templo Mayor fue edificado en 7 etapas constructivas, una encima de la otra. Las dimensiones del Templo Mayor eran de, aproximadamente, 45 metros de alto desde la base de su plataforma hasta el último de sus 114 escalones, más los dos templos encima, de 3 metros cada uno. En el templo fueron realizadas muchas ceremonias religiosas, entre ellas, sacrificios humanos. Cada uno de sus lados medía alrededor de 82 metros en su última etapa constructiva (entre 1500 y 1521). Después de la caída del Imperio Azteca, el Templo Mayor fue destruido por los españoles por orden de Hernán Cortés. Después muchas piedras fueron usadas para la construcción de la capital del virreinato español. La zona arqueológica que hoy en día se puede visitar fue descubierta en 1994 por un grupo de trabajadores que realizaban trabajos para el metro subterráneo.

a. Lee el texto, apunta las palabras clave y resume de qué trata. +ayuda p. 146

b. En el texto encuentras una nueva forma verbal. ¿Qué es y cómo se forma? Piensa también en el inglés. +ayuda p. 146 Ch 1 p. 32 G 4.1

c. Forma frases. +ideas p. 164

- los imperios aztecas e incas • conquistar • los españoles.
- la capital de los aztecas • destruir • en 1521.
- a partir de 1573 • la catedral metropolitana de CDMX • edificar.

d. Fíjate en el tiempo adecuado y forma frases.

- La zona arqueológica del Templo Mayor • visitar • cada día • muchos turistas de todo el mundo.
- La nueva entrada • abrir • en 2017.
- Todavía • no • descubrir • todo el centro de la capital de los aztecas.

10 No sabíamos qué decir

De que vimos cosas tan admirables no sabíamos qué decir, o si era verdad lo que por delante parecía, que por una parte en tierra había grandes ciudades, y en la laguna otras muchas, y veíamoslo todo lleno de canoas, y en la calzada muchos puentes, y por delante estaba la gran ciudad de México.

Tornamos a ver la gran plaza y la multitud de gente que había, unos comprando y otros vendiendo y entre nosotros hubo soldados que habían estado en muchas partes del mundo , y en Italia y Roma, y dijeron que plaza y tamaña y llena de tanta gente no lo habían visto.

Fuente: Bernal Diaz de Castillo: "Historia verdadera de la conquista de la Nueva España" (1576), capítulo 36 y 39.

Hay bien cuarenta torres muy altas y bien obradas, que la mayor tiene cincuenta escalones para subir a la más principal, es más alta que la torre de la iglesia mayor de Sevilla

Fuente: Hernán Cortés: "Cartas de relación" (1522).

a. Leed lo que escribieron el cronista español, Bernal Diaz de Castillo y el conquistador Hernán Cortés sobre Tenochtitlán. ¿Qué impresión os dan de la capital de los aztecas? Mirad también el vídeo con la reconstrucción del recinto sagrado 80024-03.

b. Haz un mapa mental con el título "Tenochtitlán". Apunta el vocabulario y la información esencial.

c. Describe Tenochtitlán con tus palabras. L p. 128–129

MK

d. ¡Los padres de Sofia van de visita! Juntos van al Centro Histórico de CDMX y Sofia les presenta los murales de Diego Rivera y la zona arqueológica del Templo Mayor. Prepara la visita guiada por Sofia y preséntala en clase. M II 1.5

11 ¡Frida y yo!

De: sofia_mexico@hotmail.com Para: abuelita@hotmail.com
Asunto: **Calma, abuela calma**

Mi querida abuelita, mira, ¡hoy he ido al museo de Frida Kahlo! Está en Coyoacán, a la vuelta de la esquina. ¡Siempre hay mucha gente! Y fíjate que en la misma calle del colegio hay otro museo dedicado a las obras de Frida y de su esposo Diego. Se llama Museo Dolores Olmedo. Sé que te gusta mucho la película *Frida*, por eso espero que te guste la foto.

Un beso desde Coyocán

MK

a. Busca en internet la pintura *Autorretrato con changuito* (1945) de Frida Kahlo y descríbela. ¿Qué ves? M I 4.4

b. Lee el texto sobre Frida Kahlo y encuentra un título para cada párrafo para resumir su contenido. +ayuda p. 146

1. Frida Kahlo nació el 6 de julio de 1907 en Coyoacán, en la casa que hoy se conoce como la Casa Azul. Admiraba mucho a su padre Wilhelm (Guillermo), un fotógrafo húngaro-alemán, y fue él quien despertó su interés para el arte mexicano y quien le enseño a tomar fotos y a colorearlas. Siendo niña, entre los seis y siete años, se enfermó de poliomielitis, causándole que su pierna derecha le quedara más corta y más débil que la otra.
2. El 17 de septiembre de 1925, Frida (a los 18 años) tuvo un trágico accidente mientras viajaba en autobús. Sobrevivió, pero sufrió fracturas en varios huesos y lesiones en la espalda. La joven Frida tuvo que pasar varios meses acostada con un corsé en cama.
3. Un día su madre tuvo la idea de ponerle un techo a su cama y le puso un espejo que le permitía a Frida observarse. Así comenzó a pintar autorretratos. Su cama se transformó en el primer estudio de la futura pintora en el que pintó retratos poblados de plantas, flores, frutas, animales y personas cercanas a ella.
4. Conoció a otros artistas importantes de la Ciudad de México, entre ellos Diego Rivera. En 1929 Frida se casó con Diego, el muralista mexicano más famoso. Juntos viajaron a los Estados Unidos donde habían contratado a Diego para pintar murales en Chicago y Nueva York. Frida quedó embarazada varias veces pero debido a su mala salud perdió a los bebés. También extrañaba mucho su tierra, México, y quería regresar.
5. En sus autorretratos de ese tiempo se ven reflejados sus sentimientos y emociones, las infidelidades de su esposo y el dolor de su cuerpo herido en coloridas imágenes. En otros autorretratos muestra la imagen de una mujer orgullosamente mexicana, a la que le encanta llevar ropa indígena y mestiza y adornarse con flores y joyas.
6. Algunas veces su manera de pintar ha sido catalogada como surrealista, pero Frida afirmaba que, al contrario de los pintores surrealistas, ella no pintaba sus sueños, sino su realidad.
7. Después de una vida tan dolorosa como intensa y apasionada, la salud de la pintora decayó. Frida Kahlo murió en su casa azul el 13 de julio de 1954. A pesar de su mala salud, Frida fue una artista con una intensa actividad y se ha convertido en una de los pintores y artistas más importantes de México. Sus cuadros se encuentran en numerosas colecciones privadas en México, los Estados Unidos y Europa.

MK

c. Busca las siguientes pinturas de Frida Kahlo en internet y relaciónalas con la información de su biografía. Justifica tu decisión haciendo alusión a lo que Frida Kahlo representa en sus pinturas.

Mi vestido cuelga ahí (1933)

Frida y Diego (1931)

Henry Ford Hospital (1932)

Retablo (1940)

d. Lee lo que escribió Frida sobre su estado de ánimo en su diario. ¿Qué sentimientos expresa? +ayuda p. 147 +ideas p. 164

Caja de herramientas

Frida expresa ..., porque escribe ... Siente ... pero al mismo tiempo ...	Uno llega a saber que ... Por un lado ... por otro lado ...

Me gustan mucho las cosas, la vida, la gente. El dolor no, eso no lo soporto. Tengo miedo de la muerte, pero quiero vivir.

Siete operaciones en la columna vertebral. El doctor me ha vuelto a dar la alegría de vivir. Todavía estoy en la silla de ruedas y no sé si pronto empezaré a andar. Tengo el corsé de yeso que me ayuda a sentirme mejor. No tengo dolores. Solamente un cansancio y, como natural, muchas veces desesperación, una desesperación que ninguna palabra puede describir.

La big operación ha pasado. Y el médico es tan maravilloso, y mi body está tan lleno de vitalidad que hoy me han hecho levantar sobre mis poor feet durante dos minutos, pero ni yo mismo believe. Las dos first semanas han sido de sufrimiento y lágrimas. No deseo estos dolores y lágrimas, no deseo estos dolores a nobody.

Frida Kahlo, "La columna rota" (1944).

e. Describe el cuadro. +ayuda p. 147 M I 4.4

12 ¡Vámonos!

Imaginaos que estáis en Coyoacán de visita. ¿Iríais al museo de Frida? ¿Por qué sí / no? ¿Qué más os ha llamado la atención para visitarlo? ¿O no os ha gustado nada? Justificad vuestra opinión.

B Sobrevivir en la megalópolis

Sofia

De excursión con el colegio al parque de Chapultepec … en vivo …

Mira Lupe, el segundo piso que ya pusieron por el tráfico …

Ayyy pobrecita 😋

En serio, a veces paso horas y horas en el coche cada día.

No te quejes, vi las fotos ehhh

Bueno, tienes razón jaja incluso con el tráfico, CDMX me apasiona 🙂

1 ¡Tanto tráfico!

a. Pensad en dónde vivís y cuánto tiempo pasáis en los trayectos para ir a la escuela, al centro, al médico, al supermercado, cuando quedáis con los amigos …
¿Podéis ir a pie o en bici? ¿Solos/as? ¿Usáis transporte público u os llevan vuestros padres o vuestros hermanos mayores?

Caja de herramientas

Vivo a … minutos / kilómetros de la escuela
Vivo … cerca / lejos de …

Si voy a … tardo como … minutos / horas

Calculo que paso cada día unas … horas en los trayectos.

Muchas veces / casi siempre / casi nunca … uso transporte público.

Al colegio voy en coche / autobús / tren / bicicleta / metro / a pie.

Casi siempre / muchas veces / casi nunca … me acompañan mis padres o mis hermanos porque … es más seguro / no quieren que vaya solo/a / están preocupados / tienen el mismo camino / me da miedo ir solo/a.

Voy solo/a porque … vivo cerca / no es nada peligroso / prefiero ser independiente / mis padres trabajan y no tienen tiempo para llevarme / piensan que ya soy casi adulta.

MK **b.** Buscad en internet qué tan lejos está el parque de Chapultepec del colegio en Xochimilco. ¿Cuánto tiempo se necesita en autobús? ¿Cambia si ponéis otras horas de salida?

2 Los principales retos de CDMX

a. Lee el texto y apunta los récords y los problemas de CDMX según el artículo.

80024-04

Así se sobrevive en Ciudad de México, la megalópolis de los records

JAVIER BRANDOLI 09/04/2017

[…] Imaginen una ciudad con la extensión de la Comunidad de Madrid en la que viviera la mitad de la población de España y el doble que toda la población de Portugal […]. Según la ONU, lo que se conoce como zona urbana de CDMX es la cuarta ciudad más poblada del planeta y la primera no asiática.

CDMX es la primera en casi todas las disciplinas urbanas planetarias […]: tiene el mercado central más grande del mundo; el servicio de control de videocámaras más grande del mundo; la planta de aguas residuales […] más grande del mundo; tuvo, hasta que se superó, el basurero más grande del mundo … Y es también, por ejemplo, la segunda ciudad con más museos del mundo. Todo es gigante acá, las virtudes y los defectos.

Sin embargo, sobre todo los terremotos de 1985 y 2017 […] levantaron las alarmas de si la CDMX es un lugar sostenible y seguro o es un gigante de cemento con los pies de barro.

¿Es sostenible la Ciudad de México? “No. Dejando a un lado las fuertes desigualdades sociales y un crecimiento excesivo, están los viejos problemas de disponibilidad de agua e inundaciones, las crisis de contaminación atmosférica, la ocupación de cauces y cañadas por edificios y viviendas precarias y la extensión que hacen además muy complicada y costosa la planificación del transporte. Ya estamos llegando tarde a las soluciones”, dice Álvaro Porcuna, director de la empresa *Ikusi-Velatia*, una de las empresas más importantes que trabaja en intentar transformar este urbe / país.

Fuente: Javier Brandoli: “Así se sobrevive en Ciudad de México, la megalópolis de los records”, en: http://www.elmundo.es/ciencia-y-salud/ciencia/2017/04/09/58e7ac01e2704ed0388b461e.html (Junio, 2019).

b. En su artículo el autor sigue describiendo los cuatro principales retos y problemas claves de esta ciudad gigante en la que deben vivir y sobrevivir más de 20 millones de personas.

Formad grupos de cuatro y elegid cada uno/a un tema en el que queréis trabajar. Para ello mirad las imágenes. ¿Qué problema representa cada una? ¿Cuál os interesa más? Hablad en grupo y decidíos.

Leed vuestra parte y seguid las instrucciones para después poder presentar la información clave a los demás.

c. Toma una hoja y prepara una tabla según el modelo. Rellena la tabla con los problemas presentados y el vocabulario más importante para cada tema.

Problema / reto A:	Vocabulario:
Problema / reto B:	Vocabulario:
Problema / reto C:	Vocabulario:
Problema / reto D:	Vocabulario:

80024-04

A El suelo se hunde

Cuando en 1519 los españoles llegaron a los terrenos de la hoy llamada Ciudad de México, entonces Tenochtitlán, lo que encontraron fue un enorme pantano y una ciudad asentada entre sus aguas. Hoy, la CDMX ha consumido o tapado toda esa agua exterior y está acabando con la que había en el subsuelo.

"La sobreexplotación en el acuífero del valle de México es del 35%. Esto quiere decir que existe un déficit de 591 millones de metros cúbicos al año de acuerdo a la *Comisión Nacional del Agua*. Este déficit provoca que los pozos sean cada vez más profundos y el agua tenga menor calidad […]", explica Nicolás Morris, director general de la empresa *Ayesa* que está construyendo la planta de tratamiento de aguas residuales de Atotonilco[,] […] la mayor del planeta […].

Todo este uso excesivo de agua ha provocado los dos grandes problemas del agua[:] las fugas que llegan al 41%, y el hundimiento del terreno", dice Morris.

Recientemente la Universidad Autónoma de CDMX publicó un informe en el que señala que "por el uso de los acuíferos, el suelo de la ciudad se hunde de 10 a 40 centímetros por año". […] "Vaciar los acuíferos es un riesgo en caso de un sismo fuerte. Un edificio sobre gelatina es más fácil que se caiga", dice Morris […].

Fuente: Javier Brandoli: "Así se sobrevive en Ciudad de México, la megalópolis de los records", en: http://www.elmundo.es/ciencia-y-salud/ciencia/2017/04/09/58e7ac01e2704ed0388b461e.html (Junio, 2019).

1. Lee el texto y describe el problema usando el siguiente vocabulario. +ayuda p. 147

tapar • el subsuelo • el acuífero • el pozo • la fuga • el hundimiento / hundir • el sismo

2. Presenta la información al grupo. Aclara el vocabulario. Toma apuntes cuando los demás te presenten su información. M I 4.2

80024-04

B Seis kilómetros por hora de velocidad media

La queja más común de cualquier habitante de CDMX es el eterno colapso del tráfico de la ciudad […]. De hecho, según el estudio de la firma de GPS *TomTom* en 2017 la CDMX es el centro urbano con mayor congestión de tráfico del mundo. "Los conductores de la Ciudad de México tienen un 66% de tiempo adicional en sus trayectos por la congestión del tráfico […]. Según un informe […] de 2016, "la velocidad promedio de la ciudad es de 6 kilómetros por hora". [...]

"Actualmente tenemos 5,5 millones de vehículos circulando por la ciudad y si sigue el actual ritmo de crecimiento llegaremos a los 11 millones en 2020 lo que es un enorme riesgo de colapso" [...]. [...] Ese enorme parque de automóviles junto a otros factores provoca la ya famosa nube de contaminación que especialmente en temporada seca envuelve la ciudad. [...]

"Hay que mejorar el transporte público, pero hacer dos nuevas líneas de metro cuestan entre 100.000 y 150.000 millones de pesos cada una (5.000 a 7.500 millones de euros). No tenemos ese dinero. Hay además que reformar toda la flota de autobuses. Deberíamos estar planificando las flotas del futuro y no podemos hacerlo", reconoce el coordinador general de la Autoridad del Espacio Público de CDMX que apunta como posible solución una medida que ya se toma en ciudades chinas: "Quizá lleguemos a vender el uso de kilómetros por los conductores para, con esos recursos, hacer un buen transporte público. El derecho de la gente es moverse, pero no tiene por qué ser en transporte privado si le damos una alternativa de calidad".

Fuente: Javier Brandoli: "Así se sobrevive en Ciudad de México, la megalópolis de los records", en: http://www.elmundo.es/ciencia-y-salud/ciencia/2017/04/09/58e7ac01e2704ed0388b461e.html (Junio, 2019).

1. Lee el texto y describe el problema usando el siguiente vocabulario. +ayuda p. 147

la contaminación • la congestión de tráfico • el conductor • la velocidad media • circular

2. Presenta la información al grupo. Aclara el vocabulario. Toma apuntes cuando los demás te presenten su información. M I 4.2

80024-04

C Sin espacio en el basurero

A finales de 2011 el que era el basurero más grande del mundo, el Bordo Poniente, se cerró y sus residuos quedaron [...] a la espera de darles un uso mientras se buscaban alternativas de nuevos depósitos. "Almacena aún 74 millones de toneladas de basura que producen 1,2 millones de dióxido de carbono al año. Contamina al día como un millón de vehículos", señaló en 2016, cuatro años después de su cierre, un informe del *Programa Nacional para la Gestión de Residuos.*

CDMX es la segunda urbe, tras Nueva York, que más residuos genera en el globo con una media de 12.893 toneladas. [...] El 15% de la basura se va a la calle y bloquea las coladeras pluviales, lo que provoca inundaciones en la temporada de lluvias.

El reto en cuanto a la infraestructura es grande ya que la ciudad solamente cuenta con 2.700 camiones de recolección de basura y algunos datan de los años setenta, ochenta y noventa del siglo pasado, por lo que es de alta prioridad invertir en su renovación y adaptarlos para la separación y selección de los desechos.

Texto adaptado. Fuente: Javier Brandoli: "Así se sobrevive en Ciudad de México, la megalópolis de los records", en: http://www.elmundo.es/ciencia-y-salud/ciencia/2017/04/09/58e7ac01e2704ed0388b461e.html (Junio, 2019).

1. Lee el texto y describe el problema usando el siguiente vocabulario. +ayuda p. 147

el basurero / la basura • el depósito • el residuo • contaminar • las coladeras pluviales • la inundación • el camión de recolección

2. Presenta la información al grupo. Aclara el vocabulario. Toma apuntes cuando los demás te presenten su información. M I 4.2

D Un Gran Hermano de 15.000 cámaras vigila la ciudad

80024-04

La seguridad es el último y quizá más hablado factor con el que la capital de México influye su futuro. Sin libertad no hay ciudad y para ello el actual Jefe de Gobierno [...] decidió aumentar de 8.000 a 15.000 las cámaras de vídeo-vigilancia que se controlan desde [...] la central de cámaras de vigilancia más grande del mundo. En el búnker [...] trabajan 1.700 personas[...], los ojos y oídos de los servicios de emergencia. "Recibimos 70.000 llamadas al día de las que unas 4.300 son reales y el resto son bromas, insultos...", explica Idris Rodríguez, director general del complejo [...], que apunta: "Todo lo grabado si no lo requiere un juez se borra en siete días". [...]

¿Es segura CDMX? "Creo que esta es una ciudad en la que uno puede sentirse seguro. A tenor de la población y en relación con el número de sus habitantes, es mínimo la posibilidad de sufrir un delito", opina Idris.

Sin embargo, organizaciones civiles como *México Evalúa* hablan de un crecimiento alto de delitos en los últimos meses: "En 2016 hubo 952 homicidios por los 854 de 2015 y los 749 de 2014". Otros informes como el del *Observatorio Nacional Ciudadano* dicen que ha habido un aumento de homicidios en 2016 de un 11,4% y de robos en casas de un 13,3%, mientras que han bajado los secuestros un 16% [...].

Fuente: Javier Brandoli: "Así se sobrevive en Ciudad de México, la megalópolis de los records", en: http://www.elmundo.es/ciencia-y-salud/ciencia/2017/04/09/58e7ac01e2704ed0388b461e.html (Junio, 2019).

1. Lee el texto y describe el problema usando el siguiente vocabulario. +ayuda p. 147

aumentar / el aumento • la vigilancia • borrar • el delito • el homicidio • el secuestro

2. Presenta la información al grupo. Aclara el vocabulario. Toma apuntes cuando los demás te presenten su información. M I 4.2

d. Mira la tabla y resume con tus palabras los problemas y los retos de CDMX según el artículo.

3 Señales de vida

Hola a todos:

ya hace mucho que no escribo, es que estoy muy ocupada conociendo todo y viajando por el resto del país … Poco a poco voy conociendo la ciudad, pero realmente me muevo casi siempre entre Coyoacán y el colegio. ¡Ya no me pierdo! El centro queda muy lejos, casi nunca voy. Parece que casi soy chilanga, la gente de aquí tampoco conduce mucho fuera de la zona donde vive y trabaja.

Hago mi vida como en Sevilla, voy al colegio, hago mis deberes, luego a veces salgo con mis amigos, vamos a las plazas para ver las tiendas o al cine, lo de siempre. Sí, es más difícil quedar con ellos, siempre hay que tener en cuenta el tiempo para el trayecto, sobre todo en las horas de mucho tráfico. Mis papás mexicanos no quieren que suba sola al metrobús o al metro, por eso tengo que organizarme bien y avisarles si quiero salir de Coyoacán a otra zona para que me lleven.

En Coyoacán salgo a la calle sin problema, es muy seguro. Y al colegio voy en coche con mis hermanos mexicanos. Todo depende de por donde andas en CDMX, hay zonas bastante peligrosas y otras muy seguras, con mucha vigilancia. Y claro, las ciudades tan grandes como esta atraen a todo tipo de gente. De todos modos, ya desde el primer día me dijeron cómo tener cuidado en la ciudad: no lleves cosas de valor, no te subas sola al autobús, no vayas en taxi, no entres en el mercado sola, no saques dinero del cajero automático sola… Sí que es una megalópolis, pero todos tienen su rincón en ella y en ese rincón la vida es como en cualquier ciudad de tamaño medio (bueno, con un poco más de tráfico de vez en cuando).

También me ha quedado muy claro que mi vida aquí es una vida bastante privilegiada: vivo en una casa bonita en Coyoacán y vamos a un colegio privado; en cambio en algunas otras zonas de la ciudad se nota la pobreza de mucha gente. Muchos vienen a la capital para escaparse de la pobreza y buscar una vida mejor, pero lamentablemente muchos no la encuentran. Se ve que las diferencias sociales aquí son mayores y, sobre todo, más visibles que en Alemania o en España.

Otra cosa: Hace poco fabricamos jabón en clase para venderlo y luego donar el dinero a *Nuestros Pequeños Hermanos*, una organización que cuida de los niños abandonados. También fuimos a conocer el orfanato. ¡Es impresionante! Hay como 600 niños viviendo allí, imaginaos la comida que necesitan cada día. Me impresionaron mucho por su alegría de vivir a pesar de que muchos vengan de una vida de extrema pobreza o fueron abandonados por su familia. Antes de la visita me sentía medio incómoda porque esperaba encontrar un ambiente triste, pero en realidad no es nada deprimente, hasta nos divertimos mucho con los niños de nuestra edad. Fuimos a clase en su escuela que también tienen allí. Después de un tiempo se me olvidó dónde estaba. Una experiencia única que me ha emocionado mucho. Ya he investigado si ofrecen trabajo voluntario, ¡y sí! ¡A ver si os animáis y realizáis un proyecto para apoyarlos!

a. Lee el blog de Sofia y resume con tus palabras de qué escribe. Luego lee las frases y corrígelas si es necesario.

1. Ya conoce toda la ciudad, no se pierde.
2. De vez en cuando va al centro con sus hermanos mexicanos.
3. Al colegio va en metrobús.
4. Queda con sus amigos espontáneamente.
5. Muchas veces sale para ver las tiendas en las plazas con sus amigos.
6. Según Sofia, su vida en CDMX no se puede comparar nada con su vida en Sevilla.
7. No puede salir a la calle sola porque es peligroso.
8. A Sofia no le gustó la visita al orfanato porque se sentía deprimida.

b. Deja un comentario para Sofia comentando lo que escribió sobre su vida en CDMX: algo que te sorprendió, lo más interesante, preguntas para ella, más cosas que te interesen de su vida, etc. +ayuda p. 148

c. Lee otra vez las consejos de los papás mexicanos para Sofia (p. 25). ¿Qué formas usan? ¿Las reconoces?

d. Los papás tienen más consejos para Sofia y sus hijos. Relaciona y apúntalas.

Para Sofia:

no hablar no sacar fotos no comer no salir	con flash en los museos. con gente que no conozcas. con este Miguel. a la Plaza Garibaldi por la noche.

Para sus hijos:

no dejarla no hacer no llevarla	esperar sola en cualquier lugar. a los bares de Coyoacán. tonterías.

4 Todos son nuestros pequeños hermanos

MK

a. Investigad en internet:

1. ¿Quién fundó la organización *Nuestros Pequeños Hermanos* (NPH)?
2. ¿Qué instalaciones ofrece NPH a los huérfanos de Miacatlán?

b. Investigad cada uno/a la historia de un/a niño/a 80024-03 y presentáosla los unos a los otros.

5 Andando en el metro

Mirad la foto que se tomó en el metro de CDMX y describidla. M I 4.4
Luego relacionadla con algo que comentó Sofia en su blog.
Tomad apuntes y presentad vuestro resultado en clase.

6 #FuerzaMéxico

En el colegio Sofia habló con sus compañeros sobre el sismo de septiembre de 2017. +ideas p.164

Terremoto de 2017

El martes 19 de septiembre 2017 a las 13:14:40 horas, hora local ocurrió el terremoto de 2017. Este terremoto de magnitud de 7.1 (escala de magnitud de momento) tuvo su epicentro a 12 km al sureste de Axochiapan (Morelos). En varias zonas de la Ciudad de México se sintió con fuerza el terremoto desde el centro hasta el sur. Decenas de edificios y casas en la Ciudad de México fueron destruidas. El número de fallecidos llegó a más de 300.

Luego del terremoto, miles de ciudadanos junto con los equipos de salvamiento corrieron a los edificios colapsados e intentaron retirar restos de escombros y rescatar personas. Además, muchos voluntarios comenzaron a organizar puestos improvisados de auxilio en las calles para apoyar a las personas damnificadas por el sismo. Las autoridades abrieron decenas de albergues y centros de acopio para dar cobijo y alimento a las personas que fueron desalojadas de los edificios que colapsaron.

a. Lee la información sobre el terremoto de 2017: ¿Qué pasó el 19 de septiembre de 2017?

b. Lee los testimonios de tres sobrevivientes y describe sus sentimientos.

13.14 horas. El primer golpe, ¿Qué pasa? ¡Alerta sísmica! Todo se mueve con fuerza. ¡Tranquilos! Nos abrazamos. Las sillas se van de un lado a otro, las pantallas también. Se va la luz, caen las lámparas. El edificio va a caer. Se detiene. Nadie está herido.

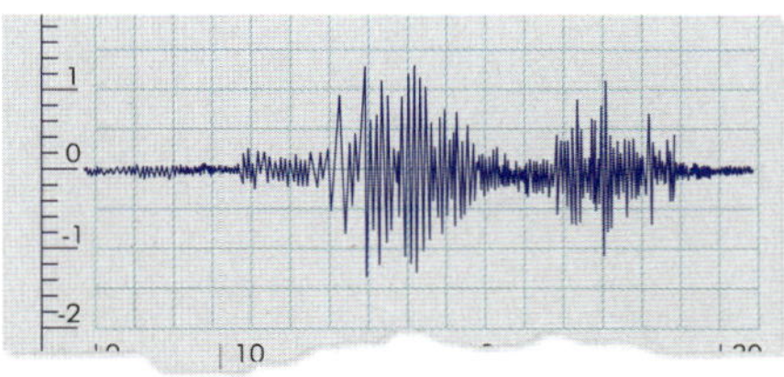

¡Nos vamos a morir aquí!. Fue lo primero que pensé cuando el edificio comenzó a moverse como gelatina. Nunca había sentido tanto miedo. Al fondo escuchaba el ruido de las lámparas que caían y cómo se movían los muebles.

¿Qué fue eso? Te escondiste debajo del escritorio. El soundtrack de ese momento en que trataste de no pensar lo peor fue la alerta sísmica, llanto, gritos y la palabra tranquilo. Al salir, viste la tragedia: construcciones colapsadas, muertos, heridos, desaparecidos. Intentaste no llorar. ¡Sobreviviste! Aun así lloraste. Viste otro México, un país unido y solidario.

Fuente: Grupo Milenio: "19 testigos del terremoto del 19-S en la Ciudad de México", en: https://www.milenio.com/estados/19-testigos-terremoto-19-s-ciudad-mexico (Junio, 2019).

c. Haz un mapa mental con las expresiones para hablar de un terremoto usando las siguientes categorías: el lugar, la fuerza, los sentimientos, las acciones y las consecuencias.

d. Por la tarde Sofia investiga en internet y encuentra un artículo en alemán. Quiere escribirle a su abuelita y contarle lo que acaba de leer.
Lee el texto. Encuentra alternativas (más fáciles) para las expresiones alemanas que no sabes mediar al español. Luego piensa en cómo expresarlo en español. Después de completar la tabla redacta el correo electrónico. M 15

Rund 250 Erdbeben-Tote – Mexiko kämpft um Verschüttete

Der Präsident dankt der Bevölkerung: «Tapfer und mit Solidarität» hätten die Mexikaner auf das Erdbeben reagiert. Die Suche nach Überlebenden in den Trümmern ist ein Wettlauf gegen die Zeit.

Mexiko-Stadt (dpa) – Mit bloßen Händen tragen sie Trümmer ab, verzweifelt werden die Namen von Verschütteten gerufen: Nach dem schweren Erdbeben mit bisher rund 250 Toten rennt den Helfern in Mexiko die Zeit davon. Wie der Bürgermeister von Mexiko-Stadt, Miguel Ángel Mancera, im TV-Sender Televisa mitteilte, starben allein in der Hauptstadt mindestens 115 Menschen. Dort sind knapp 50, teils sehr hohe Gebäude eingestürzt. Nach Angabe von Rettungskräften können Menschen bis zu drei Tage in den Trümmern überleben. Das Erdbeben der Stärke 7,1 hatte sich am Dienstag um 13.14 Uhr Ortszeit ereignet.

In der Millionenmetropole beteiligen sich Zehntausende Freiwillige am Abtragen der Schuttberge und versorgen obdachlos gewordene Menschen mit Wasser und Essen. […]

Vor den Ruinen eines eingestürzten Gebäudes in Mexiko-Stadt stand eine Frau mit einem Megafon und rief immer wieder aufmunternde Botschaften für ihren dort verschütteten Bruder. […]

«Die Kraft, die Entschlossenheit und die Solidarität der Mexikaner gegenüber diesem Desaster werden uns gestärkt daraus hervorgehen lassen», lobte Staatspräsident Enrique Peña Nieto das gemeinsame Anpacken. Überall in den betroffenen Städten und Gemeinden, auch außerhalb der Metropolregion, bildeten sich Menschenketten, um die Schuttteile weiterzureichen und so die Trümmer wegzuschaffen. Mit erhobenen Händen wurde um Stille gebeten, um mögliche Klopfgeräusche zu hören.

Das Beben hatte sich genau am Jahrestag des verheerenden Erdbebens vom 19. September 1985 ereignet. Damals starben nach Schätzungen bis zu 10 000 Menschen. […]

Fuente: Georg Ismar und Andrea Sosa Cabrios, 2017 © dpa Deutsche Presse-Agentur GmbH.

expresión difícil de mediar	expresión más fácil de mediar	expresión en español
die Trümmer abtragen	aufräumen, saubermachen	limpiar
mit Wasser und Essen versorgen	jmd. Wasser und Essen geben	darle agua y comida a alguien
■	■	■

7 Un finde en el campo

Sofia

¡Lupe! ¡Me invitó Valeria este fin de semana! Saldré hoy a Tepoztlán yupiiii

¡Guauuu qué envidia! ¡Qué ganas tengo de estar con ustedes! 😭 ¿Habrá barbacoa? ¡Dale un gran abrazo de oso de mi parte y un besote a mi primito Sebastián! ¡¡¡Y manda fotos!!!

MK

a. Investigad en internet:

1. ¿Cuánto tiempo se necesita en autobús desde la estación de Taxqueña a Tepoztlán?
   ¿Cúanto cuesta el ticket?
2. ¿Cuántos habitantes tiene Tepoztlán?
3. ¿Cuáles son los sitios de interés?

b. Mira las fotos que le mandó Sofia a Lupe por Whatsapp. Luego ponte en el lugar de Sofia y describe su fin de semana. Usa también la información que has investigado sobre Tepoztlán.

c. Estáis en CDMX y vais a planear vuestro fin de semana. ¿Os quedáis en la ciudad o vais al campo, a Tepoztlán? Alumno/a A argumenta a favor de quedarse en CDMX, alumno/a B quiere pasar el finde en Tepoztlán. Pensad en argumentos para convenceros los unos a los otros y apuntadlos, luego intercambiadlos y llegad a un acuerdo. Usad además las herramientas para argumentar y discutir. M I 4.8

Caja de herramientas

A mí me gusta más el campo / la ciudad porque …
Yo prefiero salir / quedarme porque es más / menos … y podríamos …

¿Dónde estoy?

Te manda saludos Valeria. Hay de todo en el mercado de Tepoztlán …

Ahora sé cómo se preparan las tortillas. En Coyoacán mi mamá mexicana siempre las compra en el supermercado.

¡¡Compré un montón!!

Ya, listos para la barbacoa. Vino tu tío Orlando desde Cuernavaca.

8 ¡Para mí, la ciudad!

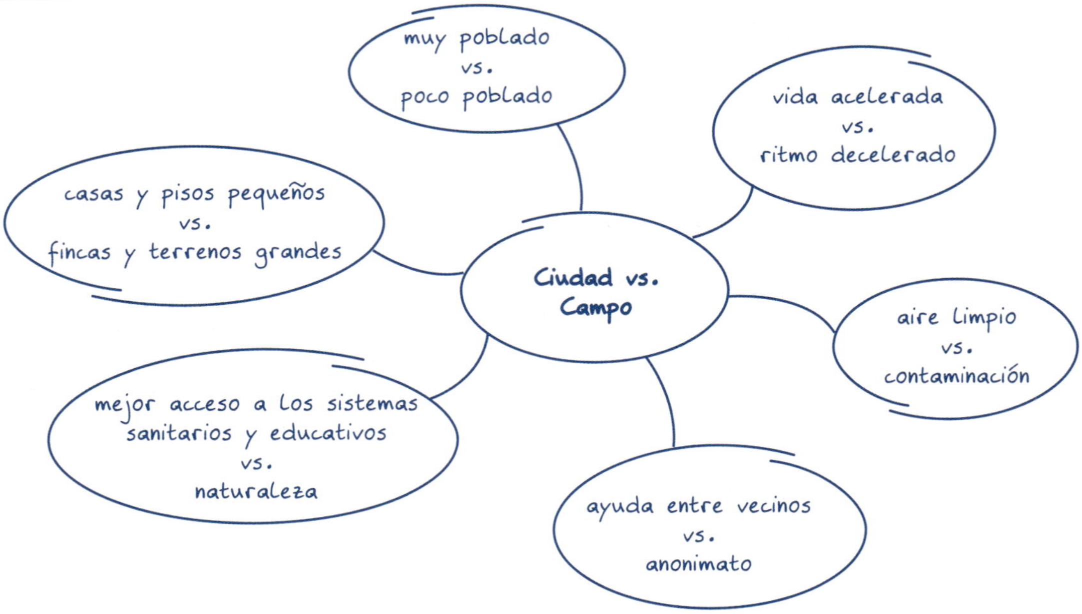

a. Mira el mapa mental y encuentra las ventajas y las desventajas de vivir en la ciudad o en el campo. Piensa en más ventajas y desventajas.

b. Y tú, ¿dónde prefieres vivir? Usa argumentos a favor y en contra y comenta siguiendo estos tres pasos: M I 4.8 Ch 2 p. 32

Paso uno: En **la introducción** describes el tema y explicas tu tesis.

Paso dos: En **el desarrollo** presentas tus ideas, observaciones o argumentos en diferentes párrafos. Es importante justificar tus argumentos y dar ejemplos.

Paso tres: En **la conclusión** recapitulas brevemente el resultado de tu argumentación y das tu opinión.

9 Un caramelo para ti

a. A la mamá de Lupe le encanta Alejandro Fernández, un cantante de música mariachi. Escucha la canción 80024-03. ¿Sobre qué canta? ¿Te gusta?

Alejandro Fernández Abarca
- * 24 de abril de 1971 en Guadalajara, México
- trabajó con Ricky Martin y Gloria Estefan
- ganador de dos Premios Grammy Latinos
- tiene una estrella en el Paseo de la Fama de Hollywood

MK b. Investigad sobre este estilo de música mexicano y preparad una presentación con información sobre el origen, los instrumentos típicos, sus representantes más famosos y una canción que os guste. M II 1.5

MK c. Otra canción muy popular en México es *Así se siente México en la piel* de Luis Miguel. Mirad el vídeo 80024-03. Pensad en imágenes representativas de Alemania y cread un vídeo.

1 La voz pasiva con ser

Im Spanischen wird der Passivsatz seltener als im Deutschen verwendet, jedoch häufig im Zusammenhang mit geschichtlichen Ereignissen.

Bei der Bildung des Passivsatzes wird das **Subjekt** des Aktivsatzes zum **Objekt** des Passivsatzes und das **Objekt** des Aktivsatzes zum **Subjekt** des Passivsatzes.

→ **Hernán Cortés y sus aliados** conquistaron **la capital mexica.**
→ **La capital mexica** fue conquistada por **Hernán Cortés y sus aliados**.

Bildung des Passivs:
Form von **ser** + **participio** (angeglichen an Genus und Numerus des passiven **Subjekts**)
z.B. **Las iglesias fueron construidas** encima de los templos mexicas (**por** los españoles).

Durch wen eine Handlung ausgeübt wird, wird durch **por** eingeleitet. Da im Gegensatz zum Aktivsatz aber die Handlung selbst und weniger der Ausführende im Fokus steht, wird der Handlungsträger auch häufig weggelassen.

Wenn kein Handlungsträger genannt wird, wird im Spanischen sehr oft auch folgende Passivkonstruktion gewählt *(Pasiva refleja)*:
→ Las primeras iglesias cristianas **se construyeron** a partir del siglo XVI.
Hier wird das Verb an das passive Subjekt angeglichen.

¡Ojo! Bei Reflexivverben, die kein Passiv mit *se* bilden können, wird **uno/a** verwendet:
→ **Uno** se acostumbra rápido a la vida en CDMX.

Wenn der Handlungsträger nicht erwähnt wird oder nicht bekannt ist, wird häufig auch der Aktivsatz in der 3. Person Plural verwendet:
→ **Han cerrado** la calle por el tráfico.

2 Redactar un comentario

Para empezar

El tema de este comentario es …
El tema de …. es muy discutido / conflictivo / actual.
Me gustaría discutir el tema … porque me parece …
Hay argumentos a favor y en contra de …

Para presentar / estructurar los argumentos

En primer / segundo / tercer lugar …
además • aparte de esto • ya que / puesto que
por un lado … por otro lado / por una parte … por otra parte
mientras que • a diferencia de … • por lo contrario
es verdad / cierto que … • otro argumento a favor / en contra es que …

Para opinar

Según mi opinión • desde mi punto de vista • a mi modo de ver
Este argumento me parece poco / bastante / más / menos fuerte / convincente / débil / sólido porque …
El siguiente ejemplo apoya …
No hay que olvidar que …
Para ilustrar este argumento se puedo decir que …

Para terminar

En resumen / conclusión …

Man kann die Argumente in steigender Reihenfolge, nach dem "Sanduhr-" oder nach dem "Ping-Pong-Modell" strukturieren. M I 3.6

Tus retos, paso por paso 80024-05 + Autocontrol

Tu reto 1

Elaborad en grupos un mural sobre la historia de Alemania y presentadla.

Paso uno: Mirad los murales de Diego Rivera en el Palacio de Gobierno de CDMX y de otros muralistas para inspiraros.

Paso dos: Pensad en unos seis acontecimientos y etapas importantes de la historia alemana. ¿Quiénes os parecen los personajes alemanes dignos de que sean retratados en vuestro mural?

Paso tres: Elegid a los responsables para investigar y luego presentar la información sobre los acontecimientos elegidos.

Paso cuatro: Elegid un edificio de vuestra ciudad / pueblo y planead el mural para uno de sus muros.

Paso cinco: Diseñad cada uno/a de vosotros vuestra parte del mural.

Paso seis: Presentad vuestro mural en clase.

Tu reto 2

Realizad un talk show sobre el futuro de las megalópolis latinoamericanas en grupo.

Paso uno: Pensad en un título para el talk show. En caso de que no tengáis otras ideas, usad el título: ¿Quo vadis, megalópolis?

Paso dos: Primero nombrad un/a presentador/a del talk show. Los demás, elegid cada uno/a una megalópolis latinoamericana como Bogotá, Santiago de Chile, Buenos Aires y Lima-Callao. Buscad información sobre el número de habitantes, las atracciones, el desarrollo urbano y los retos y problemas de cada uno. El/la presentador/a prepara unas preguntas que les puede hacer a los/las participantes del talk show. Para eso, tiene que investigar también sobre las megalópolis.

Paso tres: Pensad en una persona que pueda hablar sobre su ciudad en un talk show: un/a político/a, un/a activista medioambiental, un/a habitantes del campo / de la ciudad, un/a representante de una organización social, un hombre / una mujer de negocios, un/a turista, un/a víctima de la delincuencia, etc. Inventad una biografía y apuntad algunos datos biográficos. El/la presentador/a os hará preguntas por unos datos biográficos para poder presentaros.

Paso cuatro: Pensad en lo que podríais decir para presentar vuestra ciudad y apuntad los puntos más importantes.

Paso cinco: Preparad unas frases introductorias para presentaros y resumir vuestro punto de vista.

Paso seis: Realizad un talk show de, al menos, 15 minutos en grupo o en clase. Usad las herramientas para argumentar. M I 4.8

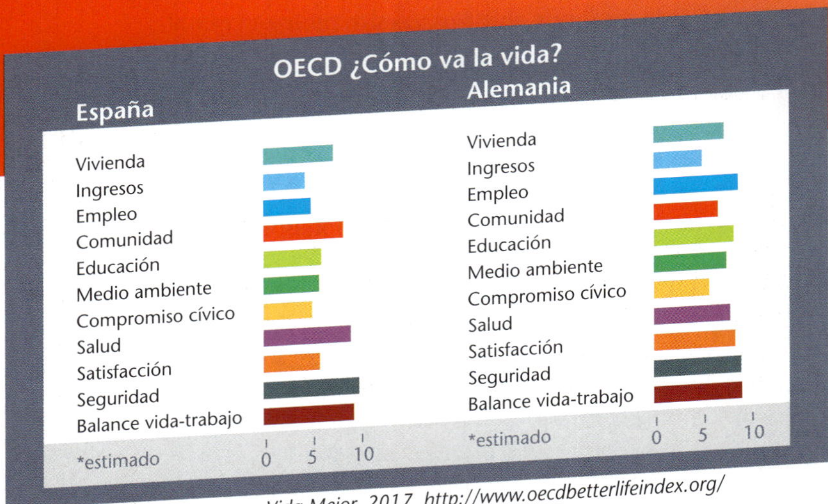

Fuente: OECD Índice para una Vida Mejor, 2017, http://www.oecdbetterlifeindex.org/es/#/11111111111 (Septiembre, 2019).

¿Quiénes somos?

Capítulo

2

4

5

1. Mira las actividades de los jóvenes y descríbelas. Usa las expresiones que se encuentran a la derecha.
2. Compara los índices sobre las prioridades y el bienestar en España y Alemania (a la izquierda). Aquí 80024-03 encuentras más información sobre los índices.
3. ¿Cuáles son las cosas más importantes en tu vida?

¿Qué pasa aquí?

Raúl, el primo de los mellizos, va a visitar a su familia de Sevilla. Todavía está estudiando en la facultad, pero ya está pensando en su futuro profesional. Le gustaría pasar un semestre en otra universidad en el extranjero, pero todavía no tiene muy claro dónde. ¿En Alemania quizás? Daniel y sus amigos preparan una fiesta que termina de una forma imprevista … . Y Daniel y María tienen intereses muy diferentes, hasta viven en dos mundos. ¿Son compatibles? ¿Seguirán juntos?

Pronto vas a saber

- expresar un consejo o un deseo con el condicional simple
- cómo escribir un currículum vitae (CV)
- describir diagramas y estadísticas
- usar la duplicación de pronombres
- algo sobre el paro juvenil en España
- algo sobre el impacto de las redes sociales sobre nosotros/as
- expresar una suposición con el futuro compuesto

Revisas

- hablar del futuro con el futuro simple
- describir una persona y su personalidad (con adjetivos)

Tu reto

1. Haced una encuesta a alumnos/as de vuestro curso sobre sus expectativas.
2. Preparad una discusión sobre el tema "Las redes sociales – ¿bendición o maldición?"

ir de fiesta
disfrutar de la vida
pasar tiempo con la familia / con amigos
hacer deporte
estar en la naturaleza
vivir sano
comprometerse por causas sociales / apoyar alguna causa
responsabilizarse de algo
estudiar
navegar por internet
interesarse por cosas superficiales
promocionarse
El gráfico ofrece datos sobre …
el diagrama de barras
Los datos / números son / provienen del año / de una estadística que fue realizada en el año … por el instituto …

A Raúl viene a Sevilla

El currículum de Raúl

INFORMACIÓN PERSONAL
Raúl Sánchez García
Calle Leganitos, 19, 28001 Madrid (España)
(+ 34) 91 578 78 10
raul.sanchez@mail.es

EMPLEO DESEADO
En el sector de las tecnologías de la información

EXPERIENCIA PROFESIONAL

01/08/2016–01/11/2016
Período de prácticas
Centro FLK para jóvenes con discapacidades, Madrid (España)

01/02/2017–presente
Freelancer
My Publicidad (agencia de publicidad), Madrid (España)
mantenimiento informático

EDUCACIÓN Y FORMACIÓN

01/09/2015–01/08/2017
Bachillerato
Colegio Ramón y Cajal Madrid, Madrid (España)

01/09/2017–presente
Informática
Universidad Politécnica de Madrid, Madrid (España)

COMPETENCIAS PERSONALES

Lengua materna
Español

Lenguas extranjeras

	COMPRENDER		HABLAR		EXPRESIÓN ESCRITA
	Comprensión auditiva	Comprensión de lectura	Interacción oral	Expresión oral	
Inglés	B1	B2	A2	A2	A2
Alemán	A1	A1	A1	A1	A1

Niveles: A1 y A2: usuario básico – B1 y B2: usuario independiente – C1 y C2: usuario competente
Marco común Europeo de referencia para las lenguas

Competencias digitales

AUTOEVALUACIÓN				
Tratamiento de la información	Comunicación	Creación de contenido	Seguridad	Resolución de problemas
Usuario competente	Usuario competente	Usuario independiente	Usuario independiente	Usuario independiente

Competencias digitales – Tabla de autoevaluación

- MS Office, power point: buen conocimiento
- Java: buen conomiciento; C/C++: conocimiento básico

Otras competencias

- Compromiso social: trabajo en un centro para discapacitados
- Actividades deportivas: soy miembro activo e instructor de un club de tenis
- Primero auxilios: Certificado de Primeros Auxilios

1 ¿Cómo es Raúl?

a. Caracteriza a Raúl según su currículum. ¿Qué cualidades lo describen según tu opinión? +ayuda p. 148

b. ¿De qué trabajará? Justifica tu decisión. Utiliza el futuro simple. +ayuda p. 148 +ideas p. 164

2 ¿Cómo escribir un currículum vitae (CV)?

a. Relaciona las palabras con las categorías. Luego relaciona las expresiones con el CV de Raúl.

Información personal	Experiencia profesional	Educación y formación	Competencias personales
■	■	■	■

el bachillerato • el nombre / el apellido • tener buen conocimiento en • las prácticas • la lengua materna • la empresa • el colegio • tener experiencia en … • el trabajo de verano • la competencia digital • la formación • la dirección • el puesto de trabajo • competencias comunicativas • el colegio de enseñanza primaria • el compromiso social • la dirección de correo electrónico

b. Crea tu propio CV con la ayuda de EuroPass. En la página web encuentras también más ejemplos para escribir un CV. Rellénalo en el editor con tu información e imprímelo. Después preséntalo en clase. 80024-03

3 ¡Viene Raúl!

CD 1 · 4

a. Escucha una vez la conversación y contesta a las preguntas:
- ¿Cómo y cuándo (día y hora) viajará Raúl a Sevilla?
- ¿Cómo irá a casa de sus tíos? +ayuda p. 148

b. Escucha de nuevo y contesta:
- ¿Qué estudia Raúl? ¿Qué tal le va en sus estudios?
- ¿Qué va a hacer cuando termine la carrera?
- ¿Qué quiere hacer Raúl antes de terminar sus estudios?
- ¿Qué dice el padre de la situación laboral actual de los jóvenes?
- ¿Está Raúl de acuerdo? +ayuda p. 149

4 ¡Sería genial!

Raúl piensa en irse unos meses fuera. Así expresa su idea:

Podría pedir una beca Erasmus.

Estaría genial estudiar en otra ciudad.

Así conocería otra ciudad y aprendería más.

a. Observa las formas de los verbos que está usando. ¿Qué tiempo o modo piensas que es? ¿Te resulta familiar cómo se forma? ¿Qué crees que expresan las frases? Ch 2 p.54

CD 1 · 4

b. Escucha otra vez la conversación de la familia Dörfler y completa con las formas verbales correctas.

Padre: Y además (tú) ■ (mejorar) tu currículum.
Madre: Nos ■ (encantar) ayudarte.
Raúl: Me ■ (gustar) mucho conocer Alemania
Padre: Nosotros también ■ (alegrarse) mucho.
Daniel: (Nosotros) ■ (poder) practicar un poco de alemán en Sevilla, ¿no?
Padre: ■ (poder) explicarte todos los monumentos en alemán.
Daniel: Creo que Raúl ■ (preferir) algo más divertido …

c. Y vosotros, ¿qué pensáis? ¿Cómo cambiaría la vida de Raúl estudiando unos meses fuera?

Modelo: No viviría con sus padres, creo que viviría con otros estudiantes, por eso tendría que hacer muchas cosas, como la comida.

5 El paro sigue siendo muy alto …

80024-04

La tasa de paro baja del 15% por primera vez desde 2008

La economía española creó 183.900 empleos el pasado verano

MADRID 25 OCT 2018 – 15:42 CEST

El mercado laboral en 2018

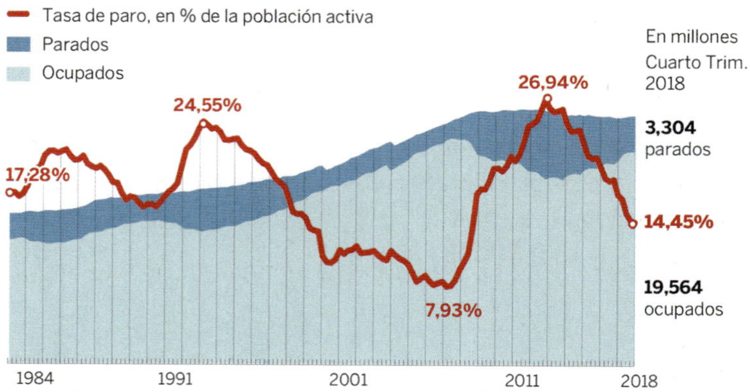

El mercado laboral español sigue creciendo con fuerza. Ha perdido un poco en verano, pero todavía mantiene un vigor que le ha permitido crear en el último año 478.800 empleos. Ya ha superado los 19,5 millones de puestos de trabajo, un dato que no se veía desde finales de 2008, poco después de la caída de Lehman Brothers. [...] Entre julio y septiembre cayó al 14,55%, por primera vez en casi una década pierde el nivel del 15%, según la Encuesta de Población Activa (EPA) del Instituto Nacional de Estadística divulgada este jueves.

La economía española ya encadena más de cuatro años creando empleo masivamente. [...]. Eso ha permitido que se reduzca el desempleo hasta esa tasa del 14,5% desde un nivel que se acercó al 27% en el invierno de 2013.

Esa mejoría ha continuado el último verano, que suele ser un buen periodo para el mercado laboral [...] La temporada alta del turismo, las sustituciones por las vacaciones estivales y el buen tiempo, que favorece la actividad de sectores económicos como la construcción, estimulan la contratación. [...] Pero esa fuerte recuperación no ha cerrado las heridas por el desplome laboral más de 10 años después de su inicio. Esa tasa de desempleo que ronda el 15% difícilmente encuentra comparaciones en el mundo occidental [...].

La EPA, el mejor termómetro para analizar el mercado laboral, arroja muchos más datos en esta misma dirección: el paro juvenil está en el 33%; casi la mitad de desocupados lleva más de un año sin trabajar, es decir, son parados de larga duración, con lo que eso supone para su renta familiar y de mayor dificultad para volver a tener empleo; en más de un millón de hogares nadie trabaja [...].

Fuente: © MANUEL V. GÓMEZ / EDICIONES EL PAÍS S.L., 2018; https://elpais.com/economia/2018/10/25/actualidad/1540447599_036822.html (Junio, 2019).

a. Lee el artículo y encuentra las palabras españolas útiles para describir el (des)empleo de un país:

(Arbeitslosen-)Rate / Quote • Arbeitslosigkeit (dos palabras) • Arbeitsmarkt • Arbeitsplatz • Beschäftigung • Besserung • Hochsaison • Einstellung • Erholung • Beschäftigungslose • langzeitarbeitslos

b. Decide si las frases son correctas o falsas y corrígelas cuando sea necesario:

El mercado laboral español ha crecido con fuerza en verano.
La última vez que había 19,5 millones puestos de trabajo en España fue a finales de 2008.
La economía española sigue creando empleo desde hace 4 años.
En verano el crecimiento ha perdido un poco por el calor.
La tasa de desempleo española es la más baja en el mundo occidental.
España se ha recuperado completamente de la crisis de 2008.

c. Elegid quién mira el diagrama relacionado con el artículo y quién el diagrama sobre la evolución de la tasa de paro juvenil (p. 40). Describid cada uno/a el diagrama elegido con la ayuda de las herramientas. +ayuda p. 149

d. Describíos recíprocamente los diagramas. Luego comparad las tasas de paro de la población activa (p. 38) con el paro juvenil (p. 40).

e. Describíos el diagrama sobre la tasa de desempleo juvenil de los países europeos (p. 40). ¿Cúales son los países con menos desempleo juvenil y cúales tienen una tasa muy alta?

f. "El paro sigue siendo muy alto. Aunque ahora siempre dicen que la situación ha mejorado." – dice Gerado Dörfler. ¿Tiene razón? Comenta incluyendo la información de los diagramas.

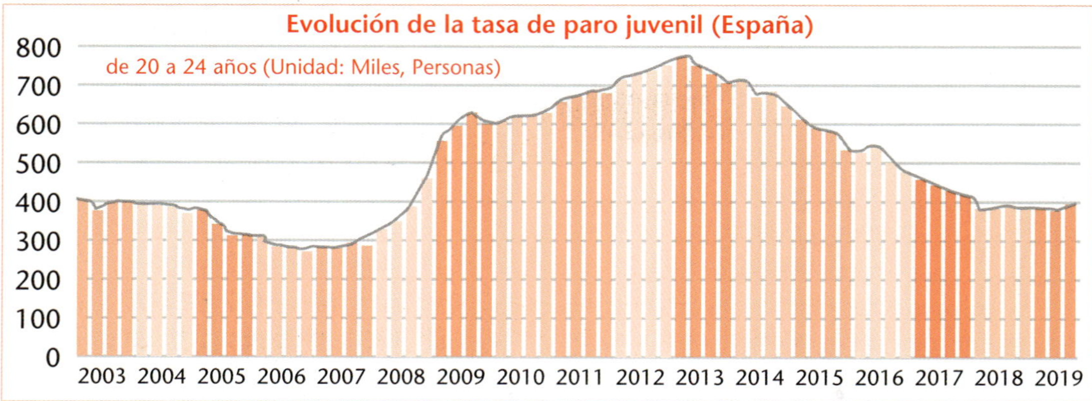

Fuente: Elaboración propia con datos extraídos del sitio web del INE: www.ine.es (Octubre, 2019).

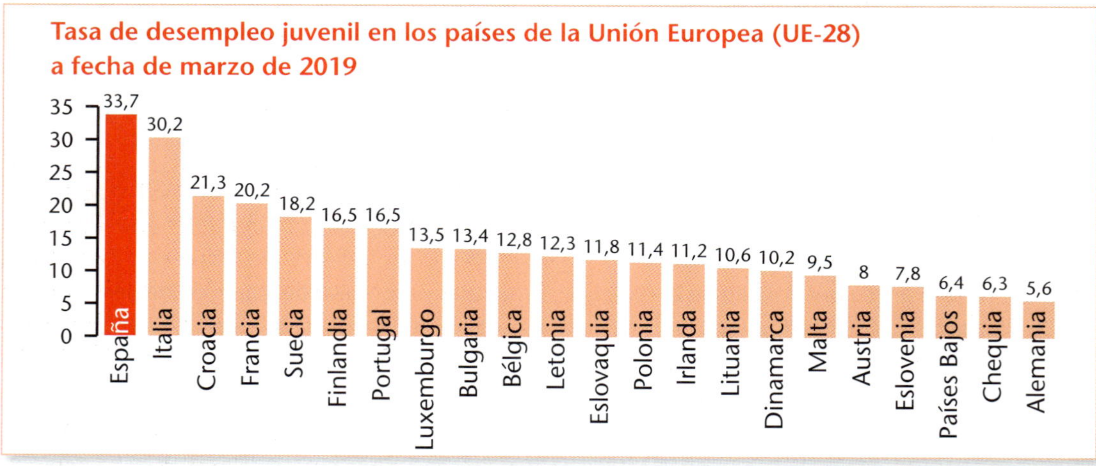

Caja de herramientas

Tipos de diagramas:
el diagrama de barras
el diagrama de curvas
el gráfico circular

La estadística se presenta en forma de …

Describir un diagrama:
El tema del diagrama es …
El diagrama muestra / representa el cambio de …

Los datos son de una estadística que fue realizada en el año … por el instituto …

Verbos útiles:
crecer / aumentar / subir / ascender ↑
descender / disminuir / bajar / reducir (a), ↓

El porcentaje se usa siempre con el artículo **el** o **un**:
El número de … aumentó de **un** 40% a **un** 50% entre 2010 y 2015.
La tasa cayó **al** 20%.
El 15% está en paro.

Otras expresiones:
la mayoría, la minoría, en comparación con, el resultado, el porcentaje

Conclusión:
Se puede decir que / Del diagrama resulta que …

6 La consecuencia de la crisis 80024-04

a. Leed los titulares de los periódicos. Habla con tu compañero/a. ¿De qué tratan?

40 años después, los españoles emigran otra vez

La emigración causa una disminución de la población

Los españoles se van. Pero, ¿a dónde?

La consecuencia de la crisis

b. Lee el artículo y realiza las tareas.

Los jóvenes españoles, entre los más dispuestos a emigrar para trabajar

El 64% de los desempleados españoles de entre 20 y 34 años se mudaría para conseguir un empleo

Nahiara S. Alonso, Madrid, 27 MAR 2018

Sinéad Scully, de 24 años, emigró de Galicia a Madrid para estudiar Comunicación. Después de terminar un máster y no encontrar trabajo en su campo en España, ha decidido irse a Irlanda.

"Aquí los contratos son precarios y es difícil obtener un puesto fijo", argumenta.

Como ella, la mitad de los jóvenes de la Unión Europea (UE) desempleados están dispuestos a emigrar para conseguir un trabajo, según datos de Eurostat.

En España se iría un 64% de los jóvenes en paro. Con esa cifra, España es el tercer país donde los jóvenes desempleados están más dispuestos a mudarse por empleo, solo por detrás de Portugal (71%) y Suecia (66%).

"Voy a Irlanda porque tengo familia allí, si no, iría a EE UU", comenta Scully. En España ha trabajado de camarera, dando clases de inglés y haciendo prácticas en su sector. Según los datos de Eurostat, el nivel de formación influye en esta decisión y los jóvenes de la UE con mayor cualificación están más dispuestos a mudarse por empleo. [...]

"Hay mucha gente que se queda con trabajos en los que no se les valora o que no les satisfacen, pero yo ahora soy joven y no tengo pareja o una casa que me ate a España, es el momento de probar", aclara Scully.

Fuente: © NAHIARA S. ALONSO / EDICIONES EL PAÍS S.L., 2018; https://elpais.com/economia/2018/03/27/actualidad/1522143381_401957.html (Junio, 2019).

1. ¿De qué países son los jóvenes que más están dispuestos a emigrar para conseguir un trabajo?

   1 ■ Porcentaje: ■
   2 ■ Porcentaje: ■
   3 ■ Porcentaje: ■

2. Resume la información sobre Sinéad:

   – Origen
   – Estudios / Formación / Experiencia laboral
   – Motivos para emigrar
   – País/es de emigración

3. ¿Qué jóvenes emigran más, los que tienen más formación o los que tienen menos formación?

c. Imaginaos que sois jóvenes españoles con buena formación y no encontráis un trabajo en vuestro país que os satisfaga. ¿Estaríais dispuestos/as a emigrar? Apuntad vuestras razones para (no) emigrar y presentádselas en clase a los demás.

7 ¿A Alemania?

80024-04

Un amigo de Raúl no encuentra trabajo en España y está pensando en emigrar a Alemania. Ha encontrado el blog "My Spanish Soul" en internet que da consejos sobre la vida en Alemania. 80024-03

Consejos para vivir en Alemania: qué volvería a hacer (y qué no)

Aprender alemán
Para vivir en Alemania es necesario aprender alemán. El inglés está bien, pero no es suficiente si quieres integrarte en la cultura alemana y conocer la gente. En el trabajo casi siempre requieren un buen nivel de alemán.

Compra un buen abrigo y buenas botas
Necesitas un abrigo que te proteja no solo del frío sino también del viento y de la lluvia.

No escuchar a los pesimistas
Siempre habrá gente que te cuente historias negativas de su vida en Alemania. "No vas a encontrar trabajo de lo tuyo". No los escuches.

Aprender un par de recetas de tu madre
La comida será una de las cosas que más eches de menos. Aunque los ingredientes originales son a veces difíciles de encontrar, se puede conseguir algo bastante parecido a la comida de tu madre. Pídele a tu madre que te de un cursillo intensivo antes de irte. Ella lo hará encantada y tu estado de ánimo lo agradecerá.

Texto adaptado. Fuente: Myspanishsoul Ana Sánchez Castilla; http://www.myspanishsoul.com/consejos-para-vivir-en-alemania/ (Junio, 2019).

a. Leed el blog. ¿Estáis de acuerdo con los consejos? Explicad por qué (no).

b. Continúa el blog: ¿Qué consejos darías a un/a joven español/a que piensa vivir en Alemania?

8 Vuelven a España

a. Mira el vídeo 80024-03 completo una vez y elige la opción correcta:

1. Toda una generación de jóvenes españoles abandonó España
   a. después de la crisis
   b. durante la crisis
   c. cuando empezó la crisis

2. ¿Cuál es la palabra que más suena ahora?
   a. volar
   b. soñar
   c. volver
   d. retornar

3. a. Durante los primeros meses de 2017 volvieron a España 40.015 jóvenes emigrantes.
   b. Por primera vez vuelven más jóvenes de los que se van.
4. ¿Qué traen los jóvenes que vuelven a España?
   a. otra forma de pensar
   b. ideas frescas
   c. malas experiencias
   d. mucho dinero
5. Alejandro …
   a. Trabajó en lo que quería en Londres.
   b. Cumplió su sueño en Londres.
   c. Se va a preparar para ser profesor en España.

b. Mira el vídeo otra vez y compara: ¿Cómo se sentían los jóvenes cuando se fueron? ¿Cómo se sienten al volver?

c. Resume lo que has visto en el vídeo. M I 3.4

"La fiesta para Raúl"

CD 1 · 5
80024-01

Raúl llega a Sevilla y los amigos le preparan una fiesta. Al día siguiente Álvaro habla con Sofia por skype:

Sofia: Hola Álvaro, ¿qué tal?
Álvaro: Uff, Sofia, me siento fatal … Es que mis padres se van a enfadar muchísimo conmigo cuando vuelvan de las vacaciones y se enteren de toda la historia …
Sofia: ¿Historia? … Pero, ¿qué ha pasado? ¿De qué historia hablas? Cuéntamela … ¡ya!
Álvaro: Sí, sí, vale … Ahora te la cuento. Me da vergüenza, pero vale … Pues … creo que tengo un problema. Ahora te lo explico … Mira, Pablo tuvo la idea de prepararle una fiesta a tu primo Raúl y se la preparamos entre todos. Yo quería ocuparme de invitar a nuestra clase y colgué una invitación en *facebook* … Pero no sé qué pasó, que le mandé la invitación ¡a todo el colegio!
Sofia: Noooo … ¿Se la mandaste a todo el cole? Pero qué tonto … Jiji no me lo puedo creer …
Álvaro: Sí, yo … Me confundí y … fue un desastre …
Sofia: ¿Y al final cuántas personas fueron?
Álvaro: Muchísimas, por lo menos 80. Hicimos *botellón* en el Parque de María Luisa.
Sofia: ¡*Botellón* además! Pero sabes que eso está prohibido desde hace años … ¿No te lo pensaste ni un momento?
Álvaro: Ya. Bueno, déjalo, anda … Además muchos llevaron vino y cerveza y se emborracharon. Al final llegó la policía y nos mandaron a todos para casa. ¡Y quieren hablar con mis padres cuando vuelvan!
Sofia: ¡Qué fuerte! ¿Y tú no les dijiste nada a tus padres?
Álvaro: No, no se lo dije. Es un palo … No me atrevo.
Sofia: Pues mejor díselo antes de que se enteren por otra persona … ¿no? No te lo pienses demasiado.
Álvaro: Sí, tienes razón, los voy a llamar ahora y se lo voy a decir. ¡Te lo prometo!
Sofia: Muy bien, pues hazlo … ¡y mucha suerte! Hasta mañana.

9 ¡Qué pasada!

a. ¿Correcto, o falso o no está en el texto? Corrige las frases en tu cuaderno.

1. Los amigos organizaron una fiesta para la llegada de Raúl.
2. María invitó a toda la clase.
3. Álvaro invitó también a sus amigos del club de fútbol.
4. Vinieron 80 personas.
5. Muchos se emborracharon.
6. Vino la policía.
7. Álvaro no se atreve a decírselo a sus padres.

b. Explica el fenómeno del botellón con tus propias palabras. ¿Existe algo parecido en Alemania?

> El botellón es una reunión al aire libre de jóvenes generalmente durante la noche. Se encuentran en espacios públicos (plazas, parques, calles) en los que charlan, escuchan música y, sobre todo, consumen bebidas alcohólicas que antes han comprado en tiendas. Muchas personas se quejan del ruido, de la suciedad, de las peleas y a veces de los actos vandálicos. Por eso, en diversas comunidades autónomas han elaborado leyes en contra.

c. Describid los carteles y hablad de los problemas que muestra. M I 4.4

d. Explica el cartel alemán de la Bundeszentrale für gesundheitliche Aufklärung a un amigo/una amiga español/a.

e. En grupos cread vuestro propio cartel en contra del botellón. Podéis sacar fotos, dibujar etc.

10 ¡Cuéntamelo!

a. En el texto Álvaro y Sofia a veces utilizan los pronombres de objeto directo e indirecto en una frase para referirse a algo antes dicho. Lee los ejemplos. ¿Puedes identificarlos? Copia las frases y marca el objeto / pronombre directo en verde y el objeto / pronombre indirecto en rojo.

¿De qué historia me hablas? Ahora te la cuento. (Ahora te cuento la historia.)

Creo que tengo un problema. Ahora te lo explico. (Ahora te explico el problema.)

Le mandé la invitación a todo el colegio. ¿Se la mandaste a todo el cole?
(¿Le mandaste la invitación a todo el colegio?)

b. En pareja buscad más ejemplos para estas formas en el diálogo entre Álvaro y Sofia. Fijaos en la posición en la frase de los pronombres directos e indirectos. ¿Cuál va primero? ¡Ojo con la tercera persona en singular y en plural! Buscad una regla que os ayude. +ayuda p. 150 Ch 1 p. 54

c. Antes de la fiesta para Raúl los amigos están hablando de las cosas que tienen que preparar. Escribe las respuestas en tu cuaderno.

Modelo:
— *¿Ya les has enviado las invitaciones a nuestros amigos?*
— *Sí, se las he enviado esta tarde.*

1) Daniel, ¿le has contado nuestra idea a Sofia?
2) Pablo y Álvaro, ¿le habéis explicado el camino a Raúl?
3) María y Lupe, ¿les habéis dado las bebidas a los chicos para que las lleven al parque?
4) Nicolás, ¿ya le has dado tu mochila a Raúl?

d. Raúl y Nicolás chatean después de la fiesta. Rellena los huecos con la forma adecuada.

R: Nicolás, ¿me puedes mandar las fotos de la fiesta?
N: Sí, claro, ahora mismo ■. Oye tío, tu música me gustó un montón. ¿Me puedes enviar tu lista de canciones?
R: ■ esta tarde porque tengo que irme pronto para quedar con mi tía. ¿Álvaro ya te ha contado lo que le dijo ese tío raro en la fiesta?
N: Sí, ■ esta mañana. ¡Qué suerte que se fuera tan rápido!
R: Escucha, ¿le puedo dar tu libro a Daniel también? Lo quiere leer.
N: Sí, claro ¡ ■ !

e. Un agente impaciente … La fiesta en el parque acaba cuando llega la policía. Hay un agente bastante impaciente. Completa las órdenes del policía con el imperativo y los pronombres según el modelo. Ch 1 p. 54

Modelo: *A ver, ¿por qué no me explicas quién organizó el botellón? ¡Explícamelo ya!*

1. ¿Le puedes mostrar la invitación a mi compañero, por favor? ¡Muéstra ■ ya!
2. ¿Qué hay ahí? A ver, ¿nos enseñas esas bolsas? Venga, ¡enséña ■ ya!
3. ¿Me dejas / das tu DNI (carné) un momento? ¡Déjame (da) ■ ya!
4. ¿Nos dais todos el teléfono de vuestros padres, por favor? ¡Dád ■ ya!
5. ¿Por qué no le das tu dirección a ese policía para que te lleve casa? ¡Da ■ ya!
6. Alguien ha perdido este móvil … ¿Se lo llevas a ese chico? ¡Lléva ■ ya!

B Los mundos diferentes

El BLOG de María

Home | Blog | Sobre mí

Hola a todos:

En este blog os doy algunas ideas de cómo vivir de manera más sana.
El año nuevo ha empezado y todos queremos cambiar nuestro estilo de vida.
He encontrado algunas recetas deliciosas que quiero compartir con vosotros.
Por ejemplo, mi receta de un smoothie detox con verdura y fruta.

¡Sabe riquísimo!

#veganismo #noalmatratoanimal

El BLOG de Daniel

Home | Blog | Sobre mí

Debate Jóvenes Políticos

11 de marzo; 18:00 hrs
Sala E 101, Universidad de Sevilla
Por favor confirma tu asistencia a deb.politico@student.sev.edu

#fridaysforfuture #greta

1 ¿Los contrarios se atraen?

a. Mirad los blogs. ¿Qué podéis llegar a saber sobre María y Daniel? ¿A qué se dedican en su tiempo libre? Usa las herramientas para describir la personalidad de los dos. +ideas p. 164

Caja de herramientas

Caracterización de personas

Para empezar / Primero Además / También Finalmente / Para terminar	es parece	una persona / un/a chico/a / un personaje / alguien	un poco poco bastante muy demasiado	extrovertido/a • tímido/a • intelectual • ambicioso/a • seguro/a de sí mismo • interesado/a • caprichoso/a • vanidoso/a • friki • positivo/a • presumido/a • resuelto/a • disciplinado/a • serio/a • de moda • responsable • comprometido/a
Él / ella / El chico / la chica		tiene un carácter tiene una personalidad		

A ella / a él	le encanta/n / (no) le gusta/n / (no) le importa/n mucho / (no) le interesa/n / le apasiona/n	la moda / los deportes la política / la salud / las redes sociales

Para ella / para él	lo más importante / lo que cuenta	es / son	la vida sana / el futuro / divertirse / los amigos

Por tanto / por eso / así que Eso demuestra que …	supongo que es / da la impresión de que es	abierto/a • solidario/a • maduro/a

b. Con lo que sabéis de María y Daniel, apuntad lo que tienen en común y también qué diferencias hay entre los dos.

c. ¿Piensas que los contrarios realmente se atraen? Coméntalo. M I 3.6

d. ¿Cómo continuarán los dos? Apuntad cada uno/a de vosotros/as algunas frases sobre el futuro de Daniel y María usando el futuro simple. Luego intercambiad lo que pensáis y justificad vuestra opinión.

2 ¡A cambiar el mundo!

a. Describe el diagrama que muestra los temas que les interesan a los jóvenes españoles.

b. ¿Qué os importa e interesa a vosotros/as? ¿Tenéis los mismos valores que los jóvenes españoles? ¿Hay diferencias? ¿Cuáles? +ideas p. 164

Fuente: FAD (Fundación de Ayuda Contra la Drogadicción) 2017, http://www.adolescenciayjuventud.org/sala-de-prensa/noticias/ampliar.php/Id_contenido/126855/ (Septiembre, 2019).

3 #móviladicto

a. Una pequeña reflexión … Contesta a las preguntas de manera sincera …

1. Te despiertas … ¿cuándo miras tu móvil por primera vez?
2. Estás comiendo con tu familia, ¿dónde está tu móvil?
3. Vas al baño, ¿dónde está tu móvil?
4. ¿Usas las redes sociales? ¿Cuántas? ¿Cuáles? ¿De manera activa o pasiva? ¿Para qué?
5. Sales con tus amigos, ¿dónde está tu móvil? ¿lo consultas para mirar tus mensajes mientras estás con ellos?
6. Estás en un restaurante, ¿sacas una foto de tu plato antes de comer? ¿La subes enseguida a las redes sociales?
7. ¿Usas filtros para tus fotos antes de subirlas?
8. Tu móvil se queda casi sin batería – ¿qué haces?

+ayuda p. 150/151

b. Entrevistad al / a la compañero/a.

c. Colocaos en una línea imaginaria entre móviladicto/a y no móviladicto/a. Justificad vuestra posición en la línea.

4 Solo con filtro …

80024-04

Mira las fotos de María.
¿Qué te llama la atención?
¿Qué ha cambiado?

+ideas p. 165

Muchas redes sociales ofrecen filtros para editar las fotos que suben sus usarios. Estos jóvenes hablan sobre la influencia de las redes sociales y del uso de los filtros:

"Me hace mirar mi cuerpo con gran derrota. A menudo me gustaría poder editar ciertos brazos y piernas en la vida real, y no solo en la pantalla de mi teléfono".
Simone, 13

"Afecta la forma en que me comparo con los demás. Debido a los filtros, me comparo constantemente con estándares poco realistas".
Tessa, 13

"Pienso mucho en esto con mi hermanita. Me preocupa constantemente que ella esté creciendo en un mundo en el que se compara con fotografías filtradas que ni siquiera son reales".
Hannah, 18

"Creo que realmente me hace menos insegura porque puedo cambiar mi aspecto antes de publicarlo".
Anna, 17

"Mi obsesión con las redes sociales sin duda ha cambiado la forma en que me percibo y ha afectado la forma en que me veo en el espejo. En lugar de solo despertar y maquillarme, ahora pienso en cómo voy a vestir en función de qué puedo publicar y cuántos me gusta obtendré ".
Harry, 15

"Cuando llegué a los 1,000 seguidores dejé de odiarme a mí misma".
Allegra, 13

"Mi relación con mi cuerpo es complicada, pero me resulta muy útil publicar una imagen donde sé que me veo hot. Los filtros me dan la posibilidad de editar mi publicación para que aparezca como quiero".
Logan, 13

Fuente: Willa Bennett/ Gabriela Velasco, EDITORIAL TELEVISA; https://www.seventeenenespanol.com/vida-real/chicas-inseguras-fotos-instagram/ (Junio, 2019).

a. Leed los testimonios de los jóvenes y relacionad las preguntas correspondientes con las personas. Justificad vuestra opinión.

¿Cuántos seguidores tengo?	¿Son reales?
¿Me veo hot?	¿Por qué no me puedo editar en la vida real?
¿Qué voy a publicar hoy?	¿Qué cambio?
¿Cuántos me gusta obtengo?	¿En qué mundo está creciendo mi hermanita?

b. ¿Os podéis identificar con los testimonios y las preguntas? ¿Por qué (no)?

c. Analiza los testimonios de los jóvenes: ¿Cómo los afectan las redes sociales y los filtros a cada uno/a de ellos?

Caja de herramientas

Por lo que dice …, parece que …, porque …
Al decir … muestra que … porque …
tener una alta dependencia de las redes sociales • valorar su propia autoestima según el número de *me gusta* • dar una (excesiva) importancia a la opinión de los demás • afectar al comportamiento / carácter • influir (de manera directa) la autoestima (la imagen de mi cuerpo) • generar un efecto de aceptación social

d. Mira la imagen y descríbela. ¿Qué expresa? M I 4.4

5 La generación digital – Un blog de Paloma

¡Hola, amigos!

Ya llevo mucho tiempo pensando en una cosa y pienso que ahora es el tiempo para compartiros algunas ideas mías … Para empezar, ¿somos realmente amig@s? ¿Me conocéis? Algun@s sí, me conocéis en persona, pero los demás solo me conocéis porque seguís mi blog … Y sí, al ver vuestros "likes" siento algún tipo de satisfacción, de aceptación y a veces también de rechazo. Sí, solía creer que la cantidad de mis seguidores me da popularidad, me convierte en algo más.

De hecho me he vuelta adicta a siempre estar conectada con vosotros, a exponerme a mí y a mi vida privada y a ver cuántos "likes" me dais. Paso horas en el teléfono y claro, todos lo sabéis, las redes sociales nunca se apagan ;-). Pero seamos sinceros, mi identidad virtual es otra que mi identidad en la vida real. Por supuesto que nunca subo fotos en las que me veo de mal humor, gordita, despeinada … Siempre las edito, uso filtros para tapar lo que no me sale perfectamente bien.

Hasta tengo una doble vida, una vida perfecta virtual y otra real, pero no tan perfecta. Muchas veces me siento mal al ver las imágenes perfectas en las redes sociales, y más como mujer. Siento que mi cuerpo también tiene que ser filtrado para que me pueda comparar con las demás.

Así que lo que realmente muestro a todos vosotros no soy yo, la versión real, pero verdadera, aquella que solo conocen mi familia y mis amigos. El problema radica cuando empiezo a creer que mi identidad virtual es mejor que yo, esta persona real.

Si me dais "likes" o me ponéis un corazón, ¿significa que me queréis a mí, digo, a mí? Vale, a veces sí, puede ser una demostración de afecto genuina de alguien que sí me conoce y a quien importo como persona real, pero en la mayoría de los casos no la es. Mis amigos que me valoran de verdad siempre me lo demuestran de mil maneras más, no simplemente con un "like".
Ahora, mi conclusión …

Es necesario que comprendamos que el tiempo se nos va volando y nosotros con nuestros teléfonos … Mejor que invirtamos este tiempo tan valioso en nuestra vida real, en nuestra familia, nuestros amigos. Somos la generación digital, la de las redes sociales, llegamos a todo el mundo de una manera increíblemente rápida, las 24 horas. Pero nosotros mismos decidimos a quiénes seguimos y qué tipo de contenido nos agrada. Si nos hacen sentirnos mal o insuficientes nuestros modelos de las redes sociales, entonces los dejamos, ¡así de fácil! Y sobre todo, hay que prestar más atención a las personas reales y darles "likes" en la vida real.

¿Qué pensáis?

Abrazos

a. Según el blog de Paloma

- ¿qué significa tener una doble vida?
- ¿cuál es el resultado de comparase con las personas de las redes sociales?
- ¿cómo se demuestra el afecto de una persona que realmente quiere a otra? (¿Y cómo no?)
- ¿para qué sirven las redes sociales (en general)?
- ¿qué consecuencia tiene pasar horas al teléfono? +ayuda p. 151

b. Resume el blog de la autora y su conclusión.

c. Dejad un comentario en el blog de Paloma. +ideas p. 165

6 ¡¿"Selfie Harm"?!

A María le encantan las fotos de Rankin. Ha encontrado una entrevista con el fotógrafo inglés en una revista alemana y le pregunta a Daniel de qué trata su Proyecto Selfie Harm y qué dice en la entrevista. Dale la información más importante usando las siguientes estructuras para mediar lo que dice Rankin en la entrevista:

Explica que … Expone que … Piensa que … Menciona que … Contesta a la pregunta si … Según Rankin …

Das Fotoprojekt „Selfie Harm" von Rankin

Wenn Teenager sich mit Photoshop „bereit für Social Media" machen sollen; das Projekt „Selfie Harm" zeigt, wie weit sie gehen.
Interview von Christina Waechter

Der britische Fotograf und GNTM-Lieblingsfotograf Rankin hat pünktlich zum Start der 14. Staffel von „Germany's Next Topmodel" ein Fotoprojekt veröffentlicht, das sich mit den Gefahren der Selfie-Kultur auseinandersetzt. Für „Selfie Harm" hat Rankin 15 Teenager zwischen 13 und 19 Jahren fotografiert und diesen dann das Bild zur Überarbeitung überlassen. Die Teenager sollten ihr Bild solange bearbeiten, bis sie es „bereit für Social Media" hielten. Für sein Projekt hat Rankin nun die Original-Bilder den bearbeiteten gegenübergestellt – und zeigt damit recht eindrucksvoll den Druck, der auf jungen Menschen lastet, auf Social Media ein perfektes Bild von sich selbst zu präsentieren, das bisweilen kaum mehr etwas mit der Realität zu tun hat. Wir haben mit Rankin über das Projekt gesprochen.

[…] Wie denken Sie über all diese Filter, mit denen wir unsere Bilder bearbeiten können?

Die sind definitiv schädlich für junge Menschen. Unterscheiden zu können, was echt ist und was mit einer App bearbeitet wurde, sollte eigentlich einfach sein, aber die Bearbeitungsmöglichkeiten sind sehr professionell. Die Leute verkleinern ihre Taille hier um ein paar Zentimeter, entfernen da ein paar Pickelchen und plötzlich strebt jeder nach einer Idealversion von sich selbst – die unmöglich zu erreichen ist. […]

Einige der bearbeiteten Fotos sind wirklich bizarr – kaum etwas schien den Teenagern zu gefallen, fast alles wurde verändert.

Die Teilnehmer waren alle großartig und hatten wirklich tolle Persönlichkeiten. Aber durch ihre Bildbearbeitung haben sie sich alle sehr homogen gemacht – größere Augen, dünneres Kinn, hellere Haut. Was mich am meisten erschrocken hat, war, wie viel Spaß die Apps gemacht haben und wie süchtig sie machen können. Ich habe auch großen Spaß, wenn ich sie nutze. […]

Wie kann man der Selfie-Kultur begegnen? Durch Aufklärung?

Ich glaube, dass viele Teenager sehr viel schlauer sind als wir denken und Social Media als Spiel betrachten. Photoshop bringt allerdings selbst das Selbstbewusstsein und den Selbstwert von erwachsenen Schauspielerinnen und Models durcheinander – da kann man sich vorstellen, was das für Kinder bedeutet, die eigentlich gerade damit beschäftigt sind, es irgendwie durch die Pubertät zu schaffen. Das Schlimmste, was wir tun könnten, wäre ihnen die Apps zu verbieten – welcher Teenager hört schon auf Erwachsene, die ihm sagen wollen, was er zu tun hat?

Fuente: Christina Waechter, 2019; https://www.jetzt.de/glotzen/das-fotoprojekt-selfie-harm-von-rankin (Junio, 2019).

MK 7 "¿Listos/as para las redes sociales?"

Cread un blog "¿Listos/as para las redes sociales?" que informe a la generación digital sobre las redes sociales y dé consejos para su uso. Antes de hacerlo, echad un vistazo a las páginas de métodos. M II 2.2.9/2.2.10 +ayuda p. 152

8 ¿Un amor sin futuro?

a. Completa los huecos de las frases con la forma correcta del condicional simple. Ch 2 p. 54

Daniel: Hola Sofia, ¿puedo hablar contigo un momento? ■ (poder) ayudarme? Es que no me estoy llevando bien con María en los últimos días.

Sofia: No me digas, ¿en serio? Pero parecéis siempre tan felices. ¿Qué pasa?

Daniel: Sabes que ahora me interesa mucho el tema de mi futuro. Pero María no lo entiende. Pasa horas con su teléfono, edita fotos, publica fotos, comenta fotos etc … Solamente quiere salir con las amigas y no tiene ni la menor idea de lo que pasa en el mundo, digo, fuera de su mundo virtual. Ella ■ (deber) informarse y también ■ (tener) que pensar en lo que quiere hacer con su futuro. No puede seguir viviendo en sus redes sociales. Me da pereza hablar de cosas superficiales, de moda y cotilleo. No tenemos nada en común. Creo que no tiene sentido que sigamos, pero al mismo tiempo ella es muy importante para mí. ¿Qué ■ (hacer) tú en mi lugar?

Sofia: Sí, sois muy diferentes, pero se dice que los polos opuestos se atraen. Tú siempre la has querido como es, con su energía y su ánimo. Sabes que se compromete mucho por proteger a los animales, tan superficial no es. Yo no me ■ (separar) por eso. Yo ■ (intentar) hablar con ella.

Daniel: Pero eso ya lo he hecho mil veces. Es que ella no lo entiende y se ofende por todo. A veces pienso que es mejor que nos separemos. Me siento muy mal porque eso no se lo he dicho hasta ahora. ¿Tú le ■ (decir) la verdad?

Sofia: Uff, ¿realmente quieres separarte de ella? Entonces yo ■ (ser) sincera con ella. No es justo porque ella no sabe que, para ti, la situación es tan grave.

Daniel: Tienes razón. Tengo que decírselo. A ver si está en casa.

Sofia: Mañana al despertarme ya lo habrán hablado y seguro que María habrá intentado llamarme …

b. Lee el texto y contesta las preguntas.
¿Por qué llama Daniel a Sofia? ¿Qué le molesta de su relación con María? ¿Qué consejos le da Sofia? ¿Qué decide hacer Daniel al final?

c. Resume los dos mundos de Daniel y María. ¿Qué te parece la situación de la pareja?

d. ¿Hablaríais con vuestros/as hermanos/as de estos asuntos de amor? ¿Por qué (no)?

e. Lee la última frase del diálogo y fíjate en las formas verbales. ¿Cómo se han formado? ¿Por qué las usa Sofia? Ten en cuenta que ella está en México y que su mellizo le lleva siete horas por el horario diferente de España y México … Ch 3 p. 54

f. Completa con las formas del nuevo tiempo verbal, el futuro compuesto.
Cuando Sofia se despierte en México, Daniel ■ (hablar) con María. Los dos ya ■ (discutido su relación) y ■ (tomar una decisión). María ya ■ (encontrarse) con Lupe para contárselo todo. Daniel ya ■ (salir) con Álvaro para distraerse.
Cuando Sofia llegue a España … Daniel ■ (enamorarse) de otra chica y la amistad con María ■ (acabarse) porque Sofia es la melliza de su exnovio.

g. Inventa tres frases con lo que ya habrá pasado cuando Sofia regrese a España.

9 Un caramelo para ti

a. Escucha la siguiente canción sobre el desamor 80024-03. ¿Te gusta? ¿Qué te parece el ritmo? La canción habla de una relación que se rompe. ¿Quién toma la decisión de romper?

b. ¿Tienes una canción sobre el desamor que te guste especialmente? Preséntala en clase y explica por qué te gusta.

80024-04

10 Una postal de papá

a. Leed la postal y describid lo que podéis ver en la postal de papá.

Hola Daniel:
Por primera vez estoy en Colombia. Todavía estoy pensando en nuestra conversación sobre cómo contribuir a tener un mundo más justo, Daniel. Justamente ayer hablé con una chica colombiana que repartió información sobre un proyecto muy interesante en Colombia, "Voluntariado juvenil para la paz" de la ONU. ¿Sabías que antes había una larga guerra civil en Colombia? No se podía viajar por el país libremente porque había sitios donde grupos de guerrilleros secuestraban a la gente. No hace mucho Colombia era un país muy peligroso. Pero por suerte ya no es así. Una vez que ya hubo comenzado el proceso de paz, las cosas empezaron a mejorar. Muchos jóvenes de Colombia quieren contribuir en este proceso y se implican como voluntarios en programas como este de la ONU. Hoy hay una muestra cultural que los jóvenes han organizado con baile, teatro y música donde quieren mostrar que el futuro de Colombia está en las manos de la juventud y esta quiere paz. Me parece fantástico y después del trabajo voy a ir un ratito. Espero que nos veamos pronto.
Te quiero, Papá.

Observa la frase de la postal: *Una vez que ya* **hubo comenzado** *el proceso de paz, las cosas empezaron a mejorar.* La forma hubo comenzado es de un tiempo llamado pretérito anterior. Es un tiempo muy poco usado ya en español. En su lugar se usa mucho más el pretérito pluscuamperfecto. Se forma con el indefinido del verbo auxiliar haber y el participio del verbo principal.

MK b. Busca en internet información sobre el conflicto y el proceso de paz en Colombia.

1 Dos pronombres de complementos seguidos

Direktes und indirektes Objektpronomen können in einem Satz gleichzeitig vorkommen. Die Pronomen stehen immer vor dem Verb und das indirekte geht dem direkten Objekt – anders als im Deutschen – immer voran.
→ ¿Te has comido toda **la ensalada**? Sí, **me la** he comido esta tarde.

Indirektes Objektpronomen / Dativ (Wem?)		Direktes Objektpronomen / Akkusativ (Wen?)
1.	me	lo
2.	te	la
3.	le → **se**	los
1.	nos	las
2.	os	
3.	les → **se**	

Wenn beide Pronomen in der 3. Person Singular oder Plural stehen, wird das indirekte Objekt zu **se.** → María contó el secreto a Daniel. Se lo ha contado.
Bei einem Infinitiv, einem bejahten Imperativ oder einem Gerundium werden die Pronomen nachgestellt. → ¿Se lo doy? Sí, ¡dáselo!
¡Ojo! Achte auf die Akzentsetzung, wenn du beide Pronomen anhängst: Dime. Dímelo.

2 Expresar una probabilidad con el condicional simple

Formas regulares	
hablar- comer- + vivir-	ía
	ías
	ía
	íamos
	íais
	ían

formas irregulares	
decir → diría	tener → tendría
hacer → haría	venir → vendría
poder → podría	saber → sabría
poner → pondría	querer → querría
salir → saldría	haber → habría

Verbos irregulares
Der unregelmäßige Stamm einiger Verben entspricht dem des *futuro simple.*
Der *condicional* wird z. B. für Wünsche, höfliche Bitten und Ratschläge gebraucht:
→ Yo que tú *hablaría* con María primero.

3 El futuro compuesto

Das *futuro compuesto* wird mit dem *futuro simple* des Hilfsverbs **haber** und dem Partizip Perfekt des Hauptverbs gebildet:

futuro simple	haber		participio del verbo principal
yo	habr-**é**	+	terminado el curso
tú	habr-ás		venido a Sevilla
él/ella/usted	habr-á		ido a Alemania
nosotros/-as	habr-**emos**		
vosotros/-as	habr-éis		
ellos/ellas/ustedes	habr-án		

Es wird gebraucht, wenn eine Handlung in der Zukunft vor einer anderen zukünftigen Handlung abgeschlossen sein wird: → En seis meses ya **habré terminado** mi curso escolar en México.

Tus retos, paso por paso 80024-05 + Autocontrol

Tu reto 1

Haz una encuesta a los alumnos/as de vuestro curso (en español o en alemán) sobre sus expectativas laborales.

Paso uno: Piensa en el guión de preguntas y ordénalas. Prepara un formulario para las respuestas de los encuestados.
Temas posibles: ¿Profesión que te gustaría tener en el futuro? ¿Has trabajado alguna vez en las vacaciones de verano? ¿En qué? ¿Has hecho prácticas alguna vez? ¿Dónde? ¿Qué prefieres, estudiar o hacer un ciclo formativo? ¿Te gustaría estudiar en el extranjero? ¿En qué país/es?

Paso dos: Prepara otro formulario para recoger los datos de la encuesta.
Por ejemplo: profesiones más deseadas, número de alumnos que trabajan en las vacaciones de verano, países extranjeros preferidos para estudiar etc.

Paso tres: Realiza la encuesta en vuestro curso al menos a 20 alumnos. Si quieres puedes ir rellenando el formulario o puedes grabar la encuesta y completar después los datos.

Paso cuatro: Haz el recuento y análisis de datos. P. ej.: Quieren ir al extranjero 15 de los 20 encuestados. Calcula también el porcentaje: Quieren ir al extranjero el 75% de los encuestados.

Paso cinco: Prepara gráficos para representar los resultados. P. ej.: ¿Qué profesiones son las más deseadas?

Paso seis: Presenta los resultados en clase en español. ¿Qué conclusiones podéis sacar al final?

Tu reto 2

Preparad una discusión sobre el tema “Las redes sociales – ¿bendición o maldición?”

Paso uno: Escribid las ventajas y desventajas de las redes sociales.

Paso dos: Pensad en personajes que puedan representar los argumentos a favor o en contra de las redes sociales en un debate, p. ej. padres preocupados, un joven móviladicto, un científico que ha realizado estudios sobre este asunto …

Paso tres: Formad grupos que preparen la biografía, un resumen de la opinión y los argumentos de uno de los personajes. También necesitáis un grupo para preparar el papel del/de la presentador/a.

Paso cuatro: Repasad las expresiones y el vocabulario para opinar y mostrar acuerdo, desacuerdo, acuerdo parcial.

Paso cinco: Formad grupos usando todos los personajes más un/a presentador/a.

Paso seis: ¡A debatir! Presentaos y resumid cada uno/a su opinión. Luego intercambiad los argumentos. M I 4.9

Vamos a Cuba

Capítulo 3

4

1. Mira el mapa de Cuba. ¿Dónde está situado el país geográficamente? ¿Cómo se llaman los países vecinos?
2. Describe el automóvil de la foto. Hoy en día todavía circulan muchos coches antiguos por las calles cubanas. Haced suposiciones de por qué es así.
3. Cuba es playa, sol y mar. ¿Qué más significa para ti Cuba?
4. Describe la foto a la derecha. ¿Qué impresión te da de la vida de los cubanos? Compara con la plaza central de tu ciudad / pueblo.

la revolución cubana
el socialismo
el país caribeño
los coches antiguos / americanos
las plantas tropicales
las palmeras
los músicos callejeros
la población blanca / negra / mestiza
los edificios coloniales

¿Qué pasa aquí?

Carlos va a Cuba para participar en una fiesta familiar. Su abuelo le cuenta muchas cosas sobre el país caribeño de antes y de ahora. Durante el viaje Carlos también va a aprender algo sobre la cultura cubana, la comida y el sistema sanitario.

Pronto vas a saber

- escribir el resumen de un texto narrativo o informativo
- utilizar el estilo indirecto cambiando el tiempo verbal
- expresar algo cariñoso con las formas del diminutivo
- algo sobre la vida de los cubanos, su país, sus tradiciones y sus fiestas

Revisas

- las formas del indefinido y escribir una biografía
- proponer actividades para las vacaciones usando las formas del condicional
- el elativo
- las formas del imperativo

Tu reto

1. Imagínate que eres reportero de *Radio Reloj* y prepara un programa de cinco minutos con información sobre Cuba.
2. Con otros colegios participáis en un proyecto internacional. El tema es: "El mundo hispanohablante". A vuestro curso os toca Cuba. Preparad una tarde informativa sobre este país latinoamericano con información sobre, entre otros, su geografía, la historia, la cultura, el arte, la gente, las tradiciones, los problemas actuales, etc.

A Cuenta el abuelo

1 La carta de la tía Hilda

En las vacaciones Carlos quiere visitar por primera vez a sus abuelos que viven en Santiago de Cuba. Este año hay un motivo especial para viajar a Cuba. La familia de Carlos acaba de recibir la siguiente carta.

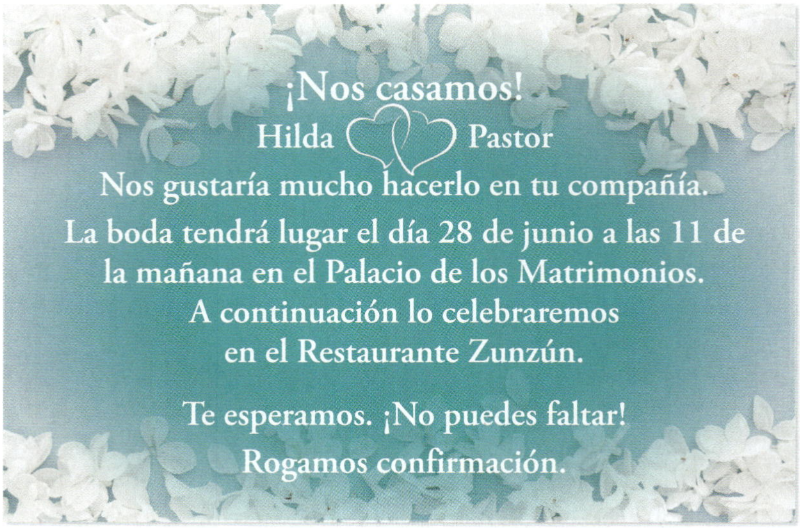

a. La madre de Carlos no encuentra sus gafas y le pregunta a su hijo qué ha escrito la tía Hilda. Resume el contenido de la carta utilizando el estilo indirecto. +ayuda p. 152

Modelo: *La tía nos escribe que quiere casarse con Pastor. Además dice que …*

b. En nombre de Carlos y sus padres, escríbeles una respuesta afirmativa a los novios. +ideas p. 165

2 Cuba, el país de eterna escasez

La familia de Carlos está preparando el viaje. Quieren saber si la familia cubana necesita que ellos le lleven algunas cosas.

a. Leed los mensajes. ¿Qué pensáis sobre la situación económica de Cuba?

Tía
Me hacen falta algunos globos para decorar la sala de eventos.

Abuelo
Mi medicina es importante. Aquí no se consigue en ningún lugar.

Tío
Desapareció el desodorante del shoping. ¿Podrías traerme uno?

Tía
Ah, me hacen falta algunas flores artificiales. Pero solo si no te cuestan una fortuna.

b. Aquí tienes algunos fragmentos de blogs de cubanos. Leelos y haz una lista con los problemas a los que tienen que enfrentarse los cubanos.

Cada día tienes que ser creativo. Uno no puede cocinar lo que quiere. Casi nunca se encuentra todo en las tiendas. Si quieres hacer una hamburguesa con carne de res, no encuentras la carne en las tiendas. Y, si la encuentras, cuesta carísimo.
Julia, Trinidad, 20 años

Durante muchas semanas no había papel higiénico en las tiendas.
Mirta, Santa Clara, 38 años

Muchas veces ves estanterías vacías en las tiendas. Y, cuando llegue la mercancía, hay largas filas de personas.
Eduardo, Guantánamo, 50 años

La situación con el transporte es difícil porque muchos autobuses necesitan reparaciones, pero faltan piezas.
Juan, Bayamo, 32 años

Aquí se recicla y se repara todo.
Ernesto, La Habana, 47 años

La escasez de medicamentos es un problema en Cuba.
Manolo, Matanza, 54 años

La infraestructura no está desarrollada perfectamente. Tengo miedo de que un día haya una epidemia y no podamos controlarla por la falta de infraestructura.
Yocandra, Santiago de Cuba, 85 años

c. Habla con tu compañero/a: ¿Cuáles de los productos que muchas veces faltan en Cuba son importantes para la vida cotidiana? ¿Cuáles los puedes sustituir por otros productos? ¿Cuáles no son necesarios o representan un lujo? Pensad en más necesidades / materiales y apuntadlas. Agrupadlas por categorías y relacionad los productos y necesidades. +ayuda p. 152/153

MK **d.** Carlos le habla a Daniel de lo que necesitan sus familiares cubanos. Daniel se acuerda de que su papá le había mencionado que su familia les mandaba paquetes a sus familiares de Dresden antes de la caída del muro de Berlín en 1989. Investigad en internet qué eran los así llamados "Westpakete" y qué se mandaba a la República Democrática Alemana (por supuesto que sí, también había "Ostpakete"). Luego grabad un vídeo informativo para los amigos españoles.

e. En Cuba no se tira nada, todo se arregla. Comparad esta situación con Alemania. ¿Qué actitud tenemos aquí? Buscad ejemplos y presentádselos a los demás. +ideas p. 165

MK

3 ¿Cuba? Ni idea …

Como Carlos no sabe casi nada del país de sus antepasados, se pone a investigar en internet. Lo primero que encuentra son los dos personajes que veis en las fotos. ¿ Los conocéis? ¿Sabéis ya algo sobre la historia de Cuba? +ideas p. 165

CD 1·6
80024-01

Hasta la victoria siempre

En 1952 el antiguo presidente cubano Fulgencio Batista, apoyado por los EE.UU., dió un golpe de estado. Bajo su régimen se eliminaron la constitución cubana y muchas libertades políticas como la libertad de expresión y de prensa. La diferencia entre cubanos ricos y pobres se hizo más grande y además la mafia estadounidense controlaba el narcotráfico, la prostitución y el juego.

El 26 de julio de 1953 un grupo de jóvenes dirigido por el jurista Fidel Castro, atacó el cuartel[1] Moncada. Eso marcó el inicio de la Revolución Cubana, a la que se unió el médico argentino Ernesto ("Che") Guevara. Pero no fue hasta enero de 1959, cuando los revolucionarios comandados por Fidel Castro acabaron con la dictadura de Batista. Desde ese momento se instaló un régimen socialista que fue apoyado económicamente y políticamente por la Unión Soviética.

Como el régimen de Castro afectaba a los intereses estadounidenses en Cuba, el gobierno del presidente Dwight D. Eisenhower impuso un bloqueo económico en 1960. El comercio entre Cuba y EE.UU. practicamente desapareció, y por eso Cuba empezó a comerciar con los países socialistas. Al mismo tiempo, los EE.UU. apoyaban a grupos contrarios a Castro en Cuba y fuera de la isla hasta que en 1961 J. F. Kennedy intentó invadir militarmente la isla por la Bahía de Cochinos[2], pero Castro evitó la invasión en menos de 72 horas.

En 1962 se desarrolló una de las mayores crisis de la Guerra Fría cuando los EE.UU. se enteraron de que existían bases de misiles nucleares en territorio cubano. El mundo estuvo al borde de una guerra nuclear. Después de duras negociaciones la Unión Soviética retiró los misiles que había instalado en Cuba y puso fin a la "Crisis de los Misiles".

Con la caída del muro de Berlín en 1989 desaparecieron los países socialistas y Cuba perdió el 95% del mercado externo. Empezó una crisis económica, el así llamado "período especial" que afectó a la vida de los cubanos. Faltaba energía eléctrica, lo que dificultó el transporte y mucho más. Cuba tuvo que integrarse en un nuevo sistema de relaciones económicas internacionales. A partir de 1996 empezó la época de la recuperación económica en el país socialista. Hoy en día el sector más importante es el turismo.

Historia de Cuba

Cuba fue descubierta por Colón en 1492 y después colonializada por los españoles. En 1898 se independizó de España, pero durante muchos años los gobiernos de Cuba estuvieron controlados por los Estados Unidos desde la sombra.

[1] el cuartel die Kaserne

[2] la Bahía de Cochinos Schweinebucht

4 Mirar al pasado para entender el presente y pensar en el futuro

a. Copiad la tabla y ordenad los acontecimientos cronológicamente. Relacionad los acontecimientos con las fechas y encontrad los verbos correspondientes para poder explicar lo que pasó. +ayuda p. 153

año	acontecimiento	verbo
1492	descubrimiento	descubrir
■	■	■

la dictadura de Batista • la crisis de los misiles • el inicio de la Revolución Cubana • el período especial • la invasión de Bahía de Cochinos • el bloqueo económico • el descubrimiento • la victoria de los revolucionarios bajo Fidel Castro • la caída del muro de Berlín • la independencia • el golpe de estado de Batista

b. Luego formad frases resumiendo la historia de Cuba. +ayuda p. 153 +ideas p. 165

5 ¿El qué?

Un recuerdo típico de Cuba para muchos turistas es una camiseta con el retrato del Che. Investiga las fechas más importantes de su vida y escribe una biografía explicando quién fue y por qué se hizo famoso en Cuba y en el resto del mundo.

6 Abajo el bloqueo

Como Carlos está en Cuba, aprovecha para entrevistar a su abuelo para su clase de Ciencias Sociales. Le pregunta a su abuelo por qué es difícil comprar algunas cosas en Cuba.

Abuelo: Mira, te podría contar mil historias sobre el bloqueo. Para empezar ...
Antes de independizarse Cuba había sido colonia española. En 1898 se independizó y la República de Cuba pasó a estar controlada por Estados Unidos. Muchas empresas americanas se instalaron en la isla. Había mucha pobreza y un gran número de analfabetos en Cuba. En 1959 triunfó la Revolución. Para mejorar el nivel de vida de muchos cubanos, comenzó la expropiación de tierras, ingenios azucareros, refinerías de petróleo, minas, plantaciones, hoteles y edificios que se encontraban en manos estadounidenses. Por eso, en 1960 EE.UU. empezó con el embargo a Cuba, que aquí lo llamamos “bloqueo”. Prohibieron a otros países comerciar con nosotros y siempre intentaban aislar la isla. El bloqueo todavía continúa aunque el ex presidente estadounidense Barack Obama anunció el fin de esta política ya en 2014. Las consecuencias del bloqueo han afectado a todos los sectores. Entre otras cosas es difícil importar medicamentos o productos sanitarios necesarios, faltan alimentos y hay dificultades con el transporte. No sé decirte si cambiará la situación pronto.

a. Lee lo que le explica el abuelo a Carlos con respecto a la escasez de productos en Cuba y decide si las afirmaciones son correctas o falsas. Corrige las afirmaciones falsas.

	■ correcto	■ falso	■ No está en el texto
1. En 1898 Cuba logra liberarse de España.	■	■	■
2. En el siglo XX Cuba se convierte en una colonia estadounidense.	■	■	■
3. En las primeras décadas del siglo XX muchos cubanos no tienen seguro médico.	■	■	■
4. Antes de la Revolución Cubana muchas fábricas de azúcar, refinerías, minas y plantaciones pertenecen a empresarios estadounidenses.	■	■	■
5. Después de la Revolución muchos estadounidenses vendieron las empresas que tenían en Cuba.	■	■	■
6. Los revolucionarios querían mejorar el nivel de vida de muchos cubanos.	■	■	■
7. El embargo duró desde 1960 hasta 2014.	■	■	■
8. Debido al embargo no era posible negociar con Cuba.	■	■	■
9. Barack Obama puso fin al embargo.	■	■	■
10. El abuelo espera que pronto se acabe el embargo.	■	■	■

b. Identifica en los mensajes que Carlos le manda a Daniel los verbos introductorios a las frases de estilo indirecto.

Carlos

Oye Daniel, te cuento rápido lo que me dijo mi abuelito, a ver si lo puedes usar para nuestra presentación.

Dijo que me podría contar mil historias jiji, como siempre ...

Me había explicado que Cuba había sido colonia española (ya lo sabíamos ☺).

Añadió que en 1898 Cuba se había independizado y que la República de Cuba había pasado a estar controlada por EE.UU.

Mencionaba que en 1959 había triunfado la Revolución.

Me había comentado que las consecuencias del bloqueo habían afectado a todos los sectores.

No sabía decirme si la situación cambiaría pronto.

c. Apunta la tabla en tu cuaderno. Vuelve a leer los ejemplos y compara con lo que dice el abuelo en el texto en estilo directo. Rellena la tabla con la información que falta.

lo que **dice** el abuelo (estilo directo)		lo que **dijo** el abuelo (estilo indirecto)	
forma verbal	tiempo / modo verbal	forma verbal	tiempo / modo verbal
podría	condicional simple	podría	condicional simple
había sido	pretérito pluscuamperfecto	había sido	pretérito pluscuamperfecto
■	■	■	■

d. Encuentra las reglas y completa el texto. Ch 1 p. 76 G 8

"El abuelo dice que es difícil importar medicamentos." – "El abuelo dijo que era difícil importar medicamentos."

> Para contar lo que dijo una persona en el pasado, la frase introductoria va en indefinido, ? o ?.
> En la frase del discurso indirecto no hay cambios si se trata del imperfecto, ? o ?.
> En la frase del discurso indirecto se producen los siguientes cambios:
> presente → ?, ? → condicional simple y pretérito perfecto → ?.

e. Ahora escribe todo el texto en estilo indirecto de pasado. Usa conectores (además, también, luego, etc.) para estructurar el texto.

7 Llegó la zafra

a. Escucha la canción de Celia Cruz "Llegó la zafra" del año 1959 80024-03. ¿De qué trata la canción? ¿Qué sentimientos expresa? +ayuda p. 153

CD 1 · 7–8

b. Escucha lo que el abuelo, Leonardo Bravo Izaguirre, nacido en 1933, cuenta sobre su juventud y responde las siguientes preguntas con frases completas.

1. ¿Dónde nació el abuelo?
2. ¿Cómo se llama el dictador cubano de esa época?
3. ¿Cuántos hermanos tiene el abuelo de Carlos?
4. ¿Quién es el mayor de los hermanos?
5. ¿Cuántos años fue el abuelo a la escuela?
6. ¿Por qué tiene que dejar la escuela?
7. ¿A qué edad empieza a trabajar en la bodega de su tío?
8. ¿Cuántos meses dura la zafra?
9. ¿Cuánto le pagaron al abuelo al mes por trabajar en la colonia de caña?
10. ¿Cómo logra el abuelo encontrar el trabajo en una tienda?

c. Después, convirtiendo tus frases en estilo indirecto, cuenta lo que dijo el abuelo.

¡Ojo! Cuando cambias las frases al estilo indirecto del pasado, también hay cambios en las expresiones de lugar y de tiempo. Ch 1 p. 76 G 8.2

8 El niño de los zapatos rotos

CD 1·9

80024-04

a. Escribe el texto en tu cuaderno y pon los verbos que faltan en el tiempo correcto de pasado. Escucha la audición y compara.

Siempre existieron en las épocas anteriores escuelas públicas. No … (haber) que pagar. Me recuerdo, … (haber) una merienda escolar. … (consistir) en un par de galleticas de dulce y un pedacito de dulce de guayaba. Pero muy pocas veces que lo … (pasar[1]) en esa escuela. Muy pocos alumnos … (llegar) al quinto, sexto grado porque ya cuando … (llegar) a la edad de doce, catorce años ya … (tener) que trabajar para poder ayudar al sustento de la familia, de la casa y yo … (pasar) por toda esa etapa con muy poca o casi nada ropa, vestimenta y calzado pasado con la suela perforada, una plantilla de cartón por dentro.

1 *hier:* verteilen, reichen

b. Cuenta en estilo indirecto qué dijo el abuelo sobre sus años en la escuela. Ch 1 p. 76 G 8.2

c. Preguntad a vuestros abuelos sobre su juventud y apuntad en español lo que os dicen sobre sus años en la escuela, su primer trabajo, su primer sueldo etc. Luego comentad con otros compañeros de clase lo que os han contado.

d. Compara la juventud de los abuelos de Cuba y de Alemania (o del país de origen de tus abuelos). ¿Qué tienen en común? ¿Cuáles son las diferencias? +ayuda p. 154

9 Una llamada histórica

En 2016 por primera vez en 88 años un presidente de los EE. UU. visitó Cuba. Antes de su visita, Barack Obama recibió una llamada del señor Pánfilo de Cuba en la Casa Blanca.

Mirad el vídeo 80024-03. ¿De qué hablan? ¿Quién crees que es Pánfilo? ¿Qué actitud tienen los dos antes de la visita a Cuba? +ayuda p. 154/155 +ideas p. 166

80024-04

10 Las reliquias andantes

Uno de los elementos **distintivos** de la capital de Cuba y de la Isla en general, es la **presencia** de esas **reliquias** andantes, que son los autos clásicos o "almendrones", como les llamamos los nacidos en la tierra caribeña.

Estos automóviles, anteriores a la **década** 60 y de origen norteamericano, se pasean por las calles cubanas con una **majestuosidad** y **conservación**, que fácilmente puede competir con los más modernos. Pruebas de eso sobran en postales de La Habana y en fotos de turistas. [...]

Fords, Pontiacs, Willys, Cadillacs y otros funcionan perfectamente luego de un siglo de **fabricación**. Mantienen su belleza sorprendentemente. Algunos **poseen piezas** originales que han alargado su vida útil gracias a la inventiva del cubano en materia de mecánica. Otros solo conservan la **carrocería** y los dueños les han hecho adaptaciones con motores y piezas de otros vehículos. Contrario a lo que se pueda pensar por lo general, no consumen mucho combustibles gracias a los ajustes provenientes de las mentes de los "científicos automotrices cubanos".

Cuba cuenta **aproximadamente** con 75 mil autos clásicos conservados, con fecha de fabricación entre 1920 y 1950. Más de 10 mil almendrones circulan solo en La Habana. Se han llegado a utilizar **componentes** de lavadora y refrigeradores para repararlos. [...]

Los almendrones se han vuelto figuras célebres y originales de la isla pese que son norteamericanos. El hecho de poder conservarlos tan radiantes como el primer día y mantenerlos en funcionamiento, ya constituye un dato curioso y **digno** de **admirar**. Fruto de la persistencia e inventiva del cubano hoy representan un **atractivo** para extranjeros y una solución para los cubanos.

Fuente: Liana Consuegra 2018, https://www.cubanos.guru/10-cosas-que-quizas-no-sabias-de-los-almendrones-en-cuba/(Junio, 2019).

a. Encuentra las palabras inglesas o alemanas que te ayudan a entender lo que significan las palabras españolas marcadas en el texto. ¡Ojo! A veces solo son de la misma familia de palabras.

español	inglés	alemán
distintivos	■	■

b. Lee el texto y describe con tus palabras qué son las reliquias andantes de Cuba. ¿Por qué se encuentran tan conservadas después de casi un siglo?

11 Una nueva era

En noviembre de 2016 muere Fidel Castro, el "máximo líder" de la revolución cubana. Lee los titulares alemanes publicados en los años posteriores a la muerte de Castro y explica en español qué información te dan sobre el desarrollo de la situación en Cuba.

Auf Fidels Wunsch: Keine Denkmäler von ihm auf Kuba

Vor Obamas Amtsübergabe an Trump: Annäherung an Kuba soll fixiert werden

Wirtschaftsreformen in Kuba sollen in neuer Verfassung festgeschrieben werden

Das Ende der Ära Castro: Mit Díaz-Canel erstmals seit 60 Jahren kein Castro mehr Präsident in Kuba

Tourismusboom auf Kuba in Gefahr: Trump will Reisen auf die Nachbarinsel erschweren

12 EE.UU. y Cuba más cerca pese a Trump

a. Mirad la viñeta y describidla.
+ayuda p. 155 M I 4.4

MK

b. Investigad sobre la situación política y económica actual de Cuba. ¿Cómo se ha desarrollado la relación con su vecino, los EE.UU.? Preparad un cartel informativo y presentadlo en un gallery walk.

13 Con cara al futuro

Mesa Redonda es un programa televisivo producido por la Televisión Cubana. Se transmite a diario a las 6:30 pm. El tema de hoy es: ¿Cuál será el futuro de Cuba con su nuevo presidente Miguel Díaz Canel?

Trabajad en grupos de unas 5 personas. Repartíos los papeles. Un alumno representa al moderador. Los otros participantes de la mesa redonda podrían ser: un representante de los EE.UU., un emigrante cubano que actualmente vive en otro país, el abuelo de Carlos, un / a hotelero / a, un / a campesino / a cubano / a. Preparad bien vuestras ponencias.

¡Qué linda es Cuba!

B

1 El cubano vive la música desde que nace

Carlos

Estoy en la fiesta de la boda de mis tíos. Lo estoy pasando bomba.
Os mando algunos ritmos latinos para calentaros en las noches frías europeas

A los turistas les encanta la música tradicional, el son cubano. Cada año en Santiago de Cuba tiene lugar el Festival del Caribe y en todas las plazas de la ciudad suenan las canciones de los viejos soneros. Muchas personas en Europa también conocen este género que se hizo muy popular gracias a la película "Buena Vista Social Club".

MK

a. Infórmate en internet sobre el *Buena Vista Social Club.* +ideas p. 166

A-Z

80024-04

b. En grupos de tres elegid cada uno / a un / a músico / a del Buena Vista Social Club. Escribid las biografías de los tres músicos del Buena Vista Social Club usando el pretérito indefinido. Luego presentad vuestro / a artista a los demás. M II 2.2.9

Compay Segundo ☆

Máximo Francisco Repilado Muñoz, más conocido como Compay Segundo, (nacer) el 18 de noviembre de 1907 en Siboney, cerca de Santiago de Cuba. (ser) un músico y compositor. (tocar) la guitarra, el tres cubano, el clarinete y el bongó. En los años 30 (formar) parte de diversos grupos artísticos de Santiago de Cuba como el *Cuarteto de Trovadores Orientales*. En 1948 (fundar) el dúo *Los Compadres*. Su fama internacional (llegar) en 1997 con *Buena Vista Social Club*. (morir) en 2003 en La Habana.

Omara Portuondo ☆☆

- 29 de octubre de 1930 – nace en La Habana
- comienza la carrera de bailarina en el cabaret *Tropicana*
- años 50 – forma parte de la *Orquesta Anacaona* y del cuarteto vocal *Las de Aída*; realizan muchas giras por América
- 1959 – debuta en solitario
- años 70 – canta con la *Orquesta Aragón*
- 1983 – se hace un documental sobre la cantante
- 2000 – realiza una gira mundial con los músicos de Buena Vista Social Club
- 2009 – gana el Premio Grammy Latino

Eliades Ochoa ☆☆☆

- geboren am 22.06.1946 in der Nähe von Santiago de Cuba
- begann mit 6 Jahren, Gitarre zu spielen
- 1971 – spielte im *Quinteto de la Trova* und im *Septeto Típico Oriental*
- 1978 – wird Mitglied des *Cuarteto Patria*
- 1997 – Premio Grammy für CD *Buena Vista Social Club*
- 2012 – gewinnt den Grammy Latino für sein Album "Un bolero para ti"

c. Buscad en internet otro/a músico/a del Buena Vista Social Club y escribid juntos una biografía. M II 2.2.9/2.2.10

2 Y el Lucas es para ...

MK

a. Informaos sobre la música actual de Cuba. Aquí veis algunos de los ganadores del Premio Lucas de diciembre de 2017, el premio para los mejores vídeos cubanos. +ideas p. 166

Vídeo más popular
Leoni Torres
"Te pongo a bailar"

Mejor Vídeo Música Urbana
Gente de Zona
"Si no vuelves"

Mejor Vídeo Música Jazz
Roberto Fonseca
"Afro Mambo"

MK

b. Encontrad más artistas cubanos e investigad sobre ellos. Diseñad un cartel sobre el artista elegido. Luego presentadlo en un gallery walk a los demás.

80024-04

3 ¿Tiempo de cambios en Cuba?

Julio y Enrique Iglesias, dos momentos en la vida de Cuba

YOANI SÁNCHEZ, La Habana | 11/01/2017

Mi madre tenía una camiseta con el rostro del cantante español Julio Iglesias, comprada en el mercado informal a principios de los años ochenta. En una reunión de la *Unión de Jóvenes Comunistas* le advirtieron que no podía seguir usándola. El autor [...] había caído en la lista negra de la censura [...].

Yoani Sánchez es una periodista cubana. Ha alcanzado fama por su blog *Generación Y* donde describe y critica la realidad de su país.

Este enero, casi cuatro décadas después [...] su hijo Enrique Iglesias ha llegado a Cuba para filmar el videoclip del sencillo "Súbeme la radio". [...] Aunque los medios nacionales han manejado con cautela la visita de Iglesias, la noticia se ha extendido rápidamente entre la gente. [...]

Este miércoles, muchas jóvenes suspiran por lograr un autógrafo del exitoso artista y aguardan para capturar con su teléfono móvil un instante en que él se acerque, pase, se haga ver. Son mujeres que tienen la misma edad que mi madre en aquellos años cuando le prohibieron usar una camiseta con el rostro del otro Iglesias, el prohibido. [...]

Mi madre nunca pudo ir a un concierto de Julio Iglesias. [...] Esta semana, otras cubanas como ella tendrán su pequeña revancha histórica. Otro Iglesias ha llegado, sus canciones son diferentes y la Cuba en la que aterriza poco se parece a aquella Isla [...] de antaño. La música acaba de ganarle una partida a la ideología.

Fuente: Yoani Sánchez, 2017, http://www.14ymedio.com/blogs/generacion_y/2017/01.html (Junio, 2019).

a. Lee el texto y contesta las preguntas.

1. ¿Qué tipo de texto es? ¿Quién es el/la autor/a? ¿Cuándo y dónde fue publicado el texto? ¿De qué trata?
2. ¿Dónde había comprado en los años 80 la madre de la autora la camiseta con el rostro de Julio Iglesias?
3. ¿Por qué a ella le prohibieron ponerse la camiseta?
4. ¿Qué pasó en enero de 2017, unos 40 años después de la compra de la camiseta?
5. ¿Qué pasó en Cuba aunque los medios de comunicación cubanos no habían informado sobre la visita de Enrique Iglesias?

b. Escribe un resumen del texto: Asegúrate que has entendido toda la información del texto. Empieza con una frase introductoria con los datos bibliográficos, luego haz un resumen de la información general del texto. Ch 2 p. 76 M I 3.4

c. Compara la situación de la madre de Yoani Sánchez en los años 80 con la de las otras jóvenes cubanas del año 2017.

d. Hablad sobre la siguiente frase y comentadla: "La música acaba de ganarle una partida a la ideología". +ideas p. 166

4 Un caramelo para ti

Mira el vídeo de la canción "Súbeme la radio" 80024-03. ¿Qué sensación te produce de La Habana?

¿Sabéis que el compositor de la canción "Súbeme la radio" también es cubano? Se trata de Descemer Bueno, un chico de La Habana.

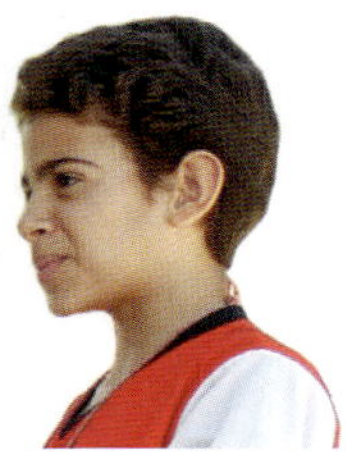

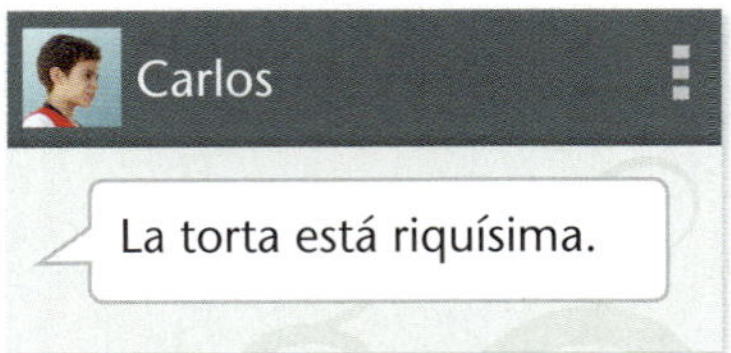

5 Qué rica es la comida cubana

a. Lee el siguiente texto y pon la forma correcta del elativo de los adjetivos marcados. +ayuda p. 155 G 6.2

La comida cubana es **famosa** y **deliciosa**. Es el resultado de la mezcla de costumbres españolas, indígenas, africanas, árabes y la influencia de la inmigración asiática. La gente de Cuba utiliza carne, verduras **frescas** y frutas **ricas**. Son ingredientes **importantes** en los platos de comida cubana. El **típico** menú festivo cubano consiste en congrí, una ensalada fría y una torta **bonita**. La torta *típica cubana es* **dulce**.

b. Mira el vídeo "Los 13 platos estrella de la cocina cubana" 80024-03 y apunta los platos típicos cubanos.

MK **c.** Elige uno de estos platos y busca en internet cómo se prepara. Preséntales la receta a tus compañeros.

80024-04 **d.** Lee la receta para hacer tostones. Escríbela en forma de texto en tu cuaderno utilizando las formas del imperativo. +ayuda p. 155

Cómo preparar TOSTONES FRITOS

Es un platillo fácil de preparar y muy popular en Cuba.

INGREDIENTES

- plátanos verdes
- sal al gusto
- aceite vegetal para freír

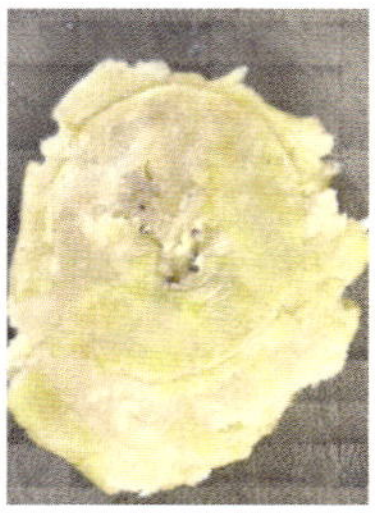

aplastar los plátanos

PREPARACIÓN

- conseguir todos los ingredientes
- cortar los extremos de los plátanos y separar las cáscaras
- dividir los plátanos en pedacitos de 2 cm
- preparar una sartén con aceite y freír los pedacitos
- sacarlos de la sartén (cuidado para que el aceite caliente no te queme)
- aplastar los plátanos calientes (puedes utilizar una tabla de cortar sobre la que pones el pedazo de plátano y poner un plato o un vaso encima para aplastar los pedazos).
- freír los pedacitos por segunda vez en aceite hasta que obtengan un color dorado.
- añadir un poco de sal

6 Luna de miel en peligro

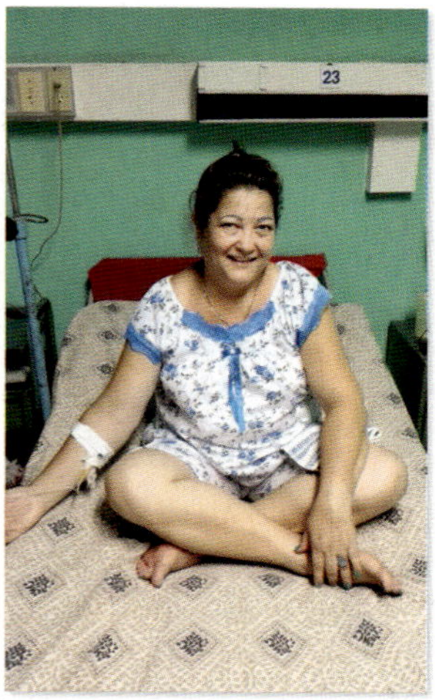

¡Qué susto! Hilda está con diarrea, cólicos, fiebre, dolor de cabeza y vómitos.
Ya por la tarde se sintió un **poquetico** mal. "Parece que los frijolitos no me han caído bien", dijo. "O quizás el heladito, la ensaladita con mayonesa, el pastelito ..."
"Hilda, parece que tienes el estómago revuelto. Comiste más de la cuenta. Tómate una infusión y acuéstate un **ratito**", le contestó Pastor. Por la noche Hilda se puso peor. Había que avisar al médico de la familia, este **rapidito** llamó a una ambulancia y la **pobrecita** de Hilda fue ingresada en el hospital. Dentro de dos días ella y Pastor quieren irse a su luna de miel. A ver si Hilda se recupera a tiempo.

a. Lee el texto. ¿Cuál es el problema de Hilda?

b. Las palabras marcadas son formas del diminutivo. ¿Qué forma piensas que es y qué expresa? Hay más formas del diminutivo en el texto. Escríbelas en tu cuaderno y añade la forma original de la palabra.

Modelo: *un poquetico – un poco*

"Poquetico" es típico de Cuba. En otros países muchas veces se usa "poquito".

c. Encuentra la regla gramatical para la formación del diminutivo. Ch 3 p. 76 G 6.1

d. Forma el diminutivo de las siguientes palabras: ahora, la casa, la mesa, el camión, el sol, el calor, el amigo, despacio, rojo, el motor, el niño, el tren, la luz, el pez

7 Cuba – ¿un destino sanitario para todos?

80024-04

Sistema de Salud Cubano

El sistema de salud cubano es universal, gratuito y accesible para todos los ciudadanos.

Los programas con prioridad son:
- prevención y control de enfermedades infecciosas y transmisibles
- atención materno-infantil
- programa de vacunación
- control de las enfermedades crónicas
- atención al adulto mayor

a. Un conocido tuyo quiere viajar a Cuba, le interesa el sistema de salud en Cuba. Escríbele un e-mail y resume en alemán la información correspondiente.

b. Describe e interpreta la siguiente estadística. +ayuda p. 156

Tasa de mortalidad infantil por 1000 nacidos vivos

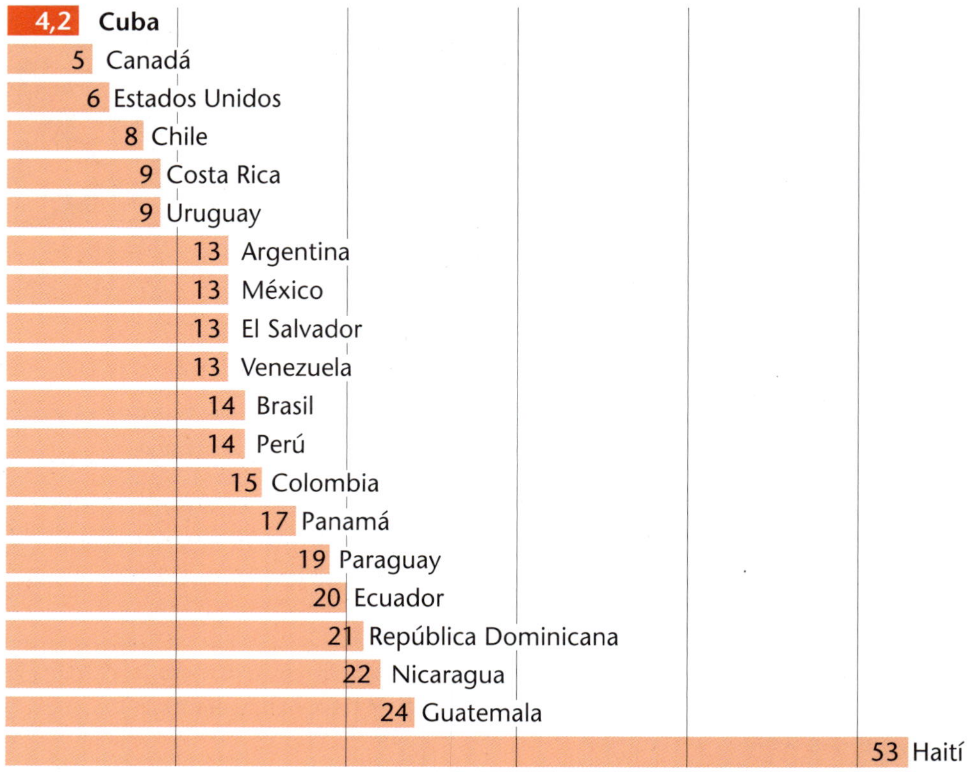

Fuente: Según UNICEF "Estado Mundial de la Infancia 2013". https://www.unicef.org/spanish/publications/index_69379.html (Junio, 2019).

CD 1 · 10

c. Escucha la audición y contesta las preguntas.

1. En 2016, ¿en cuántos países trabajaban médicos cubanos?
2. ¿Cuál es la principal fuente de divisas para Cuba?
3. Nombra los dos países a los que Cuba manda la mayor cantidad de médicos.
4. ¿A cuántos países les ofrece Cuba ayuda gratuita con el *Programa Integral de Salud*?
5. Nombra 5 de esos países.
6. ¿Qué les ofrece la *Escuela Latinoamericana de Medicina* de La Habana a los estudiantes extranjeros?
7. ¿Cuántos años dura la carrera?

d. Daniel ha encontrado el siguiente artículo en el periódico de sus padres. Como sabe que la tía de Carlos está en Cuba en el hospital, le manda un correo a Carlos escribiéndole la información general del texto. Escribe el correo. M 15 +ayuda p. 156/157

Ärzte als Exportschlager Nr. 1

Umgerechnet 66 US-Dollar verdient mancher Arzt in Kuba im Monat, weniger als mancher Taxifahrer an einem Tag. Lukrativer ist da ein Job im Ausland und das freut auch den Staat. Denn Kubas Regierung kassiert beim Export von medizinischem Personal im Schnitt 11,5 Milliarden US-Dollar pro Jahr.

[…] Für die Zuckerrohrinsel haben sich Ärzte zu einem wahren Exportschlager entwickelt. Der Dienstleistungsexport, und der besteht in erster Linie aus dem Export von medizinischem Personal, hat Kuba im Schnitt der Jahre 2011 bis 2015 mehr als 11,5 Milliarden Dollar pro Jahr an Einnahmen beschert, wurde der frühere Wirtschaftsminister José Luis Rodriguez in der Presse zitiert. Zum Vergleich: Das Tourismusgeschäft brachte nur 2,8 Milliarden Dollar.

Vor der Revolution gab es 6.000 heute 90.000 Ärzte für insgesamt 11,5 Millionen Einwohner – allerdings inklusive der im Ausland tätigen. Die Kindersterblichkeit ist mit gut vier pro Tausend fast auf deutschem und deutlich unter US-amerikanischem Niveau.

„Im Vergleich zu anderen Ländern, in denen ich war, funktioniert das Gesundheitssystem Kubas gut. Natürlich fehlen immer wieder Medikamente, da wir viel teuer im Ausland einkaufen müssen und da wirkt das Embargo der USA. Unabhängig von den Kosten wird behandelt und die Behandlung ist gratis." Meint Manuel, der in leitender Funktion an einer Klinik arbeitet.

Was nutzt freilich die Gratisbehandlung, wenn Mangel herrscht an praktisch allem, was importiert werden muss. Kuba stellt kaum eigene Medikamente her, geschweige denn medizinisches Gerät. Manchmal sind selbst einfache Schmerzmittel wie Aspirin oder Ibuprofen nicht zu finden. […] In den Regalen der Apotheken herrscht gähnende Leere. […]

Mit im Monat umgerechnet 66 Dollar kommt [ein Arzt auf Kuba] nicht weit. [Zum Vergleich:] Soviel verdient Taxifahrer Heriberto an eineinhalb Tagen. Für ein gutes Mittagsessen in einem Restaurant müssen schon mindestens 10 bis 15 Dollar gezahlt werden! […]

Der einzige Trost: die Anerkennung als Arzt und die Solidarität der Patienten, die dem Arzt aus Dankbarkeit auch schon einmal mit dem einen oder anderen unter die Arme greifen.

Texto adaptado. Fuente: Burkhard Birke, 2018, https://www.deutschlandfunk.de/kuba-aerzte-als-exportschlager-nr-1.799.de.html?dram:article_id=409339 (Junio, 2019).

8 El viaje de luna de miel

José

Carlos, una buena noticia. Hilda recibió el alta. Ahora está preparando su viaje de luna de miel. Todos juntos les regalamos a los recién casados una estancia de una semana en un hotel en la playa, cerca de Guardalavaca.

MK

a. Mirad el folleto del hotel de Hilda y Pastor. Investigad sobre los sitios de interés que podrían visitar los novios.

Hotel Playa Estero

El Hotel Playa Estero se encuentra en Playa Estero. El hotel tiene bar, restaurante, centro de spa y piscina exterior disponible todo el año.

Todas las habitaciones de este hotel tienen aire acondicionado, TV de pantalla plana, y baño privado con bañera.

En el hotel se puede alquilar coche y jugar al tenis, al ping pong y al billar. La equitación y el snorkel son actividades habituales en la zona.

Los alrededores:

La ciudad Holguin – Ayuntamiento ①
Posee una rica tradición histórica y cultural.

Delfinario Bahía de Naranjo ②
¡Haz un sueño realidad y nada con los delfines!

Aldea Taína ③
Cementerio arqueológico y parque temático sobre los indígenas cubanos

Poblado de Birán ④
Casa natal de los hermanos Castro

C

b. ¿Qué haríais vosotros en su lugar? Utilizad las formas del condicional simple. Luego presentad a los demás qué haríais en lugar de Hilda y Pastor.

Yo que Hilda y Pastor ...	visitaría ... porque podría ... Además ... (actividad en condicional simple) porque hay ... tendría ganas de ... porque ...

9 La leyenda de Guardalavaca

La primita de Carlos le regaló un dibujo a su tía Hilda antes de su viaje de luna de miel a Guardalavaca. Guardalavaca – ¡qué nombre más extraño! ¿Sabes de dónde proviene?

Mira el dibujo y continúa la leyenda. +ayuda p. 157

De dónde viene el nombre de Guardalavaca

En los siglos XVI y XVII los colonizadores españoles en el Caribe muchas veces fueron atacados por piratas. Cuenta la leyenda que …

10 ¿Un zoológico de piedras?

a. Lee el blog de Carlos 80024-06. ¿Tendrías ganas de conocer un zoológico de piedras? Justifica tu opinión con la información del blog.

MK **b.** Elige otro lugar de interés de Cuba y preséntaselo a tus compañeros.

024-04

11 Una postal de Carlos

¿Qué bolá?, amiguitos:
¿Sabéis que en Cuba hay una profesión única? Tiene relación con los famosos cigarros cubanos – lector(a) de tabaquería. Una tradición que nació en 1865 y que es reconocida desde 2012 por la UNESCO como Patrimonio Cultural. Mientras los torcedores están trabajando en la fábrica de tabaco, los lectores de tabaquería les leen en voz alta. Las lecturas pueden ser novelas, noticias, manifiestos políticos, pero también recetas de cocina. Durante el trabajo monótono en la fábrica sirven como motivadores y ni siquiera la invención de la radio puso en cuestión su rol. ¿Cómo os parece este puesto de trabajo? ¿Creéis que esta profesión tiene la oportunidad de establecerse en otros países?

¡Hasta luego!
Carlos

a. Explica qué es un lector de tabaquería.

b. ¿Conoces otras profesiones raras o curiosas? Preséntalas en clase. +ideas p. 166

1 El estilo indirecto en pasado

a. Cambios del tiempo verbal en las frases del discurso

discurso directo	discurso indirecto
presente	pretérito imperfecto
pretérito perfecto	pretérito pluscuamperfecto
pretérito imperfecto	pretérito imperfecto
pretérito indefinido	pretérito pluscuamperfecto
pretérito pluscuamperfecto	pretérito pluscuamperfecto
condicional simple	condicional simple
futuro simple	condicional simple
futuro compuesto	condicional compuesto

b. Cambios en las expresiones de lugar y de tiempo

discurso directo	discurso indirecto
hoy	aquel día
ahora	entonces
ayer	el día anterior
la semana pasada	la semana anterior
el próximo año	al año siguiente
aquí	allí
este, esta	aquel, aquella
mañana	al día siguiente

¡Ojo! Der Einleitungssatz und die indirekte Rede werden im Spanischen nicht durch Komma getrennt.
Él dijo que iba a la escuela.

2 Redactar un resumen

La frase introductoria con los datos bibliográficos:

el / la autor / a • el tipo de texto • la fecha y el lugar de la publicación
Modelo: El artículo titulado "...", escrito por ... y publicado en ... en ..., trata de ... .

La parte principal:

Solo contiene la información más importante del texto.
Se escribe en tercera persona del presente.
No contiene comentarios personales ni el estilo directo en citas.

3 El diminutivo

Als Diminutiv wird die Verkleinerungsform einer Wortart, meist eines Substantivs, Adjektivs oder Adverbs bezeichnet. Sie drückt in der Umgangssprache lateinamerikanischer Länder etwas Positives und Liebevolles aus.

Wörter, die auf -o / -a enden → meist: -ito / -ita (→ manchmal: -illo / -illa)	librito, casita	¡Ojo! Änderung der Schreibweise bei Substantiven, deren Stamm auf g oder c endet!
mehrsilbige Wörter, die auf -r, -n oder -e enden → meist: -cito / -cita (→ auch: -cillo / -cilla)	amorcito, Carmencita, pobrecito	
einsilbige Wörter, die auf Konsonant enden → -ecito / -ecita	panecito, florecita	

Tus retos, paso por paso 80024-05 + Autocontrol

Tu reto 1

Radio Reloj es una cadena de radio cubana de noticias fundada en 1947. Característico de este programa es el sonido continuo de un segundero de reloj y el anuncio de la hora a cada minuto las 24 horas del día. Escucha la siguiente audición 80024-03. Imagínate que eres reportero de *Radio Reloj*. Prepara un programa de cinco minutos con información sobre Cuba.

Paso uno: Decide qué información quieres presentarles a los radioyentes. Elige noticias de varios sectores, por ejemplo, noticias actuales, aniversarios de eventos históricos, recetas de cocina, anuncios de eventos culturales ...

Paso dos: Busca información en internet, en libros, en guías turísticas o en la prensa.

Paso tres: Apunta la información más importante. Utiliza el estilo telegráfico, es decir, frases cortas y directas.

Paso cuatro: Revisa la lengua y la gramática. Después practica tu programa.

Paso cinco: Graba la audición, no olvides anunciar la hora a cada minuto.

Tu reto 2

Con otros colegios participáis en un proyecto internacional. El tema es: "El mundo hispanohablante". A vuestro curso os toca Cuba. Hay que preparar una tarde informativa sobre este país latinoamericano con información sobre, entre otros temas, su geografía, la historia, la cultura, el arte, la gente, las tradiciones, los problemas actuales, etc. A cada uno de vosotros le toca preparar una presentación sobre un tema distinto.

Paso uno: Elegid los temas que queréis incluir en vuestra exposición y repartidlos en clase. Cada alumno recibe un tema distinto.

Paso dos: Estableced el orden de los temas y fijad la fecha de la presentación. Escribid y repartid las invitaciones. Podéis invitar a alumnos de otros cursos de español.

Paso tres: Elige la forma de presentar tu tema durante la exposición. Puedes elaborar un cartel, un folleto, un cuadro explicativo, un podcast o incluso una presentación PowerPoint o una película corta.

Paso cuatro: Busca fotos, imágenes y material adecuado.

Paso cinco: Reflexiona bien sobre la manera de presentar tu tema y practica tu exposición del tema.

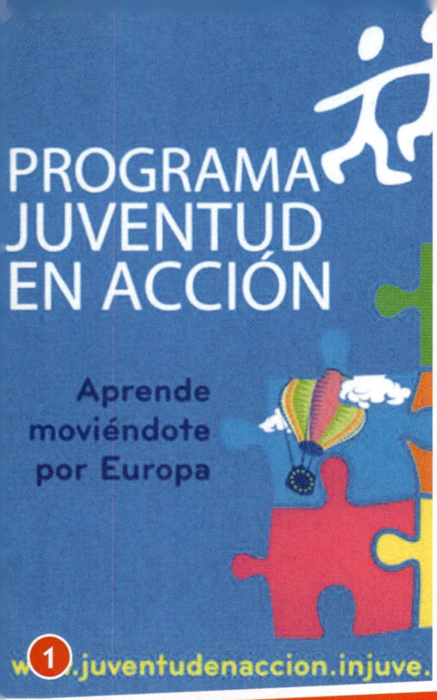

1

2

Somos europeos

Capítulo

4

4

5

1. Una lluvia de ideas: ¿Qué significa Europa para ti?
2. Intercambia tus ideas con tus compañeros/as. Encontrad los aspectos positivos y también los negativos. ¿Tenéis más a favor o más en contra de Europa?
3. Düsseldorf y Sevilla son ciudades europeas hermanadas. ¿Cuáles son las ciudades hermanadas de tu ciudad / pueblo?

¿Qué pasa aquí?

Raúl por fin ha empezado sus estudios en la Universidad Complutense de Madrid. Está pensando en cursar un semestre en otra universidad. Como a todo mundo le encanta Barcelona, pero también podría ir a estudiar con Erasmus a Düsseldorf donde vive la familia alemana de sus primos. ¿Cuál será su decisión?

Pronto vas a saber

- hablar de la historia de España y de la Unión Europea
- redactar un discurso
- qué es un Erasmus y qué posibilidades te brinda
- hablar de tu identidad
- algo de la diversidad lingüística de España
- algo sobre el español en el mundo
- formar y usar el imperfecto de subjuntivo
- expresar condiciones potenciales
- usar conectores para comparar, contrastar y para expresar finalidad

Revisas

- formar frases con la voz pasiva
- el presente de subjuntivo
- el condicional simple

Tus retos

1. Crea un videotutorial sobre la Unión Europea.
2. Elabora un póster con información sobre los idiomas que se hablan en España o en otro país hispanohablante, acompañado por un quiz para tus compañeros/as.

la Unión Europea
la identidad / identificarse con
la nación / nacionalidad
la movilidad / moverse por
depende de
la unión
la moneda
la bandera
la comunidad
la diversidad
el patrimonio / la herencia cultural
el mercado común
el tratado de …
la ciudad hermanada con
la comunidad
los estados miembros de la UE
los derechos
las libertades
la (in-) justicia

A Un ciudadano europeo

1936–1939 — GUERRA CIVIL: Batallas sangrientas entre las fuerzas republicanas y las fuerzas nacionalistas rebeldes

1939–1945 — SEGUNDA GUERRA MUNDIAL

1939–1975 — LA ÉPOCA FRANQUISTA: La dictadura del general Francisco Franco

1950/1951 — DECALARACIÓN SCHUMAN / TRATADO DE PARÍS: Bélgica, Francia, Países Bajos, Alemania, Luxemburgo e Italia

1952 — COMUNIDAD EUROPEA DEL CARBÓN Y DEL ACERO (CECA): Creación de una organización para controlar la producción de carbón y acero entre los países del Tratado de París

1957 — TRATADO DE ROMA: Establecimiento de un mercado común

1968 — UNIÓN ADUANERA: Una tarifa exterior común

1975 — España vuelve a ser MONARQUÍA bajo Juan Carlos I.

1986 — CUARTA AMPLIACIÓN: España y Portugal

1986 — España entra oficialmente en la COMUNIDAD EUROPEA.

1992 — TRATADO DE MAASTRICHT: Fundación de la Unión Europea

2002 — LA MONEDA COMÚN: El euro

2012 — PREMIO NOBEL DE LA PAZ para la UE

2016 — REFERÉNDUM sobre la pertenencia del Reino Unido a la Unión Europea

1 Cada vez somos más

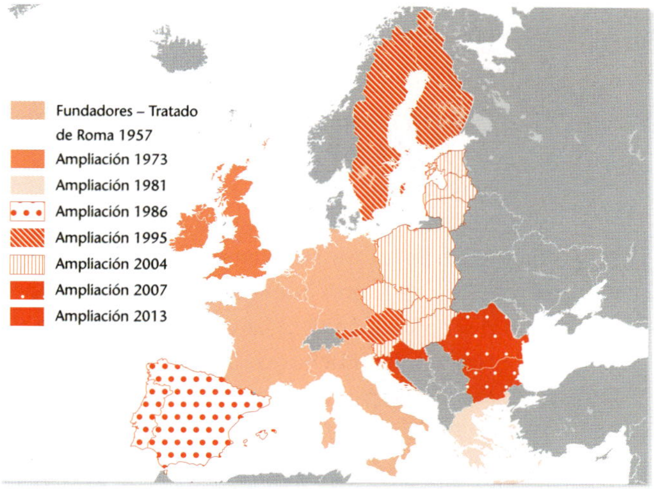

a. Mira el mapa de la derecha y nombra los países de cada nueva ampliación de la Unión Europea.

b. Ahora mira la línea histórica a la izquierda de la Unión Europea. Escribe un texto para resumir su historia y el proceso de integración incluyendo las ampliaciones.
+ayuda p. 157 +ideas p. 166

Caja de herramientas

anunciar • crear • firmar • establecer • entrar en vigor • efectuarse • realizarse • ampliarse • fundar • incorporarse • entrar en • formar (la UE)

el tratado • los países fundadores • los países miembros

c. Forma frases en *voz pasiva con ser* y luego en *pasiva refleja.* Ch 1 p. 32

- la declaración Schuman • firmar • en 1950
- en 1968 • fundar • la unión aduanera
- el euro • establecer • en 2002
- el Premio Nobel de la Paz • ganar • en 2012
- el referéndum sobre la pertenencia del Reino Unido a la UE • realizar • en 2016

Terminemos con las guerras

80024-04

¿Qué es la UE?

El siglo pasado, al terminar la Segunda Guerra Mundial, los líderes de Europa decidieron ponerse de acuerdo para resolver sus problemas. Nunca más querían que hubiera guerra: así la gente podría rehacer su vida y crear formas nuevas y mejores de trabajar y relacionarse entre sí. […] Los líderes europeos también confiaban en que, al depender los unos de los otros, los países ya no tendrían motivos para hacerse la guerra: la economía mejoraría en toda la región y la gente tendría buenos trabajos, alimentos y seguridad. […]

Para convivir en paz hay que aceptar a los demás tal y cómo son. Cada país vive según sus tradiciones, su lengua y su cultura propias. Esta idea se resume muy bien en el lema de la UE: "Unida en la Diversidad". A pesar de esa diversidad, los países de la UE tienen objetivos comunes:

- Quieren prosperidad y mejores condiciones de vida para todos. La UE ya es la zona económica más grande del mundo.
- Quieren paz y seguridad en Europa y en el mundo. En lugar de luchar con armas, prefieren sentarse en torno a una mesa y dialogar.
- Quieren los mismos derechos y libertades fundamentales para todos los ciudadanos de la UE, de modo que tengan las mismas oportunidades y no sufran ninguna discriminación. [...] La UE tiene su propia Carta de los Derechos Fundamentales. [...] Hoy en día muchos países de la UE utilizan la misma moneda, el euro, que hace más fácil viajar por Europa sin tener que cambiar dinero. Y, del mismo modo, los ciudadanos de la UE pueden viajar sin controles fronterizos, estudiar y trabajar en otros países y comprar productos y servicios en toda la UE. Pero la UE no se ocupa únicamente de seguridad, dinero y economía. También impulsa maneras de mejorar el medio ambiente. La UE apoya investigaciones e iniciativas para que avancen la ciencia y la tecnología. [...]

Texto abreviado y adaptado. Fuente: http://europa.eu/kids-corner/countries/index_es.htm (Junio, 2019) © Europäische Union, 1995–2019.

2 Los objetivo de la UE

Lee el texto informativo sobre la UE. Encuentra los objetivos e ideas de la organización y apúntalas según el modelo: +ayuda p. 158

Los objetivos e ideas de la UE son ...

- acabar con las guerras
- prosperidad
- ...

Los países de la UE quieren que los ciudadanos ...

- puedan viajar por Europa sin tener que cambiar dinero
- tengan ...
- ...

3 Libertad y opresión

Mientras que los países fundadores de la UE se encontraban para dialogar con el objetivo de terminar con las guerras y la opresión por la Alemania nazi, España sufría la época franquista, la dictadura del general Francisco Franco. Después de haber conseguido la victoria contra los republicanos, Franco lideró la dictadura militar que duró casi 40 años, hasta su muerte en 1975.

Usó las siguientes características de cualquier dictadura para dominar y controlar al pueblo y mantenerse en el poder:

- prohibir los partidos políticos y el diálogo político
- oprimir cruelmente a los oponentes
- asumir los tres poderes: el ejecutivo, el legislativo y el judicial
- liderar el ejército
- violar los derechos humanos
- anular las libertades fundamentales democráticas, la libertad de expresión y reunión
- censurar la prensa

Conectores para comparar y contrastar

en cambio • mientras que • al contrario que

Conectores para expresar la finalidad

Para que + subj. • a fin de que + subj. • con el propósito de que + subj.

Forma seis frases según el modelo comparando el desarrollo en Europa con la situación en España bajo la dictadura de Franco. +ideas p. 166

Modelo: En Europa los países fundadores de la UE quieren dejar de declararse la guerra mientras que en España Franco …

La UE quiere los mismos derechos para sus ciudadanos, en cambio Franco … con el propósito de que …

Al contrario que Franco que quiere controlar y dominar al pueblo, la UE … para que …

4 ¿1952? ¿1972? ¿1884?

¡A jugar! Cread un cuestionario de respuestas multiples (tres respuestas para elegir) con 12 preguntas acerca de la UE. Luego preguntad a las/los compañeros de clase. ¿Quién es el/la campeón/a? +ayuda p. 158

5 ¿Quién soy?

a. Completa las frases según tu opinión.

Soy alemán / alemana … porque …
Soy europeo/a porque …
Soy el resultado de …
Europa para mí es …

b. Intercambiad lo que habéis apuntado y resumídselo a los demás.

6 El futuro de Europa está en la diversidad, según los jóvenes

Madrid, 9 may (EuroEFE).– Jóvenes españoles ganadores del concurso Euroscola 2018 del Parlamento Europeo (PE) desvelaron este miércoles el secreto para mantener vivo el proyecto de la Unión Europea (UE), acosado por movimientos populistas y euroescépticos: reivindicar la riqueza de su diversidad. Grupos como el ganador en la Comunidad de Madrid, del Colegio Santísimo Sacramento, apelaron a la esencia del proyecto comunitario.

Fuente: EuroEFE 2018, http://euroefe.euractiv.es/3789_cultura-y-educacion/5356788_el-futuro-de-europa-esta-en-la-diversidad-segun-los-jovenes.html (Junio, 2019).

a. Mira el vídeo ganador 80024-03 y lee los subtítulos. ¿Cómo contestan ellos a la pregunta "quién soy"?

b. Una lluvia de ideas: ¿En qué consiste la herencia de los ancestros, o sea, el patrimonio europeo? +ayuda p. 158

c. Explica el lema de la UE: Unida en la diversidad. +ideas p. 166

d. Cread un vídeo o una presentación usando objetos y palabras que relacionáis con vuestra identidad europea.

© Unión Europea, 1995–2019.

7 Un país de europeístas

a. Formad una línea de posicionamiento: Posicionaos en una línea imaginaria entre no y sí. Si no estáis seguros/as, podéis pararos en el centro o más hacia uno de los dos extremos de la línea. Luego moveos en la línea según sea vuestra respuesta individual a las siguientes preguntas. Justificad vuestra opinión. Elegid a uno/a que apunte los resultados de la clase en tantos por ciento.

¿Eres optimista respecto al futuro de la Unión Europea?
¿Estás a favor de la Unión Económica y Monetaria y del euro?
¿Te sientes ciudadano europeo?
¿Te identificas con la Unión Europa?
¿Te identificas con Europa?

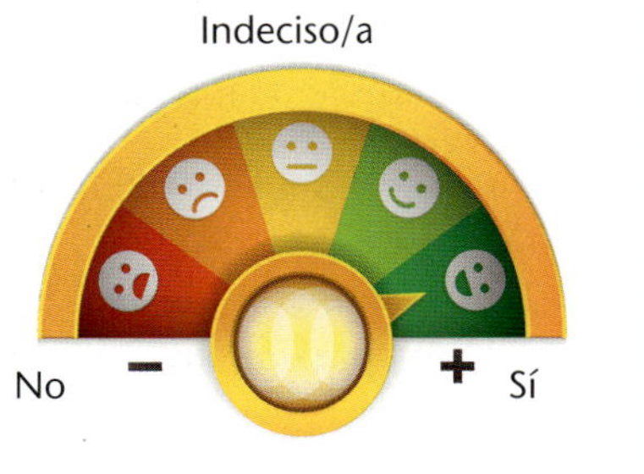

80024-04

El Eurobarómetro confirma a España como uno de los países más europeístas

[…] El informe nacional del Eurobarómetro Standard (otoño 2017), financiado por la Comisión Europea, se realiza dos veces al año en todos los Estados Miembros de la UE para evaluar el grado de satisfacción y conocimiento de los ciudadanos sobre la UE y sobre su situación socio-económica. […]

Hay más optimismo que en otros países

Respecto a las expectativas sobre el futuro de la Unión Europea en los próximos 12 meses, los españoles son mayoritariamente optimistas. Dos de cada tres (66%) se definen así ante el futuro de la UE, cifra que mejora en 9 puntos porcentuales respecto del obtenido en otoño de 2016. El dato global de los europeos es también mayoritariamente optimista (57%), aunque menos que el de los españoles. […]

Más pro UE que el resto de la UE

Los españoles se muestran de manera abrumadora favorables al proyecto de la Unión Económica y Monetaria y el euro: un 82% de españoles frente a un 62% de la media de ciudadanos del resto de los países. […] Casi 9 de cada 10 ciudadanos españoles (88%) se sienten ciudadanos de la Unión Europea, el valor más alto tan solo por detrás de los ciudadanos de Luxemburgo (90%). En toda la UE, solo el 70% se posiciona de esa manera.

Los resultados relacionados con la identificación hacia la Unión Europea y hacia la idea de Europa son mayoritariamente positivos, especialmente entre los españoles (71% se sienten unidos a la Unión Europea y 73% a Europa). Para ambos casos, los europeos puntúan por debajo de los españoles (55% se sienten unidos a la Unión Europea y un 64% hacia Europa).

Fuente: https://ec.europa.eu/spain/news/180228_eurobarometer-autumn2018_es (Junio, 2019)

b. Lee el texto, copia la tabla y apunta el porcentaje correspondiente. Luego resume la información más importante.

	España	**Promedio europeo**
optimismo respecto al futuro de la Unión Europea	■	■
a favor de la Unión Económica y Monetaria y el Euro	■	■
sentirse ciudadano europeo	■	■
identificación con la Unión Europa	■	■
identificación con Europa	■	■

c. Comparad el resultado de la clase con el eurobarómetro respecto a España y al resto de Europa.

respecto a … • ser mayoritariamente … • un … % frente a un … % • el … % se posiciona … • puntuar por arriba / debajo de …

8 ¿Quo vadis UE?

Gana el populismo

El Reino Unido dice No a la pertenencia a la UE

El fracaso de la UE en el Mediterráneo

MK

a. Mirad otra vez el artículo sobre el vídeo ganador en la pág. 84 ¿A qué pensáis que se refiere el artículo al mencionar "el proyecto de la Unión Europea (UE), acosado por movimientos populistas y euroescépticos"? Investigad los mayores retos actuales a los que tiene que enfrentarse la UE y presentadlos en clase.

b. Estáis invitados a una reunión de jóvenes europeos en el parlamento de la UE en Bruselas. Preparad un discurso sobre el futuro de la UE. Elegid a un/a representante de vuestro grupo que presente la ponencia. M I 4.2

Como preparación, juntos/as completad la tabla:

beneficios y logros	problemas y retos	soluciones	de cara al futuro ...
■	■	■	■

Para estructurar y redactar vuestro discurso seguid los siguientes pasos:

1. Definid vuestro objetivo: ¿Qué queréis lograr exactamente?
2. Pensad en los retos, problemas y soluciones: ¿Qué ofrecéis para cambiarlos?
3. Pensad en un título impactante.
4. Pensad en un eslogan para llamar la atención y comunicar vuestro objetivo.
5. Preparad la introducción.
   ¡Los primeros 30 segundos son los más importantes! Llamad la atención del público para que se dé cuenta de la relevancia del tema y por qué debería interesarles. Podéis referiros a un evento histórico, a un evento reciente o a una persona importante o contar alguna anécdota o experiencia personal.
6. Preparad la conclusión: Pensad en algo motivador para que el público participe de vuestra causa.
7. Ordenad vuestras ideas de forma lógica.
8. Redactadlo: Usad palabras y frases cortas, repetid ideas claves, incluid al público en vuestro discurso.

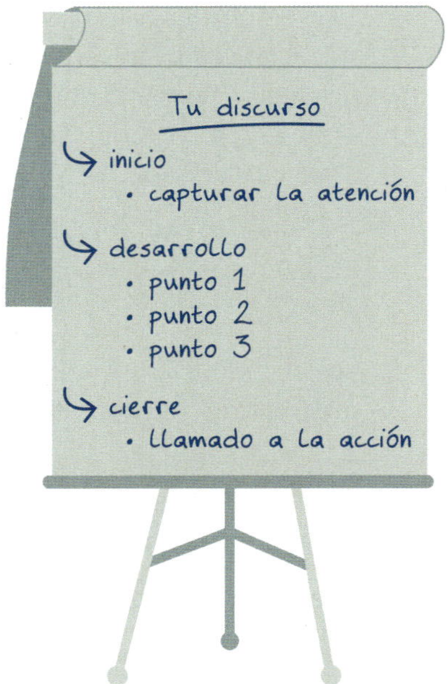

9 Moverse sin fronteras

a. ¿Habéis viajado entre países miembros de la UE? ¿Qué pasó en la frontera? ¿A qué países miembros de la UE queréis viajar? ¿Por qué?

b. Compara viajar en la UE con viajar fuera de la UE. Usa los conectores para comparar y contrastar.

Para viajar fuera de la UE se necesita ... / es obligatorio ... / hay que ... /no se puede llevar ... / hay un límite de ... mientras que en la UE ...

Viajar fuera de la UE	Viajar en la UE
• obtener un visado (dependiendo del país) • parar en la frontera • presentar el pasaporte (no es vigente el documento nacional de identidad) • cambiar la moneda • límites para llevar productos / regalos para el uso personal • pagar aduana • recargos adicionales al usar los medios de comunicación, costos altos para llamadas telefónicas • carné de conducir internacional • difícil llevar mascotas (bajo cuarantena)	• viajar sin visado • viajar sin fronteras • no hace falta presentar el documento nacional de identidad ni el pasaporte en viajes entre países del espacio Schengen • pagar con la moneda común, el euro • llevar productos / regalos para el uso personal sin límite (límites en el transporte de alcohol y tabaco) • conducir con un permiso expedido por un país miembro en cualquier país de la Unión • el roaming: utilizar los medios de comunicación sin recargos adicionales • llevar mascotas con el pasaporte europeo para animales de compañía

c. Tus abuelos solían viajar a España en los años 70 en coche, tú acabas de regresar de unas vacaciones en Sevilla. Al visitarlos habláis de la manera de viajar de antes y de hoy en la UE. Redacta la conversación. +ayuda p. 158 +ideas p. 167

MK

10 ¡Vámonos de Erasmus!

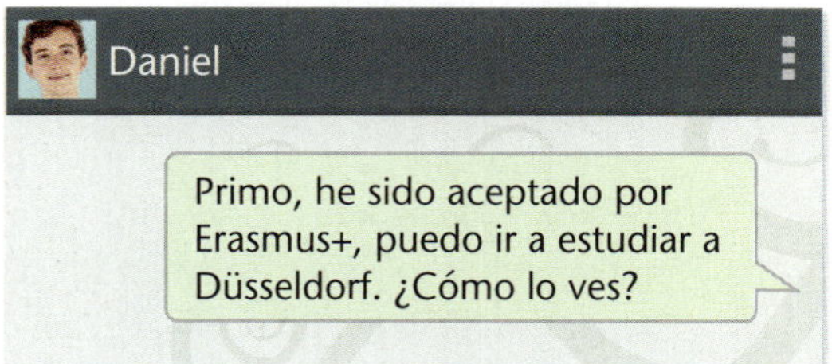

Investigad en internet:

- ¿Qué es Erasmus+?
- ¿Cuánto tiempo duran los periodos de estudio en el extranjero?
- ¿Cuáles son las condiciones para poder solicitar una beca?
- ¿A qué gastos contribuye la beca?
- ¿Cómo y dónde se puede solicitar la beca? +ayuda p. 159

11 Mi Erasmus

80024-04

a. Mira el vídeo y contesta las preguntas. 80024-03

Marina Agrelo
- ¿Qué estudia Marina?
- ¿Por qué fue una experiencia genial para ella estudiar en Macerata, Italia?

Íñigo Reyes
- ¿Dónde está estudiando en este momento?
- ¿Qué tuvo que hacer para conseguir la beca Erasmus?
- ¿Según su opinión, ¿cómo fue el proceso para conseguir la beca?

Marta López
- ¿Qué es lo más importante para ella en cuanto a su experiencia con Erasmus?

Emilia Rodriguez, Sevilla

¿Mi año con Erasmus? ¡Estupendo y enriquecedor! Regresé hace 4 semanas y sigo acostumbrándome. […] Estuve haciendo prácticas de laboratorio en la Universidad de Marburg, Alemania. Es una ciudad pequeña, pero llena de estudiantes. Toda la ciudad parece un campo universitario. Me quedé en un piso compartido y conviví con muchos estudiantes de Erasmus de toda Europa, de Suecia, Irlanda y Polonia. Siempre hacíamos fiestas internacionales y cada uno preparaba platos de su país. Era mi primera vez fuera de casa. Al principio me costó bastante, pero luego lo disfruté al máximo. He crecido tanto profesional como personal y miro de otra manera. ¡Recomiendo a todos que vayáis!

Politécnica de Cartagena

TAMARA HERNÁNDEZ

Nada más llegar a Białystok, una ciudad polaca a 60 kilómetros de Bielorrusia, me pregunté: "¿Qué demonios hago yo aquí?". El camino desde el aeropuerto no pudo ser más gris. Y hacía frío, mucho frío. La pequeñez de mi nueva habitación se me hizo muy pesada. Recostada sobre mi cama, me inundaron la soledad y el vértigo. Me disponía a pasar tres meses en una ciudad a más de 3.000 kilómetros de mi casa y en la que no conocía a nadie. Pero seré sincera: esa sensación se me pasó a las dos horas. […]

En total, he disfrutado de cuatro becas en cuatro ciudades distintas. Y es una experiencia que te recomiendo mucho, si es que aún tienes la oportunidad de disfrutarla.

Mi gran yincana europea con las becas Erasmus ya ha tocado a su fin, no así mi estancia en el extranjero. Acabo de conseguir un buen empleo en Lisboa y estoy convencida de que mis empleadores tuvieron en cuenta mis estudios internacionales. Además, siento que ya no soy la misma persona que se marchó a Białystok en 2015, la que se sentó en su cama atemorizada ante lo que se venía encima. Dos años más tarde, acudí a la entrevista de trabajo sintiéndome mucho más segura de mí misma, y eso se lo debo a mis Erasmus. Puede sonar a paradoja, pero, aunque el tiempo de Erasmus pasa más rápido de lo normal, la maduración de los alumnos también es más rápida. […]

Fuente: © TAMARA HERNÁNDEZ/ EDICIONES EL PAÍS S.L., 2017; https://verne.elpais.com/verne/2017/09/27/articulo/1506506687_882851.html (Junio, 2019).

b. Lee el reportaje de Tamara y contesta las preguntas. +ayuda p. 159 +ideas p. 167
- ¿Cómo se sintió al llegar a Bialystok?
- ¿A qué se dedica ahora?
- Compara la Tamara que llegó a la ciudad polaca con la Tamara de hoy día.

c. Crea una red de vocabulario para describir la experiencia Erasmus y los sentimientos de los cinco jóvenes.

d. Erasmus – ¿una opción para ti? Comenta. M I 3.6

12 Un caramelo para ti

a. Mira el vídeo de la canción "Yo soy del sur" de Ecos del Rocío. 80024-03
¿Qué relacionan con su origen sureño?

b. Redactad la letra de una canción sobre vuestra región. Podéis tomar como modelo la estructura de las estrofas y del estribillo de la canción andaluza, pero también podéis crear un rap o usar otra canción como referencia. Presentadla en clase. +ideas p. 167 M II 2.2.9/2.2.8

B Hablamos varios idiomas

1 El sabio oye consejos

Universidad Heinrich Heine de Düsseldorf

Universidad Politécnica de Cataluña

¡Qué suerte, Raúl! Pero uff, ¡qué decisión tan difícil!

Le acaban de ofrecer estudiar en Barcelona o irse de Erasmus+ a Düsseldorf. Les pide la opinión a sus amigos. Apunta las frases y complétalas con las formas del presente de subjuntivo. +ideas p. 167 G 3.1.1

Sergio: Te aconsejo que (viajar) a Barcelona.
Claudia: Es mejor que (irse) al extranjero.
Felipe: Te pido que lo (pensar) bien.
Rafael: Quiero que (elegir) Cataluña.
Teresa: Te propongo que (pasar) una temporada en una universidad alemana.

Entre dos aguas

CD 1 · 11
80024-01

Por fin Raúl se decide por pedirles la opinión a sus padres.

Raúl: ¡Qué bien es llegar a casa de mamá después de haber estudiado en la universidad muchas horas y encontrar todo limpio, la comida hecha y la ropa planchada … ! Bueno, pero la verdad es que quiero vivir algo nuevo. Fijaos que tengo la oportunidad de participar en el programa SICUE para realizar un periodo de estudios en la UPC – la Universitat Politècnica de Catalunya – o de irme de Erasmus+ a nuestra universidad asociada en Düsseldorf.

Padre: Felicidades, hijo, ya era hora que te ofrecieran algo, es que la juventud tiene que independizarse de sus padres y vivir aventuras por su cuenta.

Raúl: Es verdad, si aceptara, tendría que salir de aquí: a Barcelona o a Alemania.

Madre: ¿Alemania? ¡Pero eso está muy lejos! Te echaría mucho de menos si te fueras …

Padre: Pues, mejor que Cataluña. Si Raúl viviera en Cataluña, tendría que aprender primero el catalán.

Madre: Pero si se decidiera a vivir en Düsseldorf, también tendría que aprender el alemán.

Raúl: Siempre he querido aprenderlo. Como tenemos familia allí, sería mejor si lo aprendiéramos todos, mis primos y yo. Además, también para el trabajo nos convendría si lo supiéramos.

Madre: Hombre, si yo tuviera tu talento para aprender cosas, también pensaría así. Pero dicen que el alemán es muy difícil … Además en Barcelona te entenderían si les hablaras en castellano …

Padre: Bueno, es verdad que en la misma Barcelona hablan más castellano que catalán. Sin embargo, si al final Raúl aceptara el empleo en Düsseldorf, no estaría solo porque allí viven los Dörfler.

Raúl: También he pensado en eso. Además tengo algunos amigos que ya están estudiando allí.

Madre: Serían muy amables si te dejaran vivir en su piso hasta que hayas encontrado un cuarto propio. Pero nos dejarías solos …

Raúl: Mamá, me podríais visitar en Alemania si me echarais demasiado de menos. Hablas como si Düsseldorf estuviera en Australia … Si yo viviera en Alemania, estarías allí en un par de horas para visitarme y lo único que necesitarías para ir sería tu DNI … Lo entendería más si España y Alemania no fueran parte de la UE, pero como lo son, me podrías visitar sin problemas si quisieras …

Padre: Y si Raúl se fuera a Cataluña también tendrías que viajar para verlo. ¿Qué más da?

Raúl: Pues entonces, ¿qué hago?

Padre: Cuando las prioridades están claras, las decisiones se hacen fáciles.

Madre: No importa cuál sea tu decisión, sabes que siempre puedes contar con nosotros.

2 Hay que pensarlo bien …

Soluciona las siguientes tareas y contesta a las preguntas. +ayuda p. 160

1. Busca un proverbio alemán que corresponda a "encontrarse entre dos aguas" y represéntalo en forma de un dibujo. Luego explica por qué Raúl se encuentra entre dos aguas.
2. ¿Qué piensa el padre de Raúl sobre la convivencia de jóvenes y padres?
3. ¿Por qué Raúl quiere aprender alemán?
4. ¿Qué dice la madre sobre la lengua alemana?
5. ¿Qué dice el padre sobre el uso del catalán en Barcelona?

3 ¿Hotel Mamá?

a. Vuelve a leer el inicio de la conversación entre Raúl y sus padres. Según Raúl, ¿qué ventajas tiene el "hotel mamá"?

b. Intentad explicar por qué muchos jóvenes españoles viven en casa de sus padres. ¿Cómo es en Alemania?

c. Busca más argumentos a favor y en contra de vivir en casa de los padres hasta los 25 años. Escribe un comentario. M I 3.6

4 ¿Una lengua difícil?

a. A la madre de Raúl le parece difícil el alemán. ¿Vosotros también pensáis así? Justificad vuestra respuesta con referencia a los siguientes elementos de cada idioma:

1. El fonético: los sonidos.
2. El gramático: el orden y la combinación de sus elementos.
3. El léxico: el vocabulario.

b. Lee los fragmentos del texto en la p. 92 y explica el mensaje más importante con tus palabras. Luego compáralo con lo que habéis hablado en pareja. +ideas p. 167

¿Hay lenguas más difíciles que otras?

80024-04

El grado de dificultad de una lengua depende de qué tanto se parezca a la del hablante. [...] Es decir, para un hispanohablante la escritura del chino mandarín es mucho más compleja que la del francés, con el que comparte el mismo sistema alfabético. Pero para un hablante nativo del japonés, cuyo sistema de kanjis es pariente del chino, los textos franceses serían mucho más incomprensibles a primera vista. No hay, por tanto, lenguas más difíciles que otras, pues el grado de dificultad depende directamente de qué tanto el otro idioma se parezca o no al nuestro.

Fuente: Texto adaptado. Cultural Antonio de Nebrija, Ricardo Soca: "¿Algunas lenguas son más difíciles que otras?" http://www.elcastellano.org/%C2%BFalgunas-lenguas-son-m%C3%A1s-dif%C3%ADciles-que-otras (Junio, 2019).

5 ¿Barcelona o Düsseldorf?

MK

a. Infórmate sobre el programa SICUE y preséntalo en la clase.

b. Raúl está haciendo una lista de las ventajas y desventajas de las dos opciones. Apunta la tabla en tu cuaderno y complétala con las ideas del texto utilizando el condicional simple. G 3.2.1

	Si fuera a Barcelona o a Düsseldorf, (lo que tienen en común)	Si fuera a Barcelona	Si fuera a Düsseldorf
ventajas	■	■	■
desventajas	■	■	■

c. Ahora ponte en el lugar de Raúl y añade otras posibles ventajas y desventajas. +ayuda p. 160

d. Imagínate que te ofrecen estudiar en Barcelona o en Düsseldorf. ¿Qué haríais? Habla sobre ese tema con un amigo / una amiga. Inventad un diálogo y presentadlo de manera libre en clase.

6 No estoy seguro, pero …

a. Hay una nueva forma verbal en el texto (p. 90/91 80024-04): la del imperfecto de subjuntivo. Encuéntralas y apúntalas con su pronombre personal en una tabla en tu cuaderno. Subraya la terminación. Completa la tabla con el infinitivo del verbo.

forma verbal	infinitivo	forma verbal de referencia
ellos ofrecieran	ofrecer	■
yo aceptara	aceptar	■
…	…	■

b. ¿Cómo se forma el imperfecto de subjuntivo? Mira la nueva forma y su formación. ¿Algo te parece familiar? Añade la forma verbal de referencia a la derecha. Ch 1 p. 100

c. Conjuga los verbos viajar, ofrecer, ir, hacer y poner en imperfecto de subjuntivo. Ch 1 p. 100

d. Trabaja con un compañero/a. Alumno A dice un verbo y un pronombre personal (yo, tú, él/ ella, …) y B nombra la forma del imperfecto de subjuntivo. Después cambiad de papel. El que primero tenga diez formas correctas ha ganado.

7 Los consejos de los amigos

¿Qué dijeron los amigos de Raúl? En el estilo indirecto se usa el imperfecto de subjuntivo en un contexto del pasado en lugar del presente de subjuntivo. Mira otra vez los consejos de los amigos en la página 90 y forma frases según el modelo. Ch 2b p. 100

Modelo: Manuel: Te recomiendo que estudies en Düsseldorf. → Manuel le recomendó a Raúl que estudiara en Düsseldorf.

8 Disfruta de cada momento como si fuera el último.

a. Explica cómo entiendes este proverbio.

b. El proverbio contiene una idea irreal, hipotética. Para expresarla se utiliza *como si* con la forma del imperfecto de subjuntivo. Relaciona las frases utilizando las formas de *como si*. Ch 2c p. 100
+ayuda p. 160

Modelo: La madre de Raúl habla como si Düsseldorf estuviera en Australia.

Muchos jóvenes españoles siguen viviendo en casa de sus padres como si	no (deber) aprender otro idioma.
Cuando Raúl habla de sus planes, su madre se opone como si	no (querer) independizarse.
La madre de Raúl reacciona como si	(ser) recomendable una estancia en Alemania.
Para tener más oportunidades en el mercado laboral parece como si	Alemania (no encontrarse) a solo unas horas de avión.

9 ¿Qué pasaría si Raúl … ?

a. En la conversación con sus padres en la página 90, Raúl todavía está indeciso y no sabe a dónde ir. Los tres están hablando de un escenario todavía no real. Usan muchas frases condicionales que expresan una condición potencial. Encuentra cuatro y apúntalas. Se trata de oraciones condicionales del tipo II. ¿Las conoces de otro idioma? Ch 2a p. 100

b. Subraya las formas verbales de la frase principal y de la frase subordinada. ¿Cuáles son? Ch 1 p. 100

c. Completa el siguiente texto con las formas verbales correctas. ¡Ojo!, se trata de las oraciones condicionales del tipo II (condiciones potenciales).

> Después de escuchar las noticias, la madre de Raúl le dice a su hijo:
> "Si te ■ (ir) a Barcelona, estaría más contenta porque no ■ (estar) tan lejos. Pero tienes razón: sólo ■ (ser) difícil visitarte si Alemania no ■ (formar) parte de la UE. Si yo ■ (vivir) en el extranjero, me ■ (tranquilizar) saber que ■ (haber) amigos allí que me podrían ayudar."
>
> El padre comenta:
> "Si yo ■ (ser) tú, me ■ (ir) a Düsseldorf y no a Barcelona."

10 ¿Tendría que aprender primero el catalán … ?

Las lenguas oficiales de España			
el castellano	**el catalán**	**el gallego**	**el vasco (esukera)**
• lengua oficial en toda España • proviene del latín	• tiene unos 11,5 millones de hablantes • se habla en Cataluña, la Comunidad Valenciana y las Islas Baleares y en Andorra, en el sur de Francia y en partes de Cerdeña • proviene del latín	• tiene dos millones • de hablantes • se habla en Galicia y zonas limítrofes de Asturias • proviene del latín	• cuenta con alrededor de 750.000 hablantes • se habla en el País Vasco, el norte de Navarra y el sur de Francia • su origen es desconocido, no se trata de una lengua indoeuropea

La Constitución española de 1978: Artículo 3

1. El castellano es la lengua española oficial del Estado. Todos los españoles tienen el deber de conocerla y el derecho a usarla.
2. Las demás lenguas españolas serán también oficiales en las respectivas Comunidades Autónomas de acuerdo con sus Estatutos.
3. La riqueza de las distintas modalidades lingüísticas de España es un patrimonio cultural que será objeto de especial respeto y protección.

Fuente: © 2003 Congreso de los Diputados; Constitución: http://www.congreso.es/consti/constitucion/indice/titulos/articulos.jsp?ini=3&tipo=2 (Junio, 2019).

a. Mira el mapa y relaciona las lenguas oficiales con el territorio donde se hablan. ¿Qué idiomas hablan los chicos?

b. Lee el extracto del artículo 3 de la Constitución española y haz las siguientes tareas.

1. El castellano, el catalán, el gallego y el vasco son lenguas oficiales de España. Explica qué diferencia hay entre estas lenguas usando los conectores para contrastar (p. 83).
2. ¿Por qué un habitante de Madrid no tiene que hablar vasco obligatoriamente, pero un habitante de Bilbao sí tiene que hablar castellano?
3. ¿Por qué están protegidas las diferentes lenguas que se hablan en España?
4. Entonces, ¿de verdad tendría que aprender primero el catalán si Raúl fuera a Barcelona?

L p. 130–131

11 El castellano en el mundo

a. Mira el vídeo sobre el origen del castellano 80024-03 y decide si la afirmación es correcta, falsa o si no se dice nada sobre ella en el vídeo. Corrige las afirmaciones falsas.

	■ correcto	■ falso	■ No está en el vídeo
1. El español tiene el segundo lugar mundial por número de habitantes.	■	■	■
2. Los diferentes idiomas se crearon porque las poblaciones se separaban.	■	■	■
3. Los iberos ya hablaban español en la Península Ibérica antes del siglo 3 a.c.	■	■	■
4. La diferencia entre "ser y estar" proviene del ibérico.	■	■	■
5. La palabra "pizarra" proviene del vasco.	■	■	■
6. El latín culto era la lengua en la que se escribían los libros.	■	■	■
7. En el castellano hay más de 400 palabras árabes.	■	■	■
8. El seseo lo tenemos en Andalucía y en las Islas Canarias.	■	■	■
9. El narrador es de España.	■	■	■

b. Mira el vídeo otra vez y crea una línea histórica relacionando el desarrollo del castellano con las épocas históricas. Luego redacta un texto para describirlo. +ayuda p. 161

c. "Las lenguas están vivas y en constante evolución." Explica la frase con referencia al vídeo.

Fuente: Datos según el Insituto Cervantes 2018 https://www.editoresmadrid.org/el-instituto-cervantes-presenta-el-estudio-el-espanol-en-el-mundo-2018/ (Junio, 2019).

d. Mirad la infografía y encontrad más información sobre el español en el mundo. Preparad algunas preguntas y hacédselas a vuestro/a compañero/a.

e. Cread un póster informativo: el desarrollo, las influencias de otros idiomas, los hablantes, la difusión en el mundo, la importancia

12 ¿¿El sorabo??

MK

a. ¿Sabías que también en Alemania no se habla solo el alemán estándar con sus dialectos?¿Cómo se llaman las lenguas minoritarias regionales y dónde se hablan?

b. Raúl está investigando sobre el alemán y encuentra esta información sobre el sorabo. Daniel le ayuda con la información más importante acerca de la lengua, los hablantes, los problemas y los derechos de esta minoría. +ayuda p. 161

Die Sorbische Sprache

Sorbisch gehört wie auch Polnisch oder Russisch zu den slawischen Sprachen. Die Sorben leben in Sachsen. Es gibt heute noch etwa 60 000 Sorben von denen allerdings nur noch 20 000 bis 30 000 Sorbisch sprechen.

In der Vergangenheit lebten Sorben und Deutsche oft friedlich zusammen. Oft gab es aber auch Konflikte. So verbot man in einigen deutschen Städten die sorbische Sprache. Besonders stark waren die Verbote in der Zeit des Nationalsozialismus in Deutschland. Nach dem Zweiten Weltkrieg wurde das Sorbische gefördert. In den Schulen kann man nun Sorbisch lernen. Die Sorben haben auch Zeitungen in ihrer Sprache und Straßen- und Ortsnamen werden in Deutsch und Sorbisch angegeben. Wenn Sorben vor Gericht sprechen, wird ihnen vom Staat ein Dolmetscher gestellt. Denn sie haben das Recht vor Gericht Sorbisch zu sprechen.

13 El lazo al pasado

80024-04

El lenguaje que nos identifica

Si hablamos de identidad, pensamos en quiénes somos, cómo nos ven los demás y cómo nos vemos a nosotros mismos. La identidad nos define tanto como individuos cuanto como grupo al que pertenecemos.

La identidad de un individuo humano incluye género, raza, grupo étnico, clase, cultura, lengua, edad, sexo, entre otras referencias. Todas se combinan para definir un ser único. Pero, asimismo, compartimos algunas como miembros de una comunidad. El lenguaje es factor de identidad, que nos une al pasado y proyecta al futuro. [...]

De ninguna manera podemos considerar al lenguaje como algo acabado, inmodificable, terminado, invariable. Debemos sentirnos promotores y formadores del lenguaje, en cuanto somos integrantes de la comunidad hablante. Decía Borges: "El lenguaje no lo hace la Academia, ni el Poder, ni la Iglesia, ni los escritores. El lenguaje lo hacen los cazadores, los pescadores, los obrajeros, los campesinos, los caballeros y los tipos sinceros. Hay que acudir a las bases, donde se forma la lengua". Hablar claro y en buen idioma nos da la identidad. [...]

Preservar nuestra lengua es preservar la libertad de pensamiento, una particular manera de ver la vida, una identidad cultural [...].

Fuente: Mabel Pruvost, "El lenguaje que nos identifica": https://educrea.cl/el-lenguaje-que-nos-identifica-cuando-comenzamos-a-conformar-nuestra-identidad/ (Junio, 2019).

a. Lee el texto y contesta las preguntas:

- ¿Qué función tiene la identidad?
- Según Jorge Luis Borges, un escritor famoso argentino, ¿quiénes forman la lengua?

b. Completa la frase con al menos tres consecuencias: Si todos habláramos el mismo idioma, …
Ch 2a p. 100

14 ¿Un idioma para todo el mundo?

MK

a. Raúl está investigando sobre cómo y dónde estudiar el alemán. Como todavía no sabe casi nada de alemán, se pierde un poco en las páginas alemanas y encuentra una página web sobre el esperanto. Mira el enlace 80024-03 y dale la información más importante sobre este idioma artificial.

b. Imaginaos una iniciativa que quiera establecer un solo idioma en todo el mundo. Apuntad las ventajas y las desventajas si todo el mundo hablara el mismo idioma.

c. Repartid las posiciones a favor y en contra de un solo idioma entre el grupo y discutid en grupo. Presentad vuestro resultado a los demás.

15 Europa y sus lenguas – Día Europeo de las Lenguas

80024-04

Por iniciativa del Consejo de Europa, el Día Europeo de las Lenguas se viene celebrando, desde 2001, el 26 de septiembre de cada año.

Los 47 estados miembros del Consejo de Europa quieren animar a más de 800 millones de europeos a aprender más lenguas a cualquier edad, dentro y fuera de la escuela.

Nunca han existido tantas oportunidades de trabajo o estudio en otro país europeo. […] Debido a la globalización y a las estructuras de las grandes empresas internacionales, los conocimientos de lengua extranjera se han vuelto necesarios para realizar un trabajo eficaz en el propio país de origen. Saber inglés ya no es suficiente.

El aprendizaje de lenguas es beneficioso para jóvenes y adultos – nunca se es demasiado mayor para aprender una lengua y disfrutar de las oportunidades que ofrece.

Aprender otras lenguas es una manera de llegar a comprendernos y de superar nuestras diferencias culturales.

Fuente: https://edl.ecml.at (Junio, 2019) © Council of Europe.

a. Lee el texto y contesta las preguntas: +ideas p. 167

1. ¿Cuál es el objetivo del Consejo Europeo para celebrar este día?
2. ¿Por qué ya no es suficiente saber inglés?
3. ¿A qué contribuye el aprendizaje de otras lenguas?

b. ¿Qué importancia tiene para ti aprender otras lenguas?

CD 1·12

c. Escucha y apunta por lo menos 2 opciones para participar en el Día Europeo de las Lenguas para …

1. alumnos / estudiantes
2. profesores
3. universidades
4. otras personas

16 El blog de Raúl

a. Lee el blog de Raúl 80024-06. Después comenta su blog y dale consejos de cómo aprender alemán en solo unos meses.

Como dice un refrán "Si persigues dos conejos, ambos escaparán." Para que eso no me pasara tomé una decisión. Acepté la oferta de estudiar en Alemania. Sí, es verdad, me iré a Düsseldorf.

Vosotros os preguntaréis: Pero, ¿está loco Raúl? Barcelona es una ciudad magnífica. Hay mucha marcha. Podría disfrutar de partidos de fútbol … El AVE solo necesita dos horas y cuarenta y cinco minutos para ir de Madrid a Barcelona. Cuando quisiera, podría pasar los fines de semana en Madrid, estar con sus padres, salir con sus amigos. Y a pesar de todo se decidió por Düsseldorf, por Alemania, por el carácter nórdico de los alemanes.

Claro, queda lejos la ciudad de Düsseldorf. Pero hay buenas conexiones y vuelos directos.

Además tengo que aprender alemán …

b. Inventad un chat entre Raúl y Daniel en el que Daniel da consejos a Raúl para vivir en Alemania y de cómo aprender alemán en solo unos meses. M II 2.2.9/2.2.10

80024-04

17 Una postal de Sofia

Hola familia:

Es muy curioso que esta vez sea yo la que mande una postal desde el extranjero y que sea papá quien la lea en casa, pero me gusta :-) Ya he pasado bastante tiempo aquí en México y quiero contaros algo sobre una fiesta muy especial. Pues hoy, el 21 de febrero, como todos los años se ha celebrado aquí el Día Internacional de la Lengua Materna. Y México tiene razones para hacerlo: es uno de los 10 países más ricos en diversidad lingüística, con su multitud de lenguas indígenas. En mi colegio ofrecieron muchas actividades. El día comenzó con un taller de lectura en voz alta en zapoteco de "La niña que siempre tenía hambre". Después nos presentaron narraciones en maya. Además ofrecieron recitaciones de poemas en náhuatl, mazateco y totonaco. Por la tarde hubo un concierto del trovador zapoteco Feliciano Carrasco y terminamos el día con la degustación y explicación culinaria de comida mixe. ¡Qué rico!

¡Nos vemos pronto!

Besitos
Sofia

Famili
Calle
41010
ESPAÑ

a. ¿Qué se celebra todos los años el 21 de febrero en muchos países?

b. Justifica la participación de México en esta actividad.

c. Copia de la postal los nombres de algunas de las lenguas indígenas habladas en México. Averigua otros 5 idiomas más.

d. Mira el vídeo "Cápsula en las lenguas maya y náhuatl del Día Internacional de la Lengua Materna 2018" 80024-03
Resume cuándo, por quién y para qué fue proclamado el Día Internacional de la Lengua Materna, el número de lenguas habladas en México y su importancia.

1 El imperfecto de subjuntivo

Der *imperfecto de subjuntivo* wird von der 3. Person Plural des *indefinido* abgeleitet. Hierfür entfällt die Endung –ron und wird durch die Endungen des *imperfecto des subjuntivo* ersetzt.

Die Endung ist für die Verben auf –ar, -er und –ir dieselbe.

hablar → habla~~ron~~ → hablar**a**, **-as**, **-a**, **habláramos**, **-rais**, **-ran**

comer → comie~~ron~~ → comie**ra**, **-as**, **-a**, **comiéramos**, **-rais**, **-ran**

	-ron
yo	-ra
tú	-ras
él, ella, usted	- ra
nosotros/as	-ramos **¡Ojo con el acento!**
vosotros/as	-rais
ellos, ellas, ustedes	-ran

Außerdem gibt es eine alternative Endung: *–se, -ses, -se, -semos, -seis, sen.* Die Endungen *–ra, -ras, -ra, -ramos, -rais, -ran* werden eher in der gesprochenen Sprache benutzt, *-se, -ses,* etc. wird in der Literatur oder gehobener Sprache benutzt.

2 Los usos

a. Frases condicionales potenciales

Condición: *imperfecto de subjuntivo*	**consecuencia: *condicional***
Si viajaras en Europa,	concocerías a mucha gente.

Mit den *frases condicionales potenciales* werden Bedingungen ausgedrückt, die nicht real, aber möglich sind. Im Bedingungssatz wird der *imperfecto de subjuntivo* verwendet.

Im Englischen kennst Du den irrealen Bedingungssatz als *if-clause II.*

b. El estilo indirecto

Werden Satzkonstruktionen mit dem *presente de subjuntivo* im Nebensatz in der indirekten Rede wiedergegeben, so gilt das Zeitschema für die indirekte Rede im Indikativ entsprechend. Der *presente de subjuntivo* muss also in den *imperfecto de subjuntivo* umgewandelt werden.

→ Mamá: Te aconsejo que **viajes** mucho después de terminar con la escuela.
Mi mamá me aconsejó que **viajara** mucho después de terminar con la escuela.

c. como si + imperfecto de subjuntivo

Mit der Formulierung *como si + imperfecto de subjuntivo* wird ein irrealer Vergleich ausgedrückt:
→ Me tratas como si fuera un bebé todavía. Du behandelst mich, als ob ich noch ein Baby wäre.

Tus retos, paso por paso 80024-05 + Autocontrol

Tu reto 1

Crea un videotutorial sobre la Unión Europea.

Paso uno: Mira línea histórica sobre la historia de la Unión Europea y la información acerca de los motivos para cooperar y dialogar en vez de declararse la guerra en Europa. Piensa en las ventajas que te brinda la UE a ti, personalmente, y en tus propias experiencias positivas gracias a la UE. Toma apuntes.

Paso dos: Piensa en una estructura para tu tutorial.

Paso tres: Redacta el guión.

Paso cuatro: Piensa en un fondo para la visualización: Puedes usar la pizarra o una mesa.

Paso cinco: Elabora una forma para poder visualizar los procesos históricos, las ventajas y tus experiencias con la UE y prepara los requisitos:
a. Si usas la pizarra, necesitas tiza de varios colores y algo para colgar o pegar las cosas (Pregúntale a tu profesor/a qué se puede usar en las pizarras de tu insti para no dañarlas).
b. En la mesa puedes usar fotos, dibujos y también objetos como monedas, banderas, etc., que puedes mover por encima de la mesa.

Paso seis: Pon los diferentes puntos en el orden en el que quieres presentarlos.

Paso siete: Ensaya la presentación y pídeles un feedback a tus compañeros/as para tenerlo en cuenta y mejorar tu presentación.

Paso ocho: Graba las escenas y ordénalas después en tu programa de edición de vídeo.

Tu reto 2

Elabora un póster con información sobre los idiomas hablados en España u otro país hipanohablante acompañado por un quiz para tus compañeros/as.

Paso uno: Elige un país y busca en internet la información sobre las lenguas que se hablan allá.

Paso dos: Resume la información en pocas frases, elige fotos, dibujos y estadísticas y coloca todo en tu póster.

Paso tres: Presenta la diversidad lingüísitica del país que has elegido a los otros alumnos. Si es necesario, puedes utilizar apuntes. M I 4.2

Paso cuatro: Para comprobar si tus compañeros memorizaron la información dada tienes que crear un juego o elaborar un quiz. Si buscas ideas, puedes consultar 80024-03

Participamos

Capítulo

5

4

5

1. Describid las fotos. ¿Qué foto os impresiona más? ¿Por qué?
2. En algunas de las fotos las personas intentan conseguir un objetivo. Especulad sobre dónde se han tomado las fotos y quiénes son las personas.
3. ¿Qué otras formas de participación (política) conocéis?
4. Y tú, ¿por qué causa te has comprometido ya?

¿Qué pasa aquí?

Paloma piensa participar en un campamento de balonmano y, de pasada, conocer Chile, su belleza y sus problemas, su historia y su presente.

Pronto vas a saber

- expresar condiciones irreales usando el pluscuamperfecto de subjuntivo y el condicional compuesto
- estrategias para mejorar tus textos escritos (el uso de participios y al + infinitivo)
- las formas irregulares del elativo (superlativo absoluto)
- usar el participio pasado
- analizar un spot electoral

Revisas

- escribir resúmenes
- expresar condiciones reales y potenciales
- describir imágenes
- hablar de comida típica y pedir en un restaurante
- el estilo indirecto en pasado

Tu reto

1. Planificad un viaje por Alemania o por el país de origen de tu familia (parecido al viaje de Paloma por Chile).
2. Desarrollad una idea para crowdfunding, diseñad un plan para el proyecto y presentadlo en clase. ¿Os gusta? Vamos a realizarlo.

recorrer la calle
manifestarse (e → ie) para pedir …
protestar contra
alzar la voz
exigir los derechos
luchar para / contra
acabar con
concienciar a las personas de …
defender la libertad de expresión
la protesta
el enfrentamiento violento
la manifestación pacífica
el encapuchado
la injusticia social
la paz
la guerra
problemas ecológicos
la contaminación de … con …
malgastar los recursos
proteger el medio ambiente
reclamar
reprimir
condenar

A ¿Estancia en el extranjero? – ¡Buena idea!

1 Una oportunidad única

En el tablón de anuncios del colegio se encuentra un anuncio nuevo. Describid el anuncio y su objetivo con vuestras palabras.

+ideas p. 168

Por lo que yo sé

CD 1 · 13

80024-01

Álvaro: Paloma, ¿has visto el anuncio sobre el curso de balonmano en Chile?

Paloma: A ver … ¿dónde? Si te mueves un poco hacia un lado, lo alcanzo a ver. ¡Vaya! Los Feuchtmann son gigantes del balonmano en Chile. ¡Hasta han participado en mundiales!

Álvaro: ¡Qué chulo!

Paloma: O sea, si yo participara en el campamento de balonmano, podría entrenar con verdaderos profesionales, ¿te lo puedes creer? Y todo eso en Chile, al otro lado del mundo.

Álvaro: Pero espera, ¿no hay una dictadura en Chile?

Paloma: ¡Qué va! La dictadura terminó eh … no sé realmente … hace muchos, muchos años, ¿no? Hoy Chile es un estado … a ver, cómo se dice … democrático. Pero si Chile no fuera un país seguro, no pasaría ni un minuto allí.

Álvaro: Pero, ¿dónde está ese país?, en América, ¿verdad?

Paloma: Está en América del Sur, creo yo. No me acuerdo del nombre de la capital. Por lo que sé, geográficamente Chile es una maravilla y el clima debe ser muy variado, mira aquí, según el artículo de Wikipedia.

Álvaro: ¡Ah sí, ahora me acuerdo! El otro día vi por casualidad un programa sobre los indígenas de Chile. Fue muy informativo. Los mapuche viven en alguna parte del sur, si no me equivoco. El documental informaba que había un descontento general entre los pueblos indígenas porque el estado chileno no reconoce suficientemente sus culturas. Por eso hay muchas manifestaciones y, que yo sepa, con bastante violencia. Si yo fuera tú, tendría mucho cuidado en Chile.

Paloma: ¡Álvaro! No seas tan negativo. Si no te callas, no voy a contarte nada de mi viaje a Chile jajaja. Además, si todo el mundo pensara como tú, nadie se atrevería a dejar su casa. Y como dice mi abuela: "allá donde fueres[1], haz lo que vieres y así no tienes nunca problemas." ¡Lo único que tengo que hacer es preguntar a mis padres! No creo que mi madre me deje ir. Es como tú. Pero si mis padres me permitieran ir a Chile, me apuntaría inmediatamente.

Álvaro: Sea como sea, yo me quedo aquí.

[1] La forma "fueres" es el futuro de subjuntivo del verbo "ser". En el español actual casi solo se usa en el ámbito legal y expresa hasta más improbabilidad que el presente de subjuntivo.

2 ¡Ni idea!

a. Lee atentamente el diálogo. Relaciona la primera parte de las frases con la segunda parte correspondiente y luego resume el texto.

Álvaro ha encontrado un anuncio en el instituto	sabe algunas cosas sobre los mapuche.
Como Paloma conoce bien a los Feuchtmann y piensa apuntarse,	se muestra muy interesada.
Los chicos ni saben dónde está Chile	que informa sobre un curso deportivo.
Como Álvaro ha visto un documental,	porque los padres de Paloma podrían prohibirle el viaje.
Paloma no cree que pueda ir	ni qué tipo de estado es.

b. ¿De qué trata? Resume el contenido del diálogo con tus palabras.

MK

c. ¿Lagunas de conocimiento? Parece que ninguno de los dos sabe mucho sobre Chile. Lee el texto otra vez, identifica lo que desconocen y busca la información correcta en fuentes fiables. +ayuda p. 161 +ideas p. 168 M II 1.5

Paloma no sabe cuándo terminó la dictadura en Chile – ¿Desde cuándo hasta cuándo hubo una dictadura en Chile?

d. ¡Ni idea! Los amigos expresan su desconocimiento o su inseguridad en cuanto a la exactitud de los datos sobre Chile. Busca cómo expresan sus dudas. Escribe las expresiones en tu cuaderno y encuentra la expresión correspondiente en alemán. +ayuda p. 161

por lo que yo sé – soweit ich weiß

e. Tenéis la oportunidad de entrenar con estrellas o aprender de profesionales (también de músicos o artistas), ¿os parece beneficioso? Tomad cada uno/a apuntes usando las herramientas, luego hablad en grupo. Compartid las opiniones en vuestro grupo con los demás.

Caja de herramientas

(no) vale la pena + inf. porque • no sirve para nada porque • ser útil / inútil para que + subj. • ser motivador • ser pura pérdida de tiempo • los profesionales (no) saben enseñar, así que …

f. ¿Chile? … que no, hijita. Escribid un diálogo entre Paloma y sus padres sopesando las ventajas y los inconvenientes de participar en el campamento de balonmano. Presentadlo en clase pero solo ayudándoos con anotaciones. M I 4.2

3 Si yo fuera tú …

una condición real • bastante probable que vaya a pasar • una condición irreal • poco probable que vaya a pasar

a. Paloma y Álvaro expresan condiciones reales e potenciales. Busca las frases de los dos tipos en su conversación. Copia la tabla en tu cuaderno. Necesitas ocho líneas. Luego escribe las frases en la tabla e identifica el modo verbal que se usa en las frases subordinadas y principales. Para terminar, relaciona las siguientes palabras con los tipos de frases correspondientes.

Oración subordinada	Modo verbal	Oración principal	Modo verbal	Uso
Si …	■	■	■	■
■	■	■	■	■
■	■	■	■	■

b. ¿Te acuerdas de los "if-clauses"? ¿Qué tipos corresponden con las condiciones reales e irreales en español?

c. Formula una regla que contraste el uso de los dos tipos de oraciones condicionales en alemán.

d. Termina las frases con las formas correctas.

1. Si yo tuviera la oportunidad de conocer América del Sur, …
2. Iría al extranjero si …
3. No viajaría a América del Sur si …
4. Si yo fuera la madre / el padre de Paloma …

4 Puedo ir pero …

CD 1 · 14

Álvaro: ¿Qué tal el campamento de balonmano?
Paloma: Pues, mis padres me permiten ir a Chile.
Álvaro: No me digas. No lo hubiera imaginado nunca. ¡Enhorabuena!
Paloma: ¡Gracias, Álvaro! ¡Si no me hubieras mostrado el póster, no me habría enterado del curso!
Álvaro: Tuviste mucha suerte porque, si ayer no nos hubiéramos encontrado allí, no habríamos visto el póster. Parece que lo han quitado. Hoy por la mañana ya no estaba. Pero no estás muy entusiasmada por el viaje, ¿verdad?
Paloma: No, ¡imagínate! ¡mis padres quieren ir conmigo!
Álvaro: *(sonriendo)* ¡Dios mío!

a. Lee el diálogo. ¿De qué trata? Describe los sentimientos de Paloma en ese momento.

b. ¿Cómo te sentirías tú o qué harías si tus padres reaccionaran de tal manera en esta situación?

5 No me habría enterado …

a. En este diálogo Paloma y Álvaro usan otro tipo de oración condicional. Identifica las dos oraciones y completa la tabla del ejercicio 3.

b. Fijaos en las formas verbales. ¿Qué tipo de condición se expresa y a qué tiempo se refieren? +ayuda p. 161

c. ¿Qué modo se usa en las oraciones subordinadas y principales? Las formas son formas compuestas. ¿Cómo se forman el pluscuamperfecto de subjuntivo y el condicional compuesto? Ch 1 p. 126 G 3.1.3/3.2.2

6 … si no me lo hubieras mostrado

a. ¿Qué habría hecho Paloma si sus padres no le hubieran dado el permiso para viajar a Chile? Completa las frases usando el condicional compuesto. Ch 1 p. 126 G 3.3

Si no hubiera recibido el permiso de sus padres, Paloma …

enfadarse • no hablar con sus padres mucho tiempo • estar desilusionada • no poder cumplir un sueño • perder una oportunidad única

b. ¿Y los padres de Paloma? Completa las frases usando el pluscuamperfecto de subjuntivo. Ch 1 p. 126 G 3.3

Los padres de Paloma se habrían puesto tristes si Paloma …

c. Apunta las frases completas.

1. Si Álvaro ■ (no, mirar) el tablón de anuncios, ■ (no, ver) el póster. Si él ■ (estar) en lugar de Paloma, ■ (no, interesarse) en pasar un tiempo en el extranjero.
2. Los padres de Paloma no le ■ (permitir) hacer el viaje a Chile, si ■ (ir) sola. Pero Paloma ■ (viajar) sola a Chile, si sus padres se lo ■ (permitir).
3. Si sus padres la ■ (dejar viajar) sola, ■ (estar) aún más entusiasmada. Por otro lado, si ■ (viajar) sin la compañía de sus padres, tal vez los ■ (echar de menos).

7 El e-mail de Paloma

Escribe el e-mail en lugar de Paloma en el que solicita la participación en el campamento de balonmano de los Feuchtmann. Incluye dónde se ha enterado del campamento, por qué quiere participar, qué espera y que sus padres están de acuerdo. Además, pide más información necesaria (cómo llegar a la dirección, el equipo, el horario, etc.).

8 En el vuelo

En el vuelo a Santiago de Chile Paloma está sentada al lado de una familia alemana. El padre lee un artículo que trata de los hermanos Feuchtmann y Paloma se muestra muy interesada.

Für Chile im „Handballer-Himmel"

Von Simone Dittmar, 06.03.2015

Ob es sich der 1898 in Mannheim geborene Friedrich Feuchtmann, der am Ende des Ersten Weltkrieges nach Chile auswanderte, hätte träumen lassen, dass seine Enkel knapp ein Jahrhundert später in seine alte Heimat zurückkehren? Wohl kaum. Es muss um 1918 gewesen sein, als Feuchtmann sich allein in der chilenischen Hafenstadt Valparaíso niederließ. Dort lernte er seine spätere Frau kennen. Der jüngste Sohn des Paares ist der Vater von Emil, Harald, Erwin und Inga Silke Feuchtmann Pérez, die seit Juli 2014 im Trikot der TSG Ober-Eschbach aufläuft. Auch ihre drei Brüder spielen Handball: Alle vier sind als Handball-Profis bei europäischen Vereinen unter Vertrag und spielen für die chilenische Nationalmannschaft.

„In Chile hat der Handball keinen besonders großen Stellenwert. Bei uns ist der Fußball ganz klar die Nummer eins.", sagt Inga Feuchtmann Pérez.

Nach Ingas Geburt in Punta Arenas, zog die Familie wenig später in die Hauptstadt Santiago de Chile, wo die Eltern, zwei Handballer, als Sportlehrer eine Anstellung an der „Universidad de Chile" fanden. So ist es nicht verwunderlich, dass ihre Kinder schon früh mit dem Handball in Berührung kamen. Schnell erkannte man das Talent der Feuchtmanns und alle erhielten schließlich Engagements bei europäischen Profi-Vereinen in Spanien, der Schweiz, der Türkei und auch in Deutschland. Denn „Deutschland ist für jeden Handballer der Himmel", lacht Feuchtmann Pérez.

Vier Geschwister, eine Leidenschaft: Erwin, Inga, Emil und Harald Feuchtmann Pérez (von links)

Texto adaptado. Fuente: http://www.taunus-zeitung.de/regionalsport/hochtaunus/Fuer-Chile-im-Handballer-Himmel; art689,1295624 (Junio, 2019).

a. Identifica las palabras alemanas que no conoces en español.

b. Busca en alemán alternativas más fáciles que conoces y que expresen casi lo mismo.

im Trikot der TSG Ober-Eschbach
aufläuft → für den TSG Ober-Eschbach spielen → jugar para el TSG Ober-Eschbach, un club de balonmano alemán +ayuda p. 162

c. Imagínate que tú eres el padre y medias el contenido del texto en español para Paloma. M 15

Caja de herramientas

Erster Weltkrieg – Primera Guerra Mundial
Jahrhundert – el siglo
Vertrag – el contrato

CD 1·15–16

9 Una entrevista a Harald Feuchtmann

Escucha la entrevista y contesta las preguntas. +ayuda p. 162

1. ¿Cuándo y por qué se fue Harald Feuchtmann a Alemania?
2. Los Feuchtmann no solo han creado la escuela para enseñar balonmano. ¿Qué otros objetivos menciona Harald Feuchtmann?
3. Desde el punto de vista deportivo, el año 2017 fue uno de los años más importantes para los hermanos Feuchtmann y el balonmano en Chile. ¿Por qué?
4. Describe el suceso en Valparaíso que hizo que Friedrich Feuchtmann se quedara en Chile.
5. ¿Cómo describe la diferencia entre Chile y Alemania?
6. ¿Por qué va a irse de Alemania?

10 Los alemanes en Chile

MK

a. Investigad en internet y hablad en clase sobre qué influencia positiva puede tener la inmigración en la cultura de un país.

A–Z 80024-04

b. Inspirada por el artículo sobre los Feuchtmanns, Paloma se informa sobre la historia de los alemanes en Chile. Encuentra un artículo en la página web del Instituto Goethe Chile. +ideas p. 168

Colonos alemanes en Chile en el siglo XIX: Orígenes y presente

[…] Inmigrados a partir de 1848, en 1883, en 1933 y después de 1945, los alemanes tuvieron una influencia cultural duradera en Chile. Alrededor de quinientos mil chilenos descienden de los alemanes que llegaron en diferentes olas migratorias. Sin embargo, sólo entre veinte y cuarenta mil dominan hoy el alemán como lengua materna.

Chile crea las condiciones

[…] Con una ley de inmigración selectiva el joven estado chileno quiso poblar en 1845 los solitarios territorios en el llamado Sur Chico, en la frontera con el territorio mapuche. Inmigración selectiva significaba que quienes se postulaban como pobladores debían ser católicos y poseer educación media o superior. […]

Origen y razones de los emigrantes

[…] Los alemanes emigraron sobre todo por razones políticas (el fracaso de la revolución de 1848/1849) y económicas (malas cosechas, consecuencias negativas de la industrialización). […]

Establecimiento en Chile

El establecimiento de estos primeros colonos alemanes se produjo principalmente en dos regiones: […] alrededor de Valdivia y entre Osorno y La Unión […].
Los campesinos se afincaron alrededor del lago Llanquihue, un territorio hasta entonces completamente inexplorado […], de modo que los primeros años fueron muy duros […]. Estos debieron crear su mundo prácticamente a partir de la nada. Sin embargo, lo hicieron con mucho éxito y en la década siguiente fundaron las ciudades de Puerto Montt (1852), Puerto Varas (1853) y Frutillar (1856). Desde 1984 existe en esta última ciudad el Museo Colonial Alemán, un lugar al aire libre dedicado a las colonias alemanas.

Evolución y presente

El número de alemanes que emigraron al sur de Chile entre 1840 y 1870 puede estimarse en cuatro mil. Aunque no vivían aislados de los chilenos, se mezclaban muy poco con ellos. Motivos culturales y sobre todo religiosos dificultaron mucho los matrimonios mixtos. [...] Inmigraron casi exclusivamente protestantes. Sólo en los últimos años ha aumentado [...] el número de matrimonios mixtos gracias a la menor importancia de la religión en la vida pública. Esto a su vez hizo que entre los descendientes de los colonos se redujera rápidamente el número de aquellos que tienen el alemán como lengua materna. [...]

De todos modos, la influencia de los alemanes en el sur de Chile aún es grande y notoria. La arquitectura y la gastronomía muestran una fuerte tradición alemana. Las tortas alemanas, el strudel y el chucrut se ven a menudo en las mesas. Además, se siguen cultivando diversas tradiciones y celebrando fiestas alemanas, en especial las relacionadas con la cerveza. Se valora mucho el origen alemán [...]. [...]

Fuente: Goethe-Institut / Matthias Gloël "Colonos alemanes en Chile: Orígenes y presente": https://www.goethe.de/ins/cl/es/kul/mag/20815303.html (Junio, 2019).

c. En los textos auténticos en español casi siempre encuentras palabras desconocidas. Pero muchas veces lo son solo a primera vista. Así puedes resolver el secreto de las palabras:

Encuentra similitudes con palabras españolas de la misma familia que ya conoces:	**Encuentra similitudes con palabras conocidas de otras lenguas:**
inmigrados, migratorio – migrar	la influencia – 🇬🇧 influence
duradera – durar	dominar – 🇩🇪 dominieren
poblar, poblador – pueblo	la frontera – ...
los colonos – ...	poseer – ...
inexplorado – ...	el establecimiento – ...
el campesino – ...	la década – ...
valorar – ...	dedicado – ...
	dificultar – ...
	cultivar – ...

d. Contesta las preguntas.

1. ¿Por qué facilitó el estado chileno la inmigración de alemanes a Chile y adónde?
2. ¿Cuáles fueron los requisitos para los inmigrantes?
3. ¿Cómo eran las condiciones de vida para los alemanes en Chile?
4. ¿Qué importancia tiene la lengua alemana hoy entre los descendientes de los inmigrantes alemanes y por qué es así?

e. Ahora resume el texto con tus palabras. M I 3.4

11 Alemania, ¿un país de inmigrantes?

MK

a. Busca en internet información y estadísticas sobre la inmigración a Alemania. ¿Encuentras olas migratorias? ¿De dónde inmigraron a Alemania? ¿Por qué inmigraron? ¿Cuánta gente vive en Alemania con trasfondo migratorio? M II 1.5

b. Resume la información, toma apuntes y prepárate para poder presentársela a tu grupo. Fórmate una opinión sobre la pregunta "Alemania, ¿un país de inmigrantes?" y justifícala basándote en la información investigada.

c. ¿Es Alemania un país de inmigrantes? Discutid en grupo: Presentad primero cada uno/a la información / las estadísticas investigadas y luego intercambiad vuestras opiniones. M I 4.9

12 Un recorrido rápido: del frío al calor

Antes de comenzar el campamento de balonmano, Paloma, sus padres y los otros participantes viajan por Chile para conocer el país. Tomaron muchas fotos y además Paloma anotó todo para recordar mejor las actividades que hicieron.

a. Relaciona las anotaciones con las fotos correspondientes.

MK **b.** Busca información sobre las fotos que quedan sin comentario. M II 1.5

c. Descarga el mapa de Chile 80024-03 y úsalo para crear un póster con tus conocimientos sobre Chile, p.ej. ciudades, zonas climáticas, países vecinos, etc.
Incluye la información de las anotaciones de Paloma y de tu búsqueda en la web. Reconstruye además el viaje de Paloma por Chile dibujando líneas de un destino a otro, como el ejemplo en el mapa. Luego prepara una presentación usando el mapa. +ideas p. 168 M I 4.2

Parque Nacional Torres del Paine

1

2

Avistar ballenas, alpacas y el cóndor

3

- Al desierto de Atacama en autobús
- En el norte de Chile
- Provincias muy secas y calurosas
- Limitar con Bolivia y el Perú
- Dividirse en partes montañosas, el altiplano (zona con altura de 4.000 hasta 5.000 metros) y las costas con las ciudades de Arica y Antofagasta
- Foto: El valle de la Luna, lugar inquietante y fascinante

- En avión a Puerto Montt, en autobús a Temuco, capital inoficial de los mapuche
- Visitar pueblo indígena
- Consiguen conservar cultura, costumbres, lengua
- Se protegen con éxito contra la influencia de la cultura hispana que domina muchos otros países del continente

Conocer al pueblo mapuche en Temuco

4

Valle de la Luna y el desierto de Atacama

5

6

- Vuelo a Patagonia
- Parte atractiva para turistas
- Clima se parece al clima de Finlandia o Suecia, veranos cortos, inviernos oscuros, mucha nieve
- Ver montañas maravillosas cubiertas de hielo y nieve
- Hacer senderismo en los parques nacionales, visitar la zona en barco
- Observar animales: alpaca, cóndor, el ave más grande del mundo

Desierto de Atacama, el desierto más seco del mundo y el altiplano, espacio vital del guanaco, de la vicuña y del cóndor.

7

en avión

Visita guiada e ir de compras en Santiago de Chile

Vuelo a Rapa Nui (la Isla de Pascua) moáis.

8

- Regreso a la capital de Chile: Santiago, situada en un valle enorme a 100 kilómetros del mar
- Clima mediterráneo, con inviernos fríos y veranos calurosos
- Cerca de los Andes
- Posible practicar todo tipo de deportes de nieve
- Mucha marcha y cultura

En autobús a la *Casa Museo Pablo Neruda*, Isla Negra

9

13 El mejor curanto de Santiago

80024-04

Al llegar a Santiago, Emilia, una participante chilena, les pregunta a Paloma y a sus padres si ya han probado algunos platos típicos de Chile. Como los tres le dicen que no, Emilia les recomienda un barrio de Santiago donde hay algunos restaurantes buenos que también preparan curanto auténtico.

Dando un paseo por dicho barrio, los tres miran los carteles y los menús de los restaurantes.
Echando un vistazo al interior, Paloma ve este cartel.
Al ver un camarero **diciendo** "el mejor curanto de Santiago" deciden entrar.
Mira la foto del restaurante y el menú.

a. Describe el interior. ¿Te gustaría comer allí? Justifica tu opinión.

b. Mira los platos del menú. ¿Te suenan?

c. Una cuestión de estilo. Mirad las estructuras marcadas en el texto. ¿Qué os llama la atención? Explicad para qué sirven y pensad en otra manera de formular las frases sustituyéndolas por otra estructura. Luego convertid las estructuras "Al ver ...", "Echando un vistazo ..." y "... diciendo ...". Ch 2 p. 126 G 9

14 ¿Se puede comer eso?

80024-04

a. Mira los platos chilenos y relaciona los textos con las fotos.

1. Una masa de harina, huevo y leche que se cocina en una sartén. El resultado es una especie de pastel muy plano. Se come salado o dulce.
2. El plato es preparado en un recipiente de cerámica con diferentes carnes, cebollas y especias típicas, p. ej. pimentón dulce y ají. Antes de meterlo en el horno se coloca la pasta de maíz encima de la carne. Se retira cuando se ha dorado la parte superior.
3. Tiene una pinta bastante rara porque los ingredientes casi no se conocen en Europa. Se trata de mariscos pero también salchichas y verduras. Un plato originado en Chiloé.
4. Pasta en forma de media luna rellena de carne picada o atún cocinada en el horno.
5. Una especie de galletas o tortas cuya masa se elabora con harina de trigo, puré de zapallo y mantequilla, fritas en aceite.

a. Curanto

b. Pastel de Choclo

c. Empanadas

d. Panqueque

e. Sopaipillas

MK 80024-04

b. Mirad los tres menús. Investigad en internet qué llevan los platos. Luego decidid adónde iríais.

• PLATOS VEGETARIANOS •

Pastel de choclo .... *Con carne de soya y zapallo italiano*	**$ 6.590**
Croquetas de quinoa con espinacas a la crema......................... *Acompañado de mini ensalada verde*	**$ 8.290**
Panqueques rellenos......................... *Espinacas, choclo y champiñones a la crema*	**$ 6.990**

EMPANADAS

PINO (CARNE PICADA)	$ 1.200
QUESO – QUESO JAMÓN	$ 1.300
CHAPARRITAS	$ 1.300
CHAMPIÑON QUESO	$ 1.500
CAMARON QUESO	$ 1.500
NAPOLITANA	$ 1.500
INTEGRALES	
QUESO CABRA TOMATE	$ 1.300
CHAMPIÑON QUESO	$ 1.300
ZAPALLO ITALIANO QUESO	$ 1.300

Restaurante ANCLA

Caldos

Consomé de Mariscos	$ 4.900
Choros Maltones al Vapor	$ 6.900
Caldillo de Congrio	$ 9.900
Merluza Austral al Coñac	$ 8.900
Congrio Campesino (medallón de congrio cocinado en su caldo, arvejas y papas fritas)	$11.900
Curanto en Olla	$13.900
Paila Marina	$10.900
Choritos de Cultivo al Vapor	$ 6.900

El peso chileno:
1.000 pesos chilenos ($) son aproximadamente 1,25 €. ¿Cuánto costará un menú con entrada, plato principal y postre?

c. Inventad un juego de rol en un restaurante con un camarero y clientes. En la conversación los clientes saludan al camarero, piden la comida y la bebida, hablan sobre los platos, piden la cuenta, pagan y se van. El camarero reacciona de forma adecuada a la situación.

B A comprometerse

1 El significado de los carteles

a. Hablad con el/la compañero/a:

Paso uno: Describid los carteles.
Paso dos: Especulad sobre quiénes serán los autores del cartel y cuál es su intención.

b. ¡Vamos pa' la calle! Haced una red de ideas sobre las manifestaciones. Las siguientes preguntas os ayudan:
¿Qué sentido tienen las manifestaciones? ¿Cuáles podrían ser los temas o los motivos de una manifestación? ¿Cómo se transmite su mensaje? ¿Quién protesta y organiza las manifestaciones? ¿Qué es lo que se esperan de los manifestantes?

c. Y vosotros, ¿habéis participado alguna vez en una manifestación? ¿Dónde? ¿Cuándo? ¿Por qué? ¿Por qué causa os comprometeríais en el futuro?

L p. 132

80024-04

Mapuches se manifiestan en Santiago [...]

EFE Santiago de Chile 12 oct. 2019

Miles de miembros de la comunidad mapuche se manifestaron este sábado por el centro de Santiago para reclamar la lucha y la resistencia indígena con motivo de la conmemoración del día 12 de octubre, una fecha en la [...] que para ellos "no hay nada que celebrar".

Vestidos con sus coloridas ropas tradicionales y bajo los colores celeste, verde y rojo de los cientos de banderas mapuches [...], la comunidad demostró que el 12 de octubre, el día que Europa celebra la llegada de Cristóbal Colón a América en 1492, para los indígenas es un día de resistencia.

Belén Curamil, hija del líder mapuche Alberto Curamil, que actualmente se encuentra en la cárcel [...] acusado de robo [...], leyó una carta que su padre y otros prisioneros mapuches escribieron para la fecha.

"Hoy día reafirmamos que no hay nada que celebrar en estas fechas, sino que hay que visibilizar toda la resistencia que ha hecho la comunidad ante [...] la destrucción que están llevando a cabo las grandes empresas nacionales e internacionales en nuestro territorio" [...].

Alberto Curamil, arrestado en el sur de Chile desde agosto, recibió en 2019 el Premio Ambiental Goldman, conocido como el "Nobel ambiental", por su lucha en la defensa de los territorios naturales de las comunidades mapuche en las regiones de La Aracaunía y Biobío.

[...] Curamil acusó a "inversiones capitalistas como las forestales y mineras" de mantener "el legado del colonialismo antes realizado por las naciones europeas". [...] Según Belén Curamil el Estado quiere silenciar a los mapuches con persecución y encarcelamiento. [...] agregó que a pesar de ello seguirán defendiendo los territorios que consideran sus tierras ancestrales y los recursos naturales que contienen. [...]

La manifestación en Santiago transcurrió en tono festivo, con música y peticiones, con niños pequeños con sus padres, familias y ancianos. Sin embargo, se registraron incidentes aislados durante el recorrido protagonizados por grupos de encapuchados [...] que se enfrentaron a la Policía presente.

Los [...] miembros de la comunidad mapuche trataron de [...] distanciarse de las destrucciones cometidas por los encapuchados para poder diferenciar la protesta [...] indígena de los disturbios esporádicos ocurridos. [...]

Texto adpatado. Fuente: EFE 2019 https://www.efe.com/efe/america/sociedad/mapuches-se-manifiestan-en-santiago-para-reivindicar-la-resistencia-indigena/20000013-4085538 (Noviembre, 2019).

2 ¿Palabras desconocidas? ¡Qué va!

Escribe las palabras que no conozcas en una tabla y complétala con la siguiente información.

palabra desconocida	¿qué piensas que significa la palabra?	estrategia	significado	familia de palabras
la resistencia	■	■	■	■
la conmemoración	■	■	■	■
reafirmar	■	■	■	■
visibilizar	■	■	■	■
arrestar	■	■	■	■
acusar	■	■	■	■

palabra desconocida	¿qué piensas que significa la palabra?	estrategia	significado	familia de palabras
forestal	■	inglés: forest	■	■
minero	■	■	■	■
el legado	■	inglés: legacy	■	■
silenciar	■	■	■	■
la persecución	■	■	■	■
el encarcelamiento	■	■	■	■
encapuchar	■	■	■	la capucha
■	■	■	■	■

3 Resistencia mapuche

a. Lee el artículo (p. 117). Identifica el tema e intenta resumirlo en dos o tres frases. Compara los resultados con tu compañero/a.

b. Encontrad los motivos de la manifestación.

c. Resume el artículo con tus palabras. M I 3.4

MK **d.** Infórmate más en internet sobre el conflicto entre los mapuche y el Estado chileno y preséntalo en clase.

4 Participios

vestir • acusar • arrestar • conocer • realizar • aislar • protagonizar • cometer • ocurrir

a. En el artículo encuentras participios de los siguientes verbos: Búscalos y apúntalos en la tabla. Identifica si son sustantivos o oraciones subordinadas abreviadas.

b. ¿Qué tipo de oración sustituye el participio? ¿Conocéis construcciones similares en inglés? Ch 3 p. 126 G 5

c. Convierte las frases con participios en frases subordinadas.
1. Desde 1984 existe en esta ciudad el Museo Colonial Alemán, un lugar al aire libre dedicado a las colonias alemanas.
2. Santiago es una ciudad situada en un valle enorme.
3. Los productos mapuche que fueron vendidos en el mercado eran de Temuco.
4. La lengua mapuche que todavía es hablada en los pueblos es el mapudungún.

5 Un campo de palabras: la manifestación

Busca palabras y expresiones artículo que tengan que ver con una manifestación. Estructura las palabras en un mapa mental.

6 Instrucciones para manifestarse

Imaginaos que os manifestáis por algo que realmente os importe. Elegid un tema y planead la manifestación.¿Qué se necesita para que una manifestación tenga éxito y ocurra sin incidentes? Continuad la lista con más requisitos y asuntos organizativos. Presentad vuestras ideas a los demás.

carteles creativos y llamativos – para llamar la atención de la gente

7 Lautaro – héroe de los mapuche

MK

a. Buscad información sobre Lautaro, su vida y su importancia.

b. Describid el mural 80024-03 M I 4.4

8 El blog de Paloma

¡Hola chicos!

Aquí, toda una pasada. Ay, el tiempo vuela … Hoy es el último día, pero me siento como si hubiera llegado solo ayer. Pero he disfrutado del tiempo en Chile al máximo. El campamento de balonmano fue bonísimo. Los entrenadores nos mostraron otro mundo del balonmano y la sesión de ayer con Harald Feuchtmann, que había regresado poco antes de una competición con el equipo chileno, nos hizo flipar aún más. ¿La organización? … óptima, ¿el ambiente? … súper agradable con gente de todo el mundo. ¿Qué más quieres? Los chilenos son muy espontáneos y la dirección de la escuela de balonmano ha montado una fiesta con unas cuarenta personas. Todo con un mínimo de preparación, solo unas llamadas y ya está. Voy a echar de menos que muchas cosas sean mucho más simples que en España. Seguro que me sentiré mal al tener que decirles adiós a los chavales. Será un pésimo momento de mi estancia en Chile. Pues me quedan 20 horas … ¡a disfrutarlas!

a. Lee el blog de Paloma. ¿Qué tal el campamento de balonmano? Describe lo que dice Paloma usando el estilo indirecto. G 8

b. Paloma describe su estancia en Chile con superlativos usando el elativo. ¿Cómo se forma el elativo normalmente? ¿Te acuerdas? Las formas del texto son irregulares. Búscalas y apúntalas junto con los adjetivos de las formas. ¿Qué te llama la atención? +ayuda p. 163 G 6.2

c. ¿Has participado alguna vez en un campamento deportivo? ¿Has pasado alguna vez las vacaciones con un grupo de jóvenes? Describe tu experiencia o invéntala usando muchos elativos.

9 Chile se moviliza

Caja de herramientas

el cuadro – *hier:* Grafik
la aglomeración – Menschenauflauf
los notables – Amtsträger
La Moneda – Residenz des chilenischen Präsidenten

a. Describe la portada del periódico chileno. Especula sobre los acontecimientos que llevaron a escribir este titular.

MK **b.** A finales de 2019 Chile se movilizó otra vez. Investiga los motivos de la protesta y la situación actual.

c. Lee la información. Explícales a tus padres el contexto del referéndum de Chile de 1988.

¿Sí o no?

La dictadura militar de Chile de los años 70 y 80 del pasado siglo liderada por Augusto Pinochet estuvo marcada por la represión y la violencia contra los chilenos que no pensaban como el gobierno. La consecuencia fue una oposición cada vez más fuerte y una creciente presión internacional.

Como la Constitución chilena establecía que el presidente de la República podía estar en el poder un máximo de 8 años, en 1988 el general Pinochet no podía ser reelegido a menos que el pueblo así lo quisiera. Después de 15 años de dictadura militar, Pinochet tuvo que llevar a cabo un referéndum para consultar a los chilenos. Los ciudadanos solo podían votar a favor o en contra de Pinochet: Sí o no. El gobierno de Pinochet permitió a la oposición que emitiera un anuncio electoral para el "no" de 15 minutos en la televisión – ¡pero a media noche cada día!

L p. 133–135

10 Anuncios electorales en televisión

a. ¿Habéis visto alguna vez un anuncio electoral? ¿Qué función tiene? Eligid cada uno/a tres aspectos que, en vuestra opinión, describan la función más importante de los spots políticos. Justificad vuestra opinión explicándosela a vuestros compañeros.

- atraer la atención
- simplificar las cosas
- plantear temas
- informar
- demostrar objetivos
- hacer promesas
- influir en las opiniones
- introducir al partido y a los candidatos principales
- subrayar logros
- atacar o criticar a los opositores
- entretener
- convencer de los objetivos políticos del partido

MK **b.** Busca en internet un "Wahlwerbespot" de un partido alemán importante de las elecciones de 2017 o 2021. Descríbelo.

- ¿De qué partido es?
- ¿Qué pasa?
- ¿Quién habla / actúa?
- ¿Hay música?
- ¿Cuánto tiempo dura?
- ¿Qué sensación transmite este anuncio?
- ¿Cumple con las funciones importantes de un anuncio electoral?

Caja de herramientas

transmitir • contener • utilizar • mantenerse / expresar

una actitud • un tono • un mensaje

amable • respetuoso/a • emocional • objetivo/a • tendencioso/a • neutral • positivo/a • negativo/a • optimista • pesimista • crítico/a • agresivo/a • realista • pegadizo/a

c. Presentaos los anuncios electorales los unos a los otros.

d. Pensad en el reto de la oposición chilena: ¿Cómo promocionaríais la democracia en un solo spot? ¿Qué sensación debería transmitir un spot promocional a favor de la democracia? Recoged ideas y presentádselas a los demás. +ideas p. 168

11 Una acción con éxito

Resultados

No
Votos 3.967.569
55.99 %

Sí
Votos 3.119.110
44.01 %

a. Mira el spot 80024-03 de la campaña para el "No". ¿Cuál es tu primera impresión? ¿Qué sensación transmite este anuncio?

b. ¿Os sorprende (algo)? ¿Por qué (no)? A primera vista – ¿cumple con vuestras expectativas?

c. Formad grupos de cinco. Elegid cada uno/a uno de los siguientes aspectos. Mirad el spot de nuevo y contestad las preguntas. Intercambiad vuestros resultados. Terminad con una conclusión: ¿Qué opináis del vídeo?

1. EL CONTENIDO
¿Qué pasa y cómo se desarrolla el vídeo?

2. LAS PERSONAS
¿Qué personas ves? ¿Cómo actúan las personas (comunicación verbal y no verbal, credibilidad, autenticidad, competencia, simpatía)?

3. LA MÚSICA Y LA LETRA
¿Cuáles son las características de la música? Identifica las palabras que llaman la atención.

4. EL EFECTO
¿Apela a la emoción o a la razón? ¿Cómo?
¿Qué reacción puede provocar el clip en el/la espectador/a?

5. CONCLUSIÓN
¿Qué mensaje transmite el clip? ¿Cuál puede ser su objetivo? ¿Ha conseguido el clip sus objetivos?

d. ¿Qué significan las siguientes escenas del spot?

un rey pierde su corona • un muro cae • aparece un arcoiris • se ven jinetes al galope en el campo • personas se abrazan

12 Desde la tele a la red

a. Mira el anuncio y decide: ¿Correcto (C) o falso (F) o no hay? +ideas p. 168

	correcto	falso	No está en el texto
1. Es un taller para mujeres y niños para utilizar los nuevos medios de comunicación.	■	■	■
2. Aprendes a usar programas, como por ejemplo, CADSD.	■	■	■
3. Debes participar en acciones por internet contra los políticos de San Antonio de Los Altos.	■	■	■
4. Es un curso que te enseña a usar nuevos medios de comunicación para acciones políticas.	■	■	■

b. Desde vuestro punto de vista ¿por qué los activistas usan cada vez más los nuevos medios de comunicación para conseguir sus objetivos?

c. La oposición chilena solo pudo usar la televisión para transmitir su objetivo: la democracia. Hoy en día existen más medios de comunicación para hacer activismo político. Comparad los nuevos medios con los medios tradicionales como la televisión, la radio o los anuncios en los periódicos: ¿Cuáles son las ventajas y las desventajas en cuanto a comunicar objetivos políticos o sociales de forma efectiva y con resultados? +ayuda p. 163

	ventajas	desventajas / riesgos
la televisión	■	■
la radio	■	■
anuncios en los periódicos	■	■
nuevos medios de comunicación: …	■	■

13 ¿Activismo de sillón?

a. Mirad las fotos y describidlas. ¿Qué caracteriza al activismo tradicional offline? ¿Y qué al ciberactivismo?

Caja de herramientas

salir a la calle • manifestarse • recoger firmas • llamar a las puertas • reunirse • asistir a la labor organizativa • proactivo/a • (in)cómodo

desde casa • firmar la petición digital • crear clics • ganar seguidores • difundir información • manifestarse a favor / en contra de algo en una red social • apoyar una causa • hacer público un hecho específico en las redes sociales

b. ¿Qué pensáis que expresan palabras como “activismo de sillón” o “clicktivismo”?

c. Mira la viñeta y descríbela. M I 4.4

d. ¿Ciberactivismo – mucho ruido y poca acción? Comenta. M I 3.6

14 Un caramelo para ti

Escucha la canción "Gracias a la vida" de Violeta Parra 80024-03. ¿De qué trata la canción? Completa la frase: Gracias a la vida que …

15 Una postal de papá

80024-04

Lee la postal. ¿Qué harías tú? ¿Visitarías la isla o no? Justifica tu opinión.

Hola, mellizos:
Os mando saludos de un lugar maravilloso en el medio del Pacífico. Rapa Nui (la Isla de Pascua) es la isla habitada más remota del mundo y los turistas están fascinados por la lejanía, los moáis y la cultura rapanui. Yo también me quedé bocabierto cuando vi las estatuas imponentes y gigantescas. No me sorprende que la mayor parte de la isla sea Patrimonio de la Humanidad y que haya una gran cantidad de turistas que quiere verla. En las últimas décadas, el turismo ha aumentado. La isla tiene más o menos 7.000 residentes, pero recibe más de 100.000 turistas por año. Este turismo masivo tiene un impacto al ecosistema de la isla y produce toneladas de basura. La isla y la cultura rapanui están en peligro, me han dicho los residentes. Los rapanui, el pueblo indígena de la isla, están luchando desde años por sus derechos y por la protección de la isla. Y, yo me pregunto, ¿qué puedo hacer yo?
Besos, Papá

Sof
Ca
41
E

1 Expresar condiciones irreales

Si-Satz (frase subordinada)	Hauptsatz (frase principal)
pluscuamperfecto de subjuntivo (imperfecto de subjuntivo de haber + participio)	condicional perfecto (condicional de presente de haber + participio)
Si los padres lo **hubieran permitido**, …	… Paloma **habría viajado** sola a Chile.

Liegt die Bedingung, unter der eine Folge eintreten soll, in der Vergangenheit und ist damit unerfüllbar, benutzt man den Bedingungssatz Typ III (Irrealer Bedingungssatz oder Irrealis der Vergangenheit).

Auch im Deutschen und Englischen wird zwischen folgenden drei Bedingungssätzen unterschieden:

- frases condicionales reales – Die Bedingung ist erfüllbar. (*if-clause I*)
- frases condicionales potenciales – Die Erfüllung der Bedingung ist nicht ganz ausgeschlossen, aber unwahrscheinlich. (*if-clause II*)
- frases condicionales irreales – Die Erfüllung der Bedingung ist ausgeschlossen, da sie bereits in der Vergangenheit hätte passieren müssen. (*if-clause III*)

2 La abreviación de frases con al + infinitivo o el gerundio

Um einen Text stilistisch zu variieren, werden im Spanischen häufig *al + infinitivo* oder das *gerundio* verwendet. Beide Formen dienen der Verkürzung von Sätze und ersetzen häufig Sätze mit *cuando, mientras* oder Relativsätze.

Die Verkürzung mit dem *gerundio* gibt es auch im Englischen, dort heißt die Form *gerund*:
→ *Arriving in Santiago, Emilia asked them if they had already tasted tipical Chilean dishes.*
→ *Taking a walk around town, they looked at the menus of the restaurants.*
¡Ojo! Die Sätze können nur dann verkürzt werden, wenn die Subjekte identisch sind:
→ Al llegar (ellos) al restaurante, miran primero la carta del menú.
→ Cuando (ellos) llegan al restaurante, miran primero la carta del menú.

3 El participio pasado

Neben ihrer Funktion als Teil einer zusammengesetzten Zeit oder eines Modus können Partizipien im Spanischen auch als Substantive vorkommen:

encapuchar → los encapuchados	vermummen – die Vermummten
atentar → el atentado	einen Anschlag verüben – der Anschlag

Außerdem können sie einen Nebensatz im Passiv ersetzen, wobei sowohl das Vorgangspassiv mit *ser* als auch das Zustandspassiv mit *estar* ersetzt werden kann:

Desde hace muchos años existe el museo, un lugar que **está** dedicado a la cultura alemana.	Desde hace muchos años existe el museo, un lugar **dedicado** a la cultura alemana.

Tus retos, paso por paso 80024-05 + Autocontrol

Tu reto 1

Planificad un viaje por Alemania o por el país de origen de vuestra familia (parecido al viaje de Paloma por Chile).

Paso uno: Buscad un mapa del país.

Paso dos: Identificad ciudades y regiones que os parecen interesantes.

Paso tres: Buscad en internet: fotos, imágenes, información de todo tipo. No copiéis los textos sino anotad la información más importante. ¡Ojo!: Siempre tened en cuenta los derechos de autor que muchas veces están protegidos.

Paso cuatro: Elegid la forma de presentación: póster, soporte digital, transparencias, el programa *Prezi*, etc.

Paso cinco: No escribáis textos sino preparad anotaciones o utilizad el método "Kniff mit dem Knick" M I 4.2 .

Paso seis: Practicad la presentación.

Tu reto 2

Desarrollad una idea para un proyecto de crowdfunding, diseñad un plan para el proyecto y presentadlo en clase. ¿Os gusta? Vamos a realizarlo.

Paso uno: Empezad con una lluvia de ideas. Investigad en internet para inspiraros (p.ej. en 80024-03).

Paso dos: .¿Qué recursos tenéis y cuáles podéis emplear? Talentos, recursos financieros, espacio disponible, recursos tecnológicos.

Paso tres: Elegid una idea realizable, ponedle un nombre interesante y describid el proyecto por escrito. Antes de hacerlo, echad un vistazo a las páginas de métodos. M II 2.2.9/2.2.10

Paso cuatro: Preparad la presentación: ¿Cómo se puede presentar de forma atractiva de modo que muchas personas participen en vuestro proyecto?

L Rincón de literatura

Malinche de Laura Esquivel (Capítulo 1, p. 17)

En su novela *Malinche*, publicada en el año 2006, la escritora mexicana Laura Esquivel narra la historia de uno de los personajes más controvertidos de la historia de México: Malinalli, más conocida como "la Malinche", la intérprete y mediadora del conquistador Hernán Cortés.

1. ¿Qué recordáis de Mesoamérica antes de la llegada de los españoles? Pensad, por ejemplo, en las culturas prehispánicas más conocidas, en su religión, la sociedad, las ciudades ... Exponed vuestras ideas en clase (o en grupos).

2. Para saber más de la vida de Malinalli a principios del siglo XVI, completa la biografía con las formas del indefinido y del imperfecto. ¡Ojo!, a veces se requiere el verbo en voz pasiva.

Malinalli ■ (nacer) hacía el año 1504 cerca de Coatzacoalcos, en la costa de lo que hoy día es el estado de Veracruz. Allí, la élite ■ (hablar) el náhuatl, pero la lengua común era otro idioma de origen olmeca. Esto ■ (permitirle) ser bilingüe desde su infancia. El padre de Malinalli ■ (ser) un gobernante y los primeros años de su vida vivió pacíficamente con su familia. Como muchos de los que ■ (vivir) en la frontera del imperio azteca, ■ (crecer) con una visión negativa de los mexicas. Al morir su padre, su madre ■ (volver) a casarse con un hombre de la región. La nueva pareja ■ (tener) un hijo al que ■ (querer) hacer heredero. Como consecuencia, su madre ■ (decidir) deshacerse de su hija mayor y la ■ (entregar) a un traficante de esclavos. ■ (comprar) por unos comerciantes mayas que a su vez la ■ (vender) a sus nuevos amos en Potonchán. Malinalli pronto ■ (llegar a hablar) con fluidez su tercer idioma, el maya. Cuando llegaron los españoles en 1519, ■ (regalar) a Hernán Cortés junto con otras 19 esclavas. En su ruta al centro del imperio azteca, Cortés ■ (descubrir) que Malinalli, además del maya, ■ (hablar) náhuatl. De esta manera, Malinalli ■ (servir) de intérprete para Hernán Cortés: Cortés ■ (hablar) a Jerónimo de Aguilar, un español que aprendió la lengua maya por haber vivido varios años con los mayas, luego Aguilar ■ (hablar) a Malinalli y Malinalli a los aztecas. Así ■ (llevarse a cabo) todos los contactos entre los europeos y los aztecas hasta que Malinalli ■ (aprender) el castellano.

3. Hoy es el día que Malinalli ha sido regalada a Hernán Cortés. Por la noche, antes de dormir, le pasan muchos pensamientos por la cabeza. Ponte en su lugar y apunta sus pensamientos y sentimientos en estilo directo. Ten en cuenta que también es el primer encuentro de Malinalli con unos europeos. Piensa en su estatus como esclava, su género, su religión y las diferencias culturales entre ella y los españoles. Luego redacta un monólogo interior. M 13.8

4. Lee el primer párrafo de la próxima página. Se trata de un fragmento de la novela de Laura Esquivel que narra los sentimientos de Malinalli en su nueva vida después de haber sido elegida como intérprete de Cortés. Luego completa la tabla y compara la vida de Malinalli antes y después.

Antes de la llegada de los españoles ...	Ahora ...
• era esclava y recibió órdenes ...	• tiene voz ...

Ella, la esclava que en silencio recibía órdenes, ella, que no podía ni mirar directo a los ojos de los hombres, ahora tenía voz, y los hombres, mirándola a los ojos, esperaban atentos[1] lo que su boca pronunciara. Ella, a quien varias veces habían regalado, ella, de la que tantas veces se habían deshecho[2], ahora era necesitada, valorada[3], igual o más que una cuenta de cacao[4].

Desgraciadamente, esa posición de privilegio era muy inestable. En un segundo podía cambiar. Incluso su vida corría peligro. Sólo el triunfo de los españoles le garantizaba su libertad, por lo que no había tenido empacho[5] en afirmar varias veces […] que en verdad los españoles eran enviados del señor Quetzalcóatl[6] y no sólo eso, sino que Cortés mismo era la encarnación[7] del venerado[8] dios.

Ahora ella podía decidir qué se decía y qué se callaba. Qué se afirmaba y qué se negaba. Qué se daba a conocer y qué se mantenía en secreto, y en ese momento ése era su principal problema. No sólo se trataba de decir o no decir o de sustituir un nombre por otro, sino que al hacerlo se corría el riesgo de cambiar el significado de las cosas. Al traducir, Malinalli podía cambiar los significados e imponer su propia visión de los hechos y, al hacerlo, entraba en franca[9] competencia con los dioses, lo cual la aterrorizaba[10]. Como consecuencia […], los dioses podían molestarse con ella y castigarla, y eso definitivamente le daba miedo. Podía evitar este sentimiento traduciendo lo más apegada posible al significado de las palabras[11], pero si los mexicas en determinado momento[12] llegaban a dudar – tal como ella – que los españoles eran enviados de Quetzalcóatl, ella sería aniquilada[13] junto con éstos en un abrir y cerrar de ojos.

Extracto, páginas 81–82 de: Esquivel, Laura. Malinche. (2016). 4ª reimpresión. Barcelona: DEBOLS!LLO, 2019.

[1] atento/a con atención
[2] deshacerse de alg. sich jmds. entledigen, jmdn. loswerden
[3] valorado/a wertgeschätzt (engl. valued)
[4] la cuenta de cacao hier: eine Kakaobohne
[5] no tener empacho en hacer algo sich nicht dafür schämen, etwas zu tun
[6] Moctezuma, el gobernante azteca, creyó que Hernán Cortés era el dios Quetzalcóatl y que su llegada a la costa veracruzana cumplió una antigua profecía.
[7] la encarnación die Inkarnation, die Verkörperung
[8] venerar verehren
[9] franco/a hier: klar, eindeutig
[10] aterrorizar in Angst und Schrecken versetzen
[11] lo más apegada posible al significado de las palabras so wortgetreu wie möglich
[12] en determinado momento in einem bestimmten Moment
[13] aniquilado/a vernichtet/zerstört

5. a. Lee el texto hasta el final y decide si las siguientes afirmaciones son correctas o falsas. Justifica tu opinión y corrígelas cuando sea necesario. M I 3.10

En la compañía de los españoles, Malinalli tiene una vida segura y privilegiada.

Malinalli traduce todo con facilidad y sin pensarlo mucho.

Malinalli cree que Hernán Cortés es la encarnación del dios Quetzalcóatl.

b. Explica de qué o de quién tiene miedo Malinalli.

6. Caracteriza a Malinalli tal como está presentada en el fragmento de la novela de Laura Esquivel. M I 3.7

7. Mira la imagen del códice y descríbela. Compara la manera en que se representa a Malinalli en el texto y en la imagen.

Sin noticias de Gurb de Eduardo Mendoza (Capítulo 4, p. 95)

En la novela de humor *Sin noticias de Gurb* , escrita en 1991 por Eduardo Mendoza, el extraterrestre Gurb aterriza en nuestro planeta, en Barcelona … y desaparece. El comandante de la nave se queda sin noticias de Gurb y sale a buscarlo. Igual que Gurb, el comandante en su apariencia natural es solo energía en su estado puro, pero para poder moverse en la Tierra sin llamar la atención, ha adaptado la apariencia de los humanos. Ahora intenta localizar a su amigo Gurb en la capital de Cataluña.

El comandante es también el narrador de la obra, quien documenta en forma de diario la búsqueda de Gurb.

1. Imaginaos que habéis viajado a Barcelona por primera vez pero no encontráis el lugar donde habéis quedado. Ninguno de vosotros lleva móvil. ¿Qué haríais para encontraros? ¿Qué no haríais? Apuntad vuestras ideas en una tabla.

MK

2. Buscad los datos más importantes sobre Barcelona y presentadlos a los demás. Podéis elegir la manera de visualizar la información ¿Cómo os imagináis la ciudad? ¿Os gustaría conocerla? ¿Por qué (no)? Usad el vocabulario del capítulo 1 para describir una ciudad grande (p. 9 y p. 184).

Día 10

[…] Me temo que va ser más difícil de lo que suponía localizar a Gurb.

15.00 Decido recorrer sistemáticamente la ciudad en lugar de permanecer en un sitio fijo[1]. Con ello disminuyo las probabilidades de no encontrar a Gurb en un trillón, pese a lo cual, el resultado sigue siendo incierto. Camino siguiendo el plano heliográfico[2] ideal que he incorporado[3] a mis circuitos internos[4] al salir de la nave. Me caigo en una zanja[5] abierta por la Compañía Catalana de gas.

15.02 Me caigo en una zanja abierta por la Compañía Hidroeléctrica de Cataluña.

15.03 Me caigo en una zanja abierta por la Compañía de Aguas de Barcelona.

[1] fijo/a fest/fix
[2] *Erklärung: die Koordinaten eines heliographischen Planes orientieren sich an der Sonnenoberfläche.*
[3] incorporar einfügen, einbinden
[4] los circuitos internos hier: innere Schaltkreise
[5] la zanja der Graben

15.04 Me caigo en una zanja abierta por la Compañía Telefónica Nacional.

15.05 Me caigo en una zanja abierta por la asociación de vecinos de la calle Córcega.

15.06 Decido prescindir[1] del plano heliográfico ideal y caminar mirando dónde piso.

19.00 Llevo cuatro horas caminando. No sé dónde estoy y las piernas no me sostienen[2]. La ciudad es enorme; el gentío, constante; el ruido, mucho. [...]

20.30 Con la puesta del sol las condiciones atmosféricas habrían mejorado bastante si a los seres humanos no se les hubiera ocurrido encender las farolas[3]. [...]

21.30 Basta. No puedo dar un paso más. Mi deterioro[4] físico es considerable[5]. Se me ha caído un brazo, una pierna y las dos orejas y la lengua me cuelga tanto que he tenido que atarla[6] al cinturón. [...]

21.45 Recargo[7] energético.

Extracto, páginas 13–16 de: Mendoza, Eduardo. Sin noticias de Gurb. (1990) Hrgs. Patrick Saulheimer und Rosamna Pardellas Velay. Stuttgart: Philipp Reclam jun. GmbH & Co. KG, 2012.

[1] prescindir de absehen von, verzichten auf
[2] sostener tragen/halten
[3] la farola die Straßenlaterne
[4] el deterioro die Verschlechterung, die Beschädigung
[5] considerable beachtlich
[6] atar festbinden, befestigen
[7] el recargo das Wiederaufladen

3. Lee el fragmento de la novela y resume con tus propias palabras cómo ha pasado el comandante su primer día de búsqueda de Gurb en Barcelona.

a. Dibuja al comandante y su estado físico después de su recorrido por la ciudad.

b. Compara de qué manera intenta localizar el comandante a su amigo con tus propias ideas sobre cómo encontrar a tu amigo/a perdido/a en la ciudad.

4. Según el fragmento de la novela, ¿cómo describe el narrador a Barcelona?

5. La obra de Mendoza se caracteriza en la introducción como una novela de humor. Buscad en el fragmento las indicaciones para verificar esta clasificación. Fijaos también en los recursos estilísticos que usa el autor.

6. ¿Os gustaría seguir leyendo la novela para saber si el comandante encuentra al final a Gurb? Justificad por qué (no).

Paz de Alfonsina Storni (Capítulo 5, p. 116)

La poetisa argentina Alfonsina Storni, feminista y representante de la poesía modernista latinoamericana, tomó como fuente de inspiración a la madre tierra y el medio ambiente.

1. a. Estás en el campo, ya sea un fin de semana o durante un viaje para conocer un nuevo país. Cerca de tu casa o de tu hotel hay un árbol impresionante. ¿Qué se te viene a la mente al imaginártelo? Puedes sacar ideas de la caja de herramientas y usar el diccionario. Luego dibuja un árbol y apunta las palabras que relacionas con él.

Caja de herramientas

el bosque • las hojas • la copa • las raíces • la altura • las ramas • las frutas (las manzanas …) • los pájaros • los insectos • el biotopo • el crecimiento • el oxígeno • la naturaleza • la calma • la tranquilidad • la protección • la paz • la continuidad • la belleza • el encanto • el consuelo • el movimiento (de las ramas y de las hojas) • el murmullo (de las hojas) • el olor a … • los colores … • las estaciones (la caída de las hojas, las ramas con nieve …) • trepar (a los árboles) • acostarse (debajo de / bajo) • relajarse • caerse de • coger (las manzanas …)

b. ¿Con qué relacionáis vosotros/as un árbol? Intercambiad ideas.
Lo primero que veo al imaginarme un árbol es / son …
Al pensar en un árbol me viene a la mente …

Paz

Vamos hacia los árboles … el sueño
Se hará en nosotros por virtud celeste[1].
Vamos hacia los árboles; la noche
Nos será blanda[2], la tristeza leve[3].

Vamos hacia los árboles, el alma
Adormecida[4] de perfume agreste[5].
Pero calla, no hables, sé piadoso[6];
No despiertes los pájaros que duermen.

Storni, Alfonsina (1892–1938): Paz.

[1] la virtud celeste hier: die himmlische Kraft
[2] blando/a nachsichtig, mild
[3] leve leicht
[4] adormecido/a schläfrig
[5] agreste ländlich
[6] piadoso/a hier: rücksichtsvoll; barmherzig

2. Lee el poema. ¿Qué relaciona ella con un árbol? Justifica tu respuesta. M I 3.11

3. Mira el vídeo 80024-03. Fíjate en la melodía de las frases y en la pronunciación de la recitadora. Ahora lee todo el poema en voz alta y preséntalo en clase. También puedes grabar un vídeo si no quieres presentarlo en directo.

4. Fijaos en la estructura del poema. ¿Qué salta a la vista?

5. Piensa en un lugar que signifique mucho para ti. ¿Qué relacionas con este lugar? ¿Por qué quieres volver allí o ir a conocerlo? Toma apuntes, sigue los pasos de Alfonsina Storni y escribe un poema.

Los días del arcoíris de Antonio Skármeta
(Capítulo 5, p. 120)

¿Sí o no? La novela *Los días del arcoíris* de Antonio Skármeta se publicó en el año 2011 y transcurre en Chile en 1988 cuando el general Pinochet, dictador militar durante 15 años, llevó a cabo un referéndum para legitimar su permanencia en el poder. Uno de los protagonistas es Adrián Bettini, un famoso publicista[1] chileno que recibe la oferta de dirigir la campaña por el No, una campaña para movilizar a la población y convencer a los indecisos a votar "no" a Pinochet. La noche de la propuesta, Bettini vuelve a casa y despierta a su hija Patricia para contarle la noticia de que había aceptado la oferta.

[1] el publicista Werbefachmann

1. Mira las imágenes de los padres con sus hijas.
   a. Relaciona las palabras y expresiones de la caja de herramientas con cada una de las fotos.

Caja de herramientas

la admiración / admirar • el orgullo / ser orgulloso/a • el amor / amar a alg. • la confianza / confiar en alg. • el cariño / ser cariñoso/a • servir de modelo / tomar a alg. como modelo • la protección / proteger a alg. / ser protector/a • la amistad / ser amistoso/a • el conflicto / conflictivo/a • la distancia / ser distante • el autoritarismo / ser autoritario • la indiferencia / ser indiferente

   b. Describid la relación de padre e hija de las fotos.

2. Imagínate que tu padre o tu madre te despierta a media noche, ¿cómo reaccionas? ¿Qué le dices? A continuación, lee el fragmento de la novela *Los días del arcoíris* en la próxima página.

– ¿Pasa algo, papá?

– Perdona, hija. Pero tengo que preguntarte algo importante.

– Dime.

– ¿Qué vas a votar en el plebiscito[1]?

– ¿Y para esta tontería[2] me despierta, papá?

– Por favor, contéstame. ¿Qué vas a votar en el plebiscito?

– ¡No!

– ¡Qué alivio[3]! Al menos una persona que va a votar "No".

– No me has comprendido, papá. No es que vaya a votar "No". Lo que pasa es que no voy a votar.

Bettini tragó saliva[4]. Deseó tener a mano un vaso de agua.

– ¿Por qué no?

– Eso ya lo hemos discutido mil veces en el colegio. Ahora quiero dormir.

– Es muy importante que me lo digas ahora.

– ¿Por qué?

– Porque acabo de aceptar hacer la campaña de publicidad del "No".

– ¡Estás loco, papá!

– En eso estamos de acuerdo. Ahora dime por qué no vas a votar. Necesito profesionalmente esa información.

– Porque Pinochet va a cometer fraude[5]. Ningún dictador organiza un plebiscito para perderlo. [...] Porque estoy convencida de que este país no tiene salida. No creo que poniendo papelitos en una urna se derroque[6] a un dictador que tomó el poder disparando balas[7].

– ¿Qué piensan los otros estudiantes?

– Los de los cursos inferiores que aún no cumplen dieciocho años no votan. En mi curso, lo mismo que yo. [...]

– ¿Qué vas a hacer, entonces?

– ¿Cómo que qué voy a hacer? ¿Qué voy a hacer para qué?

– Para que termine la dictadura. Para acabar con Pinochet.

– Nada.

– ¡Patricia!

– ¿Por qué se escandaliza, papá? En vez de perder el tiempo haciendo politiquería, voy a sacarme buenas notas, postularé a una beca, y me voy a ir lo más lejos posible de este país. Que se queden con él Pinochet [...].

Bettini acercó su rostro a la luz del velador[8] y Patricia pudo ver su expresión atónita[9].

– ¿De modo que no tienes ánimo para luchar?

– ¿Por qué? – ¿Para qué, papá? [...]. Los tiempos cambiaron, papá. Hay nuevas reglas del juego. Tu actitud moralista me parece muy simpática pero la encuentro totalmente ingenua. [...]

– Comprendo.

– ¿Te hiero con lo que digo, papá?

– No, no.

---

[1] el plebiscito das Plebiszit (der Volksentscheid)
[2] la tontería die Dummheit
[3] el alivio die Erleichterung
[4] tragar saliva (etwas) hiunterschlucken
[5] cometer fraude einen Betrug begehen, täuschen
[6] derrocar stürzen
[7] disparar balas Kugeln (mit dem Gewehr) abfeuern
[8] el velador die Nachttischlampe
[9] atónito/a verblüfft, sprachlos

Bettini se despegó lento del borde de la cama. El techo parecía haberle caído sobre los hombros.
– No se vaya triste, papá. Yo a usted lo quiero.
– Lo sé, mi amor.
– Y a las personas que uno quiere hay que decirles la verdad.
– Estoy de acuerdo.

En el momento en que Bettini se aprestaba para abrir la puerta y salir, la muchacha saltó de la cama y lo abrazó muy estrecho.
– ¿Papá?
– ¿Patricia?
– Si tú diriges la campaña del "No", entonces voy a votar "No".

Extracto, páginas 51–54 de: Skármeta, Antonio. Los días del arcoíris. (2011) Hrgs. Klaus Amann unter Mitarbeit von Sara A. Marín Barrera. Stuttgart: Philipp Reclam jun. GmbH & Co. KG, 2020.

3. Resume la conversación de Bettini y su hija Patricia.

Caja de herramientas

Bettini/Patricia …
quiere saber • le pregunta • le contesta • menciona que • sigue + gerundio • añade • explica • insiste • repite • expone • afirma • pone de relieve • en cuanto a / con referencia a … • dice /explica / … • su reacción de … es … • cuando el padre / la hija …

4. ¿Cómo te imaginas el carácter de Patricia? Busca las informaciones en el texto y redacta una caracterización breve de la hija de Bettini. M I 3.7

5. Analiza la relación del padre con su hija. Básate en en el texto y usa la caja de herramientas de la tarea 1. M I 3.9

6. ¿Por qué piensas que cambia Patricia su opinión respecto a votar en el plebiscito?

7. "Y a las personas que uno quiere hay que decirles la verdad." (l. 47)
Comenta lo que le dice Patricia a su padre.

8. Patricia no quiere "perder su tiempo haciendo politiquería". En grupos, hablad sobre la actitud de Patricia y después exponed vuestras conclusiones en clase.

S Suplemento

Fiestas y costumbres

La Tomatina

Una batalla vegetal – esa es la Tomatina, famosa en todo el mundo. Para más de los 20.000 participantes de Buñol (Valencia) y de fuera, que se tiran unas 160 toneladas de tomates maduros los unos a los otros, es la mejor experiencia del verano en España.

Inti Raymi, fiesta del sol

Cada 24 de junio se vive este espectáculo colorido y lleno de cultura y tradición en Cusco, Perú, para homenajear al dios Sol. En tiempo de los incas fue la fiesta más importante, una ceremonia religiosa para empezar el año nuevo solar. Hoy en día es una representación de teatro en el idioma original, el quechua, que simboliza los valores y recuerdos del pasado incaico.

La romería del Rocío

Cientos de miles de personas de todas partes de España y del extranjero, muchos vestidos con trajes de flamenco, vienen cada año a un pueblo pequeño andaluz para participar en las celebraciones en honor de la Virgen del Rocío, la Paloma Blanca. Lo típico es hacer la romería a caballo, en carretas o también a pie.

Los chinelos

Como eran excluidos de las fiestas de los españoles, los nativos del estado de Morelos (México) crearon una fiesta durante la cuaresma para burlarse de los españoles disfrazándose con máscaras y bailando de manera peculiar. Hoy en día los chinelos son el símbolo emblemático de Morelos y aparecen en todas las fiestas populares, sobre todo, durante el carnaval.

El Carnaval de Barranquilla

La fiesta más popular de Colombia se vive unos días antes del Miércoles de Ceniza en la ciudad caribeña de Barranquilla. 500 agrupaciones folclóricas y cientos de miles de espectadores convierten la ciudad en un escenario para un evento folclórico, lleno de alegría, baile, música y diversidad étnica. La fiesta intensa, que dura cuatro días, acaba con la muerte simbólica del Joselito Carneval – la figura típica de la fiesta que simboliza la alegría.

Los castells

Desde hace más de doscientos años se construyen torres humanas de varios pisos en Catalunya. Grupos de todas las edades, mujeres y hombres, entrenan todo el año para competir en las fiestas populares, a los las que van con su vestuario tradicional: una camisa con el escudo del grupo, su pantalón blanco, una faja y un pañuelo. Las torres, cada una muy diferente entre sí, se construyen usando técnicas muy precisas siendo con un niño siendo el último para en escalar a la cumbre y saludar desde allí al público.

La fiesta de la Tirana

La segunda semana de julio 250.000 visitantes se reúnen anualmente en un pueblo pequeño de Chile de solo 500 habitantes para celebrar la festividad de la Virgen del Carmen, llenando la zona desértica de color y así mezclando lo pagano con lo religioso. Los peregrinos de Chile, Perú y Bolivia presentan a la virgen los bailes que han ensayado durante todo un año, entre ellos diferentes tipos de danzas de origen prehispánico, siendo la danza de "las diabladas" una de las más tradicionales.

La Tomatina

1. Lee el texto “Una batalla poca común: La Tomatina” 80024-03 y resume el origen de la batalla de los tomates con tus palabras.

2. Encuentra el significado en alemán de las palabras marcadas en el texto sobre la historia de la Tomatina 80024-03:

Beerdigungsmärsche • die Auseinandersetzung • Laune des Schicksals • Sarg • abschrecken von • verhaftet (werden) • Bestattung • Zeit verbringen

Reglas

Si quieres que la Tomatina siga siendo divertida, debes respetar estas normas:

La Tomatina se celebra el último miércoles de agosto, por lo que cada año el día es diferente. La Tomatina empieza a las 11.00 am con una carcasa y termina a las 12.00 en punto con otra.

- No entrar botellas ni objetos duros; pueden producir accidentes y daños a tus compañeros de batalla.
- No romper ni lances camisetas, ni las tuyas, ni las de los demás.
- Aplastar los tomates antes de lanzarlos; el golpe será menos contundente.
- Mantener una distancia prudencial con los camiones.
- Dejar de lanzar tomates cuando oigas el disparo de la segunda carcasa.
- Seguir las indicaciones del personal de seguridad.
- No entrar con mochila, bolso, cámara o cualquier objeto que pueda ocasionar daños.
- Venir a la fiesta con una fotocopia compulsada de tu documento de identificación (DNI, Pasaporte)
- Tener el original cerca a buen recaudo para facilitar las labores de identificación en caso que se requiera.

Texto adaptado. Fuente: LA TOMATINA Team y Ayuntamiento de Buñol, http://latomatina.info/la-tomatina/ (Junio, 2019).

3. Apunta las reglas en imperativo (negativo). Piensa en más consejos para los participantes en la batalla (qué llevar, …).

4. a. La Tomatina también se critica. Busca argumentos en contra.

b. Tu amigo/a y tú estáis en Valencia de viaje. Uno/a de vosotros/as quiere ir a la Tomatina, el/la otro/a no. Presentad el diálogo.

La romería del Rocío

1. Lee la guía práctica completa sobre el Rocío 80024-03 y describe lo que es el Rocío.

Cómo participar en la romería de la Virgen del Rocío

Los 'romeros' suelen hacer el recorrido y se quedan el fin de semana, otros únicamente hacen parte del camino y otros van directamente a la festividad.

La romería del Rocío es una de las más famosas y multitudinarias de España. Se trata de una peregrinación que realizan cientos de personas a pie, a caballo o en carretas por alguno de los diferentes caminos hasta la ermita de El Rocío, en Almonte (Huelva).

La romería puede conllevar varias jornadas de camino, por lo que muchas de las carretas ya emprendieron el viaje hace días.

Fuente: La Vanguardia, Redacción, Sevilla "Cómo participar en la romería de la Virgen del Rocío" https://www.lavanguardia.com/local/sevilla/20190608/462708919799/virgen-del-rocio-2019-romeria-procesion-huelva-almonte.html (Octubre, 2019).

2. Mira el vídeo 80024-03 y describe lo que ves. ¿Qué piensas al verlo? ¿Qué sentimientos te produce?

3. ¿Hay un lugar de peregrinación por donde vives? Busca uno y resume el origen y las costumbres de la peregrinación para hacer un folleto para turistas españoles.

Inti Raymi – el solsticio de invierno de los incas

Una de las festividades más importantes de los incas dentro de su calendario sacerdotal era el Inti Raymi. La celebración de la fiesta del sol tiene lugar cada 24 de junio en Sacsahuamán, muy cerca de Cuzco, y la fiesta se dedicaba a la adoración del Sol y a la creación del fuego nuevo, con sacrificios de animales incluidos. Inti era la deidad solar principal de los incas. Frecuentemente fue represtando por un disco de oro con rasgos humanos. En los templos se colocó este disco a una puerta que tenía su dirección hacia el este. Por lo tanto, el disco impresionó a la gente reflejando el sol durante el amanecer. Era colocada en los templos frente a una puerta que se orientaba hacia el este para que reflejara el amanecer. Durante el amanecer del día festivo, justo cuando el disco de oro reflejó el sol, el Inca (el soberano del imperio inca) solía estirar sus brazos hacia el sol y rezar a alta voz: "¡Oh, mi sol! ¡Oh, mi sol! Envíanos tu calor, que el frío desaparezca. ¡Oh, mi sol!" Miles de personas arrodilladas y con los brazos en alto se unieron a los cantos y rezos del soberano, mientras el sol iluminaba las cimas de las montañas. Los conquistadores españoles prohibieron esta fiesta por pagana. Desde 1944 se vuelve a celebrar Inti Raymi para recuperar algo de la cultura inca perdida, y hoy en día, se realiza delante miles de turistas interesados en las ruinas de Cuzco el día 24 de junio con el sonido de flautas y tambores.

MK 1. Investiga sobre el 24 de junio. ¿Por qué se eligió esta fecha para homenajear al sol?

2. Describe la fiesta con tus palabras.

3. Mira el vídeo: 80024-03 ¿Te gustaría asistir a la fiesta? Justifica tu opinión.

MK 4. Planificad un viaje a Cusco incluyendo una visita a Machu Picchu e Inti Raymi. Elegid un hotel donde hospedaros, investigad cómo llegar a Machu Picchu, buscad los precios de las entradas a la fiesta y elegid vuestros asientos. Presentad vuestro viaje a los demás.

Dos fiestas de carnaval en Latinoamérica

1. Barranquilla, Colombia

a. Mira el vídeo 80024-03 y contesta las preguntas.

¿Cuándo y dónde se celebra el carnaval?
¿Cuáles son las influencias del carnaval?
¿Por qué se facilitó la integración de las tradiciones e ideas y el mestizaje de las tres culturas en este lugar?
¿Con qué instrumentos está interpretada la música?
¿Qué artesanía se vende?
¿De qué se inspira el carnaval?

b. ¿Cuándo y cómo se celebra el carnaval en tu región? ¿Qué origen tiene?

2. Los chinelos

¡Hola chicos!

Hoy quiero contarles algo sobre una costumbre muy peculiar de mi estado de Morelos, los chinelos. En Tepoztlán no pueden faltar en las fiestas, sobre todo, en la temporada del carnaval. Sus máscaras las encuentras en cualquier tienda de recuerdos turísticos.

Ya saben que muchas tradiciones y fiestas que tenemos en México, sobre todo, las fiestas religiosas, tienen su origen en los siglos del primer contacto entre las culturas; es una mezcla de ritos y tradiciones prehispánicas que trajeron los europeos. La costumbre de los chinelos no tiene esa antigüedad, pero también se origina en la convivencia y a veces el choque de las culturas de los dos mundos. Hasta el siglo XIX, después de la independencia, los españoles tenían sus propias fiestas, por ejemplo, se reunían antes de la cuaresma en elegantes bailes donde el pueblo, sobre todo, nuestra gente indígena, en general, era excluida.

Por eso, unos jóvenes de un pueblo cerca de Tepoztlán, organizaron desfiles y bailes en las calles, se pusieron con ropa vieja tapándose la cara con un pañuelo (o pedazo de manta) o tiznándose la cara para no ser reconocidos y comenzaron a brincar por las calles y a gritar, ridiculizando a los españoles.

Esta improvisación tuvo gran éxito, se rieron y hablaron tanto de ella que a los años siguientes los jóvenes lo repitieron en este entonces, ya acompañados de músicos con instrumentos de viento y disfrazados con una máscara que tenía barba y bigotes exagerados (¿sabían que nuestra gente indígena no tenía barba?), así como ojos azules para burlarse de los españoles y vengarse de los maltrados y la discriminación que habían sufrido.

La otra burla que les hacían a los españoles es que brincaban y solo movían los hombros, porque, según ellos, los españoles no sabían bailar, y además con el alcohol que tomaban en sus fiestas se emborrachaban y regresaban tambaleándose a casa. Entonces lo que veían los chinelos cuando llegaban a las fiestas de los españoles es una danza peculiar que parecía una danza de unos españoles borrachitos ;). La pueden ver aquí 80024-03

Inicialmente el traje típico de chinelo constaba de la máscara y un vestido largo, ya después surgió el sombrero de plumas. Hoy en día el traje es un producto artesanal con elementos y figuras de origen indígena y se tardan 3 o 4 meses en hacerlo. Claro que esto sí tiene su precio: un traje completo con sombrero, máscara y vestido sale por hasta 30.000 pesos …

¡Vengan al carnaval de Tepoztlán a bailar la danza del chinelo, es muy divertido!

Saludos desde Tepoz

Valeria

1. ¿Cuál es el origen de los chinelos?
2. ¿Un traje es muy caro? ¿Qué piensas? Investiga en internet cuánto son 30.000 pesos en euros.
3. ¿Son los chinelos una manifestación de la mezcla o del choque de las culturas indígenas, mestizas y europeas? Justifica tu opinión.
4. Valeria menciona que se inventaron los chinelos también para "vengarse de las humillaciones que habían recibido". Explica a qué se refiere

Tocando el cielo: Los castells

Un amigo tuyo pasa un fin de semana en Barcelona y se queda en un hotel muy céntrico. Al mirar por la ventana ve lo siguiente: 80024-03

LA INDUMENTARIA

LA CAMISA
Toda la "colla" tiene el mismo color de camisa

EL PAÑUELO
El pañuelo en la cintura o en la pierna se usa como "escalón"

LA FAJA
Para la subida y para la protección de la espalda sirve la faja

EL CALZADO
La "espardenya" es aún más tradicional.

LOS REFUERZOS

Los refuerzos ayudan a apuntalar mejor los "castells" de más dificultad

LAS 'MANILLES'

EL 'FOLRE'

Describe lo que ve y escucha.

1. ¿Qué sentías y qué pensabas al ver este vídeo?
2. Estos castells (catalán para "castillos") se realizan como un deporte pero incluso tiene lugar regularmente un concurso en Tarragona en el que participa hasta un equipo chino. ¿Te interesaría apuntarte a este deporte? Justifica tu respuesta.

3. En la tele alemana has visto un reportaje sobre los *castells* y se lo cuentas a un/a nuevo/ amigo/a catalán / catalana. Quiere saber cómo han descrito esta tradición en el extranjero. 80024-03

a. Mira el vídeo y toma apuntes en español: ¿Cómo describen esta tradición? ¿Qué reglas hay? ¿Cómo se entrena?

b. Mándale un e-mail a tu amigo/a y escríbele la información más importante del vídeo y cómo describen la tradición catalana en Alemania.

¿Una tirana china?

Paloma

Hola Catalina,
la fiesta a la que vamos mañana, la de la Virgen del Carmen … ¿Por qué se llama la fiesta de la Tirana? ¿No es una palabra muy negativa para la Virgen?

¡Qué va! Así se llama el pueblo, y este tiene su nombre de una líder inca. La leyenda es bastante interesante. Si te interesa, aquí tienes el enlace.

80024-03

MK **1.** Lee la leyenda de la Tirana.

2. Resume la leyenda con tus palabras

Paloma

¿Y qué tienen que ver los chinos en todo esto? ¿Por qué vienen acá a bailar sus bailes chinos?

Jajaja, no. Suena raro, pero solo es una coincidencia de palabras. En este contexto, la palabra "chino" tiene su origen etimológico en el quechua y el significado de esta palabra es "sirviente". Por lo tanto, no se refiere a los chinos de China. Los "bailes chinos" son una serie de danzas, que son típicas para la zona del Norte Chico y que tienen su origen en la época colonial. A lo largo del tiempo, estas danzas se hicieron populares también en la zona del Norte Grande y en la zona central de Chile. Los bailes se celebran en honor a la Virgen. Para hacer los bailes de manera tradicional, se necesitan 20 o 30 personas masculinos, dirigidos por un cacique. El orden jerárquico y la posición de los integrantes están relacionados con su edad e importancia. Bailando, tocan diferentes instrumentos folclóricos, como tambores y flautas chinas (las flautas chinas son creadas propiamente para estos bailes). Las danzas demandan una física extraordinaria debido a los elementos artísticos. El "Abandero", el único que no baila, acompaña los bailes vocalmente con cuartetas octosílabas. El canto parece a un rezo colectivo, dado que todos los integrantes unen sus voces a los versos finales. La vestimenta de los bailadores es decorada con bordados, pero el color básico de los trajes es café/beige – un color que recuerda a la antigua ropa de sirvientes.

¡Qué mensaje más largo y elaborado!

Mi prima escribió un trabajo sobre este tema el año pasado y lo copié de ahí … xD

3. ¿Correcto, falso o no aparece en el texto? Justifica tu respuesta.

	■ correcto	■ falso	■ no está en el texto
a. En todo Chile existen los bailes chinos por los inmigrantes de China.	■	■	■
b. Estos bailes vienen de la época colonial.	■	■	■
c. Son bailes en grupo de hombres y mujeres.	■	■	■
d. Estos bailes son muy fáciles.	■	■	■
e. Se declararon Patrimonio Cultural Inmaterial de la Humanidad.	■	■	■

4. a. En esta fiesta se bailan los bailes indígenas que representan a los indígenas de Norteamérica de las películas *western*. También en el carnaval alemán muchos se disfrazan de indígenas americanos, mexicanos o se pintan de color negro para representar a africanos. Explica si lo encuentras legítimo, una apropiación cultural o incluso racismo.

b. Durante muchos años, la Fiesta de la Tirana fue una gran borrachera con todas sus consecuencias. Para reducir estas últimas y recuperar el origen religioso de la fiesta, el alcohol está prohibido durante los días de la fiesta. Explica si estás a favor o en contra de esta ley seca.

Y, ¿por qué hay fiesta?

MK **1.** Ya conocéis muchas fiestas y costumbres del mundo hispanohablante. Aquí encontráis más: La Feria de las Flores de Colombia y la Fiesta de la Vendimia de Argentina. Investigad en internet qué se festeja en estas fiestas.

2. Pensad en todas las fiestas y costumbres de España y de Hispanoamérica que ya habéis visto en Arriba 1–4 y apuntadlas.

3. Relacionad las fiestas y costumbres con los siguientes orígenes de fiestas y completad con las fiestas y costumbres alemanas. ¿Qué os llama la atención?

el ciclo de la vida: nacimiento, adolescencia, familia, muerte			la vendimia y la agricultura			la religión			la historia / la política		
E	LA	A	E	LA	A	E	LA	A	E	LA	A

4. ¿Cuáles son los elementos más importantes y qué tienen en común, o sea, las fiestas alemanas y las fiestas del mundo hispanohablante?

Lee el siguiente fragmento del texto "La importancia de las tradiciones" y explica:

¿Qué son las tradiciones según el texto?

Importancia de las Tradiciones

Las tradiciones son conocimiento vivo y existente. Un conjunto de ideas relacionadas que han permanecido a través de los años. Se considera que son dinámicas pues con el paso del tiempo éstas van cambiando, aunque en algunos casos, la atención se centra en mantenerlas exactamente cómo son.
La razón por la que las tradiciones son importantes es que transmiten valores compartidos, historias y objetivos de una generación a otra. Ellas motivan a las sociedades a crear y compartir una identidad colectiva, que a su vez sirve para dar forma a las identidades individuales.

Fuente: Importancia de las tradiciones, Autor: Importancia, en: https://www.importancia.org/tradiciones.php (Junio, 2019).

Lee el texto completo 80024-03 y responde a las siguientes preguntas:
¿Cuáles son los elementos más importantes de las tradiciones?
¿Qué importancia tienen?

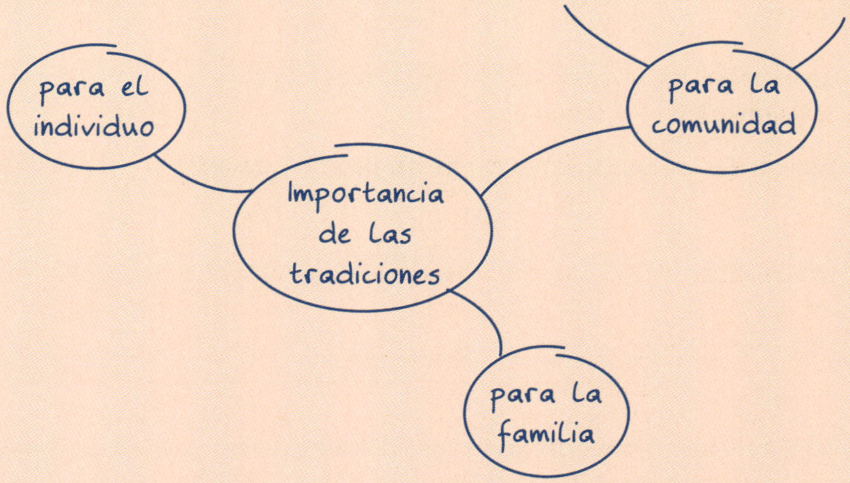

ayuda

Zu Seite 11 (Kapitel 1A)

2 b ¿Recuerdas las formas del futuro simple? 80024-02

2 d **Caja de herramientas**

Para discutir

(no) me gusta que + subjuntivo • estoy en contra de que + subjuntivo • prefiero que + subjuntivo • me molesta / me da rabia que + subjuntivo • es importante / necesario que + subjuntivo • estoy seguro/a de que …

Llegar a un acuerdo

Vale, entiendo tu punto de vista, pero el mío es … • Ahora, ¿qué podemos hacer? • ¿Cómo podemos resolverlo? • Hay que encontrar una solución. • Mira, ¿por qué no … ?

Zu Seite 13 (Kapitel 1A)

4 c Vocabulario útil para describir Coyoacán:

tranquilo/a • vivo/a • animado/a • colorido/a • descuidado/a • limpio/a • sucio/a • el pueblo • la ciudad • mucha gente • poca gente • el tráfico • la vegetación • el árbol • el balcón • el coche • la tienda • el bar • el restaurante • el estilo … moderno/a / colonial / barroco/a

Zu Seite 16 (Kapitel 1A)

8 d ¿Recuerdas la chuleta sobre hablar del pasado / describir el pasado? 80024-02

9 a Las palabras claves:

la importancia del Templo Mayor • el tamaño • las etapas constructivas • la destrucción por los españoles • el descubrimiento

9 b Aquí tienes las formas del texto: fue edificado, fueron realizadas, fue destruido (por …), fueron usadas, fue descubierta … (por …)

Zu Seite 18 (Kapitel 1A)

11 b

Su manera de pintar

Los inicios de su pintura

Los motivos de sus pinturas

Sus últimos años de vida

El lugar de nacimiento y la niñez

La relación con Diego Rivera

El accidente

Zu Seite 19 (Kapitel 1A)

11 d Relaciona los sentimientos con lo que escribe Frida sobre su ánimo de estado. Forma frases usando la caja de herramientas y las expresiones siguientes:

> tener miedo • sentirse (e→ ie) mejor • estar triste / sentir tristeza • estar alegre / sentir alegría • estar desesperada/o / sentir desesperación • sentirse lleno/a de vitalidad • estar optimista / pesimista • (no) sentir dolor • sufrir

11 e Fíjate en lo que normalmente lleva puesto Frida en sus autorretratos. ¿Lo ves aquí?

Zu Seite 22 (Kapitel 1B)

2 b **A** Lee el texto y completa las frases:
Según el texto los españoles encontraron en el terreno del actual CDMX … Hoy la ciudad moderna ... el agua del lago Texcoco y casi no hay … en el subsuelo tampoco. En el acuífero del valle de México existe una … que provoca … Los dos grandes problemas causados por el uso excesivo del agua son … En caso de un sismo fuerte … porque ...

Zu Seite 23 (Kapitel 1B)

2 b **B** Lee el texto y completa las frases:
Según el texto todos los habitantes de CDMX se quejan de … Los conductores en CDMX pasan ... en los trayectos y la velocidad promedio es de … Con el actual ritmo de crecimiento de los coches que circulan en la ciudad en 2000 habrá … y por eso … La gran cantidad de los vehículos también provoca … Se debería mejorar …, pero … Otra posible solución presentada en el texto es …

Zu Seite 24 (Kapitel 1B)

2 b **C** Lee el texto y completa las frases:
Según el texto CDMX está en el segundo lugar de las ciudades … Además tiene el problema de encontrar nuevos depósitos para … ya que en 2011 … Se quedaron … en el basurero. Estos producen … Así contaminan … El 15 % de la basura … En temporada de lluvias … Un reto para … es que en la ciudad solamente existen … que además son de … Por eso hay que …

D Lee el texto y completa las frases:
Para mejorar la seguridad, la capital de México ha aumentado … La central de cámaras de vigilancia es … De las 70.000 llamadas que llegan al día a la central, solo unas … Lo que graban las cámaras … Según el director de la central de cámaras … Por otro lado, las organizaciones civiles hablan de … en los últimos meses. Informan que en 2016 había un aumento de … y de … mientras que …

Zu Seite 26 (Kapitel 1B)

3 b

Hola Sofia:

(No) me gusta tu blog porque …
Lo más interesante para mí es …
Algo que me sorprendió es …
Una pregunta, ¿es verdad que …?
¿Podrías escribir más / también sobre …?

Zu Seite 37 (Kapitel 2A)

1 a Caja de herramientas

Según su CV / su cualificación escolar, Raúl parece una persona … porque sus notas/sus conocimientos son
De mi punto de vista Raúl sabe mucho de …
Por otro le falta competencia en …
Como tiene experiencia en … Raúl es
Raúl muestra… compromiso social / ambición

Se interesa por …
Parece que le gusta …
inteligente, diligente (fleißig),
(altamente, menos) cualificado,
apto para, competente en,
motivado, más bien vago,
extenso/a, ambicioso/a,

1 b El vocabulario siguiente te ayuda:

desempeñar las tareas de un puesto • tener capacidad para • buscar un puesto con calidad • encontrar un empleo adecuado • por falta de experiencia laboral / de títulos universitarios … • iniciar la carrera profesional • Al buscar una perspectiva profesional, Raúl …

3 a ¿Cómo y cuándo (día y hora) viajará Raúl a Sevilla?

- Todavía no está claro, tal vez el viernes a las cuatro.
- Ya ha comprado el billete y estará en Sevilla el sábado a las 7 siete de la tarde.
- Dentro de unas semanas.

¿Cómo irá a casa de sus tíos?

- Raúl piensa ir en autobús a la casa de sus tíos.
- Los padres de Daniel lo van a buscar a la estación de trenes.
- Tiene que llamar un taxi.

3 b ¿Qué estudia Raúl? ¿Qué tal le va en sus estudios?

- Está en el primer semestre. Estudia informática y ha aprobado todo.
- Está en segundo semestre y estudia en la uni en Madrid.
- Está en el primer semestre pero no va bien por eso quiere estudiar en otra uni.

¿Qué va a hacer cuándo termine la carrera?

- No lo sabe porque falta mucho, tal vez trabajar en otro país.
- Piensa irse a estudiar en otra uni.
- Quiere irse a Argentina o Chile.

¿Qué quiere hacer Raúl antes de terminar sus estudios?

- Aprender francés
- Hacer un semestre de intercambio
- Hacer un viaje alrededor del mundo

¿Qué dice el padre de la situación laboral actual de los jóvenes?

- Los jóvenes deben irse al extranjero para encontrar trabajo.
- La situación no es grave. Muchos encontrarán trabajo.
- Es muy difícil pero la situación es mejor que hace unos años.

¿Raúl está de acuerdo?

- No, en las noticias se dice que muchos no tienen trabajo.
- No, Raúl tiene muchos amigos desempleados.
- Si, por eso es positivo en cuanto a su futuro personal

Zu Seite 39 (Kapitel 2A)

5 c Completa las frases:

El mercado laboral:
El diagrama muestra la tasa de paro en España entre el año ... hasta ... En el año 1984 el ... de personas en el mercado laboral estuvieron de paro. En los siguientes años, después de subir un poco, el porcentaje descendió hasta 1991 debajo de ... A partir del año ... el número de desempleados subió drásticamente alcanzando ... Durante aproximadamente 15 años la curva fue cayendo a lo largo de los años siguientes. Una vez alcanzado el ... la tasa ascendió rápidamente a ... Tras este crecimiento extremo el problema del paro empezó a mejorar. Se redujo con fuerza y en 2018 solo fue ...

La evolución de la tasa de paro juvenil:
El diagrama muestra la tasa de paro juvenil en España entre el año ... hasta ... Durante los primeros años del nuevo milenio la tasa de paro juvenil osciló entre ... y ... En el año de la crisis financiera, 2008, la curva ascendió rápidamente, alcanzando ... en 2010. Tras un crecimiento moderado a ... en 2012, el número de desempleados subió drásticamente a ... en 2013, el máximo histórico. Después, de 2014 a 2018 la tasa continuó cayendo a ... en 2016 y a ... en 2018.

Zu Seite 45 (Kapitel 2A)

10 b Marca los pronombres directos e indirectos con diferentes colores. Usa los mismos colores para los objetos a los que los pronombres se refieren.

Modelo: ¿De qué historia hablas? Cuéntamela … ¡ya! Ahora te la cuento.

… tengo un problema. Ahora te lo explico ...
Pablo tuvo la idea de prepararle una fiesta a tu primo Raúl y se la preparamos entre todos …
Pero no sé qué pasó, que le mandé la invitación ¡a todo el colegio!
… ¿Se la mandaste a todo el cole? …
… ¿No te lo pensaste ni un momento? ...
… ¿Y tú no les dijiste nada a tus padres?
No, no se lo dije …
Pues mejor díselo antes de que se enteren por alguien más ... ¿no? No te lo pienses demasiado.
… los voy a llamar ahora y se lo voy a decir. ¡Te lo prometo!
Muy bien, pues hazlo …

Zu Seite 48 (Kapitel 2B)

3 a Elige entre las cuatro respuestas la/las que te parece/n más adecuada/s.

1. Te despiertas … ¿cuándo miras tu móvil por primera vez?
   a. Enseguida, después de despertarme.
   b. Después de ducharme y cepillarme los dientes.
   c. En el camino al colegio.
   d. Solo reviso mi móvil una vez al día.
2. Estás comiendo con tu familia, ¿dónde está tu móvil?
   a. Está sobre la mesa.
   b. En mi familia cada uno come a una hora diferente.
   c. En mi habitación, pues mis padres me prohíben utilizarlo a la hora de comer.
   d. En el bolsillo de mi pantalón.
3. Vas al baño, ¿dónde está tu móvil?
   a. Siempre está en mi bolsillo, incluso una vez el móvil se cayó en el servicio.
   b. Sobre el lavabo.
   c. Lo dejo en mi habitación.
   d. Está en mi mochila.
4. ¿Usas las redes sociales? ¿Cuántas? ¿Cuáles? ¿De manera activa o pasiva? ¿Para qué?
   a. No uso las redes sociales.
   b. Uso Facebook / Twitter / Instagram / Youtube / Whatsapp ...
   c. Las uso pocas veces / a veces / una vez por día / con frecuencia.
   d. Las uso para publicar fotos / vídeos / noticias, para establecer contactos instantáneos, para conseguir un trabajo durante las vacaciones.
5. Sales con tus amigos, ¿dónde está tu móvil? ¿lo consultas para mirar tus mensajes mientras estás con ellos?
   a. No salgo con mis amigos, estoy en contacto con ellos vía móvil.
   b. Estamos charlando y a la vez chequeando el móvil.
   c. Se queda en el bolso, lo reviso de vez en cuando.
   d. Pienso que los móviles matan cualquier conversación.

6. Estás en un restaurante, ¿sacas una foto de tu plato antes de comer? ¿La subes enseguida a las redes sociales?
   a. No suelo sacar fotos de mis platos.
   b. Saco fotos para poder mostrarlas a mis amigos.
   c. Enseguida, comparto las fotos con mis amigos.
   d. Después de comer subo las fotos con comentarios positivos / negativos

7. ¿Usas filtros para tus fotos antes de subirlas?
   a. Nunca.
   b. Solo los uso cuando estoy con mis amigos
   c. Sí los uso, pues me encantan los efectos especiales.
   d. Los uso para embellecer mis imágenes.

8. Tu móvil se queda casi sin batería – ¿qué haces?
   a. Lo apago.
   b. Cargaré el móvil cuando llegue a casa.
   c. Me presto un cargador de un amigo.
   d. Busco mi cargador portátil y lo cargo.

Zu Seite 50 (Kapitel 2B)

5 a Une los comienzos de las frases con la segunda parte. ¡Ojo!, tienes varias posibilidades.

Tener una doble vida significa …
El resultado de compararse con las personas de las redes sociales es …
El afecto de una persona que realmente quiere a otra se demuestra …
En general las redes sociales sirven …
Las consecuencias de pasar horas en el teléfono son …

… tener una vida virtual y una vida real.
… usar por ejemplo filtros para tapar lo que no está perfecto.
… para mostrarle a nuestro entorno nuestra identidad virtual.
… nos sentimos mal con nosotros mismos comparándonos con las personas que vemos en las redes sociales.
… que no dedicamos nuestro tiempo a la familia, a los amigos, o ayudar a alguien.
… de mil maneras.
… que empezamos a creer que la persona que estamos mostrando es mejor que la real.
… para ponernos en contacto con otras personas las 24 horas del día.
… que el tiempo se nos va.
… que estas logran influirnos en nuestro comportamiento.
… no solo con un “like”.
… como herramienta para llegar a los demás increíblemente rápido.
… que perdemos tiempo.

Zu Seite 51 (Kapitel 2B)

7 1. Infórmate sobre las redes sociales:

- Nombra algunas redes sociales.
- ¿Para qué sirven?
- Apunta algunas ventajas / desventajas de las redes sociales.

2. Da consejos para su uso: Repasa cómo se forman el imperativo y el imperativo negativo.
80024-02 Los siguientes puntos te ayudarán:

- actuar responsable
- seleccionar la información privada que quieres mostrar
- no publicar una foto si tienes dudas sobre publicarla o no
- elegir un nombre en redes sociales que no contiene palabrotas
- respetar a otras personas
- no publicar contenidos que pueden dañar a alguien, información privada o información que puede crear un conflicto
- no hacer comentarios sobre política, religión, orientación sexual
- reducir el acceso a tu perfil
- elegir un apodo en lugar de tu auténtico nombre
- considerar las solicitudes de amistad de personas desconocidas
- tener cuidado con encontrarse con alguien que has conocido en la red
- denunciar cualquier abuso en la red

Zu Seite 58 (Kapitel 3A)

1 a Puedes empezar tus frases con las siguientes palabras:

expresar • mencionar • anunciar • contar • avisar • publicar •
desear que + subjuntivo • querer que + subjuntivo

Zu Seite 59 (Kapitel 3A)

2 c ¿Conoces la pirámide de Maslow? 80024-03
Encuentra el significado en español para las siguientes categorías:

Kleidung • Sicherheit • Kommunikation • Arbeit • Nahrung •
Freizeit • Transport • Gesundheit • Wohnen

Zu Seite 61 **(Kapitel 3A)**

4 a

1959	1952	1989	1962	1492	1953
1960	1898	1952–1959	1961	a partir de 1989	

4 b

independizarse • invadir / derrotar • descubrir • tomar el poder • gobernar
empezar • ganar • terminar / acabar con • imponer • caer • desarrollarse

Zu Seite 63 **(Kapitel 3A)**

7 a Las siguientes palabras te ayudarán a entender la letra de la canción.

moler – mahlen
la caña de azúcar – das Zuckerrohr
el cañero – der Zuckerrohrschneider
el ingenio – die Zuckerrohrpflanzung
el central – die Zuckerfabrik
la chimenea – der Schornstein
el humo – der Rauch
compay – *ugs.* Kumpel
Cárdenas / Colón / Jovellanos / Perico / Yaguaramas / Jagüey Chico / El Recreo / San Antón – Orte auf Kuba

Zu Seite 64 (Kapitel 3A)

8 d Herramientas para comparar algo:

Caja de herramientas

expresar superioridad o inferioridad

más / menos + que	Mis abuelos fueron más años al colegio que el abuelo de Carlos.

expresar igualdad

tan ... como	El día escolar de mis abuelos era tan aburrido como el del abuelo cubano.
tanto ... como	Tanto el abuelo de Carlos como mis abuelos tenían muchas clases.
igual que	Igual que el abuelo cubano mis abuelos tenían que aprender mucho.

destacar a una persona u objeto del resto

más, menos, peor, mejor, mayor / menor	El abuelo de Carlos era el más pobre. El vivía peor.

Haz una tabla y apunta toda la información que recibes sobre la juventud del abuelo de Carlos. Después investiga sobre la juventud de tus (bis)abuelos y rellena la tabla. Subraya lo que tienen en común.

Ten en cuenta que el abuelo de Carlos nació en el año 1933.

La juventud en Cuba	La juventud de mi (bis)abuelo en …
• ir a una escuela pública • no hay que pagar una cuota escolar • …	…

9 Escucha la conversación entre Pánfilo y Obama y elige la afirmación correcta.

1. a. Obama quiere ir a Cuba para pasarse sus vacaciones en ese país.
   b. Obama quiere visitar Cuba para conocer el país y a los cubanos.
2. a. El presidente dice que también quiere visitar a algunos amigos cubanos.
   b. El presidente dice que los estadounidenses y los cubanos son amigos.
3. a. Pánfilo le aconseja al presidente estadounidense viajar con poco equipaje.
   b. Pánfilo le aconseja al presidente llevar regalos útiles.
4. a. Le ofrece al presidente prestarle el coche de su amigo, un Chevrolet 58.
   b. Le ofrece al presidente recogerlo del aeropuerto en coche el próximo domingo.

5. a. Dice también que los cubanos son muy hospitalarios y le ofrece alojarse en su casa.
   b. Dice también que los cubanos tienen muchos hoteles bonitos donde puede pasar sus vacaciones.
6. a. Además Pánfilo le invita participar en una fiesta el próximo domingo.
   b. Además Pánfilo quiere tomar una cerveza con el presidente y jugar al dominó con él.
7. a. Pánfilo y el presidente se despiden y expresan su alegría de verse pronto en la capital cubana.
   b. Pánfilo y el presidente quedan el próximo domingo por la tarde en la Plaza de la Catedral de La Habana.

Zu Seite 66 (Kapitel 3A)

12 a Vocabulario útil:

encontrarse en el mar • parecerse al presidente Trump • amarar la corbata • el muro • los ladrillos • esforzarse • rodear • la isla en forma de un cocodrilo

Zu Seite 70 (Kapitel 3B)

5 a ¡Ojo con los siguientes adjetivos! (cambio ortográfico):
rico/a – riquísimo/a
fresco/a – fresquísimo/a

5 d Repasa como se forma el imperativo. 80024-02

Cómo preparar tostones fritos

1. Escribe qué ingredientes se necesita.

Para preparar tostones fritos necesitas los siguientes ingredientes:
...

2. En continuación describe la preparación.
Primero corta ...

Utiliza conectores como primero / segundo, antes / después (de), en continuación, ahora, luego, más tarde, al final, para empezar / terminar.

3. Termina tu texto. Por ejemplo puedes desear buen provecho.

Zu Seite 72 (Kapitel 3B)

7 b Para poder describir la estadística responde las siguientes preguntas.
1. ¿Qué presenta el cuadro / la tabla?
2. ¿De qué año es la estadística?
3. ¿Quién publicó la estadística?
4. ¿En qué continente se encuentran todos los países nombrados?
5. ¿En qué países hay la tasa de mortalidad infantil más baja?
6. ¿En qué países hay la tasa de mortalidad infantil más alta?

Ahora intenta interpretar la estadística.
1. ¿Qué muestran los datos?
2. ¿Qué dicen los datos sobre el sistema de sanidad en los diferentes países?
3. ¿Por qué Cuba se encuentra en el primer lugar? Haz suposiciones e incluye tus conocimientos de la tarea 7a.

Zu Seite 73 (Kapitel 3B)

7 d 1. Simplifica el texto apuntando la información básica. Puedes cambiar el orden de la información, si te parece más lógico.

Posible solución:
- Artikel „Ärzte als Exportschlager Nummer 1"
- 2011–2015: 11,5 Milliarden Dollar pro Jahr Einnahmen für Kuba aus Export von medizinischen Personal nach Aussagen des ehemaligen Wirtschaftsministers José Luis Rodríguez
- Einnahmen durch Tourismus nur 2,8 Milliarden Dollar
- vor der Revolution 6.000, heute 90.000 Ärzte für 11,5 Millionen Einwohner, (inklusive der Ärzte, die im Ausland arbeiten)
- Kindersterblichkeit vier pro Tausend, viel geringer als in USA entspricht fast deutschem Niveau
- gut funktionierendes Gesundheitssystem
- Behandlung für alle gratis
- Kuba stellt kaum eigene Medikamente oder medizinische Geräte her
- fehlende Medikamente, manchmal sind das sogar einfache Schmerzmittel, müssen teuer im Ausland gekauft werden aufgrund des US-Embargos
- leere Regale in den Apotheken
- Einkommen kubanischer Ärzte zu gering
- hohe Anerkennung der Ärzte
- Patienten unterstützen sie oft auch materiell

2. Escribe una frase introductora con el título del artículo, el nombre del autor, la fuente y el tema.

El artículo "Médicos como el producto de gran exportación número 1" de la página web del Deutschlandfunk escrito por Burkhard Birke trata del sistema de salud cubano.

3. Traduce ahora la información al español. Utiliza el presente.
Palabras útiles:

ingresos de 11,5 mil millones de dólares anualmente • la exportación del personal médico • la tasa de mortalidad infantil es mucho más baja que la de EE.UU • el sistema de salud funciona bien • tratamiento gratuito • equipos médicos • escasez de medicamentos • falta de calmantes • estanterías vacías en las farmacias • bajos ingresos de los médicos • alto reconocimiento de los médicos • los pacientes apoyan a los médicos materialmente

Zu Seite 75 (Kapitel 3B)

9 Escribe la leyenda con la ayuda de los fragmentos:

En el Caribe hay muchos piratas franceses, holandeses, ingleses • amenazan la isla de Cuba • roban cosas de valor, incluso animales • un noble vive en el norte de la Provincia de Holguin, cerca de la costa • tiene una finca, cultiva caña de azúcar y tiene muchas vacas • el año pasado ya fue robado por los piratas • no quiere quedar sin nada • un día ve un barco de los piratas en el mar • llama a un campesino • le dice "Guarda la vaca"

Zu Seite 81 (Kapitel 4A)

1 b Copia el texto y completa con la forma del pretérito indefinido en voz activa o pasiva y los nuevos países miembros: Ch 1 p. 32

En 1950 Robert Schuman, ministro de Asuntos Exteriores francés ■ (anunciar) la llamada declaración Schuman que ■ (firmar) por los miembros fundadores, Bélgica, Francia, Países Bajos, Alemania, Luxemburgo e Italia. En 1952 ■ (fundarse) la CECA con el motivo de crear una organización para controlar la producción franco-alemana de carbón y acero. Con el tratado de Roma de 1957 ■ (establecerse) un mercado común entre los países miembros. En 1968 ■ (efectuarse) la unión aduanera con una tarifa exterior común. La primera ampliación ■ (realizar) en 1973 cuando el ■ (entrar en) la UE. En 1981 ■ (incorporarse).

En 1986 la UE ■ (ampliarse) con los países ibéricos, ■.

La cuarta ampliación ■ (realizarse) en 1995.

La UE que conocemos hoy día ■ (fundar) en 1992 con el tratado de Maastricht.

En 2002 ■ (entrar en vigor) la moneda común, el euro. Luego, en 2004 ■ entraron en la UE, mientras que ■ (incorporar) en 2007. Hoy en día ■ países miembros forman la UE. En 2012 la UE, el proyecto europeo de paz, ■ (premiar) con el Premio Nobel de la Paz.

En 2016 ■ (realizarse) un referéndum sobre la pertenencia del Reino Unido en la UE.

Zu Seite 82 (Kapitel 4A)

2 Completa el esquema con los objetivos e ideas del texto.

vive según sus tradiciones, su lengua y su cultura propias

los países ya no tendrían motivos para declararse la guerra: la economía mejoraría

apoya investigaciones e iniciativas

resolver sus problemas

la gente podría rehacer su vida y crear formas nuevas y mejores de trabajar y relacionarse entre sí

utilizan la misma moneda

prosperidad y mejores condiciones de vida para todos

pueden viajar sin controles fronterizos, estudiar y trabajar en otros países y comprar productos y servicios

mejorar el medio ambiente

paz y seguridad

las mismas oportunidades y no sufran ninguna discriminación

los mismos derechos y libertades fundamentales para todos los ciudadanos

sentarse en torno a una mesa y dialogar

Zu Seite 83 (Kapitel 4A)

4 Empieza las preguntas con: cuándo, en qué año, quién / quiénes, qué (países)
Estas preguntas pueden servir de modelo:

¿Cuándo se estableció el mercado común?
a. en 1950
b. en 1973
c. en 1957

¿Cuántas estrellas tiene la bandera europea?
a. 16
b. 12
c. 6

Zu Seite 84 (Kapitel 4A)

6 b Piensa en las raíces comunes de Europa, p.ej., la historia, las ideas políticas, religiosas, filosóficas, los personajes famosos, la cultura, la arquitectura ...

Zu Seite 87 (Kapitel 4A)

9 c Mira nieto, cuando éramos jóvenes, **solíamos** viajar a España en verano. Siempre **parábamos** en la frontera y **presentábamos** el pasaporte mientras que hoy vosotros podéis viajar sin fronteras, ¡qué suerte!

¡Ojo! Si los abuelos cuentan cómo viajaban antes, usan el pretérito imperfecto.

Zu Seite 87 (Kapitel 4A)

10 Relaciona los fragmentos del texto con las preguntas. Luego intenta contestarlas con tus palabras.

a. Puedes solicitarlo a través de la oficina internacional o de Erasmus+ de tu institución de educación superior.

b. Los periodos de estudio en el extranjero pueden durar desde un mínimo de 3 meses (o un curso o trimestre académico) hasta un máximo de 12 meses.

c. Para poder estudiar con Erasmus+, las instituciones de origen y de destino deben tener un acuerdo interinstitucional entre ellas.

d. Puedes optar a una beca Erasmus+ que contribuya a tus gastos de viaje y estancia. La beca puede variar según las diferencias del coste de la vida entre los países de origen y de destino, el número de estudiantes que la soliciten, la distancia entre los países y la disponibilidad de otras subvenciones.

e. Erasmus+ ayuda a organizar intercambios de estudiantes, incluso de doctorado, entre los países del programa y entre estos y los países asociados. Estudiando en el extranjero con Erasmus+ puedes mejorar tus capacidades de comunicación, idiomas y asimilación intercultural y adquirir otras aptitudes genéricas muy valoradas a la hora de buscar trabajo.

Fuente: https://ec.europa.eu/programmes/erasmus-plus/opportunities/individuals/students/studying-abroad_es (Junio, 2019) © Europäische Union, 1995–2019.

Zu Seite 89 (Kapitel 4A)

11 b Relaciona los sentimientos y completa la tabla.

atemorizado/a • no ser la misma persona que antes • soledad • seguro/a de sí mismo/a • tener dudas • sentir la habitación muy pequeña • tener miedo • maduro/a

Usa los conectores para contrastar y para contestar la tercera pregunta.

La Tamara que llega a Bialystok, Polonia	La Tamara de hoy día
■	■

Zu Seite 91 (Kapitel 4B)

2

1. Busca un proverbio alemán que corresponda a "encontrarse entre dos aguas" y represéntalo en forma de un dibujo. Luego explica por qué Raúl se encuentra entre dos aguas.
   a. Zwei Fliegen mit einer Klappe schlagen
   b. Zwischen zwei Stühlen sitzen
   c. Vom Glauben abfallen

2. ¿Qué piensa el padre de Raúl sobre la convivencia de jóvenes y padres?
   a. es más barato y práctico compartir casa con sus padres.
   b. si los jóvenes comparten el piso con sus padres pueden cuidarles.
   c. la juventud tiene que independizarse y vivir aventuras.

3. ¿Por qué Raúl quiere aprender alemán?
   a. porque le encanta aprender una lengua nueva.
   b. sería bueno aprenderlo porque tiene familia en Alemania y sería útil para el trabajo.
   c. porque le gustan las chicas alemanas.

4. ¿Qué dice la madre sobre la lengua alemana?
   a. el alemán es muy difícil.
   b. el alemán es una lengua fácil.
   c. no es posible aprender el alemán tan rápido.

5. ¿Qué dice el padre sobre el uso del catalán en Barcelona?
   a. en Barcelona solo se habla el catalán.
   b. sobre todo los mayores hablan el catalán allí.
   c. la gente allí habla más castellano que catalán.

Zu Seite 92 (Kapitel 4B)

5 c Piensa en la comida, los gastos, la mentalidad de la gente, el clima, las oportunidades después de terminar el curso ...

Zu Seite 93 (Kapitel 4B)

8 b Apunta las frases con la forma correcta del imperfecto de subjuntivo.

Muchos jóvenes españoles siguen viviendo en casa de sus padres como si no ■ (querer) independizarse.

Cuando Raúl habla de sus planes, su madre se opone como si Alemania ■ (no encontrarse) a solo unas horas de avión.

La madre de Raúl reacciona como si ella ■ (deber) aprender otro idioma.

Para tener más oportunidades en el mercado laboral parece como si ■ (ser) recomendable una estancia en Alemania.

Zu Seite 95 (Kapitel 4B)

11 b Relaciona los apuntes de la derecha con las épocas.

- hasta el siglo III a. C.
- entre el siglo III y I a. C., conquista romana
- conquista árabe
- siglo XIII
- 1492
- siglo XVI (el Siglo de Oro)

- mozárabe
- habitantes: celtas, fenicios, íberos, celtíberos, griegos, lenguas de sustrato
- reyes católicos, lengua oficial
- español medieval
- latín vulgar
- conquista de Latinoamérica

Zu Seite 96 (Kapitel 4B)

12 b Con la ayuda de las siguientes expresiones te será más fácil mediar el texto:

der Sorbe, die sorbische Sprache – el sorbo
die slawische Sprache – la lengua eslava
Sachsen – Sajonia
Nationalsozialismus – el nacionalsocialismo, el nazismo
der Zweite Weltkrieg – la Segunda Guerra Mundial
das Gericht – el tribunal

Zu Seite 105 (Kapitel 5A)

MK **2 c** Lagunas de saber de los chicos: ¿Cuándo terminó la dictadura en Chile? ¿Qué tipo de estado es Chile actualmente? ¿Dónde se encuentra Chile? ¿Qué es el nombre de la capital? ¿Qué zonas climáticas hay en Chile? ¿Dónde viven los Mapuche? ¿Hay manifestaciones violentes?

Busca en internet usando las siguientes categorías: historia de Chile; dictadura; mapa de América del Sur; geografía y clima de Chile; pueblo Mapuche (localización; conflicto)

2 d Busca la expresión correspondiente en alemán.

... ¿no? • ..., a ver, ... • ¿cómo se dice? • ¿verdad? • ..., creo yo • por lo que sé, ... • ... si no me equivoco • ..., que yo sepa, ... /..., según el artículo de ..., ...

Zu Seite 107 (Kapitel 5A)

5 b Vergleiche die beiden Typen von Konditionalsätzen mit den beiden, die du schon kennst. Auf welche zeitlichen Ebenen beziehen sich die Bedingungssätze? Was kannst du über die Erfüllbarkeit der Bedingung sagen?

Zu Seite 108 (Kapitel 5A)

8 b Aquí tienes más simplificadas expresiones alemanas del texto que te ayudan en encontrar correspondientes expresiones españolas.

… hätte träumen lassen … – … gedacht hätte …
… sich in Valparaíso niederließ … – … nach Valparaíso zog (oder ging) …
… keinen besonders großen Stellenwert haben … – … nicht besonders wichtig sein …
… mit dem Handball in Berührung kamen – Handball früh kennenlernten …

Zu Seite 109 (Kapitel 5A)

9 Escucha la entrevista y elige la respuesta correcta. A veces dos respuestas son correctas.

1. ¿Cuándo y porqué se fue Harald Feuchtmann a Alemania?
   - **a.** A los 18 años para jugar al balonmano en Alemania.
   - **b.** A los 28 años para ganarse la vida en Alemania.
   - **c.** A los 18 años porque quería ser el primer miembro de su familia que supiera alemán.
   - **d.** A los 28 años porque Alemania es el paraíso de balonmano.
2. Los Feuchtmann no solo han formado la escuela para enseñar balonmano. ¿Qué otros objetivos menciona Harald Feuchtmann?
   - **a.** Los padres de los Feuchtmann soñaban con una escuela de balonmano y los hermanos querían realizar el sueño.
   - **b.** Querían enseñar balonmano y al mismo tiempo repartir valores que caracterizan a "una buena persona".
   - **c.** Intentan apoyar el desarrollo positivo del balonmano en Chile.
3. Desde el punto de vista deportivo, el año 2017 fue uno de los años más importantes para los hermanos Feuchtmann y el balonmano en Chile. ¿Por qué?
   - **a.** Después muchos chilenos empezaron a jugar al balonmano.
   - **b.** Alcanzaron el final de los mundiales.
   - **c.** Durante el torneo los hermanos Feuchtmann fueron jugadores decisivos.
   - **d.** Porque ganaron contra un equipo europeo.
4. Describe el suceso en Valparaíso que hizo que Friedrich Feuchtmann se quedara en Chile.
   - **a.** El abuelo de Harald fue marinero alemán y su barco hizo pausa en el puerto de Valparaíso. Así se conocieron sus abuelos.
   - **b.** Friedrich consiguió trabajo como marinero en el puerto de Valparaíso.
   - **c.** La abuela de Harald esperaba a los marineros para regalarles helado. Friedrich fue uno de estos marineros.

5. ¿Cómo describe la diferencia entre Chile y Alemania?
   a. En Alemania el balonmano es mucho más importante que en Chile.
   b. En Chile hay más movimiento hasta en la noche mientras en Alemania todo está cerrado mucho más temprano y hay menos ruido.
   c. Tanto en Chile como en Alemania la gente está dispuesta a ayudar a los extranjeros.

6. ¿Por qué va a irse de Alemania?
   a. Ha encontrado trabajo y quiere mejorar su inglés.
   b. No le gusta Alemania más por eso se va a Suiza.
   c. Su novia piensa estudiar en Estocolmo y él quiere acompañarla

Zu Seite 119 (Kapitel 5B)

8 b Adjektive: máximo, bonísimo, óptima, mínimo, pésimo.

Zu Seite 123 (Kapitel 5B)

12 c Algunos aspectos para considerar:

- la gente a la que se dirige el mensaje, p.ej. la edad, la cantidad
- la accesibilidad del medio: ¿Para todos? ¿Siempre? ¿Dependiendo de un cierto horario?
- la frecuencia del uso del medio
- la posibilidad de interactuar
- la flexibilidad de adaptar / cambiar la información

ideas

Zu Seite 12 (Kapitel 1A)

MK **3** Incluye información sobre la historia de México, algunos datos y acontecimientos que te parezcan importantes.

Zu Seite 13 (Kapitel 1A)

MK **5** En la misma página web encontrarás más experiencias para vivirlas en CDMX, más museos, lugares para tomar las mejores fotos etc.. Inclúyelas en tu planificación del día.

Zu Seite 16 (Kapitel 1A)

9 c Cambia las frases del texto a la voz activa. ¡Fíjate en el sujeto y el objeto! ¿Qué puedes observar?

El Templo Mayor fue edificado en 7 etapas. → Los aztecas edificaron el Templo Mayor en 7 etapas.

Zu Seite 19 (Kapitel 1A)

MK **11 d** Una vez Frida mezcla el español con algunas palabras inglesas. Investiga sobre este "Spanglish" en internet y preséntalo en clase.

Zu Seite 27 (Kapitel 1B)

MK **6** Investiga en internet sobre el terremoto de septiembre de 2017 y presenta la información a tus compañeros.

Zu Seite 37 (Kapitel 2A)

1 b Inventa profesiones del futuro que todavía no existen. Presenta tu idea y explica en qué consiste el trabajo. Utiliza el futuro simple.

Zu Seite 47 (Kapitel 2B)

MK **1 a** Investiga sobre la iniciativa #fridaysforfuture que fue encabezada por Greta, una joven sueca. Presenta la información a los demás.

2 b Haz un cuestionario en clase.

Zu Seite 48 (Kapitel 2B)

4

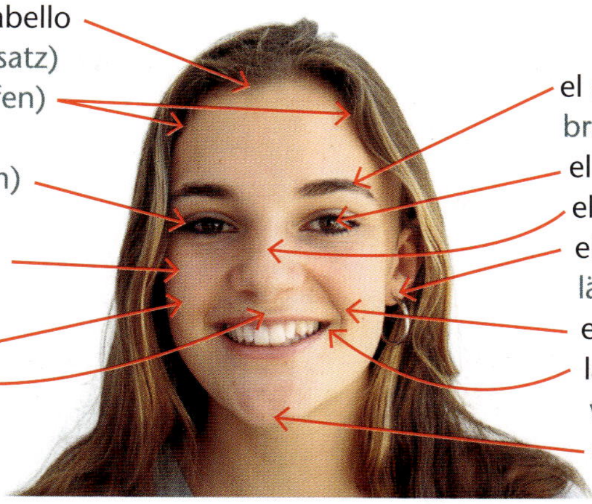

el nacimiento del cabello (Haaransatz)
las sienes (Schläfen)
las pestañas (Wimpern)
el pómulo (Backenknochen)
la mejilla (Wange)
el arco de ćupido (Kupidobogen)
el arco superciliar (Augenbrauenbogen)
el iris (Iris)
el hueso nasal (Nasenbein)
el lóbulo de la oreja (Ohrläppchen)
el hoyuelo (Grübchen)
la comisura labial (Mundwinkel)
el mentón (Kinn)

Zu Seite 50 (Kapitel 2B)

5 c Busca ejemplos en las redes sociales en que los influencers intentan concienciarles a sus seguidores acerca del problema de los dos mundos – virtual y real. ¿Cómo proceden y cómo reaccionan los seguidores?

Zu Seite 58 (Kapitel 3A)

1 b Imagínate que tú quieres casarte / tú amigo quiere casarse y diseña una carta de invitación.

Zu Seite 59 (Kapitel 3A)

2 e Escasez en Cuba: ¿qué cocinan los cubanos? Mira el vídeo 80024-03. Apunta lo que normalmente comen / cocinan los cubanos y qué dificultades tienen para alimentarse.

Zu Seite 60 (Kapitel 3A)

3 Busca en el internet artículos contemporáneos sobre Cuba y complementa tu lista con los problemas actuales en Cuba.

Zu Seite 61 (Kapitel 3A)

4 b Explica que significa "mirar al pasado para entender el presente y pensar en el futuro".

Zu Seite 64 (Kapitel 3A)

9 El humorista cubano Luis Silva protagoniza a Pánfilo en su programa "Vivir del cuento". ¿Te ha gustado el video? Entonces busca otro en youtube (por ejemplo "El Presidente Obama visita a Pánfilo en Cuba") disfruta y resume el contenido a tus compañeros.

Zu Seite 67 (Kapitel 3B)

1 a Busca algunas canciones de los tres cantantes y preséntalas en la clase. No basta con presentar la música. Prepara también algunas actividades para tus compañeros.

Zu Seite 68 (Kapitel 3B)

2 a En 80024-03 encuentras toda la información actual sobre el Premio Lucas. Presenta el video de uno de los ganadores actuales a tu curso. Justifica por qué elegiste este video.

Zu Seite 69 (Kapitel 3B)

3 d En 80024-03 encuentras los blogs de Yoani Sánchez. Elige un texto que te parece interesante y preséntalo en la clase resumiendo su contenido.

Zu Seite 75 (Kapitel 3B)

11 b Tu profesión ideal. Invéntala.

Zu Seite 81 (Kapitel 4A)

MK

1 b Busca más información sobre la UE: ¿Cómo se llama su himno, cuántas estrellas tiene la bandera europea? ¿Encuentras más tratados importantes? ¿De qué tratan? Investiga también la situación actual: ¿Cuántos miembros forman la UE hoy en día?

Zu Seite 83 (Kapitel 4A)

MK

3 Investiga más sobre la España bajo Franco y presenta la información en clase.

Zu Seite 84 (Kapitel 4A)

6 c Prepara una charla de tres minutos sobre la lema de la UE y preséntala en clase de manera libre y casi sin usar tus apuntes.

Zu Seite 87 (Kapitel 4A)

9 c Imagínate un viaje en coche a Grecia sin UE. ¿En cuántas fronteras tienes que pararte? ¿Cuántas veces necesitas cambiar la moneda?

Zu Seite 89 (Kapitel 4A)

MK **11 b** Encuentra más testimonios de estudiantes de Erasmus en internet y crea un póster con sus experiencias más importantes.

12 b Grabad un vídeo.

Zu Seite 90 (Kapitel 4B)

1 "Todos los consejos que dan los padres a los jóvenes tienen por objeto impedir que vivan como jóvenes." – Francis de Croisset
Comenta la cita del escritor francés.

Zu Seite 91 (Kapitel 4B)

4 b Lee el texto completo: 80024-03

Zu Seite 98 (Kapitel 4B)

15 a Traduce al alemán los objetivos generales del Día Europeo de las Lenguas.

Objetivos

Las destrezas lingüísticas son una necesidad y un derecho para TODOS. Este es uno de los principales mensajes del Día Europeo de las Lenguas.

Los objetivos generales son la concienciación pública en lo referente a:

- La riqueza de la diversidad lingüística europea, que ha de ser preservada y reforzada.
- La necesidad de ampliar la variedad de lenguas que se aprenden (incluyendo las lenguas menos habladas), lo cual se traduce en plurilingüismo;
- La creciente necesidad de alcanzar un buen nivel en dos lenguas o más con el objetivo de tomar parte activa en la ciudadanía democrática de Europa.

Fuente: https://edl.ecml.at/Home/WhyaEuropeanDayofLanguages/tabid/1763/language/es-ES/Default.aspx (Junio, 2019)

Zu Seite 104 (Kapitel 5A)

1 Especula sobre la intención de los Feuchtmann y el trasfondo de este anuncio.

Zu Seite 105 (Kapitel 5A)

MK **2 c** ¿Te interesa la historia de Chile? Investiga sobre Salvador Allende, Augusto Pinochet y la dictadura. Informa a los demás.

Zu Seite 109 (Kapitel 5A)

MK **10 b** ¿Qué es el instituto Goethe? ¿Existe una institución parecida en España? Busca informaciones e informa a los demás.

Zu Seite 112 (Kapitel 5A)

MK **12 c** Chile ofrece mucho más que Paloma vio durante su viaje. Busca en internet y selecciona regiones, personas o aspectos culturales que valen la pena ser presentados. Prepara un handout para tus compañeros de clase.

Zu Seite 121 (Kapitel 5B)

10 d Mira el anuncio de la campaña del parlamento europeo: 80024-03. Compara el clip del parlamento europeo con el video de la campaña "NO" 80024-03.

Zu Seite 123 (Kapitel 5B)

MK **12 a** Infórmate sobre la organización que ofrece el taller en: 80024-03. Preséntala: sus objetivos y actividades.

M Método 80024-02

I. Sprache

II. Lernen

I. Sprache

I 3. Schreiben

I 3.4 Wie verfasse ich eine Textzusammenfassung? (el resumen)

Wenn du eine Textzusammenfassung schreibst, solltest du Folgendes beachten: Das Ziel einer Textzusammenfassung ist es, die wesentlichen Informationen eines Textes wiederzugeben, so dass der Leser, der ihn nicht gelesen hat, möglichst genau über den Inhalt des Textes informiert wird. Eine Faustregel kann dabei sein, dass die Länge der Zusammenfassung maximal ein Drittel des Originaltextes sein sollte.

1. Die Vorbereitung (¡Prepárate!)

Für ein gelungenes *resumen* ist es wichtig, dass du den dir vorliegenden Text gut verstehst. Daher solltest du ihn mindestens zweimal lesen und zu seinem Inhalt eine Mindmap, Tabelle oder eine Stichpunktliste erstellen. Dazu kannst du auf die dir bereits bekannten Lesestrategien zurückgreifen.

- Schau dir den Text zunächst an: Wie lautet seine Überschrift? Wer ist der Autor? Wann und wo ist der Text erschienen? Um welche Textsorte handelt es sich (artículo de prensa, extracto de un libro, un texto narrativo, un texto argumentativo, etc.)?
- Überfliege zunächst den Text und verschaffe dir einen Überblick über seinen Inhalt. Die deutschen W-Fragen (¿Quién(es)? ¿Cuándo? …) können dir dabei helfen.
- Wenn dir unbekannte Vokabeln die Arbeit erschweren, versuche ihre Bedeutung durch dir bekannte Techniken der Worterschließung abzuleiten, bevor du im Wörterbuch nachschlägst.
- Lies den Text nun genauer und markiere die wichtigsten Informationen. Versuche den Text in Sinnabschnitte zu gliedern und notiere zu jedem eine Überschrift oder einige Stichpunkte.
- Schaue dir deine Notizen noch einmal kurz an und überlege, ob diese eine gute Zusammenfassung ergeben. Fehlt noch etwas für das Textverständnis oder gibt es unter deinen Stichpunkten Details, die für die Zusammenfassung eher unwichtig sind?

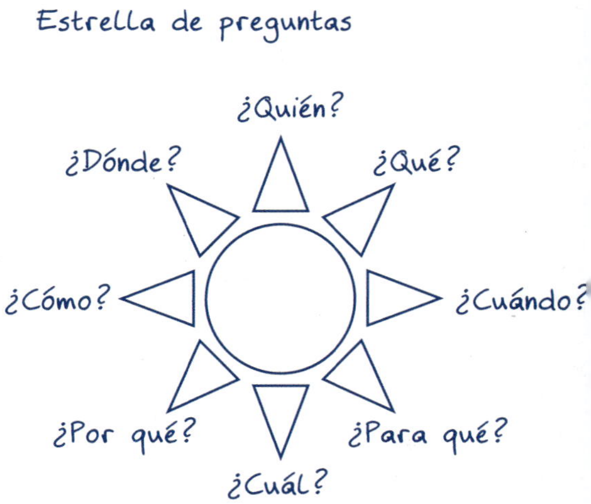

2. Der Einleitungssatz (la frase introductoria)

Formuliere im nächsten Schritt einen Einleitungssatz, in welchem du den Titel, den Autor, den Erscheinungsort, das Erscheinungsdatum und das Thema des Textes benennst.

El texto	de / escrito por + autor extraído de … (un periódico / un libro etc.) titulado "…" / (que) lleva el título "…" publicado en + fecha y lugar	trata de … gira en torno de …

En este texto, el autor	cuenta (la historia de … / cómo …) describe … analiza el problema de … aborda el tema de … explica / expone …

Modelo: El texto titulado "El rey de Barcelona", escrito por José Antonio Mirabal, publicado en 2011 en Santiago de Chile, trata de un viaje de un joven latinoamericano por la ciudad española de Barcelona.

3. Der Hauptteil (la parte principal)

- Fasse die Textinformation mit Hilfe deiner Notizen und mit deinen eigenen Worten zusammen. Zitiere dabei nicht den Originaltext!
- Schreibe möglichst neutral in der dritten Person und im Präsens. Denke daran: Deine eigene Meinung gehört nicht in eine Textzusammenfassung.
- Beachte dabei die Zeitenfolge: Es ist logisch, dass du für Ereignisse in der Vergangenheit auch Vergangenheitszeiten benutzt (pretérito perfecto, pretérito indefinido, imperfecto, pluscuamperfecto)
- Achte auf eine logische Reihenfolge der Information in deinem Text. Dabei musst du nicht die Reihenfolge der Inhalte des Originaltextes beibehalten.
- Versuche die Sätze möglichst abwechslungsreich zu gestalten, indem du „Bindewörter" (conectores) benutzt.

Conectores

además • incluso (außerdem)
como (am Satzanfang) • porque • debido a • a causa de (da / weil)
aunque • sin embargo • a pesar de que + verbo (obwohl)
por eso • por ello • como consecuencia • por tanto (daher / deshalb)
por un lado … por otro lado … (einerseits … andererseits)

Primero / en primer lugar / al principio Entonces / luego / después / en segundo lugar Finalmente / al final / por último / para terminar	el autor	destaca da ejemplos resume critica aclara analiza menciona hace alusión a … se refiere a

Vergiss nicht deine Zusammenfassung nochmal durchzulesen: Ist die Länge angemessen und kommen alle wichtigen Informationen vor? Wäre ein Leser, der den Text nicht kennt, nach dem Lesen deiner Zusammenfassung über den Inhalt gut informiert?

I 3.6 Wie schreibe ich einen (kritischen) Kommentar? (el comentario)

Sicherlich hast du dich bereits im Deutsch- oder Englischunterricht mit dem Thema Kommentar oder Erörterung auseinandergesetzt. Je nach Aufgabenstellung, geht es bei einem Kommentar grundsätzlich darum, sich mit einem Problem oder einem Thema kritisch auseinanderzusetzen und seine eigene Meinung dazu zu formulieren. Die eigene Position stützt sich dabei auf eine logische vorangegangene Argumentation. Daher ist auch bei der Verfassung eines Kommentars eine gründliche Vorbereitung sehr wichtig.

1. Die Vorbereitung (¡Prepárate!)

Bevor du ein Thema kommentierst und dir deine eigene Meinung dazu bildest, solltest du dich ausreichend mit der Fragestellung auseinandergesetzt haben. Zusätzlich zu den im Unterricht gelesenen Texten, kannst du auf andere Informationsquellen zurückgreifen: Texte in Lehrbüchern (auch aus anderen Fächern), Zeitungsartikel, Internet, Fernsehsendungen oder aber auch Gespräche mit deinen Mitschülerinnen und Mitschülern oder deinen Eltern.

Sammle ausgehend von den Informationen möglichst viele Argumente, welche sowohl die Vor- als auch die Nachteile, bzw. sowohl die negativen als auch die positiven Seiten, eines Themas umfassen.

Um dir einen guten Überblick zu verschaffen, kannst du mit einer Tabelle arbeiten, wie im folgenden Beispiel:

Modelo: Se deberían prohibir los móviles en los colegios.

a favor	en contra
• Distraen a los niños y pueden empeorar sus resultados en las pruebas. • Dañan la salud. • ...	• El móvil es una tecnología omnipresente, en los colegios. Hay que enseñar el uso con los móviles. • Pueden ayudar a mejorar el aprendizaje. • ...

Wenn du deine Argumente gesammelt hast, ist es für den Aufbau deiner Argumentation sinnvoll, diese nach ihrer Gewichtung zu ordnen: Welche sind die stichhaltigsten, welche die etwas schwächeren? Markiere dazu die Argumente mit Zahlen oder mit Farben oder schreibe sie in der entsprechenden Reihenfolge stichwortartig auf.

2. Die Einleitung (la frase introductoria)

Beginne deinen Kommentar mit einer kurzen Einleitung, in der du das Thema vorstellst und die Problemstellung formulierst. Interessant wird das Thema insbesondere dann, wenn du auf seine Wichtigkeit und Aktualität hinweist und eine Frage formulierst, die du zum Schluss auch beantwortest. Damit weckst du garantiert die Neugier des Lesers.

Modelo: "Hace poco hemos escuchado la noticia que Francia prohibió los móviles en colegios y universidades. Hay quienes aplauden esta medida, pero también otros que la consideran como poco factible. En otros países como en España o Alemania todavía no existe una ley uniforme sobre el uso del móvil en clase. Cada colegio impone sus propias reglas que van de la prohibición total a la permisión de utilizarlo como herramienta educativa. Entonces, nos preguntamos: ¿Se deberían prohibir los móviles en los colegios?"

3. Der Hauptteil (la parte principal)

Im Hauptteil präsentierst du die Pro- und Kontra-Argumente zu dem Thema. Bei der Anordnung deiner Argumente ist es empfehlenswert eine logische Reihenfolge zu wählen, die deine eigene Position unterstützt. Die folgenden drei Modelle können dir dabei helfen:

Modell I: Steigernder (linearer) Aufbau

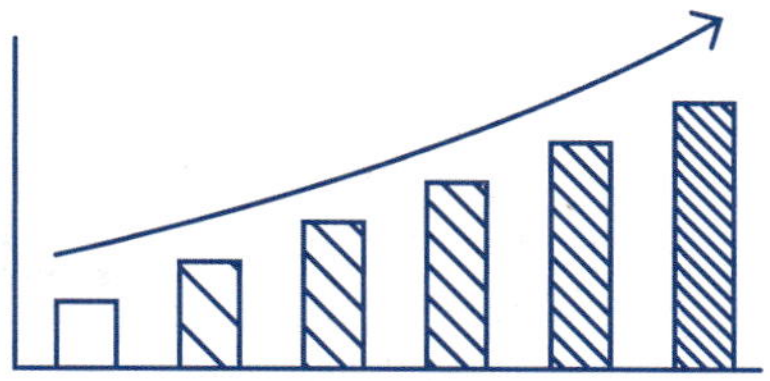

Du beginnst mit dem vermeintlich schwächsten Argument und beendest die Argumentationskette mit dem stichhaltigsten Argument für deine eigene Position.

Modell II: „Sanduhr-Prinzip"

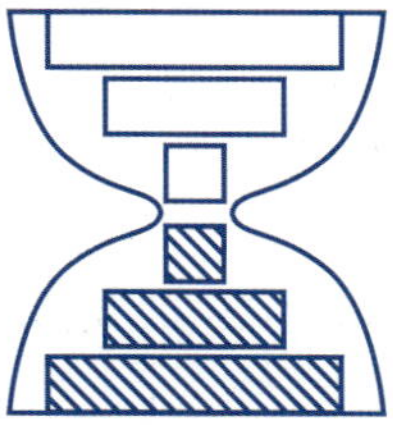

Du beginnst deinen Kommentar mit Argumenten, die deiner eigenen Position widersprechen. Dann folgen Argumente, die die Gegenposition entkräften und die eigenen Position bestärken. Dabei folgst du dem Sanduhr-Schema: Die Argumente der Gegenposition werden immer schwächer, die Argumente deiner Position werden immer stichhaltiger.

Modell III: „Pingpong-Prinzip"

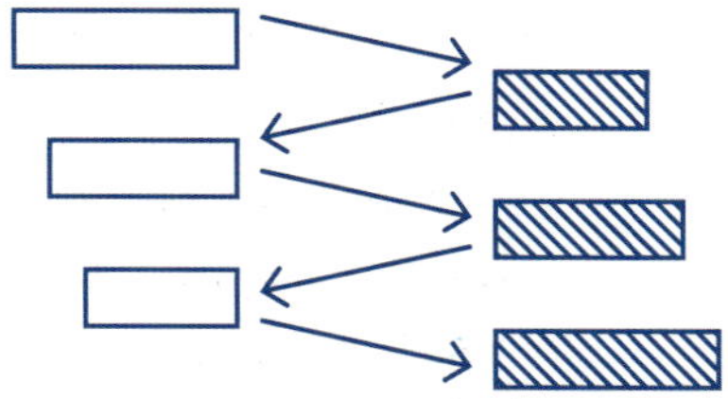

Bei diesem Argumentationsprinzip führst du Pro- und Contra-Argumente abwechselnd auf. Denke auch hier daran, das stichhaltigste Argument für deine eigene Position am Schluss aufzuführen.

Um deine Argumentation sprachlich abwechslungsreich und überzeugend zu gestalten, kannst du auf viele dir bereits bekannte Wörter und Formulierungen zurückgreifen. Sie helfen dir außerdem deine Argumentationskette zu strukturieren.

Expresiones para presentar un argumento:

En primer lugar / antes que nada es importante mencionar / subrayar / presentar que …
Uno de los puntos más importantes es que …
Hay que mencionar también el hecho que …
Es verdad que … , pero …
Un argumento convincente es …
Otro argumento que hay que considerar es que …

Conectores para contrastar:

por un lado … por otro lado …
por una parte … por otra parte …
a pesar de que
a diferencia de
¡Ojo! aunque + *subjuntivo* = selbst wenn!
¡Ojo! aunque + *indicativo* = obwohl!

4. Der Schluss (la conclusión)

Der Schlussteil eines Kommentars ergibt sich aus der Argumentation. Es ist wichtig, dass an dieser Stelle die Frage aus der Einleitung beantwortet wird. Im Falle unseres Beispiels: Sollten Handys an Schulen verboten werden oder nicht? Hier formulierst du deine eigene Position, die durch die hervorgegangene Argumentation unterstützt wird.

Expresar su opinión / resumir:

En resumen / resumiendo se podría decir que …
En resumidas cuentas
Llego a / saco la conclusión de que …
Estoy a favor / en contra de …
En mi opinión …
A mi modo de ver …

- Ganz zum Schluss solltest du wie bei allen Schreibaufgaben deinen Text gründlich durchlesen. Nimm dir ganz bewusst Zeit dafür zu überlegen, ob dein Kommentar logisch aufgebaut ist und somit den Leser von deiner Meinung überzeugen kann.

I 4. Sprechen

I 4.8 Wie führe ich eine Diskussion?

Manchmal sind wir uns darüber gar nicht im Klaren, dass Diskussionen eigentlich zu unserem Alltag gehören. Wir diskutieren in vielen Situationen mit unseren Freunden, z. B. darüber, was man gemeinsam am Wochenende unternehmen soll. In der Familie wird ebenfalls oft über Alltägliches oder aktuelle Themen aus der Gesellschaft debattiert. Im Klassenverband muss gemeinsam eine Entscheidung über die Klassenfahrt o. ä. getroffen werden.

1. Die Vorbereitung (¡Prepárate!)

Überlege gut, welche Meinung du in Bezug auf ein Thema vertrittst. Ähnlich wie bei der Vorbereitung eines Kommentars solltest du dich vorab über ein Thema mit Hilfe verschiedener Quellen (Internet, Gespräche mit Freunden oder Eltern, Lehrbücher, Zeitschriften etc.) informieren. Notiere dir möglichst viele Argumente, die deine Meinung unterstützen und überlege dir konkrete Beispiele dazu, um dein Gegenüber zu überzeugen. Tausche dich mit anderen Mitschülern / Mitschülerinnen aus, welche die gleiche Meinung vertreten. Überlege dir auch, welche Argumente die Gegenseite hervorbringen könnte und wie du diese zurückweisen kannst.

Bevor ihr eine Diskussion startet, ist es sinnvoll, deine Argumente sprachlich einzuüben, damit du dich in der Diskussion klar und deutlich ausdrücken kannst. Dazu kannst du alleine (vor dem Spiegel) oder zu zweit in einer Murmelphase deine Argumente laut vorlesen und sie mit folgenden Ausdrücken verbinden:

Expresar tu opinión:

<table>
<tr><td rowspan="3">Para mí
En mi opinión
Desde mi punto de vista
Mi opinión es que
Pienso que
Es evidente / es cierto que
Me parece que</td><td colspan="2">es importante
es un (gran) problema
tiene muchas ventajas / desventajas
causa un gran daño (a) (verursacht großen Schaden)</td><td rowspan="3">porque …</td></tr>
<tr><td>una ventaja/desventaja de …</td><td>es + *sustantivo*
es que + *frase subordinada*</td></tr>
<tr><td>gracias a / al … (dank …)
a causa de / del … (wegen …)</td><td>hay …
tenemos …
es posible / imposible …</td></tr>
</table>

2. In der Diskussion (durante la discusión)

Damit eine Diskussion gelingt, solltest du einige Grundregeln beachten.

- Unterbrich dein Gegenüber nicht. Interveniere, falls nötig, auf eine höfliche Art und Weise (s. weiter unten).
- Sprich laut und deutlich. Präsentiere deine Argumente mit überzeugender Stimme.
- Höre genau zu, was dein Vorredner sagt und reagiere auf seine Argumente. Wechsle nicht vorschnell das Thema.
- Schaue die Person, mit der du sprichst, an.
- Versuche dich nicht zu wiederholen. Hake Argumente, welche bereits genannt wurden, auf deiner Liste ab.

In der Diskussion kommt es nicht nur darauf an, seine Meinung zu äußern, sondern auch, das Wort zu ergreifen und auf die Argumente anderer Teilnehmer (positiv oder negativ) zu reagieren.

Dabei kannst du auf folgende Redemittel zurückgreifen:

Intervenir o reaccionar a una interrupción:
¿Puedo tomar la palabra?
¿Puedo intervenir aquí?
¿Puedo terminar por favor?

Expresar su acuerdo:
Estoy (completamente) de acuerdo contigo. Pienso también que …
Tengo la misma opinión que tú. / Comparto tu opinión.
Tienes razón, porque …
El argumento de … me parece convincente porque …

Relativizar o ponderar:
Pienso que eso depende de …
Por una parte tienes razón, pero …
Por un lado, sí vale, pero por otro …
Es cierto que … , pero piensa también en …
Admito que (a veces es así), pero …

Expresar su desacuerdo:
No estoy de acuerdo con lo que dices.
Lo veo de otra manera / de forma diferente.
No comparto tu opinión porque …
No tienes razón.
Me parece que estás equivocado/a porque …

Wenn du die Möglichkeit hast, kannst du als Vorbereitung eine Mini-Diskussion mit einem Mitschüler / einer Mitschülerin durchführen. Vielleicht fallen dir dann noch mehr Argumente ein, um deine Position zu begründen.

3. Eine Lösung finden (encontrar una solución)

Eine Diskussion ist selbstverständlich zeitlich immer begrenzt, auch wenn sie unendlich lange fortgeführt werden könnte. Wenn alle Beteiligten ihre Argumente hervorgebracht haben, wäre es an der Zeit (je nach Aufgabenstellung) zwischen den Gegenpositionen einen Kompromiss zu schließen oder eine Lösung für das Problem zu finden. Falls es keinen Moderator gibt, kann diese Aufgabe von einem der Beteiligten an der Diskussion übernommen werden. Eine Lösungsfindung kann zum Beispiel in Form einer Abstimmung stattfinden. Natürlich kann dabei jeder von euch seine Meinung ändern und sich der Meinung eines Mitschülers / einer Mitschülerin anschließen.

Pienso que hemos escuchado todos los argumentos. Ahora tenemos que llegar a un acuerdo/a una solución para el problema.

¿Alguien tiene una propuesta en cuanto a … / cómo resolver el problema?

Quien está de acuerdo con … levanta la mano, por favor.

Propongo que + *subjuntivo*

¿Qué piensan los demás?

El argumento de … me ha convencido.

… me ha hecho cambiar de opinión. Por eso, también pienso que …

4. Die Rolle des Moderators (el moderador)

Der Moderator übernimmt einige wichtige Aufgaben in einer Diskussion. Er eröffnet die Debatte, präsentiert ggf. die Anwesenden und stellt das Thema vor. Während der Diskussion kann er die Beteiligten unterbrechen oder ihnen Fragen stellen. Er bestimmt die Reihenfolge der Beiträge und führt die Beteiligten an die Lösungsfindung heran. Außerdem achtet der Moderator darauf, dass die Diskussionsregeln eingehalten werden. Für alle diese Aufgaben sollte sich jede/r, der/die die Moderatorrolle übernimmt, gut vorbereiten. Dazu ist es hilfreich zu den folgenden Punkten Sätze vorzuformulieren:

- Eröffnungssatz (frase para empezar el debate)
- Kurze Einleitung in Bezug auf das Thema (introducir el tema)
- Fragen / Kommentare an die Teilnehmer gerichtet (preguntas / comentarios para los participantes)
- Überleitung zum Ende der Diskussion (terminar la discussión)
- Fazit und Schlusssatz formulieren (formular una conclusión)

I 4.9 Verschiedene Variationen einer Diskussion

I 4.9.1 Die Podiumsdiskussion (la mesa redonda)

La mesa redonda ist eine Diskussionsform, bei der sich Personen aus verschiedenen Bereichen der Gesellschaft oder Wirtschaft treffen, um über ein wichtiges Thema zu debattieren oder eine Lösung für ein Problem zu finden. Eine Person moderiert die Podiumsdiskussion, welche in der Regel in vier Schritten abläuft: 1. Die Vorstellungsrunde und die Einleitung, 2. die Diskussion, 3. Frage- und Antwortrunde, 4. Lösungsfindung und Abschluss.

Für eine solche Podiumsdiskussion werden zunächst die Rollen der Beteiligten verteilt oder per Zufall bestimmt (z. B. durch das Ziehen einer Rollenkarte). Die Rolle des Moderators sollte dabei nicht vergessen werden!

Modelo: Tema / Pregunta: Las ventajas y desventajas del turismo en Andalucía: ¿Construir otro hotel en la Playa del Sol o no?
Participantes: El moderador, el/la empleado/a de un hotel, el/la propietario/a de un restaurante, un miembro de la Junta de Andalucía, un miembro de Ecologistas en Acción, un/a turista y un/a habitante

Da jede Rolle mehrfach besetzt wird, bietet es sich an, die Podiumsdiskussion in kleinen Gruppen vorzubereiten. Dazu findet ihr euch am besten mit denjenigen zusammen, die dieselbe Rolle vertreten sollen.

Versetzt euch als erstes gut in eure Rolle: Was sind die wesentlichen Sorgen / Gedanken der betroffenen Person? Welche Position vertritt sie? Welche Argumente bringt sie hervor, um ihr Interesse zu vertreten? Welche Lösung wäre vorteilhaft für ihre Position?

Bereitet ausgehend davon einige Sätze für die Vorstellungsrunde vor: Euer Name, (evtl. euer Alter), die Rolle, die ihr in der Diskussion einnehmt (z. B. Angestellter, Aktivist, etc.) und eure Positionierung sollten dabei genannt werden.

Modelo: *Buenos días. Mi nombre es Isabel García Muñoz. Vivo en la zona hotelera de la Playa del Sol. En los últimos años se han construido muchísimos hoteles y pienso que ya es suficiente. ¡No queremos más ruido y más contaminación!*

Überlegt euch anschließend überzeugende Argumente und auch Vorschläge für die Lösungsfindung (siehe auch M I 4.8). Entscheidet, wer sich aus eurer Gruppe als erstes an den runden Tisch setzt und wer zunächst im Publikum Platz nimmt. Ihr könnt euch im Laufe der Diskussion auch abwechseln (vgl. Fish-Bowl-Methode M I 4.9.3). Natürlich könnt ihr auch mehrere Diskussionsrunden parallel durchführen und den anderen anschließend über Verlauf und Ergebnis berichten.

I 4.9.2 Die Talkshow (el talk-show)

Sicherlich hast du dir im Fernsehen schon mal eine Talkshow angeschaut: Der Talkshow-Gastgeber lädt verschiedene Persönlichkeiten zu seiner Talkshow ein, um mit ihnen über ein bestimmtes Thema zu diskutieren.

Die Vorbereitung einer Talkshow läuft im Grunde genommen genauso ab, wie die Vorbereitung einer Podiumsdiskussion, siehe M I 4.9.1. Zunächst überlegt ihr euch gemeinsam einen interessanten Titel für eure Talkshow. Anschließend verteilt ihr Rollen bzw. fiktive Identitäten, die die Beteiligten übernehmen sollen. (Je nach Aufgabenstellung sind diese evtl. bereits vorgegeben und werden gelost.)

Modelo: *el/la presentador/a, políticos/as, activistas medioambientales, habitantes, representantes de organizaciones sociales, hombres/mujeres de negocios, víctimas de delincuencia etc.*

Da in einer Talkshow besonders die persönlichen und familiären Hintergründe eine Rolle spielen, überlege dir ausgehend von deiner fiktiven Identität eine möglichst authentische Biografie (Alter, Beruf, Familienstand, Betroffenheit etc.). Anschließend recherchiert ihr in Kleingruppen zum Thema und sammelt Informationen oder Argumente, die für den Alltag der betroffenen Person von Wichtigkeit sein könnten.

Der Talkshow-Gastgeber (siehe auch M I 4.8 – Rolle des Moderators) stellt das Thema der Talkshow vor und bestimmt die Reihenfolge der Beiträge. Er stellt Fragen oder kommentiert das Gesagte. Am Ende der Talk-Show fasst er die Aussagen der Beteiligten zusammen und beendet die Diskussion.

- Damit die Talkshow lebendiger und interessanter wird, können sich die Zuschauer an der Diskussion beteiligen und spontan Fragen stellen. Wenn ihr die Talkshow anschließend auswerten wollt, könnt ihr euch überlegen, diese auf Video aufzunehmen.

I 4.9.3 Die Fishbowl-Methode

Eine Diskussion oder eine Podiumsdiskussion kann auch in Form einer Fishbowl-Diskussion stattfinden. Dabei bildet ihr einen Innen- und einen Außenkreis. Im Innenkreis befindet sich ein kleiner Teil der Diskussionsteilnehmer, welcher die Diskussion führt. Im Außenkreis sitzen die Zuschauer, welche die Diskussion aufmerksam verfolgen. Die Zuschauer haben dabei die Möglichkeit, sich zu einem beliebigen Zeitpunkt an der Diskussion zu beteiligen, indem sie vom Außenkreis in den Innenkreis wechseln. Der Wechsel kann dabei folgendermaßen stattfinden:

a. Ein/e Schüler/in steht auf und klopft an die Schulter eines/r Diskussionsteilnehmer/in. Der / die Diskussionsteilnehmer/in beendet – falls er / sie gerade an der Reihe ist – ihren Beitrag und wechselt mit dem / der Mitschüler/in den Platz.

b. Im Innenkreis steht ein Gaststuhl bereit. Dieser kann von einem/r Schüler/in, welche/r sich an der Diskussion beteiligen will, besetzt werden. Gleichzeitig kann ein/e andere/r Diskussionsteilnehmer/in seinen / ihren Stuhl frei machen und aus dem Innenkreis in den Außenkreis wechseln.

Ein Vorteil dieser Methode ist, dass Schüler / Schülerinnen, welche in einer großen Runde, nicht zu Wort kommen, jederzeit in den Innenkreis wechseln und aktiv mitdiskutieren können.

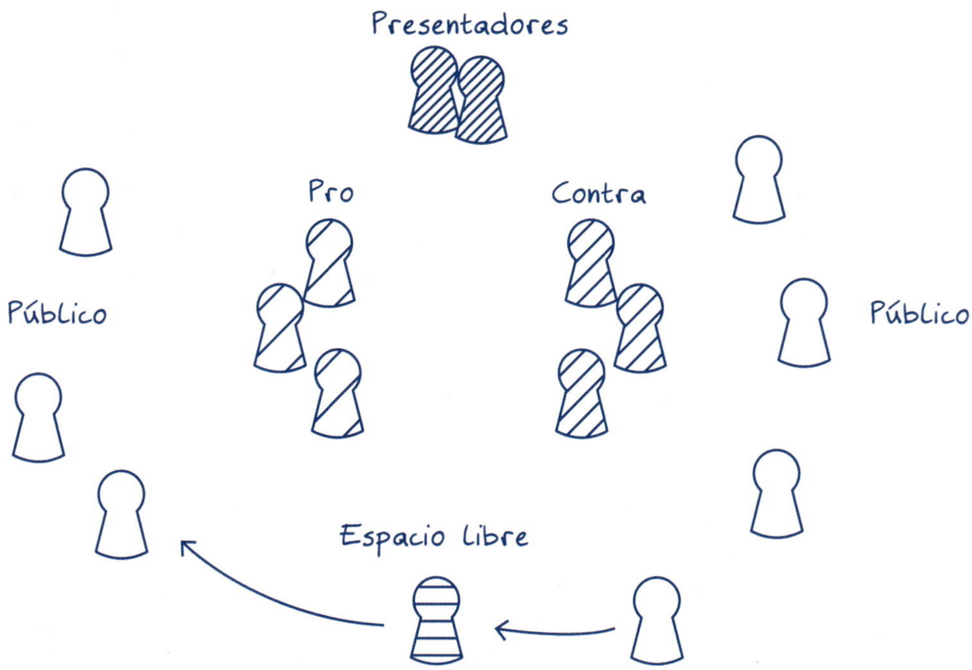

I 5. Sprachmittlung (la mediación)

Erinnerst du dich noch an die Hinweise zur Sprachmittlung in Band 3?
Hier kannst du sie noch einmal nachlesen: 80024-02

Die Sprachmittlung ist eine für den Alltag wichtige Kompetenz, bei der alle fremdsprachlichen Teilkompetenzen zur Geltung kommen: Hör-/Leseverstehen, Sprechen bzw. Schreiben, interkulturelle Kompetenz etc. Deshalb ist es bei der Sprachmittlung so wichtig sich geeignete Strategien anzueignen, um diese Herausforderung zu meistern.

1. Sprachmitteln ist nicht übersetzen!

- Bei der Sprachmittlung handelt es sich nicht um eine wörtliche Übersetzung, sondern um ein sinngemäßes Wiedergeben einer Information.

2. Was soll gemittelt werden? – Das Wichtigste herausfiltern

- Lies oder höre den Text aufmerksam. Unterstreiche oder notiere die wichtigsten Aussagen des Textes. Streiche auch bewusst Irrelevantes weg! Wie detailgenau, du den Text erfassen sollst, hängt von dem Anliegen deines Kommunikationspartners ab. Grundsätzlich gilt aber, dass du nicht jedes Detail erklären muss, sondern nur das, was für dein Gegenüber relevant ist!

3. Wie gehe ich mit schwierigen / unbekannten Wörtern im Ausgangstext um?

- Denk dran, dass man, nicht alle unbekannten Wörter verstehen muss, um die Hauptaussage zu erfassen. Falls es aber doch Probleme gibt, erinnere dich an die dir bereits bekannten Möglichkeiten der Worterschließung:
- Rückgriff auf bereits bekannte Sprachen (englisch, türkisch, französisch etc.)
  p. ej.: la influencia (span.) = the influence (engl.) = l'influence (franz.)
- Rückgriff auf spanische Wörter aus der gleichen Wortfamilie:
  jugar – el juego – el jugador; inexplorado – explorado – exporar – explorador
- Worterschließung aus dem Kontext heraus: Was bedeutet wohl das Wort *el chucrut*, wenn es im Text um traditionelle deutsche Gerichte geht?
- Erst wenn keine der Strategien hilft, solltest du das Wort im Wörterbuch nachschlagen.

4. Wie finde ich passende Worte um den Inhalt sinngemäß wiederzugeben?

Ob die Wiedergabe einer Information vom Deutschen ins Spanisch oder umgekehrt gelingt, hängt natürlich davon ab, wie gut die „vermittelnde Person" die Ausdrücke in der Zielsprache erklären kann. Diese Fähigkeit kannst du aber trainieren, indem du auf folgende Strategien zurückgreifst:

a. die Information paraphrasieren / umschreiben:
   blaumachen: significa faltar (p. ej. en la escuela)

b. den Ausdruck vereinfachen:
   Ich habe mich mit der Situation abgefunden. = Ich habe die Situation akzeptiert.
   → He aceptado la situación.
   Endlich hat Anna ihren Führerschein in der Tasche. = Endlich hat Anna ihre Führerscheinprüfung bestanden. → Por fin, Anna ha aprobado su examen de conducir.
   Das Land ist von sozialen Ungleichheiten geprägt. = Im Land gibt es viele soziale Ungleichheiten. → En el país existe / hay mucha desigualdad social.

c. Synonyme oder Antonyme verwenden:
Los campesinos se afincaron alrededor del lago Llanquihue. = Los campesinos se establecieron alrededor del lago Llanquihue. → Die Bauern ließen sich am See Llanquihue nieder.
Potsdam befindet sich in der Nähe von Berlin. → Potsdam no está lejos de Berlin.

d. Beispiel geben / Ober- oder Unterbegriff benennen:
Rettungskräfte: p. ej. la policía, los soldados, los médicos.
Una herramienta: Hammer, Zange, Säge

Unabhängig von den Strategien, die du verwendest, denke stets dran, dich vom Wortlaut des Textes zu lösen und die Information in deinen eigenen Worten wiederzugeben!

5. ¿Para quién / qué y cómo? - Beachte die Ausgangslage deines Kommunikationspartners!

Wie du bereits weiß, bedeutet Sprachmittlung auch kulturelle Vermittlung. Kommt dein Gegenüber aus einer Kultur oder einem Land, in der bestimmte Gegenstände oder Gewohnheiten und damit auch die entsprechende Vokabel nicht existieren, so muss du diese umschreiben, z. B. Mülltrennung, Pfand, Rundfunkgebühren etc.. Wichtig ist außerdem, das Sprachregister der Situation anzupassen: Handelt es sich um eine E-Mail an einen Freund oder um einen formellen Brief? Der Zweck bestimmt nicht nur den Inhalt, sondern auch das Sprachregister:

lenguaje coloquial	lenguaje formal
• ¡Hola Juan! ¿Qué tal? • Te escribo para contarte … • Escríbeme pronto. • Es todo por ahora. • Hasta luego. / Un abrazo. / Saludos.	• Muy estimado / a señor / a Carbajal, • me dirijo a usted con el fin de … • A la espera de su respuesta… • Atentamente, / Cordialmente,…

Denk dran, nach der Fertigstellung deines Textes (bei schriftlicher Sprachmittlung), diesen nochmal unter folgenden Punkten durchzulesen: Habe ich die wichtigsten, für meinen Gesprächspartner relevanten Informationen zusammengefasst? Habe ich meinen Text auf meinen Kommunikationspartner ausgerichtet und kulturelle Begriffe erklärt, die er eventuell nicht versteht? Ist das Sprachregister angemessen?

II. Lernen

II 1.5 Wie recherchiere ich zu einem Thema im Internet?

Sicherlich hast du schon sehr oft nach einer Information im Internet gesucht. Fast bei jedem Begriff, den man in eine Suchmaschine eingibt, erscheinen eine Unmenge von verschiedenen Seiten, aus denen man die gesuchte Information herausfiltern muss. Eine Internetrecherche in der Fremdsprache ist natürlich noch anspruchsvoller, kann aber durch den Rückgriff auf verschiedene Strategien und Methoden eingeübt werden.

1. Was muss bei der Auswahl von Suchmaschinen und Suchbegriffen beachtet werden?

Bevor du etwas im Internet recherchierst, ist es wichtig, dass du dir bewusst machst, wie die Mechanismen der Suchmaschinen funktionieren. Zahlreiche Internetseiten (wie z. B. Google, Yahoo, Bing und andere) bieten ihren Service als Suchmaschine an. Allerdings darf nicht vergessen werden, dass die Suchmaschine nur eine bestimmte Anzahl an Seiten durchsucht und nicht das ganze Internet (das wäre in ein paar Sekunden unmöglich). Die Suchmaschine legt fest, welche Seiten erscheinen und in welcher Reihenfolge sie angezeigt werden.

Deshalb ist es wichtig, die Suche durch die Begriffswahl einzugrenzen. Das Thema, zu dem du Informationen suchst, sollte möglichst präzise benannt werden. Wenn du beispielsweise Information zur Beziehung Pablo Nerudas zu Spanien suchst, könntest du die Suche mit den Begriffen „Pablo Neruda y su relación con España" eingrenzen.

Wenn du den Suchbegriff in Anführungsstriche setzt („inmigración alemanes Chile"), dann sucht die Suchmaschine genau nach dieser Kombination. Verbindest du die Begriffe durch ein +-Zeichen, durchsucht die Suchmaschine die Internetseiten, in denen alle Begriffe vorkommen.

Im nächsten Schritt kannst du die Suchergebnisse überfliegen und entscheiden, ob die Beiträge zu deinem Thema passen. Sollte es nicht der Fall sein, empfiehlt es sich den Suchbegriff zu ändern.

2. Wie wähle ich verlässliche Quellen aus?

Ob es sich um eine seriöse oder verlässliche Quelle handelt, ist manchmal schwer festzustellen. Es gibt allerdings bestimmte Kriterien, die eine seriöse Seite erfüllen sollte.

a. Wer ist der Verfasser / der Urheber des Textes / der Quelle? Wird auf der Seite deutlich, wer den Text verfasst hat? Handelt es sich um einen Fachmann? Gibt es ein Impressum mit einem Ansprechpartner und Kontaktdaten?

b. Um welche Art von Homepage handelt es sich? Ist es eine private Homepage, die Homepage einer Organisation, einer Einrichtung oder einer Partei?

c. Welche Zielgruppe wird angesprochen und welche Ziele werden verfolgt? Wenn man sich eine Internetseite genauer anschaut, wird ziemlich schnell klar, welche Ziele der Verfasser verfolgt. Taucht beispielsweise Werbung auf oder versucht der Verfasser bewusst seine Leser von einer Meinung zu überzeugen? Oder handelt es sich um einen analytischen, informativen, möglichst neutralen Text?

d. Ist der Beitrag aktuell? Überprüft werden sollte auch das Datum des erschienen Textes oder das Datum der letzten Aktualisierung der Homepage. Wenn es sich um eine Homepage handelt, die lange nicht mehr aktualisiert wurde, dann musst du vorsichtig mit der Information umgehen und ggf. die Aktualität der Information durch eine weitere Quelle überprüfen.

e. Die Internetseiten von Bibliotheken, Universitäten, großen Zeitungen oder wichtigen Fernsehsendern können in der Regel als zuverlässige Quellen angesehen werden. Hier ein kurzer Überblick:

	España	México	Chile	Argentina	
große Zeitungen	El País El Mundo ABC La Vanguardia La Voz de Galicia 20 minutos …	Reforma La Prensa El Universal …	El Mercurio La Tercera …	Clarín La Nación Diario Popular …	
Internet-Bibliothek	Biblioteca Digital Mundial, Biblioteca Virtual Miguel de Cervantes, …				
Informationen im Videoformat	rtve.es …				

Aber Achtung: Auch hier findet man unterschiedliche Textsorten. Schaue dir also genau an, ob es sich um einen informativen Text handelt oder um einen Post bzw. Kommentar, der von einem Leser hinterlassen wurde und die persönliche Meinung wieder gibt …

f. Zum Thema Wikipedia: Wikipedia ist ein beliebtes kostenloses Online-Lexikon. Allerdings ist hier Vorsicht geboten: Die Beiträge des Online-Lexikons können von jedem Internetnutzer weltweit verfasst und überarbeitet werden und zwar unter vollem Namen aber auch unter einem Pseudonym. Die Idee dabei ist, dass falsche oder unwichtige Einträge schnell korrigiert oder gelöscht werden, da die Gemeinschaft der Verfasser sich gegenseitig kontrollieren kann. Dies verhindert aber nicht, dass falsche oder manipulative Informationen veröffentlicht werden können. Wikipedia kann aber dennoch den ersten Überblick über ein Thema verschaffen. Außerdem findet man am Ende des Wikipedia-Artikels eine Liste von „referencias", also Internetseiten, die als Quellen für den verfassten Text gedient haben. Diese Liste kann man wiederrum nach zuverlässigen Quellen für die eigene Präsentation durchsuchen.

Um auf unser Beispiel zurück zukommen: Wenn man den Suchbegriff „Pablo Neruda y su relación con España" eingibt, erscheint der Link: 80024-03. Es handelt sich dabei um die Seite der „Biblioteca virtual de Miguel de Cervantes". Es folgt eine ausführliche Analyse zum Thema Pablo Neruda (der wohl bekannteste chilenische Poet des 20. Jhd.) und seiner Beziehung zu Spanien. Der Autor ist Franco Quinziano. Die Quellen, auf die der Autor zugreift, sind gekennzeichnet. Hier wird schnell deutlich, dass es sich um eine seriöse Seite handelt, die sich an Literaturinteressierte wendet.

3. Umgang mit der Fremdsprache

Die Internetrecherche in spanischer Sprache stellt dich natürlich vor eine besondere Herausforderung. Das Überfliegen oder Lesen einer Internetseite auf Spanisch erfordert alle dir bereits bekannten Texterschließungskompetenzen.

Falls das Textverständnis durch besonders schwierige Wörter erschwert wird, bietet sich insbesondere bei der Internetrecherche der Rückgriff auf ein Online-Wörterbuch an. Erinnerst du dich noch an die Hinweise zum Online-Wörterbuch in Band 3? Hier kannst du sie noch einmal nachlesen: 80024-02

Das Online-Wörterbuch scheint im ersten Augenblick aufgrund seiner Schnelligkeit besonders vorteilhaft zu sein, aber auch wie bei einem „normalen" Wörterbuch solltest du bestimmte Aspekte bei der Wörtersuche beachten.

a. Da Online-Wörterbücher eine Vielzahl an Sprachen und Sprachkombinationen für die Übersetzung anbieten, musst du als erstes die zwei Sprachen in der Suchleisten auswählen, die für dich für die jeweilige Suche relevant sind, in diesem Fall natürlich Deutsch und Spanisch.

b. Ein Wort hat fast nie nur eine einzige Bedeutung. Meistens erscheint eine lange Liste mit unterschiedlichen Bedeutungen und es ist abhängig von dem Kontext des Textes, welche davon am besten zutrifft. Empfehlenswert ist es daher sich zunächst einmal die ganze Liste anzuschauen und zu entscheiden, in welchem Themenbereich das Wort verwendet wird. Das Wort *lengua* zum Beispiel kann sowohl Zunge als auch Sprache heißen. In der Auflistung erscheint das Wort deshalb mit einem Hinweis dahinter (1. lengua (órgano): Zunge; 2. lengua LING: Sprache) und man entscheidet sich eben für die Bedeutung, die im jeweiligen Kontext besser passt.

c. Manchmal ist ein Wort auch nur ein Teil eines feststehenden Ausdrucks oder einer Redewendung und es ist wichtig zu erkennen zu welchem anderen Wort es gehört, um die gesamte Redewendung / den gesamte Ausdruck in ihrer / seiner Bedeutung zu erfassen. Es ist beispielsweise ein entscheidender Unterschied, ob ich die Kombination *„echar de menos"* (entbehren, vermissen) oder nur *„echar"* (1. werfen, 2. bewegen, 3. eingießen etc.) eingebe.

Viele bekannte Online-Wörterbücher bieten auch die Übersetzung von Textpassagen an. Hierbei ist große Vorsicht geboten: Nicht immer ist die Übersetzung einer Textpassage richtig! Das merkt man schnell, wenn man einen spanischen Text in die deutsche Sprache übersetzt.

4. Informationen zusammen tragen und Quellen notieren

Wenn du denkst, eine zuverlässige und relevante Textquelle im Internet gefunden zu haben, ist es empfehlenswert diese zu speichern oder auszudrucken um sie anschließend für die Zusammenstellung der Information benutzen zu können. Wichtig ist neben dem Link der Quelle auch das Datum und die Uhrzeit des letzten Zugriffs zu speichern! Wenn du die gefundenen Informationen für dein Produkt (also z. B. eine Präsentation oder ein Aufsatz) benutzt, so musst du die Quellen am Ende deiner Arbeit immer aufführen.

V Vocabulario 80024-02

1 Estudiamos en el extranjero

cumplir (-se) un sueño	(sich) einen Traum erfüllen	
el/la representante	der/die Vertreter/in	representar
argumentar	argumentieren, begründen	
la diversidad	die Vielfalt	diverso/a diversity
emocionante	spannend, rührend, bewegend	la emoción
fascinante	faszinierend, bezaubernd	fascinar a alg. fascinating

Desafíos en una megalópolis

el tráfico	der Verkehr	traffic
la carretera de … carriles	die …spurige Straße	
el transporte colectivo urbano	der öffentliche Nahverkehr	transportar Transport
el tranvía	die Straßenbahn, die Tram	
la delincuencia	die Kriminalität	Deliquenz
la basura	der Müll, der Abfall	
la contaminación (del aire / del medio ambiente)	die (Luft- / Umwelt-) Verschmutzung	contamination
la suciedad	der Schmutz	sucio/a
el anomimato	die Anonymität	
anónimo/a	anonym	
T el asalto	der Überfall	asaltar a alg.
el narcotráfico	der Drogenhandel	traffic
la vigilancia	die Überwachungsdienst, der Aufsicht, die Überwachung	vigilar

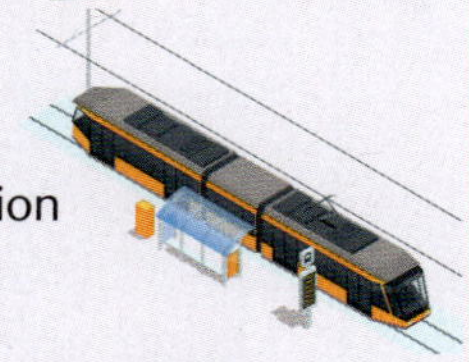

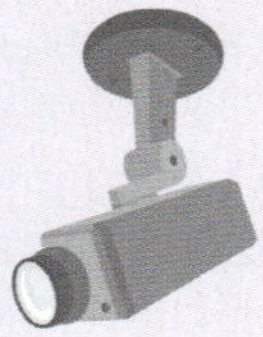

A Llegando a CDMX

T la llamada	*hier:* der Anruf	llamar (por teléfono)
serio/a	ernst, ernsthaft	serious
la opción	die Wahl (-möglichkeit), die Option	opcional
la reputación	der Ruf, das Ansehen	Este colegio tiene muy buena **reputación**. reputation
beneficiarse de	profitieren von	
tranquilizarse	sich beruhigen	tranquilo/a
lo más pronto posible	so schnell wie möglich, schnellstmöglich	
estar equivocado/a	unrecht haben, falsch liegen	≠ tener razón
el bebé	das Baby	
la persona de confianza	die Vertrauensperson, verlässliche Person	confiar en alg. / algo a alg.
vivir (algo)	(etwas) erleben	la vida
2 orientarse	sich orientieren, sich zurechtfinden	
3 el idioma oficial	die Amtssprache	= la lengua oficial

Terremoto

T	el terremoto	das Erdbeben	el sismo
	sufrir	(er-) leiden, ertragen	to suffer
	el sismo	das Erdbeben	
4	el punto de reunión	der Sammelpunkt, der Treffpunkt	
	la alerta sísmica	die Erdbebenwarnung	el sismo
	el daño	der Schaden	

	el grupo étnico	die ethnische Gruppe, die Volksgruppe	
	la creencia	die Glaubensrichtung, der Glaube, die Anschauung	creer
4	consentido/a	verwöhnt, verzogen	
	el cambio de horario	die Zeitumstellung	cambiar la hora
	los huevos revueltos	Rührei	
	la quesadilla	der Quesadilla (gefüllte Maisfladen)	el queso
	la fluidez	die Flüssigkeit (Fähigkeit, eine Sprache flüssig zu sprechen), die Redegewandtheit	
	digno/a de mención	erwähnenswert	
5	la gastronomía	die Gastronomie, die Küche	
	la artesanía	das Handwerk, die Handwerkskunst	el arte
6	inclinado/a	schräg, geneigt	
	el hallazgo	der Fund, die Entdeckung	hallar
	la excavación	die Ausgrabung	excavation
	la remodelación	die Umgestaltung	remodelling
7	sonar (o→ue)	jmdm. bekannt vorkommen	¿Te **suena** el nombre Frida Kahlo?
	el muro	die Mauer	el mural, la muralla
	gigante	riesig, enorm	
	la revolución	die Revolution	

Arte

7	el detalle	die Einzelheit, das Detail	
	intelectual	intellektuell, gebildet	
	la escena	die Szene	
	el movimiento	die Bewegung	
8	la composición	die Komposition, die Zusammenstellung	
	transmitir	übermitteln	transmisible; to transmit
11	la obra	das Kunstwerk	
	colorear	färben, anmalen	el color; colorido/a
	el autorretrato	das Selbstporträt	
	hacer alusión a	anspielen auf, Bezug nehmen auf	
	el estado de ánimo	die Stimmungslage	

	contratar a alg.	jmdn. unter Vertrag nehmen, beschäftigen	
	educar a alg.	erziehen, unterrichten	la educación education
	orgulloso/a	stolz	
8	el orden	der Befehl	order
	iniciar	beginnen	initiative Initiative
	el águila (f.)	der Adler	
	el cactus	der Kaktus	
	devorar	verschlingen, fressen	
	justo	*hier:* gerade	
	el islote	das Inselchen	
	la isla	die Insel	island
	el lodo	der Lehm, der Schlamm	
	la raíz	die Wurzel	
	el acueducto	das Aquädukt	
	la calzada	die (gepflasterte) Straße	
	la chinampa (mex.)	die Chinampa (künstliche Inseln für den Anbau von Gemüse)	
9	sagrado	heilig	sakral
	tomar el poder	die Macht ergreifen	
	la obligación	die Pflicht	obligatorio/a, obligar a alg. obligation
	edificar	bauen, errichten	el edificio
	la dimensión	die Größe, das Ausmaß	
	religioso/a	religiös	Religion
	el sacrificio humano	das Menschenopfer	to sacrifice
	destruir (yo destruyo)	zerstören, vernichten	Los conquistadores **destruyeron** la ciudad. to destroy
	el virreinato	das Vizekönigreich	el rey / la reina
	conquistar	erobern, einnehmen	to conquer
	metropolitana	Hauptstadt-, Großstadt-	Metropole
	arqueológico/a	archäologisch	
10	el/la cronista	der/die Chronist/in, der/die Geschichtsschreiber/in	
	la reconstrucción	die Rekonstruktion, der Wiederaufbau	
11	a la vuelta de la esquina	gleich um die Ecke	
	el/la esposo/a	der Ehemann, die Ehefrau	
	la polio(mielitis)	die Poliomyelitis, die Kinderlähmung	
	trágico/a	tragisch	Tragödie
	la lesión	die Verletzung	= la herida
	el corsé	das Korsett	

comenzar (e→ie)	anfangen, beginnen	
embarazada	schwanger	
las infidelidades	die Untreue, Seitensprünge	infiel
herido/a	verletzt	la herida, herir
indígena	einheimisch, indigen	indigenous
mestizo/a	mestizisch, der/die Mestize	
adornar (-se)	(sich) schmücken	
la joya	das Schmuckstück	
el estado de ánimo	die Stimmungslage	
soportar	aushalten, ertragen	
la operación	die Operation, OP	
la columna vertebral	die Wirbelsäule	
la silla de rueda	der Rollstuhl	
el yeso	der Gips	
el cansancio	die Erschöpfung, die Müdigkeit	descansar, cansado/a
la desperación	die Verzweiflung, die Hoffnungslosigkeit	desperate
la vitalidad	die Lebenskraft	Vitalität
el sufrimiento	das Leid	sufrir
la lágrima	die Träne	

B Sobrevivir en la megalópolis

Desafíos en una megalópolis

1 el trayecto	die Strecke, die Fahrt	
el basurero	die Mülldeponie	la basura
el depósito	das Lager, das Depot	
los residuos	der Abfall	
contaminar	verschmutzen	
la coladera pluvial (mex.)	der Regenabwasserkanal	
el camión de recolección	der Müllwagen, das Abfallsammelfahrzeug	
el delito	die Straftat, das Verbrechen	Delikt
el homicidio	der Mord, die Tötung	homicide
el secuestro	die Entführung	
la pobreza	die Armut	pobre

2 tapar	abdecken	
el subsuelo	der Untergrund	el suelo
el acuífero	das Grundwasservorkommen	
el pozo	der Brunnen	
la fuga	*hier:* das Leck, die undichte Stelle	
el hundimiento	das Absinken, der Einsturz	hundir
la congestión de tráfico	*hier:* der Verkehrsstau	

	el/la conductor/a	der/die Fahrer/in	
	la velocidad media	die Durchschnitts-geschwindigkeit	
	circular	herumfahren	
	la inundación	die Überschwemmung	
	borrar	*hier:* löschen	
3	el cajero automático	der Geldautomat	la caja
	privilegiado/a	privilegiert	≠ pobre
	escapar de	entkommen	to escape
	el jabón	die Seife	
	donar	spenden	to donate
	el orfanato	das Waisenhaus	
	impresionar	beeindrucken	impresionante
	el/la voluntario/a	der/die Freiwillige	
6	ocurrir	sich ereignen, geschehen	to occur
	la magnitud	*hier:* die Stärke	la magnitud de un terremoto
	el epicentro	das Epizentrum	
	el/la fallecido/a	der/die Verstorbene	fallecer
	el equipo de salvamento	das Rettungsteam	
	los escombros	die Trümmer	
	rescatar	retten	to rescue
	damnificado/a	*hier:* verletzt, betroffen	to damage
	las autoridades	die Behörden	
	el centro de acopio	das Zentrum für Hilfsmittel	
	dar cobijo	Unterschlupf gewähren	
	desalojar	verdrängen	
	colapsar	kollabieren, zusammenbrechen	to collapse
8	poblado/a	bewohnt, besiedelt	el pueblo
	decelerado/a	entschleunigt	≠ acelerado/a
	la finca	das Landgut, die Finca	
	el terreno	*hier:* Grundstück, Gebiet	Terrain
	el sistema sanitario	das Gesundheitssystem	

2 ¿Quiénes somos?

la facultad	*hier:* die Fakultät	
imprevisto/a	unvorhergesehen	
el impacto	der Einfluss, die Wirkung	impact
la suposición	die Vermutung	suponer
la expectativa	die Erwartung	

sano/a	gesund	(in-) sane
comprometerse	sich engagieren	el compromiso
responsabilizarse de	verantwortlich machen für	
superficial	oberflächlich	superficial
promocionar (-se)	aufsteigen, (sich) vermarkten	

A Raúl viene a Sevilla

Mercado laboral

	profesional	beruflich, professionell, Arbeits-	la profesión
	el paro (juvenil)	die (Jugend-) Arbeitslosigkeit	El **paro juvenil** es un gran problema en España.
T1	el empleo	die Anstellung, die Stelle, der Job	el empleado
	el sector	der Bereich, der Sektor	
	la tecnología de la información *(TI)*	die Informationstechnologie, IT	technology
2	el puesto de trabajo	der Arbeitsplatz	
5	la economía	die Wirtschaft	economy
	la tasa	die Quote	
	el desempleo	die Arbeitslosigkeit	≠ el empleo el empleado = el paro
6	la crisis *(auch Pl.: las crisis)*	die Krise	crisis

T1	el período *(auch: el periodo)*	der Zeitraum, die Periode	
	la discapacidad	die Behinderung	capaz, la capacidad
	la publicidad	die Werbung	
	el mantenimiento	die Wartung, die Instandhaltung	maintainance

Escribir un CV

T1	la competencia	die Kompetenz	= la capacidad
	competente	fähig, kompetent	
	la autoevaluación	die Selbsteinschätzung	evaluar
	el compromiso	das Engagement	comprometerse
	el certificado	das Zertifikat	
2	la enseñanza	die Bildung, der Unterricht	= la educación enseñar
3	la carrera	der Studiengang	
4	pedir (e→i) una beca	ein Stipendium beantragen	

la lengua materna	die Muttersprache	la madre
la comprensión auditiva	das Hörverstehen	comprender
la interacción	die Interaktion	
la expresión oral	der mündliche Ausdruck, die mündliche Ausdrucksfähigkeit	expression
el/la usuario/a	der/die Benutzer/in	user
básico/a	Grund-, grundlegen	basic
el marco	der Rahmen	
digital	digital	

Describir / analizar diagramas y estadísticas

	el diagrama	das Diagramm	
	la estadística	die Statistik	
	provenir de	herkommmen, stammen aus	
	realizar	realisieren, durchführen	La estadística fue **realizada** en 2018.
5	el diagrama de barras / de curvas	das Balken-/Kurvendiagramm	
	el gráfico circular	das Kreisdiagramm	
	ascender (e→ie)	steigen	= aumentar, crecer, subir
	descender (e→ie) *(auch: disminuir)*	sinken	
	reducir (yo reduzco)	reduzieren, zurückgehen	to reduce
	el porcentaje	die Prozentzahl	%

	el tratamiento de la información	die Informationsverarbeitung	
	la creación	das Erschaffen, die Schaffung	creation; crear
	la resolución	die Lösung, der Beschluss	resolver (o → ue)
	el/la instructor/a	der/die Trainer/in	instructor
	los primeros auxilios	die Erste Hilfe	
5	la fuerza	die Kraft, die Stärke	force; fuerte
	a finales de 2018	Ende 2008	final
	occidental	westlich, West-	≠ oriental
	la evolución	die Entwicklung, die Evolution	
6	el motivo	der Grund, das Motiv	
	emigrar	auswandern	to emigrate
	estar dispuesto/a a	zu etwas bereit sein	
8	la generación	die Generation	
	retornar	zurückkehren	= volver
	el/la emigrante	der Auswanderer, die Auswanderin	emigrar
T2	enfadarse con alguien	auf jdn. böse werden / böse sein	enfadado/a
	colgar (o→ue)	*hier:* posten, hochladen	
	confundirse	sich vertun, sich täuschen	
	el desastre	das Unglück, das Desaster	
	por lo menos	mindestens	
	hacer el botellón	Botellón (auf öffentlichen Plätzen selbst mitgebrachtes Getränke konsumieren) veranstalten	la botella
	prohibido/a	verboten	prohibited
	el vino	der Wein	
	la cerveza	das Bier	
	emborracharse	sich betrinken	
	¡Es un palo! *(ugs.)*	Das ist ein großes Problem! Das ist allerhand.	

9	el acto vandálico	der Vandalismus	
10	el/la agente	*hier:* der/die (Polizei-) Beamter/in, der/die Agent/in	
	el Documento Nacional de Identidad *(DNI)*	der Personalausweis	
	el carné *(auch: carnet)*	der Ausweis	

B Los mundos diferentes

T	el estilo	der Stil	
	la receta	das Rezept	
	el veganismo	der Veganismus	
	el maltrato animal	die Tierquälerei	(DE) malträtieren
	el debate	die Debatte	(EN) to debate
	confirmar	bestätigen	(ES) la confirmación
	el derecho	das Recht	

Describir a una persona / describir la personalidad

1	la personalidad	die Persönlichkeit	(EN) personality
	vanidoso/a	eitel	(EN) vain
	friki	nerdig, geekig, freakig	(EN) freaky
	positivo/a	positiv	
	resuelto/a	entschlossen, resolut	
	disciplinado/a	diszipliniert	
	comprometido/a	engagiert	(ES) el compromiso, comprometerse
	solidario/a	solidarisch	
	maduro/a	reif	(EN) mature
2	espiritual	spirituell, geistig	
3	pasivo/a	passiv	≠ activo
4	la autoestima	das Selbstwertgefühl, das Selbstbewusstsein	
	la frente	die Stirn	(ES) enfrente
	las cejas	die Augenbrauen	
	las pestañas	die Wimpern	
	la mejilla	die Wange	
	los labios	die Lippen	

1	la moda *(de moda)*	die Mode, modern	
	la política	die Politik	
	la salud	die Gesundheit	
	demostrar (o→ue)	(auf-) zeigen, darstellen	
	contrario/a	gegnerisch	(ES) el contrario
	atraer	anziehen	Los contrarios se **atraen**.
2	valorar	wertschätzen	(ES) valioso/a
	satisfactorio/a	befriedigend	(EN) satisfactory (ES) satisfacer
	el medio ambiente	die Umwelt	
	la ley	das Gesetz	
	la cuestión	die Frage, die Angelegenheit	(EN) question

3	consultar	*hier:* benutzen	
	el filtro	der Filter	
4	editar	editieren, bearbeiten	to edit
	real	echt, real	real
	obtener	erhalten	Yo obtengo algo.; = conseguir to optain
	la dependencia	die Abhängigkeit	depende de to dependence
	excesivo/a	übermäßig, exzessiv	
	la importancia	die Wichtigkeit	importante, importar a alg.
	influir en algo	etw. beeinflussen	la influencia
	generar	generieren, schaffen	
	el efecto	der Effekt	
	la aceptación	die Akzeptanz	aceptar
5	la satisfacción	die Befriedigung	satisfactorio/a satisfaction
	el rechazo	die Zurückweisung, die Ablehnung	rechazar
	la popularidad	die Beliebtheit	Popularität popularity
	convertirse en algo (e→ie)	sich verwandeln, sich zu etwas machen	to convert
	exponer	darlegen, aussetzen	Expongo mi idea.
	la identidad	die Identität	identificarse con algo identity
	virtual	virtuell	virtual
	despeinado/a	ungekämmt	
	tapar	*hier:* verheimlichen, vertuschen	
	doble	doppelt	double
	la versión	die Version	
	radicar	bestehen, beruhen auf	el problema radica en ...
	la demostración	Beweis, Bekundung	demostrar
	genuino/a	echt, authentisch	genuin genuine
	invertir (e→ie)	investieren, aufwenden	
	agradar	gefallen	agradable
	insuficiente	ungenügend, mangelhaft	insufficient
	el afecto	die Zuneigung	afectar a alg.
	servir (e→i)	nützen, hilfreich sein	to serve
	el/la autor/a	der/die Autor/in	
8	ni la menor idea	nicht die geringste Ahnung	
	dar pereza	keine Lust haben	me **da pereza** = no tengo ganas de
	el cotilleo	der Tratsch	
	el sentido	der Sinn	
	el polo opuesto	der Gegenpol	
	la energía	die Energie	energy
	el ánimo	das Gemüt, die Energie	

	ofenderse	beleidigt sein	ofensivo/a to offend
	tomar una decisión	eine Entscheidung treffen	decision
	distraerse (me distraigo)	sich ablenken	to distract
10	la paz	der Frieden	peace
	el proceso	der Prozess	

3 Vamos a Cuba

el resumen	die Zusammenfassung	resumir
narrativo/a	narrativ	
informativo/a	informativ	
la biografía	die Biographie	
el/la músico/a	der/die Musiker/ in	
callejero/a	Straßen-	la calle
colonial	Kolonial-	la colonia

A Cuenta el abuelo

1	la compañía	die Gesellschaft, die Begleitung, das Beisein	el/la compañero/a, acompañar

Fiestas

1	el matrimonio	die Heirat, die Ehe	
2	el globo	der Luftballon	
	decorar	dekorieren	to decorate

	rogar algo (o→ue)	um etw. bitten	= pedir algo
	la confirmación	die Bestätigung	confirmation
2	hacer falta	brauchen, benötigen	Me **hacen falta** algunas flores.
	el desodorante	das Deo (-dorant)	
	el shoping	das Geschäft, das Einkaufszentrum	shopping (centre)
	la res *(LatAm)*	das Rind	= la vaca
	la fila	die Warteschlange	Las personas hacen **fila** para entrar en la tienda.
	la reparación	die Reparatur	
	reparar	reparieren	
	el medicamento	das Medikament	
	la epidemia	die Epidemie	
	la mentalidad	die Mentalität	
	tirar	wegwerfen	
	reutilizar	wiederverwerten	utilizar
	reciclar	recyclen, wiederverwerten	to recycle

Economía e industria

2	la fortuna	das Vermögen	🇬🇧 fortune
	la mercancía	die Ware	
T	el bloqueo	die Blockade, die Sperrung	🇩🇪 blockieren
	el comercio	der Handel	comerciar 🇬🇧 commerce
	la negociación	die Verhandlung	🇬🇧 negotiation negociar
6	la escasez	die Knappheit, der Mangel	
	el/la empresario/a	der Unternehmer/in	la empresa
	el embargo	das Embargo, Ausfuhrverbot	

T	la sombra	der Schatten, die Heimlichkeit	el sombrero
	antiguo/a *(vorangestellt)*	ehemalig	
	eliminar	beseitigen, entfernen, eliminieren	🇬🇧 to eliminate
	la prostitución	die Prostitution	
	el/la jurista	der/die Jurist/in	
	atacar	attackieren, angreifen	el ataque
	unirse	sich anschließen	la unión
	la Unión Soviética	die Sowjetunion	
	evitar	verhindern, vermeiden	
	desarrollarse	entwickeln, sich abspielen	el desarrollo, desarrollado/a
	la Guerra Fría	der Kalte Krieg	

Poder e ideología

T	colonializar	kolonisieren	= colonizar
	el gobierno	die Regierung	gobernar
	independizarse	unabhängig werden	= hacerse independiente
	controlar	kontrollieren	
	dar un golpe (de estado)	einen Staatsstreich durchführen	
	el régimen	das Regime	
	la constitución	die Verfassung	🇬🇧 constitution
	la libertad de expresión	die freie Meinungsäußerung	
	la prensa	die Presse	
	dirigir	lenken, steuern, dirigieren	dirigirse a alg.; me dirijo a usted por …
	el/la revolucionario/a	der/die Revolutionär/in	la revolución
	comandar	kommandieren	
	acabar con algo	etw. beenden, etw. vernichten	acabar
	la dictadura	die Diktatur	
	socialista	sozialistisch	🇬🇧 socialist
	imponer	auferlegen, aufzwingen	
	invadir	einmarschieren, einfallen	🇬🇧 to invade
	militar	militärisch	
	la invasión	die Invasion	
	la base	die Basis	🇬🇧 base
	el misil nuclear *(auch: el mísil)*	die nuklear Rakete	🇬🇧 nuclear missile
	retirar	abziehen, zurückziehen	
4	la independencia	die Unabhängigkeit	independiente, independizarse
6	liberarse	sich befreien	libre
	la colonia	die Kolonie	
	triunfar	siegen, triumphieren	
7	el/la dictador/a	der/die Diktator/in	la dictadura

	el borde	der Rand	
	duro/a	hart	
	externo/a	Außen-, extern	
	eléctrico/a	elektrisch	
	dificultar	erschweren	difícil, la dificultad
4	el acontecimiento	das Ereignis	
	el descubrimiento	die Entdeckung	descubrir
6	entrevistar	interviewen	la entrevista
	las Ciencias Sociales	die Sozialwissenschaften, die Gesellschaftswissenschaften,	
	el/la analfabeto/a	der/die Analphabet/in	
	la expropiación	die Enteignung	
	el ingenio azucarero	die Zuckeranpflanzung	el azúcar
	la refinería	die Raffinerie	refinery
	el pétroleo	das (Erd-) Öl	petrol
	la mina	die Mine	
	la plantación	die Plantage	la planta plantation
	pasar a	übergehen zu	
	estadounidense	US-Amerikaner/in, US-amerikanisch	los Estados Unidos
	el seguro médico	die Krankenversicherung	
	prohibir	verbieten	prohibition
	aislar	isolieren, absondern	
	anunciar	ankündigen	el anuncio
	el fin	das Ende	
	importar	importieren	
	añadir	hinzufügen	
	debido a	wegen, auf Grund von	
	introductorio/a	einleitend	to introduce introducir
	los Estados Unidos *(EE.UU.)*	die Vereinigten Staaten (von Amerika), die USA	
	el cambio	die Änderung, die Veränderung, der Wandel	cambiar
	producirse	geschehen, sich ereignen	
7	la bodega	*hier:* die Bodega (Gemischtwarenladen in Kuba)	
	la zafra	die Zuckerrohrernte	
	la caña	das Zuckerrohr	
8	la merienda	die Vesper	La comida entre el amuerzo y la cena se llama "merienda".
	consistir en	bestehen aus	to consist
	el sustento	der (Lebens-) Unterhalt	

	el calzado	das Schuhwerk, die Schuhe	
	la suela	die Sohle	
	perforado/a	durchlöchert	perforieren
	la pantilla	die Einlegesohle	

B ¡Qué linda es Cuba!

1	calentar (-se) (e→ie)	(sich) aufwärmen	caliente
	el Caribe	die Karibik	caribeño/a

Música y fama

1	el/la sonero/a	der/die Son-Musiker	el son (cubano)
	el género	das Genre	
	la fama	der Ruhm	famoso/a fame
	la carrera	die Karriere	
	la bailarina	die Tänzerin	bailar
	la gira	die Tournee	
	debutar	auftreten	Debüt
	el/la artista	der/die Künstler/in	el arte
	el/la compositor/a	der/die Komponent/in	la composición

5	la mezcla	die Mischung	mezclar
	la inmigración	die Einwanderung	immigration
	el ingrediente	die Zutat	ingredient

Fiestas

1	Me lo estoy pasando bomba	Ich habe großen Spaß; es gefällt mir sehr.	
5	el menú	das Menü	menu
	festivo/a	festlich	la fiesta, festejar
	el congrí	Congrí (Gericht aus Reis und Bohnen)	
	la torta *(LatAm)*	der Kuchen, die Torte	
6	el pastel	der Kuchen, das Gebäck	
	la luna de miel	die Flitterwochen	honeymoon
9	recién	kürzlich	recién casado/a

6	la mayonesa	die Mayonnaise	
	comer más de la cuenta	über den Hunger hinaus essen	
	avisar	benachrichtigen, Bescheid sagen	
7	infantil	Kinds-, Kinder-	infant
8	la estancia	der Aufenthalt	estar
	el spa	das Spa	
	exterior	äußere/r/s, Außen-, extern	exterior
	disponible	verfügbar	disponibel
	el aire acondicionado	die Klimaanlage	air conditioning
	la pantalla plana	der Flatscreen	
	la bañera	die Badewanne	el baño, bañarse

Salud

6	la diarrea	der Durchfall	diarrhea
	los cólicos	die Koliken	
	el vómito	das Erbrechen	vomit
	caer bien / mal	gut / schlecht bekommen	
	revuelto/a	aufgewühlt, durcheinander, aufgebracht	
	la infusión	der (Kräuter-) Tee	
	recuperarse	sich erholen	recuperar
	ingresar	einliefern	
7	la atención (medíca / sanitaria)	*hier:* die (Gesundheits-) Versorgung	atento/a
	la mortalidad	die Sterblichkeit	mortality
8	recibir el alta	(aus dem Krankenhaus) entlassen werden	

	alquilar	mieten	
	el ping pong	das Pingpong, das Tischtennis	
	el billar	das Billard	
	el snorkel	das Schnorcheln	
	habitual	gewöhnlich, üblich	habitualmente
	los alrededores	die Umgebung	alrededor de ...
	el delfinario	das Delfinarium	
	la aldea	das Dorf	
	el cementerio	der Friedhof	cemetary
	el parque temático	der Themenpark	theme park
	el poblado	die Siedlung, das Dorf	poblado/a
	la casa natal	das Geburtshaus	nacer, el nacimiento
10	el zoológico	der Zoo	
	la plástica	die Plastik, die Bildhauerkunst	
	el/la autodidacta	der Autodidakt	
	esculpir	meißeln, gestalten	
	la vegetación	die Vegetation, die Pflanzenwelt	

4 Somos europeos

brindar	anbieten	= ofrecer
lingüístico/a	sprachlich	linguistics
contrastar	kontrastieren, gegenüberstellen	
la finalidad	der Zweck, die Absicht, das Ziel	el fin
identificarse con algo	sich mit etwas identifizieren	la identidad; to identify
la ciudad hermanada	die Partnerstadt	el/la hermano/a
la (in-) justicia	die (Un-) Gerechtigkeit	(in-) justo/a; justice

Unión Europea

	cursar	*hier:* studieren	el curso
	Erasmus	Erasmus (europäisches Austauschprogramm für Studenten)	
	la Unión Europea *(UE)*	die Europäische Union, die EU	
	la movilidad	die Mobilität, Beweglichkeit	moverse (o→ue)
	la moneda	*hier:* die Währung	
	el mercado común	der gemeinsame Markt	
T	la unión aduanera	die Zollunion	
	la tarifa exterior común	der gemeinsame Außenzolltarif	
	la ampliación	die Erweiterung	amplio/a, ampliar
	el referéndum	die Volksabstimmung, das Referendum	
	el Reino Unido	das Vereinigte Königreich	

A Un ciudadano europeo

Política

	el discurso	die Rede	la nacionalidad
	la nación	die Nation	
	la nacionalidad	die Staatsangehörigkeit, die Nationalität	
	la bandera	die Fahne	
	la herencia (cultural)	das (Kultur-) Erbe	= el patrimonio (cultural)
	el tratado	der Vertrag	= el contrato
T	el/la ciudadano/a	der/die Bürger/in	la ciudad
	la Segunda Guerra Mundial	der Zweite Weltkrieg	
	la guerra	der Krieg	la Guerra Civil
	la declaración	die Erklärung	declaration
	republicano/a	republikanisch, für eine Republik kämpfend	
	nacionalista	nationalistisch	la nación, la nacionalidad
	la monarquía	die Monarchie	monarchy
1	entrar en vigor	in Kraft treten	
3	el partido	die Partei	
	político/a	politisch	el/la político/a
	el ejecutivo	die Exekutive	
	el legislativo	die Legislative	
	el judicial	die Judikative	
	los derechos humanos	die Menschenrechte	
	democrático/a	demokratisch	
	la libertad de reunión	die Versammlungsfreiheit	
8	el populismo	der Populismus	populista
	vigente	gültig, rechtskräftig	el vigor
	la aduana	der Zoll	la unión aduanera

T	el carbón	die Kohle	carbon
	el acero	der Stahl	
	la producción	die Produktion	
	el establecimiento	die Einführung	
	la fundación	die Gründung	fundar

	el Premio Nobel de la Paz	der Friedensnobelpreis	
	la pertenencia	die Zugehörigkeit	pertenecer a
	sangriento/a	blutig	sangrar
1	firmar	unterschreiben, unterzeichnen	la firma
	establecer	einführen, einrichten	el establecimiento
	efectuarse	stattfinden, geschehen, verwirklicht werden	
	realizarse	geschehen, verwirklicht werden	
	incorporar	aufnehmen, einfügen	to incorporate
	el/la fundador/a	der/die Gründer/in	fundar

Dictadura

	franquista	franquistisch, der Franco-Ära zugehörig	
	el/la general	der General, die Generälin	
3	la opresión	die Unterdrückung	oppression
	la dictadura militar	die Militärdiktatur	
	dominar	beherrschen, dominieren	
	oprimir	unterdrücken	la opresión
	el/la oponente	der/die Gegner/in	
	el ejército	das Heer, das Militär	los ejércitos
	censurar	zensieren	la censura

3	liderar	(an-) führen	el/la líder
	la característica	das Merkmal, die Eigenschaft	characteristics
	asumir	übernehmen	to assume
	violar	*hier:* verletzen	to violate
	anular	aufheben, außer Kraft setzen	annullieren
	con el propósito de que	mit dem Ziel	= con el motivo de que / con el objetivo de que
6	el ancestro	der Vorfahr	ancestral ancestor
7	optimista	optimistisch	≠ pesimista
	respecto a	bezüglich	
	indeciso/a	unentschlossen	la decisión
	la identificación	die Identifikation	
	puntuar	*hier:* landen, punkten	
8	el fracaso	das Scheitern	fracasar
	el Mediterráneo	das Mittelmeer, der Mittelmeerraum	Mediterranean
	impactante	beeindruckend, umwerfend	el impacto
	el eslogan	der Slogan	
	darse cuenta de algo	sich etwas bewusst werden, etwas bemerken	
	la relevancia	die Relevanz	relevante
	reciente	kürzlich	recent recién

	la anécdota	die Anekdote	
	la conclusión	der Schluss (-teil), das Fazit	conclusion
	motivador/a	motivierend	
	la idea clave	die Schlüsselidee	
	el cierre	der Schlussteil	cerrar
9	la frontera	die (Landes-) Grenze	frontier
	el límite	die Grenze, die Beschränkung	limit
	el visado	das Visum	
	el recargo	der Aufschlag	
	adicional	zusätzlich	additional
	el carné de conducir *(auch: el carnet de conducir)*	der Führerschein	
	la cuarantena	die Quarantäne	
	el espacio Schengen	der Schengenraum	
	el permiso	die Erlaubnis	permission
	expedir	ausstellen	
10	contribuir (e→i)	beisteuern, beitragen	to contribute
11	enriquecedor/a	bereichernd	rico/a
	universitario/a	Universität-	la universidad
	el piso compartido	die Wohngemeinschaft, die WG	

B Hablamos varios idiomas

1	la temporada	die Saison	
T	planchar	bügeln	
	la universidad asociada	die Partneruniversität	
	la juventud	die Jugend	= los jóvenes
	la aventura	das Abenteuer	adventure
	por su cuenta	selbstständig, eigenständig	
	como *(am Satzanfang)*	*hier:* da, weil	
	en la misma Barcelona	in Barcelona selbst	
	propio/a	eigen	
	¿Qué más da?	Was soll's?	
2	el proverbio	die Redewendung	proverb
	corresponder a	entsprechen	to correspond with
	la convivencia *(auch: convivir)*	das Zusammenleben, zusammen leben	vivir
8	oponerse	widersetzen, widersprechen, dagegen sein	el/la oponente Me opongo a vivir en dictadura.
10	indoeuropeo/a	indoeuropäisch	
	la modalidad	die Form	
11	culto/a	gebildet, kultiviert	

Diversidad española

T	el catalán	das Katalanische, katalanisch	
10	la lengua oficial	die Amtssprache	
	el gallego	das Galizische, galizisch	
	el/la hablante	der/die Sprecher/in	
	limítrofe	angrenzend, Grenz-, Nachbar-	el límite
	el vasco *(auch: el euskera)*	das Baskische, Baskisch	
	la Comunidad Autónoma	die Autonome Region	Alemania está dividida en Bundesländer, España en **Comunidades Autónomas.**
	el estatuto	die Satzung, das Gesetz, das Statut	
	la protección	der Schutz	proteger; protection
11	los íberos	die Iberer	la península ibérica
	la lengua extranjera	die Fremdsprache	
	la difusión	die Verbreitung	
12	minoritario/a	Minderheiten-, in der Minderheit	
15	el aprendizaje	das (Er-) Lernen	el aprendizaje de lenguas
	el/la narrador/a	der/die Erzähler/in	narrator narrar
12	el estándar	der Standard	
16	el refrán	*hier:* das Sprichwort	
	el conejo	das Kaninchen	el conejillo
	magnífico/a	herrlich, großartig	magnificent
	hay mucha marcha	es ist viel los	
	el AVE (Alta Velocidad Española)	≈ der ICE (Intercity Express)	
	nórdico/a	nordisch	el norte
	quedar lejos / cerca	weit entfernt / nahe liegen	
	la conexión	die Verbindung	conection

5 Participamos

el campamento	das Lager, das Camp	
de pasada *(auch: de paso)*	nebenbei	
la estrategia	die Strategie	
violento/a	gewalttätig	violent
malgastar	verschwenden	gastar, el gasto

A ¿Estancia en el extranjero? – ¡Buena idea!

T	el mundial	die Weltmeisterschaft	el mundo, mundial
	América del Sur	Südamerika	
	los mapuche	die Mapuche	

Manifestación y resistencia

	manifestarse	demonstrieren	
	protestar contra algo	gegen etw. protestieren	
	alzar (la voz)	(die Stimme) erheben	
	exigir	verlangen	exigente
	concienciar	sensibilisieren, bewusst machen	la conciencia
	la protesta	der Protest	
	el enfrentamiento	die Konfrontation, der Zusammenstoß	enfrentar
	encapuchado/a	vermummt, maskiert, mit Kapuze	la capucha
	reclamar	fordern, verlangen	= exigir, reivindicar
	reprimir	unterdrücken, zurückdrängen	to repress
	condenar	verurteilen	to condemn
T	el estado	der Staat	los Estados Unidos, el golpe de estado
	el descontento	die Unzufriedenheit	contento/a
	la violencia	die Gewalt	violence violento/a
	equivocarse	sich täuschen, falsch liegen, sich irren	
	reconocer	*hier:* anerkennen	to recognize conocer
	tener cuidado	aufpassen	cuidado
	allá	dort	= allí
	sea como sea	wie dem auch sei	
1	el tablón de anuncios	das Anschlagbrett	
2	la laguna de conocimiento	die Wissenslücke	
	desconocer	nicht kennen, nicht wissen	el desconocimiento ≠ conocimiento; conocer
	la inseguridad	die Unsicherheit	insecure
	la exactitud	die Exaktheit, die Richtigkeit	exacto/a
	sopesar	abwägen	pesar
	puro/a	rein, pur	
	la pérdida	*hier:* die Verschwendung, der Verlust	perder (e→ie)
4	¡Enhorabuena!	Glückwunsch!	= ¡Felicidades!
	entusiasmado/a	begeistert	Enthusiasmus
6	desilusionado/a	enttäuscht	
9	el suceso	das Ereignis, das Geschehnis, der Vorfall	
	aportar a algo	beitragen	
	el torneo	das Turnier	
	el marino	der Seemann	el mar
	la descendencia	die Abstammung	
	distinguirse	*hier:* sich unterscheiden	
10	los requisitos	die Anforderungen	to require
	el/la descendiente	der Nachkomme	
	la similitud	die Ähnlichkeit	similar

Geografía y agricultura

	los recursos	die Ressourcen	
T 12	geográfico/a	geographisch	
	la alpaca	das Alpaka	
	la provincia	die Provinz	
	caluroso/a	heiß	el calor
	montañoso/a	bergig	la montaña
	el altiplano	die Hochebene	
	el valle	das Tal	valley
	el senderismo	das Wandern	
	el ave	der Vogel	= el pájaro
	el espacio vital	der Lebensraum	
	el guanaco	der/das Guanako	
	la vicuña	das Vikunja	
	Rapa Nui (la Isla de Pascua)	Rapa Nui (die Osterinsel)	

11	migratorio/a	Wanderungs-	migrar
12	avistar	sichten	la vista
	dividir (-se)	(sich) (auf-) teilen	dividieren
	inquietante	beunruhigend	
	inoficial	inoffiziell	oficial
	hispano/a	*hier:* spanisch	
	atractivo/a	attraktiv, reizvoll	attractive
	maravilloso/a	wunderbar, herrlich	la maravilla marvellous
	estar cubierto/a por	bedeckt sein von	
	la visita guiada	die Führung	
	el moai	Moai (Statue auf Rapa Nui / der Osterinsel)	
	el deporte de nieve	der Wintersport	
13	dicho barrio	das erwähnte Viertel	
	echar un vistazo a algo	einen Blick auf etw. werfen	la vista
	el interior	der innere Bereich	interior
14	el panqueque	der Pfannkuchen	pancake
	el plato principal	das Hauptgericht	

B A comprometerse

6	el incidente	der Vorfall, der Zwischenfall	incident
8	el/la entrenador/a	der/die Trainer/in	entrenar
	la sesión	*hier:* das Training	session
	la competición	der Wettkampf, der Wettbewerb	competition
	espontáneo/a	spontan	spontaneous
	montar una fiesta *(ugs.)*	eine Party schmeißen / ausrichten	
	simple	einfach, simpel	

Manifestación y resistencia

T	la huelga de hambre	der Hungerstreik	
	la dignidad	die Würde	dignity
1	la manifestación	die Demonstration	manifestarse
	el/la manifestante	der/die Demonstrant	la manifestación
2	la resistencia	der Widerstand	resistence
	la conmemoración	das Gedenken	memory
	visibilizar	sichtbar machen	visible
	arrestar	festnehmen, verhaften	to arrest
	acusar	anklagen	
	silenciar	zum Schweigen bringen	el silencio
	la persecución	die Verfolgung	seguir
	el encarcelamiento	die Inhaftierung, die Haft	
	encapuchar	vermummen, eine Kapuze aufsetzen	la capucha
9	la aglomeración	der Menschenauflauf	
	los/las notables	die Amtsträger	
	la represión	die Unterdrückung	repression
	la oposición	die Opposition, der Widerstand	
	la presión	der Druck	pressure
	reelegir	wiederwählen	to reelect
	emitir	senden, ausstrahlen	Emission
	electoral	Wahl-	election
12	el ciberactivismo	der Cyberaktivismus	
	el activismo	der Aktivismus	
13	proactivo/a	proaktiv	
	la petición	die Petition	

	el/la chaval/a *(ugs.)*	der Junge, das Mädchen	= el/la chico/a
9	el cuadro	*hier:* die Grafik	
10	simplificar	vereinfachen	simple
	introducir a alguien	jdn. vorstellen	to introduce; la introducción
	subrayar	unterstreichen	
	entretener	unterhalten	to entertain; el entretenimiento
	actuar	handeln, auftreten	to act
	la función	die Funktion, Aufgabe	
	contener	beinhalten, enthalten	el contenido
	la actitud	die Haltung, die Einstellung	attitude
	el/la pesimista	der/die Pessimist/in	
11	la simpatía	die Sympathie	simpático/a
	la letra	*hier:* der (Lied-) Text	
	el/la espectador/a	der/die Zuschauer/in	spectator
12	el potencial	das Potential, die Möglichkeiten	
	proporcionar	versorgen	
	efectivo/a	effektiv	
	el complejo	der Komplex	
	la participación	die Teilnahme	participar, el/la participante

13	la labor	die Arbeit	laboral; = el trabajo
	organizativo/a	organisatorisch	organizar, la organización
	incómodo/a	unbequem	cómodo/a
	el clic	der Klick	
	difundir	verbreiten	difundirse
	específico/a	spezifisch	

Campaña electoral

10	atraer la atención	die Aufmerksamkeit auf sich ziehen	to attract
	plantear temas	Themen aufwerfen	
	la promesa	das Versprechen	prometer promise
	criticar	kritisieren	
	el/la opositor/a	der/die Gegner/in, der/die Oppositionelle	= el/la oponente
	el tono	der Ton	
	respetuoso/a	respektvoll	el respecto
	emocional	emotional	emocionado/a
	objetivo/a	objektiv	
	tendencioso/a	tendenziös, befangen	
	neutral	neutral	
	crítico/a	kritisch	
	agresivo/a	aggressiv	
	pegadizo/a	eingängig, im Gedächtnis bleibend	pegar
11	el voto	die Stimme	Estoy muy contento: ¡mi político preferido ha obtenido la mayoría de **los votos**!
	la credibilidad	die Glaubwürdigkeit	credibility
	la autenticidad	die Echtheit, die Authentizität	
	identificar	identifizieren	identificarse
12	la radio	das Radio	

Diccionario español – alemán

A

a continuación im weiteren Verlauf (II 1.A-11)
a finales de 2018 Ende 2008 (IV 2.A-5)
a la derecha rechts (I 3.B-T)
a la izquierda links (I 3.B-T)
a menudo oft (I 5.A-T)
a mi modo de ver aus meiner Sicht (II 3.A-4)
a pie zu Fuß (I 8.A-10)
A qué hora Um wie viel Uhr? (I 5.B-T)
a tiempo pünktlich (II 2.A-10)
abandonar verlassen (III 2.A-8-T)
abierto/a offen, aufgeschlossen (III 3)
abrazar umarmen (III 3.A-3)
el abril der April (I 6.B-2)
abrir öffnen (I 3.A-T)
el/la abuelo/a der Opa / die Oma (I 1.B-T)
los abuelos die Großeltern (I 1.B-T)
aburrido gelangweilt (I 4.B-T)
el abuso der Missbrauch (III 4.A-T)
acabar con algo etw. beenden, etw. vernichten (IV 3.A-T)
acabar de hacer algo gerade etw. getan haben (II 5.A-T)
acabarse zur Neige gehen (II 5.B-T)
acceder a algo auf etwas Zugriff haben (III 4)
el accidente der Unfall (II 4.A)
el aceite de oliva das Olivenöl (I 7.B-T)
la aceituna die Olive (II 6.A-6)
el acento der Akzent (II 1.B)
la aceptación die Akzeptanz (IV 2.B-4)
aceptar annehmen, nehmen (III 6.A-9)
acerca de bezüglich, zum Thema ... (III 1.A-1-T)
acercarse sich nähern (III 3)
el acero der Stahl (IV 4.A-T)
ácido/a sauer (II 2.B-10)
acompañar begleiten (II 5.B-T)
aconsejar algo a alg. jdm. (zu) etwas raten (III 3.A-T)
el acontecimiento das Ereignis (IV 3.A-4)
acordarse erinnern (II 1.B-3)
acosar a alg. jdn. mobben (III 3.A-2)
el acoso das Mobbing (III 3.A-2)
acostarse sich hinlegen (I 7.A-T)
acostumbrarse a gewöhnen an (II 1.B-3)
la actitud die Haltung (IV 5.B-10)
activar einschalten (II 6.A)
el activismo der Aktivismus (IV 5.B-12)
activo/a aktiv (I 4.A-T), (III 3)
el acto vandálico der Vandalismus (IV 2.A-9)
actual gegenwärtig, heutig (III 2.A-8-T)
actuar handeln, auftreten (IV 5.B-10)
el acueducto das Aquädukt (IV 1.A-8)
el acuífero das Grundwasservorkommen (IV 1.B-2)
acusar anklagen (IV 5.B-2)
adaptarse a sich anpassen an, zurechtkommen mit (III 6.A-5)
adelante vorwärts (II 7.A-6)
además außerdem (I 4.B-T)
el aderezo die Beilage (II 2.B-2)
adicional zusätzlich (IV 4.A-9)
adicto/a süchtig (III 4)
adiós Tschüss (I 1.A-T)
la admiración die Bewunderung (III 2.A-8-T)
admirar bewundern (III 2.A-8-T)
los adolescentes die Jugendlichen (III 4.A-2)
¿Adónde? Wohin? (I 7.B-2)
adornar (-se) (sich) schmücken (IV 1.A-11)
la aduana der Zoll (IV 4.A-9)
de adulto als Erwachsener (II 4.A-9)
el aeropuerto der Flughafen (II 5.A-7)
afectar a alg. jdn. betreffen, jdm. nahegehen (III 3.B-T)
el afecto die Zuneigung (IV 2.B-5)
el/la aficionado/a der Fan (II 3.B-8)
la agencia de turismo / marketing / eventos das Tourismusbüro, die Marketing- / Event-Agentur (III 6)
la agencia de viaje das Reisebüro (II 5.A-T)
el/la agente der/die (Polizei-) Beamter/in, der/die Agent/in (IV 2.A-10)
la aglomeración der Menschenauflauf (IV 5.B-9)
el agosto der August (I 6.B 2)
agotador/a anstrengend (II 1.A)
agradable angenehm (III 2.A-1-T)
agradar gefallen (IV 2.B-5)
agresivo/a aggressiv (IV 5.B-10)
la agricultura die Landwirtschaft (III 2.A-8)
agruparse sich gruppieren, sich zusammenstellen (III 6.B-5)
el agua das Wasser (I 7.B-T)
el agua mineral con gas / sin gas das Mineralwasser mit / ohne Kohlensäure (II 2.B-T)
el aguacate die Avocado (II 2.A-6)
aguantar aushalten (II 5.A-T)
aguantar algo durchhalten (II 5.A-T)
el águila (f.) der Adler (IV 1.A-8)
ahora jetzt (I 2.A-T)
ahora mismo sofort (III 4.B-T)
el aire acondicionado die Klimaanlage (IV 3.B-8)
al aire libre draußen (II 5.B-T)
aislar isolieren, absondern (IV 3.A-6)
el ajo der Knoblauch (II 2.A-6)
al final de am Ende von (I 3.B-T)
al lado de neben (I 3.B-T)
el albergue de peregrinos die Pilgerherberge (III 5)
el álbum de fotos das Fotoalbum (II 1)
el alcalde der Bürgermeister (II 6.A)
alcanzar erreichen, gelangen zu (III 2.A-8-T)
el alcohol der Alkohol (II 6.B)
la aldea das Dorf (IV 3.B-8)
alegrarse de algo / por alg. sich über etwas / für jdn. freuen (III 5.A-6 / 3.A-7)
alegre fröhlich (I 4.B-T)
alejarse de entfernen von (II 6.B)
alemán / alemana deutsch (auch Sprache) (I 1.A-T)
Alemania Deutschland (I 1.A-T)
ser alérgico/a a algo allergisch sein (II 2.B-T)
la alerta sísmica die Erdbebenwarnung (IV 1.A-4)
algo etwas (I 6.B-T)
el alimento das Lebensmittel (I 7.B-3)
allá dort (IV 5.A-T)
allí da drüben (I 6.A T)
almorzar Mittag essen (I 7.A-T)
la alpaca das Alpaka (IV 5.A-12)
alquilar mieten (IV 3.B-9)
alrededor de ... um ... herum (I 8.A-2)
los alrededores die Umgebung (IV 3.B-9)
el altiplano die Hochebene (IV 5.A-12)
alto/a hoch (II 2.A-2)
la altura die Höhe (III 2.B-2)
alucinante wahnsinnig (II 2.A-2)
el/la alumno/a der/die Schüler/in (I 3.A-T)
alzar (la voz) (die Stimme) erheben (IV 5)
amable freundlich (II 1.A-7)
el/la amante der/die Liebhaber/in, Geliebte/r (III 6.B-T)
amar (-se) (sich) lieben (III 3.B-T)
amargo/a bitter (II 2.B-10)
amarillo/a gelb (I 8.B-4)
ambicioso/a ehrgeizig (III 6.A-T)
el ambiente die Umgebung, das Ambiente (III 2.A-4)
ambos/as beide (II 2.A-2)
la ambulancia der Rettungswagen (II 4.B)

América del Sur Südamerika (IV 5.A-T)
el/la amigo/a der/die Freund/in (I 1.A-T)
la amistad die Freundschaft (III 3)
el amor die Liebe (II 3.A-6)
la vida amorosa das Liebesleben (III 3.B-2-T)
la ampliación die Erweiterung (IV 4.A-T)
amplio/a geräumig (III 5.A-13)
añadir hinzufügen (IV 3.A-6)
el/la analfabeto/a der/die Analphabet/in (IV 3.A-6)
el ancestro der Vorfahr (IV 4.A-6)
ancho/a weit (I 8.B-9)
andaluz (Pl : andaluces) andalusisch (II 6.A-T)
la anécdota die Anekdote (IV 4.A-8)
el anillo der Ring (III 2.B-2)
el animal das Tier (I 4.B-T)
el ánimo das Gemüt, die Energie (IV 2.B-8)
¡Ánimo! Kopf hoch! (III 3.A-T)
el año das Jahr (I 2.A-T)
el anomimato die Anonymität (IV 1)
anónimo/a anonym (IV 1)
anotar notieren (III 3.A-T)
anteayer vorgestern (II 6.A-9)
los antepasados die Vorfahren (III 2.A-1-T)
antes (de) bevor (I 7.A-T)
antiguo/a alt, antik (I 8.A-T)
antiguo/a *(vorangestellt)* ehemalig (IV 3.A-T)
anular aufheben, außer Kraft setzen (IV 4.A-3)
anunciar ankündigen (IV 3.A-6)
el anuncio de trabajo die Stellenanzeige (III 6)
apagar ausschalten, löschen (II 6.A)
el aparato das Gerät, der Apparat (III 4.A-3)
la apariencia die (äußere) Erscheinung (III 6.B-5)
el apartamento para las vacaciones die Ferienwohnung (II 1)
aparte de außer, abgesehen von (III 3.B-T)
apasionarse por algo sich für etwas begeistern (III 6.A-T)
apenas kaum (III 1.A-T)
aplaudir klatschen, applaudieren (II 3.B-8)
aportar beitragen (IV 5.A-9)
el apóstol der Apostel (III 5.A-T)
apoyarse sich gegenseitig (unter) stützen (III 3)
aprender (er) lernen (II 4.A-T)
aprender algo de memoria auswendig lernen (II 7)
el aprendizaje das (Er-) Lernen (IV 4.B-15)
aprobar (un examen) (eine Prüfung) bestehen (II 7.A-T)
aprovechar algo hier: etwas nutzen (III 6.A-T)
apuntar notieren, aufschreiben (III 5.B-5)
apuntarse sich eintragen (in eine Liste), sich anmelden (III 1)
aquel / aquella jene / jener dort (I 8.B-T)
aquí hier (I 1.A-T)
árabe arabisch, der/die Araber/in (III 1.B-11-T)
el árbol der Baum (II 4.A-13)
el archivo die Datei (III 4.A-7)
el área (f.) das Gebiet (III 2.A-8-T)
argentino/a argentinisch, der/die Argentinier/in (II 3.A-6)
argumentar argumentieren, begründen (IV 1)
el armario der Schrank (I 6.A-2)
arqueológico/a archäologisch (IV 1.A-9)
el/la arquitecto/a der/die Architekt/in (III 1.B-11-T)
la arquitectura die Architektur (III 1.B-11-T)
arreglar herrichten, herausputzen (II 6.A-T)
arrestar festnehmen, verhaften (IV 5.B-2)
el arroz der Reis (II 2.B-T)
el arte die Kunst (III 2.A-8)
la artesanía das Handwerk, die Handwerkskunst (IV 1.A-5)
el artículo der (Zeitungs-) Artikel (III 5.A-T)
el/la artista der/die Künstler/in (IV 3.B-3)
artístico/a künstlerisch (III 2.A-8-T)
el asalto der Überfall (IV 1.A-T)
ascender steigen (IV 2.A-5)
el ascensor der Aufzug (III 1.A-T)
asesinado/a ermordet (III 5.A-9)
así so (I 6.A-T)
así así so lala (I 1.A-2)
el asiento der Sitzplatz (II 3.B-T)
la asignatura das Schulfach (II 7)
asistir algo an etwas teilnehmen, bei etwas anwesend sein (III 1.A-1-T)
el aspecto der Aspekt (III 3.B-8)
asqueroso/a abstoßend (II 2.B-T)
asumir übernehmen (IV 4.A-3)
asustado/a erschrocken (II 4.A-2)
atacar attackieren, angreifen (IV 3.A-T)
el ataque der Angriff (III 1.B-11-T)
la atención (medíca / sanitaria) die (Gesundheits-) Versorgung (IV 3.B-8)
el atentado das Attentat, der Anschlag (IV 5.B-4)
atentar einen Anschlag verüben (IV 5.B-4)
atento/a aufmerksam, freundlich (III 3.A-6)
la atracción turística die Sehenswürdigkeit (III 1.B-11-T)
atractivo/a attraktiv, reizvoll (IV 5.A-12)
atraer anziehen (IV 2.B-1)
atraer la atención die Aufmerksamkeit auf sich ziehen (IV 5.B-10)
atreverse hacer algo sich trauen, etwas zu tun (II 2.A-2)
el atún der Thunfisch (II 6.A-6)
el auditorio der Zuhörer, das Publikum (II 3.B-8)
el aula der Klassenraum (I 3.A-T)
aumentar steigen (III 2.A-3)
aún, todavía (immer) noch (II 2.B-T)
aunque obwohl (III 1.B-5)
Austria Österreich (II 1)
la autenticidad die Echtheit, die Authentizität (IV 5.B-11)
auténtico/a authentisch (III 6.B-T)
el autobús der Bus (I 8.A-8)
el/la autodidacta der Autodidakt (IV 3.B-10)
la autoestima das Selbstwertgefühl, das Selbstbewusstsein (IV 2.B-4)
la autoevaluación die Selbsteinschätzung (IV 2.A-T)
autónomo/a selbstständig, autonom (III 6.A-T)
el/la autor/a der/die Autor/in (IV 3.B-3)
las autoridades die Behörden (IV 1.B-6)
el autorretrato das Selbstproträt (IV 1.A-11)
avanzado/a fortschrittlich, (hoch) entwickelt (III 2)
el ave der Vogel (IV 5.A-12)
el AVE (Alta Velocidad Española) ≈ der ICE (Intercity Express) (IV 4.B-16)
la aventura das Abenteuer (IV 4.B-T)
el avión das Flugzeug (I 8.A-10)
avisar benachrichtigen, Bescheid sagen (IV 3.B-7)
avistar sichten (IV 5.A-12)
ayer gestern (II 2.A-7)
la ayuda die Hilfe (III 3.A-T)
ayudar helfen (I 7.B-11)
el ayuntamiento das Rathaus (III 5.A-9)
los aztecas die Azteken (III 2.A-1-T)
el azúcar der Zucker (II 2.A-6)
azul blau (I 8.B-4)

B

el bachillerato ≈ das Abitur (II 7.A-2)
bailar tanzen (I 5)
la bailarina die Tänzerin (IV 3.B-1)
el baile der Tanz (II 1.B-1)
bajar sinken (III 2.A-3)
bajo/a klein (Körpergröße) (I 4.A-T)
el balcón der Balkon (I 6.A-9)
la ballena der Wal (II 5)
el baloncesto der Basketball (I 5)
el balonmano der Handball (I 5)
bañarse baden (I 7.A-3)
la bandera die Fahne (IV 4)
la bañera die Badewanne (IV 3.B-9)
el baño (cuarto de baño) die Toilette (I 3.B-T)
barato/a billig, günstig (I 8.B-T)
el barco das Schiff (III 2.A-8)
la barra die Stange (II 2.A-6)
el barrio das Stadtviertel (I 8)
la base die Basis (IV 3.A-T)
básico Grund-, grundlegen (IV 2.A-T)
basta es reicht (II 2.B-T)
bastante ziemlich (I 5.A-T)
la basura der Müll, der Abfall (IV 1)
el basurero die Mülldeponie (IV 1.B-2)
la batalla der Kampf (III 2.B-2)
la batería das Schlagzeug (II 3.A-7)
el bebé das Baby (IV 1.A-T)
beber trinken (I 3.A-T)
la bebida das Getränk (I 6.B-T)
la belleza die Schönheit (III 2.A-8-T)
beneficiarse de profitieren von (IV 1.A-T)
el beneficio der Vorteil, der Nutzen (III 4)
besar küssen (II 3.A-6)
el beso / besito der Kuss / das Küsschen (II 1.A)
la biblioteca die Bibliothek (I 3.B-T)
la bici(cleta) das Fahrrad (I 8.A-10)
bien gut (I 1.A-T)
Bienvenidos/as Willkommen! (I 3)
el billar das Billard (IV 3.B-8)
el billete das Ticket (II 3.B-T)
la biografía die Biographie (IV 3)
blanco/a weiß (I 8.B-1)
el blog der Blog (I 3.B-T)
el bloqueo die Blockade, die Sperrung (IV 3.A-T)
la blusa die Bluse (I 8.B-1)
la boca der Mund (II 4.B-3)
el bocadillo belegtes Brötchen (I 3.B-T)
la boda Hochzeit (II 6.A-9)
la bodega die Bodega (*Gemischtwarenladen in Kuba*) (IV 3.A-7)
la bola die Kugel (II 2.B-10)
la bolera die Bowlingbahn (I 5)
el bolígrafo (boli) der Kuli (I 3)
el bollo das Gebäckstück (I 3.B-T)
la bolsa die Tasche, Tüte (II 2.A-6)
el bolsillo die Hosen- / Jackentasche (II 6.B)
el bombardeo der Bombenangriff (III 6.B-T)
la bombilla die Glühbirne, Glühlampe (II 6.A)
bonito/a hübsch (I 4.A-T)
el borde der Rand (IV 3.A-T)
borrar löschen (IV 1.B-2)
el borratintas der Tintenkiller (I 3)
el bosque der Wald (II 1.B-3)
el bosque tropical der (tropische) Regenwald (III 2)
la botella die Flasche (II 2.A-6)
hacer el botellón Botellón (*auf öffentlichen Plätzen selbst mitgebrachtes Getränke konsumieren*) veranstalten (IV 2.A-8-T)
el brazo der Arm (II 4.B-3)
brillar anstrahlen (III 2.A-8-T)
brindar anbieten (IV 4)
bucear tauchen (II 1)
¡Buenas noches! Gute Nacht! (I 2.A-2)
¡Buenas tardes! Guten Abend! (I 2.A-2)
bueno naja (I 5.A-T)
¡Buenos días! Guten Tag! (I 1.A-T)
el buñuelo der Windbeutel (I 3.B-T)
burlarse de alg. sich über jdn. lustig machen (III 4)
buscar algo / a alguien etwas / jemanden suchen (I 3.B-T)
la búsqueda die Suche (III 5.A-6)

C

el caballo das Pferd (I 8.A-10)
la cabeza der Kopf (II 4.B-3)
el cacao der Kakao (III 2.A-8)
el cactus der Kaktus (IV 1.A-8)
cada jede/r (II 1.A)
caer bien / mal gut / schlecht bekommen (IV 3.B-7)
caerse herunterfallen (II 4.A-T)
el café das Café (I 1.B-T)
la caída der Untergang, Fall (III 1.B-11-T)
la caja der Karton (I 6)
el cajero automático der Geldautomat (IV 1.B-3)
la calabaza der Kürbis (II 2.A-6)
el calcetín (Pl. los calcetines) die Socke (III 5.A-8)
la calculadora der Taschenrechner (I 3.A 3)
calcular rechnen (II 7)
el calendario der Kalender (III 2.A-8)
calentar (-se) (e → ie) (sich) aufwärmen (IV 3.B-1)
cálido/a warm (III 2)
caliente heiß (II 4.B-8)
callarse den Mund halten (II 4.A-T)
la calle die Straße (I 2.A-T), callejero/a Straßen- (IV 3)
calmarse sich beruhigen (III 4.A-10)
el calor die Wärme (II 1.A)
caluroso/a heiß (IV 5.A-12)
la calzada die (gepflasterte) Straße (IV 1.A-8)
el calzado das Schuhwerk, die Schuhe (IV 3.A-8)
los calzoncillos (Pl.!) die Unterhose (III 4.A-T)
la cama das Bett (I 5.B-4)
el/la camarero/a der/die Kellner/in (II 2.B-T)
cambiar ändern (II 3.A-6)
el cambio die Änderung, die Veränderung, der Wandel (IV 3.A-6)
el cambio de horario die Zeitumstellung (IV 1.A-4)
el camello das Kamel (II 5)
caminar wandern (II 1)
el camino der Weg (II 5)
el camión de recolección der Müllwagen, das Abfallsammelfahrzeug (IV 1.B-2)
la camisa das Hemd (I 8.B-1)
la camiseta das T-Shirt (I 8.B-1)
el campamento das Lager, das Camp (IV 5)
el camping der Campingplatz (II 1)
el campo das Feld (I 4.B-T)
la caña das Zuckerrohr (IV 3.A-7)
el canal der Kanal (II 3.A-10)
la cancha das Spielfeld, der Sportplatz (III 2.B-2)
la canción das Lied (I 5.A-T)
el/la candidato der/die Kandidat/in (II 3.A-2)
cansado/a müde (II 1.A-7)
el cansancio die Erschöpfung, die Müdigkeit (IV 1.A-11)
el/la cantante der/die Sänger/in (II 1.B-13), (II 3.A)
cantar singen (I 3.B-T)
la cantidad die Menge, die Anzahl (III 6.B-T)
ser capaz de fähig sein, etwas zu tun (III 2.A-8-T)
caprichoso/a eigensinnig (III 6.A-T)
el carácter der Charakter (II 3.A-10)
la característica das Merkmal die Eigenschaft (III 2.A-8-T), (IV 4.A-3)
el carbón die Kohle (IV 4.A-T)
el cargador das Ladegerät (III 5.A-7)
el Caribe die Karibik (IV 3.B-1)
caribeño/a karibisch (III 2)
el cariño die Liebe, die Zuneigung (III 3)
cariñoso/a liebevoll (I 4.A-T)
la carne das Fleisch (II 1.B-3)

el carné *(auch: carnet)* der Ausweis (IV 2.A-10)
el carné de conducir *(auch: el carnet de conducir)* der Führerschein (IV 4.A-9)
caro/a teuer (II 2.A)
la carpeta der Schnellhefter (I 3.A-3)
la carrera die Karriere (IV 3.B-1)
la carrera der Studiengang (IV 2.A-3)
la carretera de … carriles die … spurige Straße (IV 1)
la carta die Speisekarte (II 2.B-2)
la carta de presentación das Bewerbungsschreiben (III 6)
el cartel das Plakat (III 3.A-2)
la casa das Haus (I 2.A-T)
en casa zu Hause (I 2.A-T)
la casa natal das Geburtshaus (IV 3.B-8)
casarse heiraten (II 4.A-9)
casi fast (I 7.A-T)
el caso der Fall (III 2.A-1-T)
castaño/a braun (Haare) (I 4.A-6)
el castellano das Kastilische (~ Spanisch) (III 5.B-5)
el castillo die Burg (III 5.A-9)
el catalán das Katalanische, katalanisch (IV 4.B-T)
la catedral die Kathedrale (III 1.B-11-T)
catorce vierzehn (I 2.A-T)
la cebolla die Zwiebel (I 7.B-T)
la cebra das Zebra (II 5)
las cejas die Augenbrauen (IV 2.B-4)
celebrar feiern (I 6.B-1)
celoso/a eifersüchtig (III 3.A-1)
el cementerio der Friedhof (IV 3.B-8)
la cena das Abendessen (II 6.A)
cenar zu Abend essen (I 2.A-T)
censurar zensieren (IV 4.A-3)
el céntimo der (Euro-) Cent (II 2.A-7)
el centro das Zentrum (I 1.B-T)
en pleno centro ganz im Zentrum (III 6.B-T)
en el centro / medio in der Mitte (III 6.B-5)
el centro comercial das Einkaufszentrum (II 1)
el centro de acopio das Zentrum für Hilfsmittel (IV 1.B-6)
el centro historico, el casco antiguo die Altstadt (II 6.A-9), (III 5.A-9)
cepillarse los dientes Zähne putzen (I 7.A-T)
el cepillo de dientes die Zahnbürste (III 5.A-7)
cerca nah (I 6.A-T)
el cerdo das Schwein (II 2.B-2)
la ceremonia die Zeremonie (III 2.B-5)
la cereza die Kirsche (II 2.A-6)
cerrado/a geschlossen, verschlossen (III 3)
cerrar schließen (II 6.B)
el cerro der Hügel (II 1.B-3)
el certificado das Zertifikat (IV 2.A-T)
la cerveza das Bier (IV 2.A-8-T)
el champiñón der Champignon (II 2.B-2)
las chanclas die Flipflops (II 5.A-4)
la chaqueta die Jacke (I 8.B-1)
charlar sich unterhalten (I 5.A-T)
chatear chatten (I 5)
el/la chaval/a *(ugs.)* der Junge, das Mädchen (IV 5.B-8)
checo/a tschechisch (I 2.A-6)
el/la chico/a der Junge / das Mädchen (I 1.A-T)
el chile die Chilischote (III 2.A-8)
la chinampa (mex.) die Chinampa (künstliche Inseln für den Anbau von Gemüse) (IV 1.A-8)
chistoso/a witzig (II 1.B-3)
chocar con zusammenstoßen mit (II 4.A-13)
el chocolate die Schokolade (I 7.A-T)
la chuleta der Spickzettel (II 7.A-T)
los churros das frittierte Spritzgebäck (I 7.B-T)
el ciberactivismo der Cyberaktivismus (IV 5.B-12)
el ciclismo der Radsport (I 5)
el cielo der Himmel (III 2.A-8-T)
las Ciencias Naturales die Naturwissenschaften (Fach) (II 7.A-T)
las Ciencias Sociales die Sozialwissenschaften (Fach), die Gesellschaftswissenschaften, (IV 3.A-6)
científico/a wissenschaftlich, Wissenschaftler/in (III 5.B-5)
el cierre der Schlussteil (IV 4.A-8)
por cierto, a propósito übrigens (III 1.B-11-T), (III 4.A-10)
cierto/a, seguro/a sicher (II 2.B-T)
cinco fünf (I 2.A-T)
el cine das Kino (I 5)
circular herumfahren (IV 1.B-2)
la cita die Verabredung, das Date (III 3.A-T)
la ciudad die Stadt (I 4.B-T)
la ciudad hermanada die Partnerstadt (IV 4)
el/la ciudadano/a der/die Bürger/in (IV 4.A-T)
la civilización die Zivilisation (III 2.A-8-T)
el clarinete die Klarinette (II 3.A-7)
¡Claro! Na klar! (I 1.A-T)
claro/a hell (I 8.B-4)
la clase der Unterricht (I 3.A-T)
la clase social die Gesellschaftsschicht (III 2.A-8)
el clic der Klick (IV 5.B-13)
el/la cliente der/die Kunde/in (I 8.B-8)
el clima das Klima (III 2)
el club die Disco (II 5.B-T)
el coche das Auto, die Kutsche (I 8.A-8), (III 2.A-8)
el coche de caballo die Pferdekutsche (II 6.A-T)
cocinar kochen (I 7.B-T)
la coladera pluvial (*mex.*) der Regenabwasserkanal (IV 1.B-2)
colapsar kollabieren, zusammenbrechen (IV 1.B-6)
el cole(gio), la escuela, la academia die Schule (I 2.A-T)
la colección die Sammlung (III 6.B-T)
colgar (o→ue) posten, hochladen (IV 2.A-8-T)
los cólicos die Koliken (IV 3.B-6)
la colonia die Kolonie (IV 3.A-6)
colonial Kolonial- (IV 3)
colonializar kolonisieren (IV 3.A-T)
el color die Farbe (I 8.A-T)
colorear färben, anmalen (IV 1.A-11)
la columna die Säule (III 2.A-8-T)
la columna vertebral die Wirbelsäule (IV 1.A-11)
comandar kommandieren (IV 3.A-T)
el comedor die Schulcafeteria (I 3.B-T)
comenzar anfangen, beginnen (IV 1.A-11)
comer essen (I 3.B-T)
comer más de la cuenta über den Hunger hinaus essen (IV 3.B-7)
el comercio der Handel (IV 3.A-T)
la comida das Essen (I 6.B-T)
como wie (I 4.A-T)
como (*am Satzanfang*) da, weil (IV 4.B-T)
Cómo Wie? (I 1.A-T)
¿Cómo se dice …? Wie sagt man …? Was bedeutet …? (I 3.A-T)
cómodo/a bequem (I 8.B-3)
el/la compañero/a der/die Mitschüler/in (I 3.B-T)
la compañía die Gesellschaft, die Begleitung (IV 3.A-1)
en comparación con im Vergleich zu / mit (III 2.A-8)
compartir teilen (II 1.A)
compartir intereses gemeinsame Interessen / Hobbys haben (III 3.A-6)
la competencia die Kompetenz (IV 2.A-T)
competente fähig, kompetent (IV 2.A-T)
la competición der Wettkampf, der Wettbewerb (IV 5.B-8)
competir konkurrieren, zu Wettkämpfen antreten (II 4.A)
el complejo der Komplex (IV 5.B-12)
completamente völlig, ganz (III 3.B-T)
complicado/a kompliziert (I 4.B-T)

complicar erschweren (IV 3.A-T)
componer algo bilden, zusammen darstellen (II 6.A)
el comportamiento das Verhalten, Benehmen (III 3)
la composición die Komposition, die Zusammenstellung (IV 1.A-8)
el/la compositor/a der/die Komponent/in (IV 3.B-4)
comprar kaufen (I 7.B-7)
la comprensión auditiva das Hörverstehen (IV 2.A-T)
comprensivo/a verständnisvoll (III 3)
comprometerse sich engagieren (IV 2)
comprometido/a engagiert (IV 2.B-1)
el compromiso das Engagement (IV 2.A-T)
compuesto/a por bestehend aus (II 6.A)
común gemeinsam (III 5.A-6)
la comunicación die Verständigung (III 2.A-8)
la Comunidad Autónoma die Autonome Region (IV 4.B-10)
con mit (I 1.B-T)
con el propósito de que mit dem Ziel (IV 4.A-3)
concentrarse sich konzentrieren (III 4.A-5)
la concha (de Santiago) die (Jakobs) Muschel (III 5)
concienciar sensibilisieren, bewusst machen (IV 5)
el concierto das Konzert (I 5.B-4)
concluir schlussfolgern (III 6.B-3)
la conclusión der Schluss (-teil), das Fazit (IV 4.A-8)
el concurso der Wettbewerb (II 3.A)
condenar verurteilen (IV 5)
el cóndor der Kondor (II 5)
el/la conductor/a der/die Fahrer/in (IV 1.B-2)
conectar verbinden (III 2.A-8-T)
el conejo das Kaninchen (IV 4.B-16)
la conexión die Verbindung (IV 4.B-16)
la confianza en sí mismo/a das Selbstvertrauen (III 6.A-T)
confiar algo a alg. / en alg. (sich) jdm. (an) vertrauen (III 4.B-5, 6.A-T)
la confirmación die Bestätigung (IV 3.A-1)
confirmar bestätigen (IV 2.B-T)
el conflicto der Konflikt (III 4)
confundirse sich vertun, sich täuschen (IV 2.A-8-T)
la congestión de tráfico der Verkehrsstau (IV 1.B-2)
el congrí das Congrí (Gericht aus Reis und Bohnen) (IV 3.B-5)
la conmemoración das Gedenken (IV 5.B-2)
conmigo mit mir (I 5.B-T)
conocer kennenlernen (I 8.A T)
conocido/a bekannt (III 1.B-9)
los conocimientos die Kenntnisse, das Wissen (III 2.A-8)
el/la conquistador/a, la conquista der Eroberer/in, die Eroberung (III 2.B-7)
conquistar erobern, einnehmen (IV 1.A-9)
conseguir erreichen, bekommen (III 6.A-9)
seguir un consejo einen Rat befolgen (III 3.B-7)
consentido/a verwöhnt, verzogen (IV 1.A-4)
consistir en bestehen aus (IV 3.A-8)
la consola die Spielkonsole (I 5)
consolar trösten (II 4.B-12)
la constitución die Verfassung (IV 3.A-T)
la construcción die Konstruktion, der Bau (III 2.A-8-T)
construir errichten (II 5.B-6)
consultar hier: benutzen (IV 2.B-3)
contactar kontaktieren (III 4.A-4)
estar en contacto in Kontakt stehen (III 2.A-8-T)
entrar en contacto con in Kontakt treten mit (III 4.A-T)
ponerse en contacto con alg. sich mit jdm. in Verbindung setzen (III 6.A-10)
la contaminación (del aire / del medio ambiente) die (Luft- / Umwelt-) Verschmutzung (IV 1)
contaminar verschmutzen (IV 1.B-2)
contar con haben, verfügen über (III 2)
contar sobre erzählen über, erzählen von (III 2.A)
contener beinhalten, enthalten (IV 5.B-10)
contento/a zufrieden (II 7.A-T)
el continente der Kontinent (III 2.A-1-T)
contrario/a gegnerisch (IV 2.B-1)
la contraseña das Passwort (III 4.A-7)
contrastar kontrastieren (IV 4)
el contraste der Kontrast (III 6.B-5)
contratar jmdn. unter Vertrag nehmen, beschäftigen (IV 1.A-7)
contribuir beisteuern, beitragen (IV 4.A-10)
controlar kontrollieren (IV 3.A-T)
convencer a algn. überzeugen (II 5.B-T)
convenir a alg. jdm. zusagen, zu jdm. passen (III 6.A-7)
convertirse en sich verwandeln in, werden zu (III 1.B-11-T)
convertirse en algo sich verwandeln, sich zu etwas machen (IV 2.B-5)
la convivencia *(auch: convivir)* das Zusammenleben, zusammen leben (IV 4.B-2)
convocar einberufen, aufrufen (IV 5.B-4)
copiar abschreiben (II 7.A-T)
el corazón das Herz (III 3)
cordial herzlich (III 1.A-1-T)
el correo (electrónico) die E-Mail (I 4.A-4)
correr laufen (II 4.A-T)
corresponder a entsprechen (IV 4.B-2)
la corrida de toros die Stierhatz / der Stierkampf (II 6.A-9)
el corsé das Korsett (IV 1.A-11)
cortado/a verlegen (III 1.B-T)
cortar schneiden (I 7.B-11)
se nos cortó el rollo das hat unsere Stimmung heruntergezogen (II 4.A-13)
corto/a kurz (I 4.A-6)
la cosa die Sache (I 3)
la costa die Küste (II 1.A)
costar kosten (I 8.B-T)
costarle a algn schwerfallen (II 1.B-3)
el coste der Preis, die Gebühr (III 1.A-1-T)
la costumbre der Brauch (II 1.A-12), (II 2)
el cotilleo der Tratsch (IV 2.B-8)
la creación das Erschaffen (IV 2.A-T)
creativo/a kreativ (III 3)
crecer wachsen, ansteigen (III 4.A-4)
la credibilidad die Glaubwürdigkeit (IV 5.B-11)
la creencia die Glaubensrichtung, der Glaube, die Anschauung (IV 1.A-3)
creer en glauben an (III 2.A-8)
creer que glauben, dass (I 6.B-9)
la crema solar die Sonnencreme (II 5.A-4)
cremoso/a cremig (II 2.B-5)
la crisis *(auch Pl.: las crisis)* die Krise (IV 2.A-6)
(el/la) cristiano/a christlich, der/die Christ/in (III 1.B-11-T)
criticar kritisieren (IV 5.B-10)
crítico/a kritisch (IV 5.B-10)
el/la cronista der/die Chronist/in, der/die Geschichtsschreiber/in (IV 1.A-10)
cruzar überqueren (II 4.A-13)
el cuaderno das Heft (I 3)
el cuadro die Grafik (IV 5.B-9)
el cuadro das Bild (I 6.A-2)
la cualidad die gute Eigenschaft (III 3.B-8)
cualquier/a egal welche/r (II 2.A-T)

cuando wenn (temporal) (II 1.A-11)
¿Cuándo? Wann? (I 5.B-T)
¿Cuánto cuesta? Wieviel kostet das? (II 2.A-7)
¿Cuántos/as? Wie viele? (I 2.A-T)
la cuarantena die Quarantäne (IV 4.A-9)
el cuarto, la habitación der Raum, Zimmer (I 6.A-T)
cuatro vier (I 2.A-T)
estar cubierto/a por bedeckt sein von (IV 5.A-12)
la cuenta das Konto (III 4.A-2)
por su cuenta selbstständig (IV 4.B-T)
la cuestión die Frage, die Angelegenheit (IV 2.B-2)
¡Cuidado! Vorsicht! (I 5.A-T)
cuidar (-se) Acht geben, aufpassen (III 4.A-T)
la culpa die Schuld (II 4.B)
cultivar anbauen, anpflanzen (III 2.A-8)
culto/a gebildet (IV 4.B-11)
la cultura die Kultur (III 1.A-1-T)
el cumple(años) der Geburtstag (I 4.A-T)
cumplir (los) ... años ... Jahre alt werden (II 2.A-3)
cumplirse un sueño sich einen Traum erfüllen (IV 1)
curiosa/o neugierig, ungewöhnlich (III 1.B-11-T, 6.A-6)
el currículum (vitae) der Lebenslauf (III 6.A-7)
cursar studieren (IV 4)
el curso der Kurs (II 2.A-T)

D

damnificado/a hier: verletzt, betroffen (IV 1.B-6)
el daño der Schaden (IV 1.A-4)
dar geben (II 2.A-7)
dar cobijo Unterschlupf gewähren (IV 1.B-6)
dar pereza keine Lust haben (IV 2.B-8)
dar un golpe (de estado) einen Staatsstreich durchführen (IV 3.A-T)
darse cuenta de sich etwas bewusst werden, etwas bemerken (IV 4.A-8)
los datos die Daten (III 4)
de aus (I 1.B-T)
¿De dónde? Woher? (I 1.A-3)
de hecho eigentlich (III 2.A-1-T)
de manera + *adj.* auf ... Weise (II 6.A)
de nada gern geschehen (I 8.A-8)
¿De parte de quién? Wer spricht? (I 5.B-T)
de primero als Vorspeise (II 2.B-T)
de segundo als Hauptgang (II 2.B-T)
de una vez auf einmal, am Stück (II 2.B-T)
el debate die Debatte (IV 2.B-T)
deber sollen, müssen (III 5.A-8)
los deberes die Hausaufgaben (I 3.A-T)
debido a wegen, auf Grund von (IV 3.A-6)
el punto débil die Schwäche (III 6)
debutar auftreten (IV 3.B-1)
decelerado/a entschleunigt (IV 1.B-8)
decidir entscheiden (II 5.B-1)
es decir das heißt (d.h.) (III 1.A-T)
decir sagen (I 7.B-11)
la declaración die Erklärung (IV 4.A-T)
decorar dekorieren (IV 3.A-2)
dedicarse a hacer algo sich damit beschäftigen, etwas zu tun, sich einer Sache widmen (III 6.B-9)
el dedo der Finger (II 4.B-3)
el defecto der Fehler (III 3.B-8)
defender contra verteidigen gegen (III 1.B-11-T)
definitivamente definitiv (III 3.B-T)
dejar (hinter) lassen (II 3.A-10)
dejar de hacer algo aufhören etwas zu tun (III 5.A-5)
dejar un comentario kommentieren (III 3)
delante de vor (I 6)
el delfinario das Delfinarium (IV 3.B-8)
delgado/a schlank (I 4.A-T)
delicioso/a köstlich (III 2.A-1-T)
la delincuencia die Kriminalität (IV 1)
el delito die Straftat, das Verbrechen (IV 1.B-2)
los/las demás die Anderen, die Übrigen (III 1.B-17)
demasiado zu, zu viel, zu sehr (I 8.B-T)
democrático/a demokratisch (IV 4.A-3)
la demostración der Beweis, die Bekundung (IV 2.B-5)
demostrar (auf-) zeigen (IV 2.B-1)
por dentro von innen (I 8.A-T)
dentro de drinnen (I 8.A-T)
denunciar anzeigen, zeigen (IV 5.B-4)
depende de es kommt darauf an, ob ... / es kommt auf ... an (II 6.A-9)
la dependencia die Abhängigkeit (IV 2.B-4)
el deporte der Sport (I 5)
el deporte de canoa Kanu fahren (II 4.A)
el deporte de nieve der Wintersport (IV 3.A-2)
el/la deportista der/die Sportler/in (II 4.A)
deportivo/a sportlich (I 8.B-3)
el depósito das Lager, das Depot (IV 1.B-2)
deprimido/a deprimiert (II 4.A-2)
la derecha die rechte Seite (I 3.B-T)
el derecho das Recht (IV 2.B-T)
los derechos humanos die Menschenrechte (IV 4.A-3)
desafortunadamente leider (II 1.A)
desagradable unangenehm (III 6.B-5)
desalojar verdrängen (IV 1.B-6)
desaparecer verschwinden (III 2.A-8-T)
la desaparición das Verschwinden (III 2.B-8)
desaprobar algo durchfallen (II 7)
desarreglado/a durcheinander (II 6.B-3)
desarrollado/a entwickelt (III 2.A-8-T)
desarrollarse entwickeln (IV 3.A-T)
el desarrollo die Entwicklung (III 1.A-1-T)
el desastre das Unglück, das Desaster (IV 2.A-8-T)
desayunar frühstücken (I 6.A-T)
el desayuno das Frühstück (I 7.A-T)
descansar ausruhen (I 5)
la descendencia die Abstammung (IV 5.A-9)
descender *(auch: disminuir)* sinken (IV 2.A-5)
el/la descendiente der Nachkomme (IV 5.A-10)
desconocer nicht kennen, nicht wissen (IV 5.A-2)
desconocido/a unbekannt (III 1.B-12)
el descontento die Unzufriedenheit (IV 5.A-T)
el descubrimiento die Entdeckung (IV 3.A-4)
descubrir entdecken (II 5)
desde von ... aus (II 1.A)
desde ... hasta von ... bis (III 1.A-1-T)
desde hace (+ tiempo) seit (+ Zeitangabe) (III 1.A-1-T)
el desempleo die Arbeitslosigkeit (IV 2)
el deseo, desear que der Wunsch, (sich) wünschen, dass ... (III 3.A-6)
el desfile (de caballos) der Umzug, Parade (II 6)
el desierto die Wüste (II 5)
desilusionado/a enttäuscht (IV 5.A-6)
el desodorante das Deo (-dorant) (IV 3.A-2)
despeinado/a ungekämmt (IV 2.B-5)
la desperación die Verzweiflung, die Hoffnungslosigkeit (IV 1.A-11)
despertarse aufwachen (I 7.A-3)
despistado/a chaotisch (II 6.B)
después (de) nachdem (I 3.A-T)
el destino das Ziel (Reisen) (II 5.A-T)
destruir zerstören, vernichten (IV 1.A-9)

el detalle die Einzelheit, das Detail (IV 1.A-7)
detenerse anhalten, zum Stillstand kommen (III 2.A-8-T)
detenido/a gründlich, genau (II 6.B)
detrás de hinter (I 6)
devorar verschlingen, fressen (IV 1.A-8)
el día der Tag (I 3)
el diagrama das Diagramm (IV 2)
el diagrama de barras / de curvas das Balken-/Kurvendiagramm (IV 2.A-5)
la diarrea der Durchfall (IV 3.B-6)
dibujar zeichnen (III 1.B-T)
dicho barrio das erwähnte Viertel (IV 5.A-12)
el diciembre der Dezember (I 6.B-2)
el/la dictador/a der/die Diktator/in (IV 3.A-7)
la dictadura die Diktatur (IV 3.A-T)
la dictadura militar die Militärdiktatur (IV 4.A-3)
el diente der Zahn (I 7.A-T)
diez zehn (I 2.A-T)
diferente verschieden (I 4.B-T)
difícil schwierig (II 1.B-2)
dificultar erschweren (III 2.A-8-T)
difundir verbreiten (IV 5.B-13)
difundirse sich verbreiten (III 4)
la difusión die Verbreitung (IV 4.B-11)
Diga Ja, bitte? (I 5.B-T)
digital digital (IV 2.A-T)
la dignidad die Würde (IV 5.B-T)
digno/a de mención erwähnenswert (IV 1.A-4)
la dimensión die Größe, das Ausmaß (IV 1.A-9)
Dinamarca Dänemark (II 1)
el dinero das Geld (II 5.A-8)
el dinero en efectivo das Bargeld (III 5.A-8)
el/la dios, diosa der Gott, die Göttin (II 1.B-3)
la dirección die Adresse (I 6.B-1)
la dirección das Direktorat, die Schulleitung (III 1.A-1-T)
directo/a direkt (III 3)
dirigir lenken, steuern (IV 3.A-T)
dirigirse a alg. sich jdm. zuwenden (III 4.B-T)
la discapacidad die Behinderung (IV 2.A-T)
disciplinado/a diszipliniert (IV 2.B-1)
el discurso die Rede (IV 4)
disfrutar de algo genießen (II 1.B-3)
disponer de algo über etwas verfügen (III 5.A-3)
disponible verfügbar (IV 3.B-9)
la distancia die Entfernung (III 5.A-13)
distinguirse hier: sich unterscheiden (IV 5.A-9)
distraerse sich ablenken (IV 2.B-8)
la diversidad die Vielfalt (IV 1)
diverso/a unterschiedlich, verschieden (III 5.B-6)
divertido/a, gracioso/a lustig (I 4.A-T)
divertirse Spaß haben (II 4.A)
dividir (-se) (sich) (auf-) teilen (IV 5.A-12)
doble doppelt (IV 2.B-5)
el/la doctor/a der/die Doktor/in (II 4.B-4)
el Documento Nacional de Identidad *(DNI)* der Personalausweis (IV 2.A-10)
el dolor der Schmerz (II 4.B-3)
dominar beherrschen, dominieren (IV 4.A-3)
el domingo der Sonntag (I 5.B-T)
el dominio die Herrschaft (III 5.B-5)
donar spenden (IV 1.B-3)
donde wo (Relativpronomen) (II 1.A-7)
¿Dónde? Wo? (I 3.A-T)
dormir (-se) (ein) schlafen (I 7.A-T)
ducharse duschen (I 7.A-T)
la duda der Zweifel (II 3.A-4)
dudar en hacer algo zögern etwas zu tun (III 6.A-10)
dudar que (+ subjuntivo) bezweifeln, dass (III 3.B-2-T)
dulce süß (I 4.A-T)
durante, mientras que während (I 7.A-6)
durar dauern (II 5.B-T)
duro/a hart (IV 3.A-T)

E

echar dazugeben (II 2.B-9)
echar de menos a vermissen (II 1.A)
echar un vistazo a algo einen Blick auf etw. werfen (IV 5.A-12)
echarle bronca a alguien böse mit jemandem sein (I 8.B-T)
ecológico/a ökologisch (III 5.A-6)
la economía die Wirtschaft (IV 2.A-5)
la edad das Alter (III 1.A-1-T)
la Edad Media das Mittelalter (III 1.B-11)
edificar bauen, errichten (IV 1.A-9)
el edificio das Bauwerk (III 1.B-11-T)
editar editieren, bearbeiten (IV 2.B-4)
la educación die Bildung (II 4.A-9)
la educación y formación die Schulausbildung, der (schulische) Werdegang (III 6)
educado/a wohlerzogen (III 6.A-T)
educar a alg. erziehen, unterrichten (IV 1.A-7)
efectivo/a effektiv (IV 5.B-12)
el efecto der Effekt (IV 2.B-4)
efectuarse stattfinden, geschehen, verwirklicht werden (IV 4.A-1)
el ejecutivo die Exekutive (IV 4.A-3)
el ejército das Heer, das Militär (IV 4.A-3)
los ejércitos die Streitkräfte (III 1.B-11-T)
electoral Wahl- (IV 5.B-9)
eléctrico/a elektrisch (IV 3.A-T)
el elefante der Elefant (II 5)
elegante elegant (I 8.B-3)
elegir auswählen, aussuchen (II 5.B-T)
el elemento das Element, der Bestandteil (III 5.B-4)
eliminar beseitigen, entfernen, eliminieren (IV 3.A-T)
embarazada schwanger (IV 1.A-11)
el embargo das Embargo (IV 3.A-6)
emborracharse sich betrinken (IV 2.A-8-T)
el/la emigrante der Auswanderer, die Auswanderin (IV 2.A-8)
emigrar auswandern (IV 2.A-6)
emitir senden, ausstrahlen (IV 5.B-9)
emocional emotional (IV 5.B-10)
emocionante spannend, rührend, bewegend (IV 1)
empezar beginnen (I 3.A-T)
el/la empleado/a der/die Angestellte/r (III 2.A-1-T)
el empleo die Anstellung, die Stelle, der Job (IV 2.A-T)
la empresa die Firma, der Betrieb (III 1.B-T)
el/la empresario/a der Unternehmer/in (IV 3.A-6)
en in (I 1.A-T)
en absoluto absolut (II 3.A-4)
en cambio hingegen, im Gegensatz dazu (II 5.B-T)
en contra dagegen (II 3.A-3)
en la misma Barcelona in Barcelona selbst (IV 4.B-T)
en primer plano im Vordergrund (III 6.B-5)
en seguida sofort (II 2.B-T)
en serio wirklich (II 1.B-3)
estar enamorado/a de alg. in jdn. verliebt sein (III 3.A-1)
enamorarse de verlieben in (II 4.A-9)
el enano der Zwerg (III 2.A)
encantador/a bezaubernd, reizend (III 6.A-T)
encantador/a wunderschön (I 8.A-T)
me encantaría es würde mir gefallen (II 5.A-T)
encantarle a algn. jdm sehr gefallen (I 5.A-T)
encapuchado/a vermummt, maskiert, mit Kapuze (IV 5)
encapuchar vermummen, eine Kapuze aufsetzen (IV 5.B-2)
el encarcelamiento die Inhaftierung, die Haft (IV 5.B-2)

encargarse de sich kümmern um (III 6.B-9)
encender anzünden, anschalten (II 6.A)
encima de auf (I 6)
encontrar finden (I 5.B-T)
encontrarse (en) sich befinden (in) (I 8.A-T)
la encuesta die Umfrage, Nachforschung (III 4.A-10)
la energía die Energie (IV 2.B-8)
el enero der Januar (I 6.B-2)
enfadado/a verärgert (II 4.A-2)
enfadarse con alguien auf jdn. böse werden / böse sein (IV 2.A-8-T)
la enfermedad die Krankheit (II 4.B-8)
la enfermera die Krankenschwester (II 4.B-4)
enfermo/a krank (II 4.B-8)
el enfrentamiento die Konfrontation, der Zusammenstoß (IV 5)
enfrente de gegenüber (I 6)
¡Enhorabuena! Glückwunsch! (IV 5.A-4)
el enlace der Link (III 4.A-7)
enorme riesig, sehr groß (II 6.A-T)
enriquecedor/a bereichernd (IV 4.A-11)
la ensalada der Salat (II 2.A-6)
la enseñanza die Bildung, der Unterricht (IV 2.A-2)
enseñar zeigen (III 1.B-T)
ensuciar schmutzig werden (III 4.A-5)
entender verstehen (I 5.B-T)
entonces damals (III 1.B-11), dann (I 2.A-T)
la entrada Vorspeise (II 2.B-2)
entrar betreten (I 3.A-T)
entrar en vigor in Kraft treten (IV 4.A-1)
entre zwischen (I 6)
el/la entrenador/a der/die Trainer/in (IV 5.B-8)
entrenar para una carrera professionell trainieren (II 4.A)
entretener unterhalten (IV 5.B-10)
entrevistar interviewen (IV 3.A-6)
entusiasmado/a begeistert (IV 5.A-4)
enviar schicken (III 4.A-T)
el epicentro das Epizentrum (IV 1.B-6)
la epidemia die Epidemie (IV 3.A-2)
el equipaje das Gepäck (III 5.A-8)
el equipo die Mannschaft (I 7.A-T)
el equipo de salvamento das Rettungsteam (IV 1.B-6)
la equitación das Reiten (II 4.A)
equivocarse sich täuschen, falsch liegen, sich irren (IV 5.A-T)
Erasmus Erasmus (*europäisches Austauschprogramm für Studenten*) (IV 4)
Es que … Es ist so, dass … (I 2.A-T)
¡Es un palo! (*ugs.*) Das ist ein großes Problem! Das ist allerhand. (IV 2.A-8-T)
escalar klettern (II 4.A-3)
escapar entkommen (IV 1.B-3)
la escasez die Knappheit, der Mangel (IV 3.A-6)
la escena die Szene (IV 1.A-7)
el escenario die Bühne (II 3.B-T)
el/la esclavo/a der/die Sklave, Sklavin (III 2.A-8)
escolar Schul-, schulisch (III 1.A-1-T)
los escombros die Trümmer (IV 1.B-6)
esconderse sich verstecken (III 2.A-1-T)
escribir schreiben (I 3.A-T)
el escritorio der Schreibtisch (I 6.A-T)
escuchar zuhören (I 3.A-4)
la escuela de (los) traductores die Übersetzerschule (III 5.B-4)
esculpir meißeln, gestalten (IV 3.B-10)
la escultura die Skulptur (III 2.A-8)
ese/esa diese/r da (I 8.B-T)
esforzarse anstrengen (II 7.A-T)
el eslogan der Slogan (IV 4.A-8)
el espacio Schengen der Schengenraum (IV 4.A-9)
el espacio vital der Lebensraum (IV 5.A-12)
los espaguetis die Spagettis (II 2)
la espalda der Rücken (II 4.B-3)
España Spanien (I 1.A-T)
el/la español/a spanisch, Spanier/in (I 2.A-T)
especial besonders (II 1.B-3)
la especialidad die Spezialität (III 2.A-1-T)
Es una especie de … Es ist eine Sorte / Art von … (III 1.B-9)
específico/a spezifisch (IV 5.B-13)
espectacular spektakulär (III 1.B-11-T)
el/la espectador/a der/die Zuschauer/in (IV 5.B-11)
el espejo der Spiegel (III 6.B-5)
en espera de sus noticias in Erwartung Ihrer Nachricht / Antwort (III 6.A-10)
esperar a warten auf (I 3.B-T)
esperar que (+ subjuntivo) hoffen, dass (III 3)
Espero que estéis bien. Ich hoffe, es geht euch gut. (II 1.A)
las espinacas der Spinat (II 2.A-6)
espiritual spirituell, geistig (IV 2.B-2)
la esponja der Schwamm (I 3.A-3)
espontáneo/a spontan (IV 5.B-8)
el/la esposo/a der Ehemann, die Ehefrau (IV 1.A-11)
el esquí alpino das Ski Alpin (II 4.A)
la esquina die Ecke (II 6.B)
establecer einführen, einrichten (IV 4.A-1)
el establecimiento die Einführung (IV 4.A-T)
la estación der Bahnhof (I 8.A-9)
la estación die Jahreszeit (III 2.A-3)
la estadística die Statistik (IV 2)
el estado der Staat (IV 5.A-T)
el estado de ánimo die Stimmungslage (IV 1.A-11)
los Estados Unidos (*EE.UU.*) die Vereinigten Staaten (von Amerika), die USA (IV 3.A-6)
estadounidense der/die US-Amerikaner/in, US-amerikanisch (IV 3.A-6)
la estancia der Aufenthalt (IV 3.B-9)
el estándar der Standard (IV 4.B-12)
la estantería das Regal (I 6.A-T)
estar sich befinden (I 3.B-T)
estar a unos (XX) kilómetros de … einige (ca. XX) Kilometer entfernt sein von … (II 1.B-3)
estar de acuerdo einverstanden sein (II 2.A-9)
estar de visita zu Besuch sein (I 5.B-T)
estar dispuesto/a a bereit sein etwas zu tun (IV 2.A-6)
estar emocionado/a aufgeregt / gespannt sein (III 1.B-T)
estar en forma Kondition haben (II 4.A)
estar equivocado/a unrecht haben, falsch liegen (IV 1.A-T)
estar harto/a de satt haben (II 6.A-6)
estar mareado schwindelig sein (II 4.B-3)
estar situado/a en … / al … befinden (II 5)
estar ubicado/a liegen, sich befinden (III 5.A-12)
la estatua die Statue (III 5.A-12)
el estatuto die Satzung, das Gesetz, das Statut (IV 4.B-10)
este/a diese/r (I 1.B-T)
el estereotipo das Vorurteil, der Stereotyp (III 1)
el estilo der Stil (IV 2.B-T)
el estilo musical, el tipo de música die Musikrichtung (II 3.A-7)
Estimado(s)/a(s) … Liebe/r/s … (Anrede in einem Brief) (III 1.A-1-T)
el estómago der Magen (II 4.B-3)
la estrategia die Strategie (IV 5)
estrecho/a schmal (I 8.A-T)
la estrella der Stern (III 6.B-T)
la estrofa die Strophe (II 3.A-7)
el estuche das Mäppchen (I 3)
estudiar studieren (I 4.B 11)
Estupendo. Super! (II 7.A-T)
la etapa die Etappe (III 5.A-5)
europeo/a der/die Europäer/in , europäisch (II 5.A-T)
el evento die Veranstaltung (II 3.B)

evitar verhindern, vermeiden (IV 3.A-T)
la evolución die Entwicklung, die Evolution (IV 2.A-5)
la exactitud die Exaktheit, die Richtigkeit (IV 5.A-2)
exacto/a genau, exakt (III 1.B-9)
exagerar übertreiben (II 2.B-T)
el examen (Pl: exámenes) die Prüfung (II 3.A-T)
la excavación die Ausgrabung (IV 1.A-6)
excesivo/a übermäßig, exzessiv (IV 2.B-4)
excitante spannend (II 2.A)
la excursión die Exkursion (I 5.B 4)
exigir verlangen (IV 5)
existir bestehen, existieren (III 1.A-1-T)
el éxito der Erfolg (II 3.A-6)
exótico/a exotisch (III 1.B-11-T)
la expectativa die Erwartung (IV 2)
expedir ausstellen (IV 4.A-9)
la experiencia die Erfahrung (II 1)
la experiencia laboral die Berufserfahrung, die Arbeitserfahrung (III 6.A-10)
los experimentos die Experimente (II 7)
explicar erklären (II 4.A-2)
explorar erkunden (III 5.A-10)
exponer darlegen, aussetzen (IV 2.B-5)
la exposición die Ausstellung (III 4.A-5)
expresar algo etwas ausdrücken (III 1.B-3)
la expresión der Ausdruck (III 2.A-8-T)
la expresión oral der mündliche Ausdruck, die mündliche Ausdrucksfähigkeit (IV 2.A-T)
la expropiación die Enteignung (IV 3.A-6)
extenderse sobre sich erstrecken über (III 2)
exterior äußere/r/s, Außen-, extern (IV 3.B-9)
externo/a Außen-, extern (IV 3.A-T)
extrañar vermissen (III 3.B-2-T)
extranjero/a, el extranjero ausländisch, der/die Ausländer/in, das Ausland (III 1.A-11)
extraño/a komisch, außergewöhnlich (III 5.A-13)
extraordinario/a hervorragend (III 2)
extrovertido/a extrovertiert (III 6.A-T)

F

la fábrica die Fabrik (III 6)
fabricar herstellen (III 5.B-4)
fácil einfach, leicht (II 3.A-10)
facilitar vereinfachen, erleichtern (III 4)
la facultad die Fakultät (IV 2)
la falda der Rock (I 8.B-1)
fallar misslingen (II 7.A-T)
el/la fallecido/a der/die Verstorbene (IV 1.B-6)
faltar fehlen (I 6.B-T)
la fama der Ruhm (IV 3.B-1)
la familia die Familie (I 1.A-T)
famoso/a berühmt (I 8.A-T)
fascinante faszinierend, bezaubernd (IV 1)
fascinar a alg. jdn. begeistern (III 2.A)
a favor dafür (II 3.A-3)
favorito/a Lieblings- (I 4.A-T)
la fe der Glaube (III 5.A-6)
el febrero der Februar (I 6.B-2)
la fecha das Datum (I 6.B-2)
la fecha de nacimiento das Geburtsdatum (III 6)
¡Felicidades! Glückwunsch! (III 3.A-T)
las felicitaciones Glückwünsche (II 7.A-T)
feliz glücklich (II 1.A)
fenomenal, chulo/a, genial toll (II 1.A)
feo/a hässlich (I 8.B-3)
festivo/a festlich (IV 3.B-5)
fiable vertrauenswürdig, zuverlässig (III 4.A-10)
la fiebre das Fieber (II 4.B-8)
fiel treu (III 3.A-6)
la fiesta die Feier (I 4.A-T)
fijo/a fix, fest (-gelegt) (III 1.A-T)
la fila *(LatAm)* die Warteschlange (IV 3.A-2)
el filtro der Filter (IV 2.B-3)
el fin de curso das Kursende, Schuljahresende (II 7.A-T)
el fin de semana das Wochenende (I 7.A-T)
la final das Finale (II 3.A-2)
el final el fin das Ende (III 5.A-5), (IV 3.A-6)
la finalidad der Zweck, die Absicht, das Ziel (IV 4)
la finca das Landgut, die Finca (IV 1.B-8)
firmar unterschreiben, unterzeichnen (IV 4.A-1)
el flamenco der Flamenco (I 1.A-T)
flexible flexibel (III 6.A-T)
flipar ausflippen, ganz begeistert sein (II 2.A-T)
la flor die Blume (I 8.A-T)
la fluidez die Flüssigkeit (Fähigkeit, eine Sprache flüssig zu sprechen), die Redegewandtheit (IV 1.A-4)
el folleto die Broschüre, der Informationsflyer (II 6.A-T)
al fondo, en segundo plano im Hintergrund (III 6.B-5)
formal formell (I 8.B-3)
formal schick, formell (I 8.B-3)
formar parte de algo zu etwas dazugehören, Teil sein von etwas (III 1.B-11-T)
el foro das Forum (I 7)
la fortaleza die Festungsanlage (III 1.B-11-T)
la fortuna das Vermögen (IV 3.A-2)
la foto (-grafía) das Foto (I 4.A-T)
el fracaso das Scheitern (IV 4.A-8)
el fraile der Mönch (III 5.B-4)
la frambuesa die Himbeere (II 2.A-6)
francés französisch (I 2.A-6)
Francia Frankreich (II 1)
franquista franquistisch, der Franco-Ära zugehörig (IV 4.A-T)
frecuentemente häufig (III 1.B-5)
la frente die Stirn (IV 2.B-4)
la fresa die Erdbeere (II 2.A-6)
fresco/a frisch (III 5.A-9)
el frijol die Bohne (III 2.A-8)
friki nerdig, freakig (IV 2.B-1)
el frío die Kälte (II 1.A)
la frontera die (Landes-) Grenze (IV 4.A-9)
la fruta das Obst (I 8.A-T)
los fuegos artificiales das Feuerwerk (II 6.A)
fuera de außerhalb (III 6.B-T)
fuerte laut (II 1.B-3)
el punto fuerte die Stärke (III 6)
la fuerza die Kraft, die Stärke (IV 2.A-5)
la fuga das Leck, die undichte Stelle (IV 1.B-2)
la función die Funktion (IV 5.B-10)
la fundación die Gründung (IV 4.A-T)
el/la fundador/a der/die Gründer/in (IV 4.A-1)
fundar gründen (III 5.B-5)
furioso/a wütend (III 3.B-3)
el fútbol der Fußball (I 1.A-T)

G

las gafas del sol die Sonnenbrille (II 5.A-4)
el gallego das Galizische, galizisch (IV 4.B-10)
la galleta der Keks (III 1.A-T)
ganarse etwas gewinnen (II 3.A-T)
el garaje die Garage (I 6.A-9)
los gastos die Unkosten (III 1.A-1-T)
la gastronomía die Gastronomie (IV 1.A-5)
el/la gato/a der Kater / die Katze (I 2.B-T)
las/los gemelas/os die (eineiigen) Zwillinge (II 1.B-3)
la generación die Generation (IV 2.A-8)

el/la general der General, die Generälin (IV 4.A-T)
generar generieren (IV 2.B-4)
el género das Genre (IV 3.B-1)
generoso/a großzügig, großherzig (III 6.A-T)
la gente die Leute (I 4.A-T)
genuino/a echt, authentisch (IV 2.B-5)
geográfico/a geographisch (IV 5.A-T)
gigante riesig enorm (IV 1.A-7)
la gimnasia das Turnen (II 4.A)
el gimnasio das Fitnessstudio (I 3.B-T)
la gira die Tournee (IV 3.B-1)
girar abbiegen (II 5.A-7)
el globo der Luftballon (IV 3.A-2)
el/la gobernante der/die Herrscher/in, der/die Machthaber/in (III 1.B-11-T)
gobernar herrschen, regieren (III 1.B-11-T)
el gobierno die Regierung (IV 3.A-2)
la goma de borrar der Radiergummi (I 3)
gordito/a mollig (I 4.A-T)
el/la gorro/a die Mütze (I 8.B-1), (II 5.A-4)
gracias danke (I 2.A-T)
el gráfico circular das Kreisdiagramm (IV 2.A-5)
Gran Bretaña Großbritannien (II 1)
grande groß (I 4.A-T)
la granja der Bauernhof (I 4.B-T)
grasoso/a fettig, fetthaltig (II 2.B-T)
grave schlimm, ernst (II 4.B)
la gripe die Grippe (II 4.B-8)
gris grau (I 8.B-4)
gritar como loco/a schreien wie verrückt (II 3.B-T)
el grupo (musical) die Musikgruppe (I 3.B-T)
el grupo étnico die ethnische Gruppe, die Volksgruppe (IV 1.A-3)
el guanaco das Guanako (IV 5.A-12)
guapo/a gutaussehend (I 4.A-T)
el guardarropa die Garderobe (III 6.B-9)
guay super (I 2.A-T)
la guerra der Krieg (IV 4.A-T)
la Guerra Civil der spanische Bürgerkrieg (1936–39) (III 6.B-T)
la Guerra Fría der Kalte Krieg (IV 3.A-T)
el/la guía (turístico/a) der/die Reiseführer/in (III 1.B-11-T)
los guisantes die Erbsen (II 2.A-6)
la guitarra die Gitarre (I 5)
gustarle a algn. jdm gefallen (I 5)
el gusto der Geschmack (II 2.B-10)

H

el/la habitante der/die Einwohner/in (III 1.B-11-T)
habitar (be-) wohnen (III 2.A-4)
habitual gewöhnlich, üblich (IV 3.B-9)
el/la hablante der/die Sprecher/in (IV 4.B-10)
hablar reden (I 2.A-T)
hablar por teléfono telefonieren (I 5)
Hace (mucho) calor. Es ist (sehr) heiß. (II 1.A)
Hace / No hace buen tiempo. Es ist (kein) gutes Wetter. (II 1.A)
Hace / Tenemos … grados (sobre / bajo cero). Es ist … Grad (über/ unter Null). / Wir haben … Grad. (II 1.A)
Hace calor. Es ist heiß. (II 1.A)
Hace frío. Es ist kalt. (II 1.A)
Hace mal tiempo. Es ist schlechtes Wetter. (II 1.A)
hace rato erst neulich (II 3.B-T)
Hace sol. Die Sonne scheint. (II 1.A)
Hace viento. Es ist windig. (II 1.A)
hacer tun (I 5)
hacer alusión a anspielen auf, Bezug nehmen auf (IV 1.A-11)
hacer falta brauchen, benötigen (IV 3.A-2)
hacer la(s) compra(s), ir de compras einkaufen gehen (I 7.B-T)
hacerle un mal juego a algn jemandem übel mitspielen (II 3.A-6)
hacerse etwas werden (II 4.A-10)
el hallazgo der Fund, die Entdeckung (IV 1.A-6)
el hambre der Hunger (I 7.B-T)
tener hambre Hunger haben (I 7.B-T)
la hamburguesa der Hamburger (II 2)
la harina das Mehl (II 2.A-6)
hasta sogar (II 1.B-3)
Hasta la vista Auf Wiedersehen! (I 1.A-T)
¡Hasta luego! Bis später! (I 1.A-9)
¡Hasta mañana! Bis morgen! (I 2.A-T)
¡Hasta pronto! Bis bald! (I 3)
hay es befindet/-n sich (I 3.A-T)
hay lugar da ist Platz (I 6.A-T)
hay mucha marcha es ist viel los (IV 4.B-16)
Hay nubes. Es ist bewölkt. (II 1.A)
hay que man muss (I 7.B-T)
Hay una tormenta. Es gibt ein Gewitter. (II 1.A)
la heladería das Eiscafé (I 1.B-T)
el helado das Eis (Speiseeis) (I 1.A-T)
la herencia (cultural) das (Kultur-) Erbe (IV 4)
la herida die Verletzung (II 4.B-3)
herido/a verletzt (IV 1.A-11)
herir, violar, lastimarse verletzen (IV 4.A-3), (IV 5.B-4)
la hermana die Schwester (I 2.A-T)
el hermano der Bruder (I 2.A-T)
los hermanos die Geschwister (I 2.A-T)
hermoso/a schön (III 1.B-11-T)
el hielo das Eis, die Glätte (II 1.A)
la hija die Tochter (I 4)
el/la hijo/a der Sohn / die Tochter (I 4)
hispano/a spanisch (IV 5.A-12)
histórico/a historisch (III 1.B-11-T)
Hola Hallo! (I 1.A-T)
hombre der Mann (II 3.B-T)
el homicidio der Mord, die Tötung (IV 1.B-2)
honesto/a ehrlich, aufrichtig (III 3.B-6)
la hora die Stunde (I 5.B-T)
el horno der Ofen (II 2.B-10)
horrible schrecklich (I 8.B-9)
hospedarse en unterkommen in (III 5.A-13)
el hospital das Krankenhaus (II 4.A-13)
el hostal das Hostel (II 1)
el hotel das Hotel (II 1)
hoy heute (I 3.A-T)
hoy en día heutzutage (III 1.B-11-T)
la huelga de hambre der Hungerstreik (IV 5.B-T)
el hueso die Knochen (II 4.A-T), (II 5.B-6)
el huevo das Ei (I 7.B-T)
los huevos revueltos das Rührei (IV 1.A-4)
húmedo/a feucht (III 2)
el hundimiento das Absinken, der Einsturz (IV 1.B-2)

I

los íberos die Iberer (IV 4.B-11)
la idea die Idee (I 4.B-T)
la idea clave die Schlüsselidee (IV 4.A-8)
la identidad die Identität (IV 2.B-5)
la identificación die Identifikation (IV 4.A-7)
identificar identifizieren (IV 5.B-11)
identificarse con algo sich mit etwas identifizieren (IV 4)
el idioma die Sprache (I 2.A-6)
el idioma oficial, la lengua oficial die Amtssprache (IV 1.A-3), (IV 4.B-10)
la iglesia die Kirche (I 8)
igual egal, gleich (II 6.B-10)
iluminar beleuchten (III 2.A-8-T)
la imagen das Bild (III 6.B-5)
imaginarse algo sich etwas vorstellen (III 2.A-1-T)
impaciente ungeduldig (III 6.A-T)

impactante beeindruckend, umwerfend (IV 4.A-8)
el impacto der Einfluss, die Wirkung (IV 2)
el imperio das Reich, Imperium (III 1.B-11-T)
imponer auferlegen, aufzwingen (IV 3.A-T)
la importancia die Wichtigkeit (IV 2.B-4)
importante wichtig (I 7.A-T)
importar importieren (IV 3.A-6)
importar a alg. jdm. / für jdn. wichtig sein (III 3.A-6)
imposible unmöglich (III 3.B-2-T)
la impresión der Eindruck (III 3.A-10)
impresionante beeindruckend (I 8.A-T)
impresionar beeindrucken (IV 1.B-3)
imprevisto/a unvorhergesehen (IV 2)
impuntual unpünktlich (III 6.A-1)
el incidente der Vorfall, der Zwischenfall (IV 5.B-6)
inclinado/a schräg, geneigt (IV 1.A-6)
incluir beinhalten (II 2.A-T)
incómodo/a unbequem (IV 5.B-13)
incorporar aufnehmen, einfügen (IV 4.A-1)
increíble unglaublich (II 4.A-T)
indeciso/a unentschlossen (IV 4.A-7)
la independencia die Unabhängigkeit (IV 3.A-4)
hacerse independiente sich unabhängig / selbstständig machen (III 1)
independiente unabhängig, selbstständig (III 3)
independizarse unabhängig werden (IV 3.A-T)
indígena einheimisch, indigen (IV 1.A-11)
indispensable unumgänglich (III 3.A-8)
indoeuropeo/a indoeuropäisch (IV 4.B-10)
infantil kindisch, Kinds-, Kinder- (III 4.B-T), (IV 3.B-7)
las infidelidades die Untreue, Seitensprünge (IV 1.A-11)
la influencia der Einfluss (II 3.A-8)
influir en algo etw. beeinflussen (IV 2.B-4)
informarse informieren (II 3.A-T)
la informática die Informatik (I 3.B-T)
informativo/a informativ (IV 3)
la infusión der (Kräuter-) Tee (IV 3.B-7)
el ingenio azucarero die Zuckeranpflanzung (IV 3.A-6)
inglés Englisch (I 2.A-6)
el ingrediente die Zutat (IV 3.B-5)
ingresar einliefern (IV 3.B-6)
iniciar beginnen (IV 1.A-8)
iniciar (-se) beginnen (III 1.B-11-T)
injusto/a ungerecht, unfair (III 4.B-T)
la inmigración die Einwanderung (IV 3.B-5)
el/la inmigrante der/die Einwanderer/in (II 5.B-6)
inoficial inoffiziell (IV 5.A-12)
inolvidable unvergesslich (III 1)
inquietante beunruhigend (IV 5.A-12)
inscribirse einschreiben (II 3.A-T)
la inseguridad die Unsicherheit (IV 5.A-2)
insoportable unerträglich (III 2.A-1-T)
el insti(tuto), la secundaria die (weiterführende) Schule (I 3.B-T)
la institución die Einrichtung, die Institution (III 5.B-5)
el/la instructor/a der/die Trainer/in (IV 2.A-T)
el instrumento das Instrument (I 5)
insuficiente ungenügend, mangelhaft (IV 2.B-5)
insultar beleidigen (III 3.A-2)
integrarse sich integrieren (III 6.A-6)
intelectual intellektuell, gebildet (IV 1.A-7)
la inteligencia die Intelligenz (II 3.A-6)
intentar, versuchen (III 3.A-T)
la interacción die Interaktion (IV 2.A-T)
el intercambio der Schüleraustausch (III 1)
el interés das Hobby (II 4.A-9)
interesado/a, interesar interessiert, interessieren (III 1.A-1-T)
interesante interessant (I 4.B-T)
el interior der innere Bereich (IV 5.A-12)
interrumpir a alg. jdn. unterbrechen (III 1.A-T)
introducir a alguien jdn. vorstellen (IV 5.B-10)
introductorio/a einleitend (IV 3.A-6)
la inundación die Überschwemmung (IV 1.B-2)
invadir einmarschieren, einfallen (IV 3.A-T)
la invasión die Invasion (IV 3.A-T)
inventar erfinden (III 2.A-8-T)
invertir (e → ie) investieren, aufwenden (IV 2.B-5)
el invierno der Winter (II 1.A-2)
la invitación die Einladung (I 6.B-1)
el/la invitado/a der Gast (I 6.B-1)
invitar einladen (I 6.B-1)
ir gehen (I 5)
ir bien con gut passen zu (I 8.B-T)
ir en monopatín / montar skateboard Skateboard fahren (I 5)
irrelevante unwichtig (III 3.B-8)
irrenunciable unverzichtbar (III 6.B-T)
la isla die Insel (IV 1.A-8)
la Isla de Pascua / Rapa Nui die Osterinsel / Rapa Nui (IV 5.A-12)
el islote das Inselchen (IV 1.A-8)
Italia Italien (II 1)
italiano/a italienisch, der/die Italiener/in (I 2.A-6)
la izquierda linke Seite (I 3.B-T)

J

el jabón die Seife (IV 1.B-3)
jamás nie (wieder) (III 4.A-T)
el jamón der Schinken (I 7.B-T)
el jardín der Garten (I 6.A-9)
la jaula der Käfig (I 4.B-T)
el jefe der Chef (III 4.A-5)
el jersey das Sweatshirt (I 8.B-1)
el/la joven, los jóvenes der/die Jugendliche/r (II 1)
la joya das Schmuckstück (IV 1.A-11)
el judicial die Judikative (IV 4.A-3)
(el/la) judío/a der/die Jude / Jüdin, jüdisch (III 1.B-11-T)
los juegos de pelota die Ballsportarten (II 4.A)
el jueves der Donnerstag (I 5.B-T)
el/la jugador/a der/die Spieler/in (III 2.B-2)
jugar spielen (Sport und Spiel) (I 5)
el julio der Juli (I 6.B-2)
la jungla der Dschungel (III 2.A-8-T)
el junio der Juni (I 6.B-2)
juntarse con anschließen, treffen (II 6.B)
juntos/as zusammen, gemeinsam (I 7.A-T)
jurar schwören (III 4.A-T)
el/la jurista der/die Jurist/in (IV 3.A-T)
la (in-) justicia die (Un-) Gerechtigkeit (IV 4)
justo gerade (IV 1.A-8)
justo/a gerecht (II 6.B)
la juventud die Jugend (IV 4.B-T)

K

el kilómetro der Kilometer (II 1.B-3)
el kinder Kindergarten (II 4.A-9)

L

los labios die Lippen (IV 2.B-4)
la labor die Arbeit (IV 5.B-13)
el laboratorio das Labor (I 3.B-T)
el lago der See (II 5)
la lágrima die Träne (IV 1.A-11)
la laguna de conocimiento die Wissenslücke (IV 5.A-2)
la lámpara die Lampe (I 6.A-T)
lanzar werfen (II 4.A-3)
el lápiz (Pl: lápices) der Bleistift (I 3)
largo/a lang (I 4.A 6)
la lástima das Mitleid (II 7.A-T)
la lata die Dose (II 2.A-6)

el latín das Latein (III 5.B-5)
latinoamericano/-a lateinamerikanisch, aus Lateinamerika (II 3.A)
la leche die Milch (I 7.A-T)
la lechuga der Salatkopf (II 2.A-6)
leer lesen (I 3.A-T)
el legislativo die Legislative (IV 4.A-3)
lejos (de) weit weg (von) (I 7.A-T)
la lengua extranjera die Fremdsprache (IV 4.B-11)
la lengua materna die Muttersprache (IV 2.A-T)
lento/a langsam (II 2.A-2)
el león der Löwe (II 5)
la lesión die Verletzung (IV 1.A-11)
la letra der (Lied-) Text (IV 5.B-11)
levantarse aufstehen (I 7.A-T)
la ley das Gesetz (IV 2.B-2)
la leyenda die Legende (III 5.A-T)
liberarse sich befreien (IV 3.A-6)
la libertad de expresión die freie Meinungsäußerung (IV 3.A-T)
la libertad de reunión die Versammlungsfreiheit (IV 4.A-3)
libre frei (I 7.B-T)
el libro das Buch (I 3)
liderar (an-) führen (IV 4.A-3)
ligar flirten (III 1.B-8)
ligero/a leicht (Speise) (II 2.B-T)
lila lila (I 8.B-4)
limitar con angrenzen an (II 5)
limitarse a sich beschränken auf (III 1.A-1-T)
el límite die Grenze, die Beschränkung (IV 4.A-9)
limítrofe angrenzend, Grenz-, Nachbar- (IV 4.B-10)
el limón die Zitrone (II 2.B-2)
limpiar saubermachen (III 2.A-1-T)
limpio/a sauber (III 5.A-8)
lindo/a schön (II 1.B-3)
en línea online (III 4)
lingüístico/a sprachlich (IV 4)
el lío das Durcheinander (I 6)
el pelo liso das glattes Haar (I 4.A-6)
la lista die Liste (I 3)
la lista de la compra die Einkaufsliste (I 6.B-T)
listo/a klug, bereit, fertig (I 4.A-T), (III 4.A-5)
la literatura die Literatur (III 1.B-11-T)
el litro der Liter (II 2.A-6)
la llama das Lama (II 5)
la llamada der Anruf (IV 1.A-T)
llamar rufen (I 5.B-T)
llamar la atención a alg. jds. Aufmerksamkeit erregen, jdn. interessieren (III 3.A-2)
llamar por teléfono anrufen (I 5.B-T)
llamarse heißen (I 2.B-T)
la llegada die Ankunft (III 1.B-T)
llegar ankommen (I 6.A-T)
llegar a saber erfahren (III 5.A-11)
lleno/a voll (II 2.B-5)
llevar mitbringen, mitnehmen (II 2.A-3)
llevar (+ gerundio) etwas seit (Zeitraum) tun (III 5.B)
llevar (+ tiempo + infinitivo) (Zeit) benötigen (III 5.A-T)
llevarse bien gut miteinander auskommen (III 3.A-6)
llorar weinen (II 7.A-T)
llover regnen (II 1.A)
la lluvia der Regen (II 1.A-2)
lluvioso/a regnerisch (III 2.A-3)
lo más pronto posible so schnell wie möglich, schnellst-möglich (IV 1.A-T)
Lo siento. Tut mir leid. (I 5.A-T)
loco/a verrückt (I 4.B-T)
el lodo der Lehm, der Schlamm (IV 1.A-8)
lograr erreichen (II 4.A-10)
el logro die Errungenschaft (II 4.A-9), (III 2.A-8-T)
el lugar Platz, Ort (I 6.A-T)
la luna der Mond (III 2.A-8-T)
la luna de miel die Flitterwochen (IV 3.B-7)
el lunes der Montag (I 5.B-T)
la luz das Licht (II 6.A)

M

la madera das Holz (II 6.A-T)
la madre / mamá die Mama, die Mutter (I 2.A-T)
el/la madrileño/a der/die Einwohner/in von Madrid (III 6.B-T)
maduro/a reif (IV 2.B-1)
mágico/a magisch, zauberhaft (III 6.B-T)
magnífico/a herrlich, großartig (IV 4.B-16)
la magnitud hier: die Stärke (IV 1.B-6)
el maíz der Mais (II 2.A-6)
majo/a, bueno/a, simpático/a nett (II 2.A-T)
el mal humor die schlechte Laune (II 6.B)
la mala suerte das Pech (II 4.B-6)
la maleta die Koffer (I 8.B 2)
malgastar verschwenden (IV 5)
malo/a schlecht (II 1.A-7)
el maltrato animal die Tierquälerei (IV 2.B-T)
mañana morgen (I 2.A-T)
la mañana der Morgen (I 5.B-4)
mandar schicken (II 1.A)
al mando de unter der Herrschaft von (III 1.B-11-T)
el mango die Mango (II 2.A-6)
la manifestación die Demonstration (IV 5.A-12)
el/la manifestante der/die Demonstrant (IV 5.B-1)
manifestarse demonstrieren (IV 5)
la mano die Hand (II 3.B-T)
el mantenimiento die Wartung, die Instandhaltung (IV 2.A-T)
la manzana der Apfel (III 2.A-8)
el mapa die (Land-) Karte (I 3.A-3)
los mapuche die Mapuche (IV 5.A-T)
el maquillaje die Schminke (III 5.A-7)
maquillarse schminken (II 1.A)
el mar das Meer (I 1.A-T)
la maravilla das Wunder (II 1.B-3)
maravilloso/a wunderbar, herrlich (IV 5.A-12)
la marcha das Nachtleben (I 8.A-T)
el marco der Rahmen (IV 2.A-T)
el marino der Seemann (IV 5.A-9)
la mariposa der Schmetterling (III 3.A-T)
marrón braun (I 8.B-4)
el martes der Dienstag (I 5.B-T)
el marzo der März (I 6.B-2)
más plus (II 2.A)
más bien eher, ziemlich (III 6.B-5)
más despacio langsamer (I 3.A-T)
la mascota das Haustier (I 2.B-T)
las Matemáticas Mathematik (Fach) (II 7.A-T)
el material das Material (III 2.A-8-T)
el matrimonio die Heirat, die Ehe (IV 3.A-1)
máximo/a maximal, Höchst- (III 2.A-1-T)
(el/la) maya Maya-, der/die Maya (III 2)
el mayo der Mai (I 6.B-2)
la mayonesa die Mayonnaise (IV 3.B-7)
la mayoría die Mehrheit (III 2.A-8-T)
Me lo estoy pasando bomba Ich habe großen Spaß, Es gefällt mir sehr (IV 3.B-1)
media noche die Mitternacht (II 6.A)
el medicamento das Medikament (IV 3.A-2)
la medicina die Medizin (III 1.B-11-T)
el médico der Arzt (II 4.B)
medieval mittelalterlich (III 5.B-2)
el medio ambiente die Umwelt (IV 2.B-2)
medio kilo de … ein halbes Kilo … (II 2.A-6)
el mediodía der Mittag (I 7.A-1)
a/al mediodía mittags (I 7.A-1)
los medios die Medien (III 4.A-2)
medir (e → i) messen (III 5.A-12)
el Mediterráneo das Mittelmeer, der Mittelmeerraum (IV 4.A-8)
la mejilla die Wange (IV 2.B-4)

mejorar verbessern (III 6.A-9)
el/la mellizo/a der Zwilling, Zwillings- (I 2.A-T)
el melocotón der Pfirsich (II 2.A-6)
la melodía die Melodie (II 3.A-7)
el melón die Melone (II 2.A-6)
la memoria der Speicher (III 4.A-7)
mencionar erwähnen (III 6.B-3)
menos außer (II 2.A)
menos cuarto viertel vor (I 5.B-T)
el mensaje die Nachricht (I 5.B-2)
mensual monatlich (III 2.A-3)
la mentalidad die Mentalität (IV 3.A-2)
mentir (e à ie) lügen (III 3.B-9)
mentiroso/a verlogen, unehrlich (III 3)
el menú das Menü (IV 3.B-5)
el mercadillo der Flohmarkt (I 8.B-T)
el mercado der Markt (I 8)
el mercado común der gemeinsame Markt (IV 4)
la mercancía die Ware (IV 3.A-2)
la merienda die Vesper (IV 3.A-8)
la mermelada die Marmelade (I 7.A-T)
el mes der Monat (I 6.B-2)
la mesa der Tisch (I 3.A-3)
la mesilla de noche der Nachttisch (I 6.A-2)
mestizo/a mestizisch, der/die Mestize (IV 1.A-11)
el metro die U-Bahn (I 8.A-10)
metropolitano/a Hauptstadt-, Großstadt- (IV 1.A-9)
mexicano/a mexikanisch, Mexikaner/in (II 1.B-3)
la mezcla die Mischung (IV 3.B-5)
mi mein/e (I 2.A-T)
el miedo die Angst (II 2.A-2)
miedoso/a ängstlich (III 6.A-2)
el miembro de la familia das Familienmitglied (III 1.B11-T)
mientras währenddessen (I 8.A-T)
mientras tanto inzwischen, derweil (II 5.B-1)
el miércoles der Mittwoch (I 5.B-T)
migratorio/a Wanderungs- (IV 5.A-11)
militar militärisch (IV 3.A-T)
la mina die Mine (IV 3.A-6)
minoritario/a Minderheiten-, in der Minderheit (IV 4.B-12)
mirar (an) sehen (I 3)
el misil nuclear *(auch: el mísil)* die nuklear Rakete (IV 3.A-T)
al mismo tiempo gleichzeitig (II 4.A-T)
el/la mismo/a der (-selbe) / die (-selbe) / das (-selbe) (III 1.B-11-T)
la mitad die Hälfte (III 2.B-2)
el moai Moai *(Statue auf Rapa Nui / Osterinsel)* (IV 5.A-12)
la mochila der Schulranzen (I 3)
la moda die Mode, modern (IV 2.B-1)
la modalidad die Form (IV 4.B-10)
moderado/a gemäßigt (II 2.A-2)
moderno/a modern (I 8.B-3)
modesto/a einfach, bescheiden (III 2.A-8-T)
molar mucho total toll/super sein (I 8.A-T)
molestar stören (III 2.A-1-T)
el momento der Moment (I 2.A-T)
la monarquía die Monarchie (IV 4.A-T)
la moneda die Währung (IV 4)
la montaña der Berg, das Gebirge (II 5)
montañoso/a bergig (IV 5.A-12)
montar aufbauen (III 4.A-5)
montar a caballo reiten (I 5)
montar una fiesta *(ugs.)* eine Party schmeißen (IV 5.B-8)
un montón (de) viele, eine Menge (von) (I 8.B-4)
el monumento das Denkmal (I 8)
moreno/a dunkel (Haare oder Haut) (I 4.A-T) (II 1.B)
morir sterben (II 4.A-9)
la mortalidad die Sterblichkeit (IV 3.B-8)
mostrar (o → ue) deuten auf (II 4.B-3)
motivador/a motivierend (IV 4.A-8)
el motivo der Grund, das Motiv (IV 2.A-6)
moverse sich bewegen (II 3.B-8)
el móvil das Handy (I 3.B-T)
la movilidad die Mobilität (IV 4)
la movilización die Bewegung, die Mobilisierung (IV 5.B-4)
el movimiento die Bewegung (IV 1.A-7)
mucho/a/os/as sehr, viel/e (I 4.A-T)
el mueble das Möbelstück (I 6.A-T)
la muerte der Tod (III 3)
la mujer die Frau (I 4.A-T)
el mundial die Weltmeisterschaft (IV 5.A-T)
el mundo Welt (I 7)
el mural das Wandbild (III 6.B-5)
la muralla (de la ciudad) die Stadtmauer (III 1.B-11-T)
el muro die Mauer (IV 1.A-7)
musculoso/a muskulös (III 3.A-6)
el museo das Museum (III 5.A-12)
la música die Musik (I 1.A-T)
el/la músico/a der/die Musiker/ in (IV 3)
(el/la) musulmán, musulmana muslimisch, der/die Moslem / Muslima (III 1)
muy sehr (I 1.A-T)

N

nacer geboren werden (II 4.A-9)
la nación die Nation (IV 4)
la nacionalidad die Staatsangehörigkeit, die Nationalität (IV 4)
nacionalista nationalistisch (IV 4.A-T)
nada gar nicht (I 5.A-T)
Nada de eso. Nichts da! (II 2.A-T)
nadar schwimmen (I 5)
nadie niemand (II 2.A-T)
la naranja die Orange (I 7.A-T)
el narcotráfico der Drogenhandel (IV 1.A-T)
la nariz die Nase (II 4.B-3)
el/la narrador/a der/die Erzähler/in (IV 4.B-11)
narrativo/a narrativ (IV 3)
la natación das Schwimmen (II 4.A)
la naturaleza die Natur (III 5.A-6)
navegar por la red im Internet surfen (III 4.A-T)
la Navidad Weihnachten (III 5.A-T)
necesario/a notwendig (III 3.A-T)
necesitar brauchen (I 3)
negar verneinen (II 3.A)
la negociación die Verhandlung (IV 3.A-T)
negro/a schwarz (I 8.B-1)
nervioso/a nervös (III 6.A-6)
neutral neutral (IV 5.B-10)
nevar schneien (II 1.A)
Ni idea. Keine Ahnung. (II 2.B-T)
ni la menor idea nicht die geringste Ahnung (IV 2.B-8)
Ni modo. Macht nichts!, Halb so schlimm! (II 2.A-10)
la niebla der Nebel (II 1.A)
el/la nieto/a der/die Enkel/in (I 4)
la nieve der Schnee (II 1.A)
ningún, ninguno/a kein/e/r (II 3.A-T)
el/la niño/a Kind (II 2.B-10)
no ... ni ... weder ... noch ... (II 2.B-T)
no es para tanto Halb so schlimm (II 4.B)
No pasa nada. Macht doch nichts. (I 5.A-T)
No te preocupes. Mach dir keine Sorgen. (II 7.A-T)
la nobleza der Adel (III 2.A-8)
la noche die Nacht (I 5.B-4)
(la) Nochevieja Silvester (III 6.B-T)
el nombre der Name (I 5.B-T)
nórdico/a nordisch (IV 4.B-16)
normal normal (I 7.A-T)
el noroeste der Nordwesten (II 5.A-4)
el norte der Norden (II 1.A)
Nos vemos. Wir sehen uns! (I 5.B-T)
nosotros/as wir (I 2.A-5)
la nota die Note (II 1.A)
los/las notables die Amtsträger (IV 5.B-9)
el noviembre November (I 6.B-2)
el/la novio/a feste/r Freund/in (I 4)
la nube die Wolke (II 1.A)
nuestro/a unser/e (I 3.B-T)
nuevo/a neu (I 4.A-4)

numeroso/a zahlreich (III 6.B-T)
nunca nie (I 5.A-T)

O

o (u) oder (I 7.A-9)
o … o entweder … oder (III 6.B-9)
el objetivo das Ziel (III 6.A-10)
objetivo/a objektiv (IV 5.B-10)
la obligación die Pflicht (IV 1.A-9)
obligatorio/a Pflicht-, obligatorisch (III 6)
la obra das Kunstwerk (IV 1.A-11)
observar beobachten (III 2.A-7)
el obstáculo das Hindernis (II 4.A-3)
obtener erhalten (IV 2.B-4)
occidental westlich, West- (IV 2.A-5)
el ocio die Freizeit (III 5.A-12)
el octubre der Oktober (I 6.B-2)
ocupar besetzen, einnehmen (III 6.B-5)
ocuparse de kümmern um (II 5.B-T)
ocurrir sich ereignen, geschehen (IV 1.B-6)
odiar algo hassen (II 2.B-T)
ofenderse beleidigt sein (IV 2.B-8)
ofensivo/a beleidigend (III 3.A-2)
oficial offiziell, amtlich (III 5.B-6)
la oficina das Büro (III 6)
ofrecer anbieten (II 2.A-T)
oír hören (II 4.A-T)
ojalá hoffentlich, schön wär's (II 7.A-T)
el ojo das Auge (II 4.A-T)
oler (o → ue) riechen, duften (III 3.A-T)
el olor der Geruch (III 5.B-4)
olvidar vergessen (III 3.A)
once elf (I 2.A-T)
la opción die Wahl (-möglichkeit), die Option (IV 1.A-T)
la operación die Operation, OP (IV 1.A-11)
opinar Meinung äußern, meinen (II 5.A-1)
la opinión die Meinung (II 2.A-1)
el/la oponente der/die Gegner/in (IV 4.A-3)
oponerse sich widersetzen, widersprechen, dagegen sein (IV 4.B-8)
la oportunidad die Gelegenheit (II 3.A-T), (III 1.A-1-T)
la oposición die Opposition, der Widerstand (IV 5.B-9)
el/la opositor/a der/die Gegner/in, der/die Oppositionelle (IV 5.B-10)
la opresión die Unterdrückung (IV 4.A-3)
oprimir unterdrücken (IV 4.A-3)
optimista optimistisch (IV 4.A-7)
el orden der Befehl (IV 1.A-8)
ordenado/a aufgeräumt (I 6.A-7)
el ordenador der Computer (I 3.B-T)
ordenar ordnen (I 6.A-T)
la oreja das Ohr (II 2.B-T)
el orfanato das Waisenhaus (IV 1.B-3)
la organización de jóvenes die Jugendorganisation (II 1)
organizar einrichten (I 6.A-T)
organizarse sich organisieren (III 2.A-8)
organizativo/a organisatorisch (IV 5.B-13)
orgulloso/a stolz (IV 1.A-7)
orientarse sich orientieren, sich zurechtfinden (IV 1.A-2)
el origen der Ursprung (II 3.A-6)
oscuro/a dunkel (I 8.B-4)
el otoño der Herbst (II 1.A-2)
otra vez noch einmal (I 3.A-T)
otro/a ein anderer / anderes / eine andere (I 4.A-T)
¡Oye! Hör mal! (I 3.B-T)

P

pacífico/a friedlich (III 5.B-5)
el padre / papá der Papa, der Vater (I 2.A-T)
pagar bezahlen (II 2.B-11)
la página die Seite (I 3.A-T)
el país, das Land (II 1.A-10)
el paisaje Landschaft (II 5)
la palabra das Wort (I 3.A-T)
el palacio der Palast (II 1.B)
pálido/a bleich (II 4.B-4)
las palomitas das Popcorn (III 3.A-T)
la pampa die Pampa (argentinisches Grasland) (II 5)
el pan das Brot (I 7.A-T)
la pandilla (ugs.) die Clique (III 4.B-5)
el panqueque der Pfannkuchen (IV 5.A-14)
la pantalla plana der Flatscreen (IV 3.B-8)
los pantalones die Hose (I 8.B-1)
la pantilla die Einlegesohle (IV 3.A-8)
el papagayo der Papagei (II 5)
jugar un papel eine Rolle spielen (III 3.B-T)
el papel higiénico das Toilettenpapier (III 5.A-7)
la papelera der Papierkorb (I 3.A 3)
el paquete das Paket (II 2.A-T)
un par de einige (III 1.A-T)
para für (I 1.A-T)
para nada überhaupt nicht (II 2.B-T)
la parada die Haltestelle (I 8.A-8)
el paraguas der Regenschirm (III 5.A-7)
parar aufhören (II 5.B-T)
pararse stehen bleiben (II 3.B-T)
parecido/a a ähnlich (III 1.B-9)
la pared die Wand (I 3.A-3)
la pareja ideal der/die Traummann / Traumfrau (III 3.A-6)
el paro (juvenil) die (Jugend-) Arbeitslosigkeit (IV 2.A-5)
el parque der Park (I 1.B-T)
el parque acuático das Erlebnisbad (II 2.A)
el parque de ocio der Freizeitpark (II 2)
el parque temático der Themenpark (IV 3.B-9)
la parte der Teil (II 1.B-3)
la participación die Teilnahme (IV 5.B-12)
el/la participante der/die Teilnehmer/in (III 1)
participar teilnehmen (II 3.A)
el partido das Match (I 7.A-T)
el partido die Partei (IV 4.A-3)
a partir de … von … an (III 1.B-11-T)
la pasada der Wahnsinn, der Hit (I 5.A-T)
pasado/a vergangen, vorherig (II 2.A-T)
de pasada *(auch: de paso)* nebenbei (IV 5)
el pasaporte der Reisepass (III 5.A-7)
pasar verbringen (I 4.B-T)
pasar a übergehen zu (IV 3.A-6)
pasar por vorbeigehen an (I 8.A-T)
pasarlo bomba eine tolle Zeit haben (II 5.B-T)
pasárselo genial tolle Zeit haben (II 1.B)
pasear spazieren (II 6.A-T)
el paseo der Spaziergang (III 1.B-3)
la pasión die Leidenschaft (III 6.B-9)
pasivo passiv (IV 2.B-3)
la pasta de dientes die Zahnpasta (III 5.A-7)
el pastel der Kuchen, das Gebäck (IV 3.B-7)
la pastilla die Tablette (II 4.B-4)
la patata die Kartoffel (I 7.B-T)
patinar Schlittschuh fahren (II 4.A-3)
el patio der Innenhof (I 3.B-T)
la paz der Frieden (IV 2.B-10)
el pecho die Brust (III 5.A-13)
pedir bitten (I 7.B-2)
pedir una beca ein Stipendium beantragen (IV 2.A-4)
pegadizo/a eingängig, im Gedächtnis bleibend (IV 5.B-10)
el peinado die Frisur (II 5.B-T)
peinarse kämmen (I 7.A-T)
pelearse streiten (I 7.A-T)
la película (peli) der Film (I 5.A-2)
el peligro die Gefahr (III 4)
peligroso/a gefährlich (II 4.A-T)
el pelo das Fell, die Haare (I 4.A-T)
la pelota der Ball (II 4.A-T)
me da pena que (+ subjuntivo) es tut mir weh / macht mich traurig, dass (III 3.B-2-T)

la península ibérica die Iberische Halbinsel (III 1.B-11-T)
el pensamiento der Gedanke (III 6.A-1)
pensar denken, vorhaben (II 2.A-1)
el pepino die Gurke (II 2.A-6)
pequeño/a klein (I 4.A-T)
la pera die Birne (II 2.A-6)
perder verlieren (II 3.A-6)
perderse verlaufen (II 6.B-5)
perdérselo todo alles verpassen (II 3.B-T)
la pérdida die Verschwendung, der Verlust (IV 5.A-2)
¡Perdón! Entschuldigung! (I 3.A-T)
el/la peregrino/a, peregrinar, la peregrinación der/die Pilger/in, pilgern, die Pilgerfahrt (III 5)
perezoso/a faul (II 6.A-6)
perfecto/a perfekt (I 8.A-8)
perforado/a durchlöchert (IV 3.A-8)
el período *(auch: el periodo)* der Zeitraum, die Periode (IV 2.A-T)
el periquito der Wellensittich (I 2.B-T)
el permiso die Erlaubnis (IV 4.A-9)
pero aber (I 2.A-T)
la perra die Hündin (I 2.B-T)
el perro der Hund (I 2.B-T)
la persecución die Verfolgung (IV 5.B-2)
la persona die Person (I 4.A-T)
la persona de confianza die Vertrauensperson, verlässliche Person (IV 1.A-T)
personal persönlich (II 3.A-7)
la personalidad die Persönlichkeit (IV 2.B-1)
pertenecer a gehören zu (III 2.A-8-T)
la pertenencia die Zugehörigkeit (IV 4.A-T)
la pesadilla der Albtraum (II 7.A-T)
pesado/a nervig, schwer (I 4.A-4), (III 5.A-7)
pesar wiegen (III 2.A-10)
el pescado der Fisch (Speise) (I 8.A-T)
el pescaíto frito der frittierte Fisch (II 6.A-6)
el/la pesimista der/die Pessimist/in (IV 5.B-10)
el peso das Gewicht (III 5.A-13)
las pestañas die Wimpern (IV 2.B-4)
la petición die Petition (IV 5.B-13)
el pétroleo das (Erd-) Öl (IV 3.A-6)
el pez (Pl: peces) der Fisch (Tier) (I 2.B-T)
el piano das Klavier (II 3.A-7)
picante scharf (II 1.B-3)
picar scharf sein, auf der Zunge brennen (II 1.B-3)
el pícnic Picknick (II 2.A-T)
el pie der Fuß (I 8.A-10)
la piedra der Stein (III 2.A-1-T)
la piel die Haut (II 1.B)
la pierna das Bein (II 4.B-3)
la pieza das Stück, das Teil (III 6.B-5)
la pila die Batterie, der Akku (III 4.A-7)
el/la piloto/a Pilot/in (I 2.A-T)
el pimiento die Paprika (II 2.A-6)
la piña die Ananas (II 2.A-6)
la piñata Piñata (II 1.B-3)
el ping pong das Pingpong, das Tischtennis (IV 3.B-9)
el pingüino Pinguin (II 5)
pintar anmalen (II 5.B-6)
el/la pintor/a der/die Maler/in (III 6.B-5)
la pintura die Malerei (III 2.A-8)
la pirámide die Pyramide (II 1.B-3)
el piropo das Kompliment (III 3.A)
la piscina das Schwimmbad, -becken (III 5.A-13)
el piso compartido die Wohngemeinschaft, die WG (IV 4.A-11)
la pizarra die Tafel (I 3.A-T)
el plan, el plano der Plan (II 3.B-2), (III 5)
planchar bügeln (IV 4.B-T)
planear algo planen (II 2.A-T)
planeta der Planet (III 4.A-T)
la planta die Pflanze (II 5.A-T)
la plantación die Plantage (IV 3.A-6)
plantear temas Themen aufwerfen (IV 5.B-10)
la plástica die Plastik, die Bildhauerkunst (IV 3.B-10)
el plátano die Banane (I 7.A-T)
el plato das Gericht (II 2)
el plato fuerte, el plato principal das Hauptgericht (II 2.B-2), (IV 5.A-14)
la playa der Strand (I 1.A-T)
la plaza Platz (I 1.B-T)
la pluma der Füller (I 3)
la población die Bevölkerung (III 2.A-8-T)
el poblado die Siedlung, das Dorf (IV 3.B-9)
poblado/a bewohnt, besiedelt (IV 1.B-8)
pobre arm (I 4.B-T)
la pobreza die Armut (IV 1.B-3)
un poco (de) ein bisschen (von) (I 2.A-T)
a pocos metros de … ein paar Meter entfernt von … (I 8.A-2)
poder können (in der Lage sein) (I 5.B-T)
el poder die Macht (III 5.B-5)
poderoso/o stärker (III 3.B-T)
el poema das Gedicht (III 1.B-10)
el/la poeta der/die Dichter/in (III 1.B-10)
polaco polnisch (I 2.A 6)
el/la policía der/die Polizist/in (II 6.B-6)
el polideportivo die Sportanlage (I 5.A-T)
la polio(mielitis) die Poliomyelitis, die Kinderlähmung (IV 1.A-11)
la política die Politik (IV 2.B-1)
el/la político/a der/die Politiker/in (III 5.A-9)
político/a politisch (IV 4.A-3)
el polo opuesto der Gegenpol (IV 2.B-8)
poner setzen, stellen, legen (I 5.B-T)
poner la mesa den Tisch decken (I 6.B-9)
ponerse … (+ adjetivo) … werden (III 3.A-3)
ponerse a hacer algo anfangen etwas zu tun (III 5.A-5)
ponerse la ropa sich anziehen (I 7.A-3)
popular beliebt, berühmt (II 6.A)
la popularidad die Beliebtheit (IV 2.B-5)
el populismo der Populismus (IV 4.A-8)
por wegen (II 2.A-T)
por (lo) tanto deshalb (III 6.A-T)
por debajo de, debajo de unter (I 6), (IV 4.A-7)
por ejemplo zum Beispiel (I 8.B-3)
por eso daher (II 1.A)
por favor bitte (I 1.B-T)
por fin endlich (I 3.B-T)
por internet über Internet (I 4.A-T)
por lo general normalerweise, üblicherweise (III 1.A-T)
por lo menos mindestens (IV 2.A-8-T)
Por qué Weshalb? (I 4.B-T)
por supuesto selbstverständlich (III 1.B-T)
por todas partes überall (II 5.B-6)
Por un lado … por otro lado … Auf der einen Seite … auf der anderen Seite … (II 3.A-4)
el porcentaje die Prozentzahl (IV 2.A-5)
porque weil (I 4.B-T)
portugués portugiesisch (I 2.A-6)
la posibilidad die Möglichkeit (III 1)
posible möglich (II 2.A-3)
positivo/a positiv (IV 2.B-1)
el póster das Poster (I 6.A 4)
el postre der Nachtisch (II 2.B-T)
el potencial das Potential (IV 5.B-12)
el pozo der Brunnen (IV 1.B-2)
practicar / hacer atletismo Leichtathletik machen (II 4.A)
practicar deporte Sport treiben (II 4.A)
las prácticas (Pl.!) das Praktikum (III 6)

práctico/a praktisch (III 4)
el precio der Preis (Kosten) (III 1.A-1-T)
precioso/a prächtig, wunderschön (III 6.B-T)
preferir bevorzugen (I 7.A-T)
preguntar a fragen (I 3.A-4)
prehispánico/a vor der Ankunft der ersten Spanier auf dem amerikanischen Kontinent (III 2)
el prejuicio das Vorurteil (III 1.A-T)
el premio der Preis, die Auszeichnung (II 3.A-2)
el Premio Nobel de la Paz der Friedensnobelpreis (IV 4.A-T)
las prendas de ropa das Kleidungsstücke (II 5)
la prensa die Presse (IV 3.A-T)
preocupado/a por besorgt um (II 4.A-2)
preocuparse de algo sich um etwas sorgen, kümmern (III 4)
preparar vorbereiten (I 6.B-T)
presentar vorstellen (I 6.B-1)
presentarse hier: sich bewerben (III 6)
la presión der Druck (IV 5.B-9)
prestar (aus) leihen (II 2.A)
prestar atencion, fijarse en algo, tener cuidado aufpassen (II 4.B), (III 1.B-11-T), (IV 5.A-T)
presumido/a eingebildet (III 3)
presumir de algo angeben mit (II 3.B-T)
la primaria die Grundschule (II 7.A-2)
la primavera der Frühling (II 1.A-2)
primero zuerst, als erstes (I 7.A-T)
los primeros auxilios die Erste Hilfe (IV 2.A-T)
el/la primo/a der/die Cousin/e (I 4)
la princesa die Prinzessin (II 5.B-T)
principal Haupt- (III 2.A-8-T)
principalmente, sobre todo vor allem (II 6.A)
el principio der Anfang, der Beginn (III 1.B-T)
privado/a privat (III 5.A-12)
privilegiado/a privilegiert (IV 1.B-3)
proactivo/a proaktiv (IV 5.B-13)
probable wahrscheinlich (III 4.B-8)
el probador die Umkleidekabine (I 8.B-T)
probar versuchen (I 7.B-T)
probarse anprobieren (I 8.B-T)
el problema das Problem, die Schwierigkeit (III 2)
el proceso der Prozess (IV 2.B-10)
la producción die Produktion (IV 4.A-T)
producirse geschehen, sich ereignen (IV 3.A-6)
la profesión der Beruf (II 4.A-9)
profesional beruflich, professionell Arbeits- (IV 2)
el/la profesor/a (profe) der/die Lehrer/in (I 3.A-T)
profundo/a tief, umfassend (III 5.B-6)
el programa das Programm (II 3.A)
prohibido/a verboten (IV 2.A-8-T)
prohibir verbieten (IV 3.A-6)
la promesa das Versprechen (IV 5.B-10)
prometer versprechen (II 2.A-12)
promocionarse aufsteigen, sich vermarkten (IV 2)
el pronóstico (del tiempo) die Wettervorhersage (II 1.A-2)
pronto schnell, bald (I 3)
propio/a eigen (IV 4.B-T)
proponer vorschlagen (III 1.B-T)
proporcionar versorgen (IV 5.B-12)
la prostitución die Prostitution (IV 3.A-T)
el/la protagonista die Hauptperson, Hauptdarsteller/in (II 3.A-6)
la protección der Schutz (IV 4.B-10)
proteger contra schützen vor (III 1.B-11-T)
la protesta der Protest (IV 5)
protestar contra algo gegen etw. protestieren (IV 5)
provenir de herkommmen, stammen aus (IV 2)
el proverbio die Redewendung (IV 4.B-2)
la provincia die Provinz (IV 5.A-12)
provocar hervorrufen, auslösen (III 2.A-8-T)
la próxima vez nächstes Mal (II 1.B-3)
publicar herausgeben (III 3.B-9)
la publicidad die Werbung (IV 2.A-T)
en público vor Publikum (II 3.A-T)
el pueblo die Kultur, das Volk (III 2.A-1-T)
el pueblo das Dorf (I 8.A-T)
el puente die Brücke (I 8)
la puerta die Tür (I 3.A-3)
el puerto der Hafen (II 5.B-6)
pues nun ja (I 2.A-T)
el puesto der Stand (I 8.A-T)
el puesto de prácticas der Praktikumsplatz (III 6.A-9)
el puesto de trabajo der Arbeitsplatz (IV 2.A-2)
el pulpo der Tintenfisch (III 1.A-T)
el puma der Puma (II 5)
el punto der Punkt (II 3.A-T)
el punto de encuentro der Treffpunkt (II 6.B)
el punto de reunión der Sammelpunkt, der Treffpunkt (IV 1.A-4)
el punto de vista der Standpunkt (III 3.B-2)
puntual pünktlich (III 3.A-5)
puntuar landen, punkten (IV 4.A-7)
puro/a rein, pur (IV 5.A-2)

Q

Qué Welche/r/s? (I 1.A-T)
¡Qué …! Was für ein/e … ! (I 2.A-T)
¡Qué alegría! Ich freue mich! (II 5.B-T)
¡Qué barbaridad! Wie gemein! (II 1.A)
¡Qué casualidad! Was für ein Zufall! (I 6.B-T)
¡Qué chulada! Wie toll! (II 1.B)
¡Qué emoción! Wie schön! (I 6.B-T)
¡Qué envidia! Ich beneide dich! (II 1.B-3)
¿Qué hora es? Wie spät ist es? (I 5.B-4)
¡Qué lástima! ¡Qué pena! Wie schade! (II 1.B-3), (II 2.A-T)
¿Qué más da? Was soll's? (IV 4.B-T)
¡Qué miedo me da! Ich habe solche Angst! (IV 1.A-T)
¡Qué no se vaya, por favor! Sie soll bitte nicht gehen! (IV 1.A-T)
¡Qué palo! Wie schrecklich! (II 6.B)
¡Qué presumido! Du Angeber! (II 3.B-8)
¡Qué rabia! Wie ärgerlich! (II 6.B)
¡Qué rollo! Wie langweilig! (II 1.A)
¡Qué suerte! Was für ein Glück! (I 6.B-T)
¡Qué susto! Was für ein Schreck! (II 4.A)
¿Qué tal? Wie geht's? (I 1.A-T)
¡Qué va! Blödsinn! (I 3.B-T)
quedar (con alguien) übrig bleiben, übrig sein (II 2.A-T)
quedar lejos / cerca weit entfernt / nahe liegen (IV 4.B-16)
quedarle bien a alguien jemandem gut stehen (I 8.B-T)
quedarse (+ gerundio) etwas weiterhin tun (III 5.A-5)
quedarse borracho betrunken werden (II 5.A-T)
quedarse sorprendido/a con überrascht sein von (III 2.A-8-T)
quejarse de algo sich über etwas beschweren (III 1.B-16)
quemado/a verbrannt, verkohlt, mit Sonnenbrand (II 2.B-T)
querer lieben (I 5.B-T)
querido/a liebe/r (I 7.B-T)
la quesadilla der Quesadilla (*gefüllte Maisfladen*) (IV 1.A-4)
el queso der Käse (I 7.B-T)
¿Quién(es)? Wer? (I 4.A-T)
la Química Chemie (Fach) (II 7.A-6)
quince fünfzehn (I 2.A-T)
el quiosco der Kiosk (I 8)

quitarle algo a alg. jdm. etwas wegnehmen (III 4.A-T)
quizás, tal vez vielleicht (I 4.B-T), (II 5.B-T)

R

me da rabia que (+ subjuntivo) es macht mich wütend, dass (III 3.B-6)
la ración die Portion (II 2.B-T)
radicar bestehen, beruhen auf (IV 2.B-5)
la radio das Radio (IV 5.B-12)
la raíz die Wurzel (IV 1.A-8)
rápido/a schnell (II 2.A-2)
raro/a seltsam, merkwürdig (III 1.A-T)
el rato die Weile (I 6.A-T)
la reacción die Reaktion (II 4.A-2)
reaccionar reagieren (II 4.B)
real echt, real (IV 2.B-4)
en realidad eigentlich, in Wirklichkeit (III 6.B-9)
realista (m. + f.) realistisch (III 3.B-10)
realizar realisieren, durchführen (IV 2)
realizarse geschehen, verwirklicht werden (IV 4.A-1)
rebelde rebellisch (III 3)
el recargo der Aufschlag (IV 4.A-9)
la receta das Rezept (IV 2.B-T)
rechazar ablehnen (III 1.B-3)
el rechazo die Zurückweisung, die Ablehnung (IV 2.B-5)
recibir bekommen (II 3.A-2)
recibir a alg. jdn. aufnehmen (III 1)
recibir el alta (aus dem Krankenhaus) entlassen werden (IV 3.B-8)
reciclar recyclen, wiederverwerten (IV 3.A-2)
recién kürzlich (IV 3.B-9)
reciente kürzlich (IV 4.A-8)
el recinto das Gelände (II 6.A)
reclamar fordern, verlangen (IV 5.B-3)
recoger (ein) sammeln (III 1.B-T)
recomendable empfehlenswert (III 6.B-T)
recomendar empfehlen (III 1.B-11-T)
reconocer anerkennen, wiedererkennen (II 5.B-6), (IV 5.A-T)
la reconquista die Rückeroberung (III 1.B-11-T)
la reconstrucción die Rekonstruktion, der Wiederaufbau (IV 1.A-10)
recordar algo sich an etwas erinnern (III 6.B-9)
recorrer bereisen (III 2)
el recorrido die Tour (II 5.A-T)
el recreo die Pause (I 3.B-T)
el recuerdo die Erinnerung (II 1.A)
Recuerdos a todos. Grüße an alle! (II 1.A)
recuperar wiedererlangen (III 5.A-13)
recuperarse sich erholen (IV 3.B-6)
los recursos die Ressourcen (IV 5)
la red social das soziale Netz (III 3)
redactar textos Texte verfassen (II 7)
reducir reduzieren, zurückgehen (IV 2.A-5)
reelegir wiederwählen (IV 5.B-9)
el referéndum die Volksabstimmung, das Referendum (IV 4.A-T)
referirse a sich beziehen auf (III 2.A-1-T)
la refinería die Raffinerie (IV 3.A-6)
el refrán das Sprichwort (IV 4.B-16)
refrescante erfrischend (II 2.A-2)
el refresco die Erfrischung (II 6.B)
regalar schenken (II 2.A-9)
el régimen das Regime (IV 3.A-T)
el regreso die Rückkehr (III 5.A-T)
regular mittelmäßig (I 1.A-2)
reinar herrschen (III 1.B-11-T)
el Reino Unido die Vereinte Königreich (IV 4.A-T)
reírse lachen (III 3)
la relación die Beziehung (II 4.A-9)
relajado/a entspannt (II 2.A-2)
relajarse entspannen (II 7.A-T)
la relevancia die Relevanz (IV 4.A-8)
relevante wichtig, relevant (III 3.B-T)
religioso/a religiös (IV 1.A-9)
el reloj die Uhr (III 6.B-T)
la remodelación die Umgestaltung (IV 1.A-6)
rentar un coche ein Auto mieten (II 5.A-7)
la reparación die Reparatur (IV 3.A-2)
reparar reparieren (IV 3.A-2)
de repente, de pronto plötzlich (II 4.A-13), (III 2.A-5)
la repetición die Wiederholung (III 2.A-4)
el/la representante der/die Vertreter/in (IV 1)
representar darstellen, stehen für (III 2.B-2)
la represión die Unterdrückung (IV 5.B-9)
republicano/a republikanisch, für eine Republik kämpfend (IV 4.A-T)
la reputación der Ruf, das Ansehen (IV 1.A-T)
los requisitos die Anforderungen (IV 5.A-10)
la res *(LatAm)* das Rind (IV 3.A-2)
rescatar retten (IV 1.B-6)
reservar vormerken (II 5.A-7)
el resfriado die Erkältung (II 4.B-8)
los residuos der Abfall (IV 1.B-2)
la resistencia der Widerstand (IV 5.B-2)
la resolución die Lösung (IV 2.A-T)
resolver (un problema) (ein Problem) lösen (III 3)
respecto a bezüglich (IV 4.A-7)
respetarse sich respektieren (III 3.A-6)
respetuoso/a respektvoll (IV 5.B-10)
responder a etwas beantworten, auf etwas antworten (III 1.A-1-T)
la responsabilidad die Verantwortung (III 6.B-9)
responsabilizarse de verantwortlich machen für (IV 2)
responsable verantwortungsbewusst, verantwortlich (III 4.A-T)
el restaurante das Restaurant (I 1.B-T)
resuelto/a entschlossen, resolut (IV 2.B-1)
el resultado das Ergebnis (II 7.A-T)
resultar sich herausstellen (II 3.B-T)
resultar difícil schwerfallen (III 6.A-T)
el resumen die Zusammenfassung (IV 3)
retirar abziehen, zurückziehen (IV 3.A-T)
retornar zurückkehren (IV 2.A-8)
el retrato das Porträt (III 6.B-5)
la reunión das Treffen, das Zusammenkommen (III 1.A-1-T)
reunirse sich versammeln (III 6.B-T)
reutilizar wiederverwerten (IV 3.A-2)
revelarse secretos sich Geheimnisse anvertrauen (III 3)
revisar nachsehen (I 3.A-T)
la revista die Zeitschrift (I 6.A-4)
la revolución die Revolution (IV 1.A-7)
el/la revolucionario/a der/die Revolutionär/in (IV 3.A-T)
revuelto/a aufgewühlt, durcheinander, aufgebracht (IV 3.B-6)
el/la rey/reina, real der/die König/in, königlich (III 1.B-11-T)
rico/a reich (II 4.A-9)
el riesgo das Risiko (III 4.A-4)
el rincón der Winkel (III 4)
el rinoceronte das Nashorn (II 5)
el río der Fluss (I 1.B-T)
la risa das Lachen (III 3)
el ritmo der Rhythmus (II 3.A-7)
el pelo rizado das lockiges Haar (I 4.A-6)
robar klauen (II 6.B)
rodear umgeben, umringen (III 1.B-11-T)
la rodilla die Knie (II 4.B-3)
rogar (o → ue) algo um etw. bitten (IV 3.A-1)
rojo/a rot (I 8.B-1)
Roma Rom (II 5.B-6)

romano/a römisch (III 5.A-5)
romántico/a romantisch (III 3.A-2)
romper zerschlagen (II 1.B-3)
romper con alg. mit jdm. Schluss machen (III 3.B-2-T)
romperse algo sich etwas brechen (II 4.A-T)
la ropa ligera / gruesa die Kleidung (leicht / warm) (II 5.A-4)
rosa rosa (I 8.B-4)
la rosa die Rose (III 3.A)
rubio/a blond (I 4.A-T)
la rueda das Rad (III 2.A-8)
el ruido der Lärm (III 4.A-5)
ruidoso/a laut, lärmend (III 1.A-T)
la ruina die Ruine (III 2)
ruso/a russisch, der/die Russe/in (I 2.A-6)
la rutina die Routine (III 4.A-2)

S

el sábado der Samstag (I 5.B-T)
saber können (beherrschen) (II 2.A-T)
el sabor die Sorte, der Geschmack (II 2.B-T)
el sacapuntas der Anspitzer (I 3.A-3)
sacar herausnehmen (I 6.B-9)
sacar fotos Fotos machen (II 3.B-T)
sacar una nota eine Note bekommen (II 7.A-5)
el saco de dormir der Schlafsack (III 5)
el sacrificio humano das Menschenopfer (IV 1.A-9)
sagrado heilig (IV 1.A-9)
la sal das Salz (I 7.B-T)
salado/a salzig (II 2.B-10)
la salchicha die Wurst (II 1.B)
la salida der Ausgang (III 2.A-10)
salir ausgehen, herauskommen (I 7.A-T)
salir con alg. mit jdm. (aus-) gehen (III 3.A-3)
saltar springen (II 4.A-T)
la salud die Gesundheit (IV 2.B-1)
el saludo der Gruß (II 1.A)
salvar retten (III 4.B-T)
la sandía die Wassermelone (II 2.A-6)
sangrar bluten (II 4.B)
sangriento/a blutig (IV 4.A-T)
sano/a gesund (IV 2)
la satisfacción die Befriedigung (IV 2.B-5)
satisfactorio/a befriedigend (IV 2.B-2)
el saxofón das Saxophon (II 3.A-7)
sea como sea wie dem auch sei (IV 5.A-T)
seco/a trocken (III 2.A-3)
la secretaria die Sekretärin (III 4.B-T)
el secreto das Geheimnis (III 3)
secreto/a geheim (II 5.A-7)
el sector der Bereich, der Sektor (IV 2.A-T)
el secuestro die Entführung (IV 1.B-2)
el/la seguidor/a der/die Follower/in (III 4.A-2)
seguir weitergehen, weitermachen (II 5.A-T)
seguir (+ gerundio) etwas weiterhin tun (III 5.A-5)
según laut, nach, ... zufolge (II 5.B-6)
la Segunda Guerra Mundial der Zweite Weltkrieg (IV 4.A-T)
el seguro médico die Krankenversicherung (IV 3.A-6)
seguro/a de sí mismo/a selbstbewusst (III 3)
la selva der Urwald (III 2.A-8-T)
la semana Woche (II 2.A-T)
sencillo/a einfach, schlicht (I 8.B-3)
el senderismo das Wandern (IV 5.A-12)
la señora die Dame, die Frau (II 5.B-6)
sentarse hinsetzen (I 7.B-T)
el sentido der Sinn (IV 2.B-8)
el sentimiento das Gefühl (III 3)
sentirse fühlen (II 4.B-4)
sentirse amado/a sich geliebt fühlen (III 3.A-6)
separado/a getrennt (II 7.A-2)
el septiembre der September (I 6.B-2)
ser sein (I 2.B-T)
ser considerado/a como ... betrachtet werden als ..., gehalten werden für ... (III 2.A-8-T)
serio/a ernst, ernsthaft (IV 1.A-T)
la serpiente die Schlange (III 2.B-2)
servir (e → i) nützen, hilfreich sein (IV 2.B-5)
la sesión das Training (IV 5.B-8)
el/la sevillano/a der/die Einwohner/in von Sevilla (III 6.B-9)
el shoping das Geschäft, das Einkaufszentrum (IV 3.A-2)
el show die Show (II 3.A)
si falls (I 5.B-T)
sí ja (I 1.A-T)
siempre immer (I 5.A-T)
la sierra, la montaña das Gebirge (II 5.A-T)
el siglo das Jahrhundert (II 1.B-3)
significar bedeuten (III 1.B-12)
el signo das (An-) Zeichen (III 1.A-3)
siguiente folgend (III 1.B-T)
silenciar zum Schweigen bringen (IV 5.B-2)
el silencio, la calma die Ruhe (I 3.A-T)
la silla der Stuhl (I 3.A-3)
la silla de rueda der Rollstuhl (IV 1.A-11)
el sillón der Sessel (I 6.A-2)
el símbolo das Symbol (III 5.A-6)
la similitud die Ähnlichkeit (IV 5.A-10)
la simpatía die Sympathie (IV 5.B-11)
simple einfach, simpel (IV 5.B-8)
simplemente nur, bloß (III 1.A-T)
simplificar vereinfachen (IV 5.B-10)
sin ohne, ~frei (II 2.B-T)
sin embargo trotzdem, jedoch (III 1.A-8)
sincero/a aufrichtig, ehrlich (III 3)
sino sondern (III 1.A-3)
el síntoma das Krankheitsanzeichen (II 4.B-8)
el sismo das Erdbeben (IV 1.A-T)
el sistema sanitario das Gesundheitssystem (IV 3)
el sitio der Ort (II 5.B-T)
el snorkel das Schnorcheln (IV 3.B-9)
sobre las 00.00 gegen 00.00 Uhr (II 6.A)
sobrevivir überleben, (weiter)leben (III 4.A-T)
el/la sobrino/a der Neffe, die Nichte (III 2.A-1-T)
socialista sozialistisch (IV 3.A-T)
la sociedad die Gesellschaft (III 2.A-8)
Socorro. Hilfe! (II 4.A-13)
el sofá das Sofa (I 6.A-2)
el sol die Sonne (I 1.A-T)
soler hacer algo pflegen (II 5.B-6)
solicitar algo sich bewerben um (II 3.A)
solidario/a solidarisch (IV 2.B-1)
solo nur (I 4.A-T)
solo/a einsam (I 4.B-T)
soltarse losreißen (II 4.A-13)
la solución, die Lösung (III 5.A-T)
la sombra der Schatten, die Heimlichkeit (IV 3.A-T)
el sombrero der (Sonnen-) Hut (III 5.A-7)
soñador/a verträumt (III 6.A-T)
sonar (o → ue) jmdm. bekannt vorkommen, klingen, sich anhören (III 5.B-5), (IV 1.A-7)
el/la sonero/a der/die Son-Musiker (IV 3.B-1)
sonreír lächeln (III 1.A-T)
la sopa die Suppe (II 1.B-6), (II 2.B-2)
sopesar abwägen (IV 5.A-2)
soportar aushalten, ertragen (IV 1.A-11)
sorprender überraschen (III 3.A-8)
la sorpresa die Überraschung (II 3.A-10)
soso/a fade, langweilig (II 2.B-T)
sostener halten (III 3.A-2)
el spa das Spa (IV 3.B-9)
su ihr/e (I 3.A-3)
sub-húmedo/a feuchtwarm (III 2)
subir hinaufsteigen (II 1.B-3)
subir una foto ein Foto hochladen (III 3)
subrayar unterstreichen (IV 5.B-10)
el subsuelo der Untergrund (IV 1.B-2)

el suceso das Ereignis, das Geschehnis (IV 5.A-9)
la suciedad der Schmutz (IV 1)
sucio/a schmutzig (III 5.A-8)
sudar schwitzen (III 2.A-1-T)
Suecia Schweden (II 1)
la suela die Sohle (IV 3.A-8)
el suelo der Boden (I 3.A 3)
el sueño der Traum (II 5.B-T)
la suerte das Glück (I 6.B-T)
por suerte zum Glück (I 6.B-T)
el suficiente ausreichend (Note) (II 7.A-T)
el sufrimiento das Leid (IV 1.A-11)
sufrir (er-) leiden, ertragen (IV 1.A-T)
sufrir un ciberacoso im Netz gemobbt werden (III 4)
Suiza die Schweiz (II 1)
súper sehr, total (I 8.B-T)
superar algo überwinden (II 4.A-3)
superficial oberflächlich (IV 2)
el supermercado, el súper der Supermarkt (I 7.B-T)
suponer que (+ subjuntivo) vermuten, dass (III 6.A-6)
la suposición die Vermutung (IV 2)
el sustento der (Lebens-) Unterhalt (IV 3.A-8)

T

el tablet der Tablet-PC (II 2.A)
la tableta de chocolate die Tafel Schokolade (III 5.A-7)
el tablón de anuncios das Anschlagbrett (IV 5.A-6)
los tacones (altos) die (hohe) Absätze (II 5.B-1)
el talento das Talent (Person und Fähigkeit) (II 3.A-2)
la talla die Kleidergröße (I 8.B-T)
el taller die Werkstatt (III 6)
también auch (I 1.A-T)
tampoco auch nicht (I 4.B-T)
tan so (III 1.A-T)
tanto/a so viel (II 1.B-3)
tapar abdecken, verheimlichen, vertuschen (IV 1.B-2), (IV 2.B-5)
las tapas die Tapas (I 1.A-T)
ir de tapas Tapas essen gehen (I 7.B-T)
el tapir der Tapir (II 5)
la tarde der Nachmittag (I 5.B-T)
por la tarde nachmittags (I 5.B-T)
tarde spät (II 2.A-10)
la tarea die Aufgabe (II 7.A-T)
la tarifa exterior común der gemeinsame Außenzolltarif (IV 4.A-T)
la tarjeta bancaria die Bankkarte (III 5.A-8)
la tarta con velas der Geburtstagskuchen mit Kerzen darauf (II 2)
la tasa die Quote (IV 2.A-5)
el taxi das Taxi (I 1.A-T)
el té der Tee (II 5.B-6)
el teatro das Theater (I 8.A-T)
la tecnología de la información *(TI)* die Informationstechnologie, IT (IV 2.A-T)
la tela der Stoff (II 6.A-T)
la tele(visión) das Fernsehen (I 5)
el teléfono das Telefon (I 5)
el televisor der Fernseher (I 6.A-2)
el tema das Thema (III 5.A-6)
la temperatura media die Durchschnittstemperatur (III 2)
templado/a mild (III 2.A-1-T)
el templo der Tempel (III 2)
la temporada die Saison (IV 4.B-1)
la temporada die Staffel (II 3.A-6)
temprano früh (I 7.A-4)
tendencioso/a tendenziös (IV 5.B-10)
tener haben (I 2.A-T)
tener confianza en alg. jdm. vertrauen (III 3.A-T)
tener en cuenta berücksichtigen (III 1.B-16)
tener ganas de hacer algo Lust haben, etwas zu tun (I 5.A-T)
tener lugar stattfinden (II 3.B)
tener que müssen (I 6.A-T)
tener que ir al baño auf Toilette müssen (I 3.B-T)
tener razón Recht haben (II 5.A-T)
tener un/a hijo/a ein Kind bekommen (II 4.A-9)
terminar aufhören, beenden (I 7.A-T)
terminar la relación Beziehung beenden (II 4.A-9)
la terraza die Terrasse (I 6.A-9)
el terremoto das Erdbeben (IV 1.A-T)
el terreno hier: das Grundstück, Gebiet (IV 1.B-8)
el territorio das Gebiet (III 2)
el texto der Text (I 3.A-T)
la tía die Tante (I 4)
el tiempo das Wetter (I 4.B-11)
la tienda der Laden (I 6.A-T)
la tienda de campaña das Zelt (III 5.A-11)
la tierra das Land (III 2)
tímido/a schüchtern (III 3)
el/la tío/a der Onkel / die Tante (I 4)
típico/a typisch (II 1.A)
Es un tipo de … Es ist eine Art … (III 1.B-9)
tirar wegwerfen, werfen (II 4.A-3), (IV 3.A-2)
la tiza die Kreide (I 3.A-3)
la toalla das Handtuch (II 5.A-4)
el tobillo der Knöchel (II 4.B-3)
tocar anfassen (I 5)
de todas maneras auf jeden Fall (II 7.A-T)
todo alles (I 6.A-T)
es todo das ist alles (II 2.A-7)
(haber) de todo alles Mögliche (geben) (I 8.A-T)
todo el/toda la ganze/r/s (I 6.A-T)
todo recto geradeaus (II 5.A-7)
todo(s/as) alle(s) (I 4.A-T)
todos los días jeden Tag (I 5.A-7)
de todos modos in jedem Fall (II 4.A-13)
la tolerancia die Toleranz (III 5.B-5)
tomar nehmen (I 7.B-T)
tomar el poder die Macht ergreifen (IV 1.A-9)
tomar el sol sich sonnen (II 1.A)
tomar en cuenta berücksichtigen (III 3.B-2)
tomar una decisión eine Entscheidung treffen (IV 2.B-8)
tomarse algo etwas trinken (III 2.A-1-T)
el tomate die Tomate (I 7.B-11)
el tono der Ton (IV 5.B-10)
tonto/a dumm (II 4.B)
el torneo das Turnier (IV 5.A-9)
la torre der Turm (I 1.B-T)
las torrijas armer Ritter (Gericht) (II 2.A-10)
la torta *(LatAm)* der Kuchen, die Torte (IV 3.B-5)
la tortilla die Tortilla (I 3.B-T)
la tortuga die Schildkröte (II 5)
trabajador/a fleißig (III 6.A-T)
trabajar arbeiten (I 2.A-T)
el trabajo, die Arbeit (I 4.B-T)
la tradición die Tradition (III 5.A-6)
tradicional traditionell (II 5.B-6)
traer bringen (I 7.B-T)
el tráfico der Verkehr (IV 1)
trágico/a tragisch (IV 1.A-11)
traicionar betrügen (III 3.B-T)
el traje die Tracht (II 6)
tranquilizarse sich beruhigen (IV 1.A-T)
tranquilo/a ruhig (I 4.A-T), (III 3)
transmitir übermitteln (IV 1.A-8)
transportar transportieren (III 2.A-8-T)
el transporte colectivo urbano der öffentliche Nahverkehr (IV 1)
el tranvía die Straßenbahn, die Tram (IV 1)
el tratado der Vertrag (IV 4)
el tratamiento de la información die Informationsverarbeitung (IV 2.A-T)
tratar de algo handeln von (II 3.A-7)
tratar de hacer algo versuchen, zu tun (II 4.B-4)
a través de durch (III 2.A-8-T)
el trayecto die Strecke, die Fahrt (IV 1.B-1)
trece dreizehn (I 2.A-T)
el tren der Zug (I 8.A-10)

tres drei (I 2.A-T)
el trimestre das Trimester (II 7.A-2)
triste traurig (I 4.B-T)
triunfar siegen, triumphieren (IV 3.A-6)
la trompeta die Trompete (II 3.A-7)
tropezar con stolpern (II 4.A-T)
tu dein/e (I 3.A-T)
tú du (I 1.A-T)
el tucán der Tukan (II 5)
la tumba das Grab (III 1.A-T)
turco türkisch (I 2.A-6)
el/la turista der/die Tourist/in (I 1.A-T)
el turno die Schicht (III 6.B-9)
Turquía die Türkei (II 1)

U

último/-a letzte/r/s (II 2.A-11)
un/una ein/e (I 2.A-T)
único/a einzig(artig) (III 2.A-5)
la unión aduanera die Zollunion (IV 4.A-T)
la Unión Europea *(UE)* die Europäische Union, die EU (IV 4)
la Unión Soviética die Sowjetunion (IV 3.A-T)
unirse sich anschließen (IV 3.A-T)
la universidad asociada die Partneruniversität (IV 4.B-T)
universitario/a Universität- (IV 4.A-11)
uno eins (I 2.A-T)
usar, utilizar benutzen (I 3.B-T), (III 2.A-8)
usted/es Sie (I 2.A-5)
el/la usuario/a der/die Benutzer/in (IV 2.A-T)
la uva die Traube (II 2.A-6)

V

la vaca die Kuh (II 5.B-6)
las vacaciones die Ferien (I 7.A-6)
vago/a faul (III 6.A-2)
vale Einverstanden! (I 1.A-T)
vale la pena es lohnt sich (III 1.B-11-T)
valiente mutig (II 2.A-2)
valioso/a wertvoll, kostbar (III 6.B-T)
el valle das Tal (IV 5.A-12)
valorar wertschätzen (IV 2.B-2)
¡Vamos! Los geht's! (I 1.B-T)
vanidoso/a eitel (IV 2.B-1)
los vaqueros die Jeans (I 8.B-1)
varias veces mehrmals (III 1.A-T)
la variedad die Vielfalt (III 2)
varios/as einige, mehrere, verschiedene (III 1.B-10)
el vasco *(auch: el euskera)* das Baskische, baskisch (IV 4.B-10)
el vaso das Glas (II 6.A-6)
se ve es sieht ... aus (II 4.A-T)
el/la vecino/a der/die Nachbar/in (I 8.A-7)
el veganismo der Veganismus (IV 2.B-T)
la vegetación die Vegetation, die Pflanzenwelt (IV 3.B-10)
ser vegetariano/a Vegetarier/in sein (II 2.B-T)
la velocidad media die Durchschnittsgeschwindigkeit (IV 1.B-2)
vencer besiegen (III 1.B-11-T)
el/la vendedor/a der/die Verkäufer/in (I 8.B-T)
vender verkaufen (II 6.B-7)
venir kommen (I 6.B-1)
la venta der Verkauf (III 6.B-9)
la ventana das Fenster (I 3.A-T)
a ver mal sehen (I 3)
ver sehen (I 5)
el verano der Sommer (II 1.A-2)
la verdad die Wahrheit (I 8.A-T)
verdadero/a wahr, wahrhaftig (III 3.B-T)
verde grün (I 8.B-4)
la verdura das Gemüse (I 8.A-T)
darle vergüenza a alg. jdm. peinlich sein (III 4)
la versión die Version (IV 2.B-5)
el vestido das Kleid (I 8.B-1)
la (primera) vez das (erste) Mal (II 2.A)
de vez en cuando, a veces manchmal (II 1.A), (III 6.A-T)
la vía, die Straße (III 5.A-9)
viajar reisen (II 1.B)
el viaje die Reise (II 1.B)
la victoria der Sieg (III 1.B-11-T)
la vicuña das Vikunja (IV 5.A-12)
la vida das Leben (I 7.A)
el vídeo das Video (I 3.B-T)
el vídeo de solicitud das Bewerbungsvideo (II 3.A)
el videojuego das Videospiel (I 6.A-T)
viejo/a alt (II 1.B-6)
el viento der Wind (II 1.A)
el viernes der Freitag (I 5.B-T)
vigente gültig, rechtskräftig (IV 4.A-9)
la vigilancia der Überwachungsdienst, die Aufsicht, die Überwachung (IV 1.A-T)
el vinagre der Essig (II 2.B-2)
el vino der Wein (IV 2.A-8-T)
la violencia die Gewalt (IV 5.A-T)
violento/a gewalttätig (IV 5)
violeta violett (I 8.B-4)
el violín die Geige (II 3.A-7)
hacerse viral sich rasend schnell verbreiten (III 4)
el virreinato das Vizekönigreich (IV 1.A-9)
virtual virtuell (IV 2.B-5)
el visado das Visum (IV 4.A-9)
visibilizar sichtbar machen (IV 5.B-2)
visible sichtbar (III 5.A-13)
la visita der Besuch (I 5.B-T)
la visita guiada die Führung (III 1.B-T), (IV 5.A-12)
visitar besuchen (I 7)
la vista die Aussicht (II 1.B)
la vitalidad die Lebenskraft (IV 1.A-11)
la vitrina der Glasschrank (I 6.A-2)
vivir erleben, wohnen (I 3.A-T), (IV 1.A-T)
vivo/a lebendig, lebend (III 5.A-6)
el volcán der Vulkan (II 1.B-3)
el voleibol der Volleyball (I 5)
el/la voluntario/a der/die Freiwillige (IV 1.B-3)
volver zurückkehren (II 1)
volver a hacer algo wieder tun (II 7.A-T)
el vómito das Erbrechen (IV 3.B-6)
el voto die Stimme (IV 5.B-11)
el vuelo der Flug (III 1.A-1-T)
a la vuelta de la esquina gleich um die Ecke (IV 1.A-11)

Y

y (e) und (I 1.A-T)
y cuarto viertel nach (I 5.B-T)
y eso que und das, obwohl ... (II 7.A-T)
y media halb (Uhrzeit) (I 5.B-T)
ya gleich (I 3.A-T)
ya no nicht mehr (II 2.A)
ya que da (ja), weil (III 1.A-8)
el yeso der Gips (IV 1.A-11)
yo ich (I 1.A-T)

Z

la zafra die Zuckerrohrernte (IV 3.A-7)
las zapatillas die Turnschuhe (I 8.B-1)
los zapatos die Schuhe (II 5.B-T)
la zona tropical die Tropen (III 2.A-3)
el zoológico der Zoo (IV 3.B-10)
el zumo der Saft (I 6.B-T)

Diccionario alemán – español

A

abbiegen girar (II 5.A-7)
abdecken tapar (IV 1.B-2)
das Abendessen la cena (II 6.A)
zu Abend essen cenar (I 2.A-T)
das Abenteuer la aventura (IV 4.B-T)
aber pero (I 2.A-T)
der Abfall los residuos (IV 1.B-2)
die Abhängigkeit la dependencia (IV 2.B-4)
das Abitur ≈ el bachillerato (II 7.A-2)
ablehnen rechazar (III 1.B-3)
sich ablenken distraerse (IV 2.B-8)
die (hohe) Absätze los tacones (altos) (II 5.B-1)
abschreiben copiar (II 7.A-T)
das Absinken, der Einsturz el hundimiento (IV 1.B-2)
absolut en absoluto (II 3.A-4)
die Abstammung la descendencia (IV 5.A-9)
abstoßend asqueroso/a (II 2.B-T)
abwägen sopesar (IV 5.A-2)
abziehen, zurückziehen retirar (IV 3.A-T)
Acht geben, aufpassen cuidar (-se) (III 4.A-T)
der Adel la nobleza (III 2.A-8)
der Adler el águila (f.) (IV 1.A-8)
die Adresse la dirección (I 6.B-1)
aggressiv agresivo/a (IV 5.B-10)
ähnlich parecido/a a (III 1.B-9)
die Ähnlichkeit la similitud (IV 5.A-10)
aktiv activo/a (I 4.A-T), (III 3)
der Aktivismus el activismo (IV 5.B-12)
der Akzent el acento (II 1.B)
die Akzeptanz la aceptación (IV 2.B-4)
der Albtraum la pesadilla (II 7.A-T)
der Alkohol el alcohol (II 6.B)
alle(s) todo(s/as) (I 4.A-T)
allergisch sein ser alérgico/a a algo (II 2.B-T)
alles todo (I 6.A-T)
das ist alles es todo (II 2.A-7)
das Alpaka la alpaca (IV 5.A-12)
alt viejo/a (II 1.B-6)
alt, antik antiguo/a (I 8.A-T)
das Alter la edad (III 1.A-1-T)
die Altstadt el centro historico (II 6.A-9), el casco antiguo (III 5.A-9)
die Amtssprache el idioma oficial (IV 1.A-3), la lengua oficial (IV 4.B-10)
die Amtsträger los/las notables (IV 5.B-9)
der/die Analphabet/in el/la analfabeto/a (IV 3.A-6)
die Ananas la piña (II 2.A-6)
anbauen, anpflanzen cultivar (III 2.A-8)
anbieten ofrecer (II 2.A-T), brindar (IV 4)
andalusisch andaluz (Pl : andaluces) (II 6.A-T)
die Anderen, die Übrigen los/las demás (III 1.B-17)
ein anderer / anderes / eine andere otro/a (I 4.A-T)
ändern cambiar (II 3.A-6)
die Änderung, die Veränderung, der Wandel el cambio (IV 3.A-6)
die Anekdote la anécdota (IV 4.A-8)
anerkennen reconocer (IV 5.A-T)
der Anfang, der Beginn el principio (III 1.B-T)
anfangen etwas zu tun ponerse a hacer algo (III 5.A-5)
anfangen, beginnen comenzar (IV 1.A-11)
anfassen tocar (I 5)
die Anforderungen los requisitos (IV 5.A-10)
angeben mit presumir de algo (II 3.B-T)
Du Angeber! ¡Qué presumido! (II 3.B-8)
angenehm agradable (III 2.A-1-T)
der/die Angestellte/r el/la empleado/a (III 2.A-1-T)
angrenzen an limitar con (II 5)
angrenzend, Grenz-, Nachbar- limítrofe (IV 4.B-10)
der Angriff el ataque (III 1.B-11-T)
die Angst el miedo (II 2.A-2)
ängstlich miedoso/a (III 6.A-2)
anhalten, zum Stillstand kommen detenerse (III 2.A-8-T)
anklagen acusar (IV 5.B-2)
ankommen llegar (I 6.A-T)
ankündigen anunciar (IV 3.A-6)
die Ankunft la llegada (III 1.B-T)
anmalen pintar (II 5.B-6)
annehmen, nehmen aceptar (III 6.A-9)
anonym anónimo/a (IV 1)
die Anonymität el anomimato (IV 1)
sich anpassen an, zurechtkommen mit adaptarse a (III 6.A-5)
anprobieren probarse (I 8.B-T)
der Anruf la llamada (IV 1.A-T)
anrufen llamar por teléfono (I 5.B-T)
einen Anschlag verüben atentar (IV 5.B-4)
das Anschlagbrett el tablón de anuncios (IV 5.A-6)
sich anschließen unirse (IV 3.A-T)
anschließen, treffen juntarse con (II 6.B)
anspielen auf, Bezug nehmen auf hacer alusión a (IV 1.A-11)
der Anspitzer el sacapuntas (I 3.A-3)
die Anstellung, die Stelle, der Job el empleo (IV 2.A-T)
anstrahlen brillar (III 2.A-8-T)
anstrengen esforzarse (II 7.A-T)
anstrengend agotador/a (II 1.A)
anzeigen, zeigen denunciar (IV 5.B-4)
anziehen atraer (IV 2.B-1)
sich anziehen ponerse la ropa (I 7.A-3)
anzünden, anschalten encender (II 6.A)
der Apfel la manzana (III 2.A-8)
der Apostel el apóstol (III 5.A-T)
der April el abril (I 6.B-2)
das Aquädukt el acueducto (IV 1.A-8)
arabisch, der/die Araber/in árabe (III 1.B-11-T)
die Arbeit el trabajo (I 4.B-T), la labor (IV 5.B-13)
arbeiten trabajar (I 2.A-T)
die Arbeitslosigkeit el desempleo (IV 2)
die (Jugend-) Arbeitslosigkeit el paro (juvenil) (IV 2.A-5)
der Arbeitsplatz el puesto de trabajo (IV 2.A-2)
archäologisch arqueológico/a (IV 1.A-9)
der/die Architekt/in el/la arquitecto/a (III 1.B-11-T)
die Architektur la arquitectura (III 1.B-11-T)
argentinisch, der/die Argentinier/in argentino/a (II 3.A-6)
Wie ärgerlich! ¡Qué rabia! (II 6.B)
argumentieren, begründen argumentar (IV 1)
der Arm el brazo (II 4.B-3)
arm pobre (I 4.B-T)
armer Ritter (Gericht) las torrijas (II 2.A-10)
die Armut la pobreza (IV 1.B-3)
Es ist eine Art … Es un tipo de … (III 1.B-9)
Es ist eine Sorte / Art von … Es una especie de … (III 1.B-9)
der (Zeitungs-) Artikel el artículo (III 5.A-T)
der Arzt el médico (II 4.B)
der Aspekt el aspecto (III 3.B-8)
attackieren, angreifen atacar (IV 3.A-T)
das Attentat, der Anschlag el atentado (IV 5.B-4)
attraktiv, reizvoll atractivo/a (IV 5.A-12)
auch también (I 1.A-T)
auch nicht tampoco (I 4.B-T)
auf encima de (I 6)
aufbauen montar (III 4.A-5)
der Aufenthalt la estancia (IV 3.B-9)
auferlegen, aufzwingen imponer (IV 3.A-T)
die Aufgabe la tarea (II 7.A-T)
aufgeräumt ordenado/a (I 6.A-7)
aufgeregt / gespannt sein estar emocionado/a (III 1.B-T)
aufgewühlt, durcheinander, aufgebracht revuelto/a (IV 3.B-6)

aufheben, außer Kraft setzen anular (IV 4.A-3)
aufhören parar (II 5.B-T)
aufhören etwas zu tun dejar de hacer algo (III 5.A-5)
aufhören, beenden terminar (I 7.A-T)
aufmerksam, freundlich atento/a (III 3.A-6)
die Aufmerksamkeit auf sich ziehen atraer la atención (IV 5.B-10)
jds. Aufmerksamkeit erregen, jdn. interessieren llamar la atención a alg. (III 3.A-2)
jdn. aufnehmen recibir a alg. (III 1)
aufnehmen, einfügen incorporar (IV 4.A-1)
aufpassen prestar atencion (II 4.B), fijarse en algo (III 1.B-11-T), tener cuidado (IV 5.A-T)
aufrichtig, ehrlich sincero/a (III 3)
der Aufschlag el recargo (IV 4.A-9)
aufstehen levantarse (I 7.A-T)
aufsteigen, sich vermarkten promocionarse (IV 2)
auftreten debutar (IV 3.B-1)
aufwachen despertarse (I 7.A-3)
(sich) aufwärmen calentar (-se) (e → ie) (IV 3.B-1)
der Aufzug el ascensor (III 1.A-T)
das Auge el ojo (II 4.A-T)
die Augenbrauen las cejas (IV 2.B-4)
der August el agosto (I 6.B 2)
aus de (I 1.B-T)
es sieht … aus se ve (II 4.A-T)
der Ausdruck la expresión (III 2.A-8-T)
etwas ausdrücken expresar algo (III 1.B-3)
ausflippen, ganz begeistert sein flipar (II 2.A-T)
der Ausgang la salida (III 2.A-10)
ausgehen, herauskommen salir (I 7.A-T)
die Ausgrabung la excavación (IV 1.A-6)
aushalten aguantar (II 5.A-T)
aushalten, ertragen soportar (IV 1.A-11)
gut miteinander auskommen llevarse bien (III 3.A-6)
ausländisch, der/die Ausländer/in, das Ausland extranjero/a, el extranjero (III 1.A-11)
ausreichend (Note) el suficiente (II 7.A-T)
ausruhen descansar (I 5)
ausschalten, löschen apagar (II 6.A)
Außen-, extern externo/a (IV 3.A-T)
außer menos (II 2.A)
außer, abgesehen von aparte de (III 3.B-T)
außerdem además (I 4.B-T)
äußere/r/s, Außen-, extern exterior (IV 3.B-9)
außerhalb fuera de (III 6.B-T)
die Aussicht la vista (II 1.B)
ausstellen expedir (IV 4.A-9)
die Ausstellung la exposición (III 4.A-5)
auswählen, aussuchen elegir (II 5.B-T)
der Auswanderer, die Auswanderin el/la emigrante (IV 2.A-8)
auswandern emigrar (IV 2.A-6)
der Ausweis el carné *(auch: carnet)* (IV 2.A-10)
auswendig lernen aprender algo de memoria (II 7)
authentisch auténtico/a (III 6.B-T)
das Auto el coche (I 8.A-8)
ein Auto mieten rentar un coche (II 5.A-7)
der Autodidakt el/la autodidacta (IV 3.B-10)
die Autonome Region la Comunidad Autónoma (IV 4.B-10)
der/die Autor/in el/la autor/a (IV 3.B-3)
die Avocado el aguacate (II 2.A-6)
die Azteken los aztecas (III 2.A-1-T)

B

das Baby el bebé (IV 1.A-T)
baden bañarse (I 7.A-3)
die Badewanne la bañera (IV 3.B-9)
der Bahnhof la estación (I 8.A-9)
das Balken-/Kurvendiagramm el diagrama de barras / de curvas (IV 2.A-5)
der Balkon el balcón (I 6.A-9)
der Ball la pelota (II 4.A-T)
die Ballsportarten los juegos de pelota (II 4.A)
die Banane el plátano (I 7.A-T)
die Bankkarte la tarjeta bancaria (III 5.A-8)
das Bargeld el dinero en efectivo (III 5.A-8)
die Basis la base (IV 3.A-T)
der Basketball el baloncesto (I 5)
das Baskische, baskisch el vasco *(auch: el euskera)* (IV 4.B-10)
die Batterie, der Akku la pila (III 4.A-7)
bauen, errichten edificar (IV 1.A-9)
der Bauernhof la granja (I 4.B-T)
der Baum el árbol (II 4.A-13)
das Bauwerk el edificio (III 1.B-11-T)
der/die (Polizei-) Beamter/in, der/die Agent/in el/la agente (IV 2.A-10)
etwas beantworten, auf etwas antworten responder a (III 1.A-1-T)
bedeckt sein von estar cubierto/a por (IV 5.A-12)
bedeuten significar (III 1.B-12)
beeindrucken impresionar (IV 1.B-3)
beeindruckend impresionante (I 8.A-T)
beeindruckend, umwerfend impactante (IV 4.A-8)
etw. beeinflussen influir en algo (IV 2.B-4)
etw. beenden, etw. vernichten acabar con algo (IV 3.A-T)
der Befehl el orden (IV 1.A-8)
sich befinden estar (I 3.B-T)
befinden estar situado/a en … / al … (II 5)
sich befinden (in) encontrarse (en) (I 8.A-T)
es befindet/-n sich hay (I 3.A-T)
sich befreien liberarse (IV 3.A-6)
befriedigend satisfactorio/a (IV 2.B-2)
die Befriedigung la satisfacción (IV 2.B-5)
sich für etwas begeistern apasionarse por algo (III 6.A-T)
jdn. begeistern fascinar a alg. (III 2.A)
begeistert entusiasmado/a (IV 5.A-4)
beginnen empezar (I 3.A-T), iniciar (-se) (III 1.B-11-T), (IV 1.A-8)
begleiten acompañar (II 5.B-T)
beherrschen, dominieren dominar (IV 4.A-3)
die Behinderung la discapacidad (IV 2.A-T)
die Behörden las autoridades (IV 1.B-6)
beide ambos/as (II 2.A-2)
die Beilage el aderezo (II 2.B-2)
das Bein la pierna (II 4.B-3)
beinhalten incluir (II 2.A-T)
beinhalten, enthalten contener (IV 5.B-10)
zum Beispiel por ejemplo (I 8.B-3)
beisteuern, beitragen contribuir (IV 4.A-10)
beitragen aportar (IV 5.A-9)
bekannt conocido/a (III 1.B-9)
jmdm. bekannt vorkommen sonar (o → ue) (IV 1.A-7)
gut / schlecht bekommen caer bien / mal (IV 3.B-7)
bekommen recibir (II 3.A-2)
beleidigen insultar (III 3.A-2)
beleidigend ofensivo/a (III 3.A-2)
beleidigt sein ofenderse (IV 2.B-8)
beleuchten iluminar (III 2.A-8-T)
beliebt, berühmt popular (II 6.A)
die Beliebtheit la popularidad (IV 2.B-5)
benachrichtigen, Bescheid sagen avisar (IV 3.B-7)
Ich beneide dich! ¡Qué envidia! (II 1.B-3)
(Zeit) benötigen llevar (+ tiempo + infinitivo) (III 5.A-T)
benutzen usar (I 3.B-T), utilizar (III 2.A-8), consultar (IV 2.B-3)
der/die Benutzer/in el/la usuario/a (IV 2.A-T)
beobachten observar (III 2.A-7)
bequem cómodo/a (I 8.B-3)
der Bereich, der Sektor el sector (IV 2.A-T)
bereichernd enriquecedor/a (IV 4.A-11)
bereisen recorrer (III 2)
bereit sein etwas zu tun estar dispuesto/a a (IV 2.A-6)

bereit, fertig listo/a (III 4.A-5)
der Berg, das Gebirge la montaña (II 5)
bergig montañoso/a (IV 5.A-12)
berücksichtigen tomar en cuenta (III 3.B-2), tener en cuenta (III 1.B-16)
der Beruf la profesión (II 4.A-9)
beruflich, professionell, Arbeits- profesional (IV 2)
die Berufserfahrung, die Arbeitserfahrung la experiencia laboral (III 6.A-10)
sich beruhigen tranquilizarse (IV 1.A-T), calmarse (III 4.A-10)
berühmt famoso/a (I 8.A-T)
sich damit beschäftigen, etwas zu tun, sich einer Sache widmen dedicarse a hacer algo (III 6.B-9)
sich beschränken auf limitarse a (III 1.A-1-T)
sich über etwas beschweren quejarse de algo (III 1.B-16)
beseitigen, entfernen, eliminieren eliminar (IV 3.A-T)
besetzen, einnehmen ocupar (III 6.B-5)
besiegen vencer (III 1.B-11-T)
besonders especial (II 1.B-3)
besorgt um preocupado/a por (II 4.A-2)
bestätigen confirmar (IV 2.B-T)
die Bestätigung la confirmación (IV 3.A-1)
(eine Prüfung) bestehen aprobar (un examen) (II 7.A-T)
bestehen aus consistir en (IV 3.A-8)
bestehen, existieren existir (III 1.A-1-T)
bestehen, beruhen auf radicar (IV 2.B-5)
bestehend aus compuesto/a por (II 6.A)
der Besuch la visita (I 5.B-T)
zu Besuch sein estar de visita (I 5.B-T)
besuchen visitar (I 7)
betrachtet werden als …, gehalten werden für … ser considerado/a como … (III 2.A-8-T)
jdn. betreffen, jdm. nahegehen afectar a alg. (III 3.B-T)
betreten entrar (I 3.A-T)
sich betrinken emborracharse (IV 2.A-8-T)
betrügen traicionar (III 3.B-T)
betrunken werden quedarse borracho (II 5.A-T)
das Bett la cama (I 5.B-4)
beunruhigend inquietante (IV 5.A-12)
die Bevölkerung la población (III 2.A-8-T)
bevor antes (de) (I 7.A-T)
bevorzugen preferir (I 7.A-T)
sich bewegen moverse (II 3.B-8)
die Bewegung el movimiento (IV 1.A-7)
die Bewegung, die Mobilisierung la movilización (IV 5.B-4)
der Beweis, die Bekundung la demostración (IV 2.B-5)
sich bewerben presentarse (III 6)
sich bewerben um solicitar algo (II 3.A)
das Bewerbungsschreiben la carta de presentación (III 6)
das Bewerbungsvideo el vídeo de solicitud (II 3.A)
bewohnt, besiedelt poblado/a (IV 1.B-8)
Es ist bewölkt. Hay nubes. (II 1.A)
bewundern admirar (III 2.A-8-T)
die Bewunderung la admiración (III 2.A-8-T)
sich etwas bewusst werden, etwas bemerken darse cuenta de (IV 4.A-8)
bezahlen pagar (II 2.B-11)
bezaubernd, reizend encantador/a (III 6.A-T)
sich beziehen auf referirse a (III 2.A-1-T)
die Beziehung la relación (II 4.A-9)
Beziehung beenden terminar la relación (II 4.A-9)
bezüglich respecto a (IV 4.A-7)
bezüglich, zum Thema … acerca de (III 1.A-1-T)
bezweifeln, dass … dudar que (+ subjuntivo) (III 3.B-2-T)
die Bibliothek la biblioteca (I 3.B-T)
das Bier la cerveza (IV 2.A-8-T)
das Bild el cuadro (I 6.A-2), la imagen (III 6.B-5)
bilden, zusammen darstellen componer algo (II 6.A)
die Bildung la educación (II 4.A-9)
die Bildung, der Unterricht la enseñanza (IV 2.A-2)
das Billard el billar (IV 3.B-8)
billig, günstig barato/a (I 8.B-T)
die Biographie la biografía (IV 3)
die Birne la pera (II 2.A-6)
Bis bald! ¡Hasta pronto! (I 3)
Bis morgen! ¡Hasta mañana! (I 2.A-T)
Bis später! ¡Hasta luego! (I 1.A-9)
ein bisschen (von) un poco (de) (I 2.A-T)
bitte por favor (I 1.B-T)
um etw. bitten rogar (o → ue) algo (IV 3.A-1)
bitten pedir (I 7.B-2)
bitter amargo/a (II 2.B-10)
blau azul (I 8.B-4)
bleich pálido/a (II 4.B-4)
der Bleistift el lápiz (Pl: lápices) (I 3)
einen Blick auf etw. werfen echar un vistazo a algo (IV 5.A-12)
die Blockade, die Sperrung el bloqueo (IV 3.A-T)
Blödsinn! ¡Qué va! (I 3.B-T)
der Blog el blog (I 3.B-T)
blond rubio/a (I 4.A-T)
die Blume la flor (I 8.A-T)
die Bluse la blusa (I 8.B-1)
bluten sangrar (II 4.B)
blutig sangriento/a (IV 4.A-T)
die Bodega (*Gemischtwarenladen in Kuba*) la bodega (IV 3.A-7)
der Boden el suelo (I 3.A 3)
die Bohne el frijol (III 2.A-8)
der Bombenangriff el bombardeo (III 6.B-T)
böse mit jemandem sein echarle bronca a alguien (I 8.B-T)
auf jdn. böse werden / böse sein enfadarse con alguien (IV 2.A-8-T)
Botellón (*auf öffentlichen Plätzen selbst mitgebrachtes Getränke konsumieren*) veranstalten hacer el botellón (IV 2.A-8-T)
die Bowlingbahn la bolera (I 5)
der Brauch la costumbre (II 1.A-12) (II 2)
brauchen necesitar (I 3)
brauchen, benötigen hacer falta (IV 3.A-2)
braun marrón (I 8.B-4)
braun (Haare) castaño/a (I 4.A-6)
bringen traer (I 7.B-T)
die Broschüre, der Informationsflyer el folleto (II 6.A-T)
das Brot el pan (I 7.A-T)
das belegte Brötchen el bocadillo (I 3.B-T)
die Brücke el puente (I 8)
der Bruder el hermano (I 2.A-T)
der Brunnen el pozo (IV 1.B-2)
die Brust el pecho (III 5.A-13)
das Buch el libro (I 3)
bügeln planchar (IV 4.B-T)
die Bühne el escenario (II 3.B-T)
die Burg el castillo (III 5.A-9)
der/die Bürger/in el/la ciudadano/a (IV 4.A-T)
der spanische Bürgerkrieg (1936–39) la Guerra Civil (III 6.B-T)
der Bürgermeister el alcalde (II 6.A)
das Büro la oficina (III 6)
der Bus el autobús (I 8.A-8)

C

das Café el café (I 1.B-T)
der Campingplatz el camping (II 1)
der (Euro-) Cent el céntimo (II 2.A-7)
der Champignon el champiñón (II 2.B-2)
chaotisch despistado/a (II 6.B)
der Charakter el carácter (II 3.A-10)
chatten chatear (I 5)
der Chef el jefe (III 4.A-5)
Chemie (Fach) la Química (II 7.A-6)
die Chilischote el chile (III 2.A-8)
die Chinampa (künstliche Inseln für den Anbau von Gemüse) la chinampa (mex.) (IV 1.A-8)
christlich, der/die Christ/in (el/la) cristiano/a (III 1.B-11-T)

der/die Chronist/in, der/die Geschichtsschreiber/in el/la cronista (IV 1.A-10)
die Clique la pandilla (ugs.) (III 4.B-5)
der Computer el ordenador (I 3.B-T)
das Congrí (Gericht aus Reis und Bohnen) el congrí (IV 3.B-5)
der/die Cousin/e el/la primo/a (I 4)
cremig cremoso/a (II 2.B-5)
der Cyberaktivismus el ciberactivismo (IV 5.B-12)

D

da (ja), weil ya que (III 1.A-8), como *(am Satzanfang)* (IV 4.B-T)
dafür a favor (II 3.A-3)
dagegen en contra (II 3.A-3)
daher por eso (II 1.A)
damals entonces (III 1.B-11)
die Dame, die Frau la señora (II 5.B-6)
Dänemark Dinamarca (II 1)
danke gracias (I 2.A-T)
dann entonces (I 2.A-T)
darlegen, aussetzen exponer (IV 2.B-5)
darstellen, stehen für representar (III 2.B-2)
das heißt (d.h.) es decir (III 1.A-T)
Das ist ein großes Problem! Das ist allerhand. ¡Es un palo! *(ugs.)* (IV 2.A-8-T)
die Datei el archivo (III 4.A-7)
die Daten los datos (III 4)
das Datum la fecha (I 6.B-2)
dauern durar (II 5.B-T)
dazugeben echar (II 2.B-9)
zu etwas dazugehören, Teil sein von etwas formar parte de algo (III 1.B-11-T)
die Debatte el debate (IV 2.B-T)
definitiv definitivamente (III 3.B-T)
dein/e tu (I 3.A-T)
dekorieren decorar (IV 3.A-2)
das Delfinarium el delfinario (IV 3.B-8)
demokratisch democrático/a (IV 4.A-3)
der/die Demonstrant el/la manifestante (IV 5.B-1)
die Demonstration la manifestación (IV 5.A-12)
demonstrieren manifestarse (IV 5)
denken, vorhaben pensar (II 2.A-1)
das Denkmal el monumento (I 8)
das Deo (-dorant) el desodorante (IV 3.A-2)
deprimiert deprimido/a (II 4.A-2)
der (-selbe) / die (-selbe) / das (-selbe) el/la mismo/a (III 1.B-11-T)
deshalb por (lo) tanto (III 6.A-T)
deuten auf mostrar (o → ue) (II 4.B-3)
deutsch (auch Sprache) alemán / alemana (I 1.A-T)
Deutschland Alemania (I 1.A-T)
der Dezember el diciembre (I 6.B-2)
das Diagramm el diagrama (IV 2)
der/die Dichter/in el/la poeta (III 1.B-10)
der Dienstag el martes (I 5.B-T)
diese/r este/a (I 1.B-T)
diese/r da ese/esa (I 8.B-T)
digital digital (IV 2.A-T)
der/die Diktator/in el/la dictador/a (IV 3.A-7)
die Diktatur la dictadura (IV 3.A-T)
direkt directo/a (III 3)
das Direktorat, die Schulleitung la dirección (III 1.A-1-T)
die Disco el club (II 5.B-T)
diszipliniert disciplinado/a (IV 2.B-1)
der/die Doktor/in el/la doctor/a (II 4.B-4)
der Donnerstag el jueves (I 5.B-T)
doppelt doble (IV 2.B-5)
das Dorf el pueblo (I 8.A-T), la aldea (IV 3.B-8)
dort allá (IV 5.A-T)
die Dose la lata (II 2.A-6)
draußen al aire libre (II 5.B-T)
drei tres (I 2.A-T)
dreizehn trece (I 2.A-T)
drinnen dentro de (I 8.A-T)
der Drogenhandel el narcotráfico (IV 1.A-T)
da drüben allí (I 6.A T)
der Druck la presión (IV 5.B-9)
der Dschungel la jungla (III 2.A-8-T)
du tú (I 1.A-T)
dumm tonto/a (II 4.B)
dunkel oscuro/a (I 8.B-4)
dunkel (Haare oder Haut) moreno/a (I 4.A-T) (II 1.B)
durch a través de (III 2.A-8-T)
das Durcheinander el lío (I 6)
durcheinander desarreglado/a (II 6.B-3)
der Durchfall la diarrea (IV 3.B-6)
durchfallen desaprobar algo (II 7)
durchhalten aguantar algo (II 5.A-T)
durchlöchert perforado/a (IV 3.A-8)
die Durchschnittsgeschwindigkeit la velocidad media (IV 1.B-2)
die Durchschnittstemperatur la temperatura media (III 2)
duschen ducharse (I 7.A-T)

E

echt, real real (IV 2.B-4)
echt, authentisch genuino/a (IV 2.B-5)
die Echtheit, die Authentizität la autenticidad (IV 5.B-11)
die Ecke la esquina (II 6.B)
editieren, bearbeiten editar (IV 2.B-4)
der Effekt el efecto (IV 2.B-4)
effektiv efectivo/a (IV 5.B-12)
egal welche/r cualquier/a (II 2.A-T)
egal, gleich igual (II 6.B-10)
ehemalig antiguo/a *(vorangestellt)* (IV 3.A-T)
der Ehemann, die Ehefrau el/la esposo/a (IV 1.A-11)
eher, ziemlich más bien (III 6.B-5)
ehrgeizig ambicioso/a (III 6.A-T)
ehrlich, aufrichtig honesto/a (III 3.B-6)
das Ei el huevo (I 7.B-T)
eifersüchtig celoso/a (III 3.A-1)
eigen propio/a (IV 4.B-T)
die gute Eigenschaft la cualidad (III 3.B-8)
eigensinnig caprichoso/a (III 6.A-T)
eigentlich de hecho (III 2.A-1-T)
eigentlich, in Wirklichkeit en realidad (III 6.B-9)
ein/e un/una (I 2.A-T)
einberufen, aufrufen convocar (IV 5.B-4)
der Eindruck la impresión (III 3.A-10)
einfach, simpel simple (IV 5.B-8)
einfach, bescheiden modesto/a (III 2.A-8-T)
einfach, leicht fácil (II 3.A-10)
einfach, schlicht sencillo/a (I 8.B-3)
der Einfluss la influencia (II 3.A-8)
der Einfluss, die Wirkung el impacto (IV 2)
einführen, einrichten establecer (IV 4.A-1)
die Einführung el establecimiento (IV 4.A-T)
eingängig, im Gedächtnis bleibend pegadizo/a (IV 5.B-10)
eingebildet presumido/a (III 3)
einheimisch, indigen indígena (IV 1.A-11)
einige un par de (III 1.A-T)
einige, mehrere, verschiedene varios/as (III 1.B-10)
einkaufen gehen hacer la(s) compra(s), ir de compras (I 7.B-T)
die Einkaufsliste la lista de la compra (I 6.B-T)
das Einkaufszentrum el centro comercial (II 1)
einladen invitar (I 6.B-1)
die Einladung la invitación (I 6.B-1)
die Einlegesohle la pantilla (IV 3.A-8)
einleitend introductorio/a (IV 3.A-6)
einliefern ingresar (IV 3.B-6)
auf einmal, am Stück de una vez (II 2.B-T)
einmarschieren, einfallen invadir (IV 3.A-T)
einrichten organizar (I 6.A-T)
die Einrichtung, die Institution la institución (III 5.B-5)
eins uno (I 2.A-T)
einsam solo/a (I 4.B-T)
einschalten activar (II 6.A)
einschreiben inscribirse (II 3.A-T)
sich eintragen (in eine Liste), sich anmelden apuntarse (III 1)
einverstanden sein estar de acuerdo (II 2.A-9)

Einverstanden! vale (I 1.A-T)
der/die Einwanderer/in el/la inmigrante (II 5.B-6)
die Einwanderung la inmigración (IV 3.B-5)
der/die Einwohner/in el/la habitante (III 1.B-11-T)
der/die Einwohner/in von Madrid el/la madrileño/a (III 6.B-T)
der/die Einwohner/in von Sevilla el/la sevillano/a (III 6.B-9)
die Einzelheit, das Detail el detalle (IV 1.A-7)
einzig(artig) único/a (III 2.A-5)
das Eis (Speiseeis) el helado (I 1.A-T)
das Eis, die Glätte el hielo (II 1.A)
das Eiscafé la heladería (I 1.B-T)
eitel vanidoso/a (IV 2.B-1)
der Elefant el elefante (II 5)
elegant elegante (I 8.B-3)
elektrisch eléctrico/a (IV 3.A-T)
das Element, der Bestandteil el elemento (III 5.B-4)
elf once (I 2.A-T)
die E-Mail el correo (electrónico) (I 4.A-4)
das Embargo el embargo (IV 3.A-6)
emotional emocional (IV 5.B-10)
empfehlen recomendar (III 1.B-11-T)
empfehlenswert recomendable (III 6.B-T)
das Ende el final (III 5.A-5), el fin (IV 3.A-6)
Ende 2008 a finales de 2018 (IV 2.A-5)
am Ende von al final de (I 3.B-T)
endlich por fin (I 3.B-T)
die Energie la energía (IV 2.B-8)
das Engagement el compromiso (IV 2.A-T)
sich engagieren comprometerse (IV 2)
engagiert comprometido/a (IV 2.B-1)
Englisch inglés (I 2.A-6)
der/die Enkel/in el/la nieto/a (I 4)
entdecken descubrir (II 5)
die Entdeckung el descubrimiento (IV 3.A-4)
die Enteignung la expropiación (IV 3.A-6)
entfernen von alejarse de (II 6.B)
die Entfernung la distancia (III 5.A-13)
die Entführung el secuestro (IV 1.B-2)
entkommen escapar (IV 1.B-3)
(aus dem Krankenhaus) entlassen werden recibir el alta (IV 3.B-8)
entscheiden decidir (II 5.B-1)
eine Entscheidung treffen tomar una decisión (IV 2.B-8)
entschleunigt decelerado/a (IV 1.B-8)
entschlossen, resolut resuelto/a (IV 2.B-1)
Entschuldigung! ¡Perdón! (I 3.A-T)
entspannen relajarse (II 7.A-T)
entspannt relajado/a (II 2.A-2)
entsprechen corresponder a (IV 4.B-2)
enttäuscht desilusionado/a (IV 5.A-6)
entweder … oder o … o (III 6.B-9)
entwickeln desarrollarse (IV 3.A-T)
entwickelt desarrollado/a (III 2.A-8-T)
die Entwicklung el desarrollo (III 1.A-1-T)
die Entwicklung, die Evolution la evolución (IV 2.A-5)
die Epidemie la epidemia (IV 3.A-2)
das Epizentrum el epicentro (IV 1.B-6)
Erasmus (*europäisches Austauschprogramm für Studenten*) Erasmus (IV 4)
das (Kultur-) Erbe la herencia (cultural) (IV 4)
das Erbrechen el vómito (IV 3.B-6)
die Erbsen los guisantes (II 2.A-6)
das Erdbeben el sismo, el terremoto (IV 1.A-T)
die Erdbebenwarnung la alerta sísmica (IV 1.A-4)
die Erdbeere la fresa (II 2.A-6)
sich ereignen, geschehen ocurrir (IV 1.B-6)
das Ereignis el acontecimiento (IV 3.A-4)
das Ereignis, das Geschehnis el suceso (IV 5.A-9)
erfahren llegar a saber (III 5.A-11)
die Erfahrung la experiencia (II 1)
erfinden inventar (III 2.A-8-T)
der Erfolg el éxito (II 3.A-6)
erfrischend refrescante (II 2.A-2)
die Erfrischung el refresco (II 6.B)
das Ergebnis el resultado (II 7.A-T)
erhalten obtener (IV 2.B-4)
(die Stimme) erheben alzar (la voz) (IV 5)
sich erholen recuperarse (IV 3.B-6)
erinnern acordarse (II 1.B-3)
sich an etwas erinnern recordar algo (III 6.B-9)
die Erinnerung el recuerdo (II 1.A)
die Erkältung el resfriado (II 4.B-8)
erklären explicar (II 4.A-2)
die Erklärung la declaración (IV 4.A-T)
erkunden explorar (III 5.A-10)
die Erlaubnis el permiso (IV 4.A-9)
erleben vivir (IV 1.A-T)
das Erlebnisbad el parque acuático (II 2.A)
ermordet asesinado/a (III 5.A-9)
ernst, ernsthaft serio/a (IV 1.A-T)
der Eroberer/in, die Eroberung el/la conquistador/a, la conquista (III 2.B-7)
erobern, einnehmen conquistar (IV 1.A-9)
erreichen lograr (II 4.A-10)
erreichen, bekommen conseguir (III 6.A-9)
erreichen, gelangen zu alcanzar (III 2.A-8-T)
errichten construir (II 5.B-6)
die Errungenschaft el logro (II 4.A-9), (III 2.A-8-T)
das Erschaffen la creación (IV 2.A-T)
die (äußere) Erscheinung la apariencia (III 6.B-5)
die Erschöpfung, die Müdigkeit el cansancio (IV 1.A-11)
erschrocken asustado/a (II 4.A-2)
erschweren complicar (III 2.A-8-T), dificultar (IV 3.A-T)
erst neulich hace rato (II 3.B-T)
die Erste Hilfe los primeros auxilios (IV 2.A-T)
sich erstrecken über extenderse sobre (III 2)
als Erwachsener de adulto (II 4.A-9)
erwähnen mencionar (III 6.B-3)
erwähnenswert digno/a de mención (IV 1.A-4)
das erwähnte Viertel dicho barrio (IV 5.A-12)
die Erwartung la expectativa (IV 2)
die Erweiterung la ampliación (IV 4.A-T)
erzählen über, erzählen von contar sobre (III 2.A)
der/die Erzähler/in el/la narrador/a (IV 4.B-11)
erziehen, unterrichten educar a alg. (IV 1.A-7)
es ist viel los hay mucha marcha (IV 4.B-16)
es kommt darauf an, ob … / es kommt auf … an depende de (II 6.A-9)
essen comer (I 3.B-T)
das Essen la comida (I 6.B-T)
der Essig el vinagre (II 2.B-2)
die Etappe la etapa (III 5.A-5)
die ethnische Gruppe, die Volksgruppe el grupo étnico (IV 1.A-3)
etwas algo (I 6.B-T)
der/die Europäer/in , europäisch europeo/a (II 5.A-T)
die Europäische Union, die EU la Unión Europea *(UE)* (IV 4)
die Exaktheit, die Richtigkeit la exactitud (IV 5.A-2)
die Exekutive el ejecutivo (IV 4.A-3)
die Exkursion la excursión (I 5.B 4)
exotisch exótico/a (III 1.B-11-T)
die Experimente los experimentos (II 7)
extrovertiert extrovertido/a (III 6.A-T)

F

die Fabrik la fábrica (III 6)
fade, langweilig soso/a (II 2.B-T)
fähig sein, etwas zu tun ser capaz de (III 2.A-8-T)
fähig, kompetent competente (IV 2.A-T)
die Fahne la bandera (IV 4)

der/die Fahrer/in el/la conductor/a (IV 1.B-2)
das Fahrrad la bici(cleta) (I 8.A-10)
die Fakultät la facultad (IV 2)
der Fall el caso (III 2.A-1-T)
auf jeden Fall de todas maneras (II 7.A-T)
in jedem Fall de todos modos (II 4.A-13)
der Fall el caso (III 2.A-1-T)
falls si (I 5.B-T)
die Familie la familia (I 1.A-T)
das Familienmitglied el miembro de la familia (III 1.B11-T)
der Fan el/la aficionado/a (II 3.B-8)
die Farbe el color (I 8.A-T)
färben, anmalen colorear (IV 1.A-11)
fast casi (I 7.A-T)
faszinierend, bezaubernd fascinante (IV 1)
faul perezoso/a (II 6.A-6), vago/a (III 6.A-2)
der Februar el febrero (I 6.B-2)
fehlen faltar (I 6.B-T)
der Fehler el defecto (III 3.B-8)
die Feier la fiesta (I 4.A-T)
feiern celebrar (I 6.B-1)
das Feld el campo (I 4.B-T)
das Fell, die Haare el pelo (I 4.A-T)
das Fenster la ventana (I 3.A-T)
die Ferien las vacaciones (I 7.A-6)
die Ferienwohnung el apartamento para las vacaciones (II 1)
das Fernsehen la tele(visión) (I 5)
der Fernseher el televisor (I 6.A-2)
festlich festivo/a (IV 3.B-5)
festnehmen, verhaften arrestar (IV 5.B-2)
die Festungsanlage la fortaleza (III 1.B-11-T)
fettig, fetthaltig grasoso/a (II 2.B-T)
feucht húmedo/a (III 2)
feuchtwarm sub-húmedo/a (III 2)
das Feuerwerk los fuegos artificiales (II 6.A)
das Fieber la fiebre (II 4.B-8)
der Film la película (peli) (I 5.A-2)
der Filter el filtro (IV 2.B-3)
das Finale la final (II 3.A-2)
finden encontrar (I 5.B-T)
der Finger el dedo (II 4.B-3)
die Firma, der Betrieb la empresa (III 1.B-T)
der Fisch (Speise) el pescado (I 8.A-T)
der Fisch (Tier) el pez (Pl: peces) (I 2.B-T)
das Fitnessstudio el gimnasio (I 3.B-T)
fix, fest (-gelegt) fijo/a (III 1.A-T)
der Flamenco el flamenco (I 1.A-T)
die Flasche la botella (II 2.A-6)
der Flatscreen la pantalla plana (IV 3.B-8)
das Fleisch la carne (II 1.B-3)
fleißig trabajador/a (III 6.A-T)
flexibel flexible (III 6.A-T)
die Flipflops las chanclas (II 5.A-4)
flirten ligar (III 1.B-8)
die Flitterwochen la luna de miel (IV 3.B-7)
der Flohmarkt el mercadillo (I 8.B-T)
der Flug el vuelo (III 1.A-1-T)
der Flughafen el aeropuerto (II 5.A-7)
das Flugzeug el avión (I 8.A-10)
der Fluss el río (I 1.B-T)
die Flüssigkeit (Fähigkeit, eine Sprache flüssig zu sprechen), die Redegewandtheit la fluidez (IV 1.A-4)
folgend siguiente (III 1.B-T)
der/die Follower/in el/la seguidor/a (III 4.A-2)
fordern, verlangen reclamar (IV 5.B-3)
die Form la modalidad (IV 4.B-10)
formell formal (I 8.B-3)
fortschrittlich, (hoch) entwickelt avanzado/a (III 2)
das Forum el foro (I 7)
das Foto la foto (-grafía) (I 4.A-T)
das Fotoalbum el álbum de fotos (II 1)
Fotos machen sacar fotos (II 3.B-T)
die Frage, die Angelegenheit la cuestión (IV 2.B-2)
fragen preguntar a (I 3.A-4)
Frankreich Francia (II 1)
franquistisch, der Franco-Ära zugehörig franquista (IV 4.A-T)
französisch francés (I 2.A-6)
die Frau la mujer (I 4.A-T)
frei libre (I 7.B-T)
der Freitag el viernes (I 5.B-T)
der/die Freiwillige el/la voluntario/a (IV 1.B-3)
die Freizeit el ocio (III 5.A-12)
der Freizeitpark el parque de ocio (II 2)
die Fremdsprache la lengua extranjera (IV 4.B-11)
Ich freue mich! ¡Qué alegría! (II 5.B-T)
sich über etwas / für jdn. freuen alegrarse de algo / por alg. (III 5.A-6 / 3.A-7)
feste/r Freund/in el/la novio/a (I 4)
der/die Freund/in el/la amigo/a (I 1.A-T)
freundlich amable (II 1.A-7)
die Freundschaft la amistad (III 3)
der Frieden la paz (IV 2.B-10)
der Friedensnobelpreis el Premio Nobel de la Paz (IV 4.A-T)
der Friedhof el cementerio (IV 3.B-8)
friedlich pacífico/a (III 5.B-5)
frisch fresco/a (III 5.A-9)
die Frisur el peinado (II 5.B-T)
der frittierte Fisch el pescaíto frito (II 6.A-6)
das frittierte Spritzgebäck los churros (I 7.B-T)
fröhlich alegre (I 4.B-T)
früh temprano (I 7.A-4)
der Frühling la primavera (II 1.A-2)
das Frühstück el desayuno (I 7.A-T)
frühstücken desayunar (I 6.A-T)
fühlen sentirse (II 4.B-4)
sich geliebt fühlen sentirse amado/a (III 3.A-6)
(an-) führen liderar (IV 4.A-3)
der Führerschein el carné de conducir *(auch: el carnet de conducir)* (IV 4.A-9)
die Führung la visita guiada (III 1.B-T), (IV 5.A-12)
der Füller la pluma (I 3)
der Fund, die Entdeckung el hallazgo (IV 1.A-6)
fünf cinco (I 2.A-T)
fünfzehn quince (I 2.A-T)
die Funktion la función (IV 5.B-10)
für para (I 1.A-T)
der Fuß el pie (I 8.A-10)
zu Fuß a pie (I 8.A-10)
der Fußball el fútbol (I 1.A-T)

G

das Galizische, galizisch el gallego (IV 4.B-10)
ganze/r/s todo el/toda la (I 6.A-T)
gar nicht nada (I 5.A-T)
die Garage el garaje (I 6.A-9)
die Garderobe el guardarropa (III 6.B-9)
der Garten el jardín (I 6.A-9)
der Gast el/la invitado/a (I 6.B-1)
die Gastronomie la gastronomía (IV 1.A-5)
das Gebäckstück el bollo (I 3.B-T)
geben dar (II 2.A-7)
das Gebiet el área (f.) (III 2.A-8-T), el territorio (III 2)
gebildet culto/a (IV 4.B-11)
das Gebirge la sierra, la montaña (II 5.A-T)
geboren werden nacer (II 4.A-9)
das Geburtsdatum la fecha de nacimiento (III 6)
das Geburtshaus la casa natal (IV 3.B-8)
der Geburtstag el cumple(años) (I 4.A-T)
der Geburtstagskuchen mit Kerzen darauf la tarta con velas (II 2)
der Gedanke el pensamiento (III 6.A-1)
das Gedenken la conmemoración (IV 5.B-2)
das Gedicht el poema (III 1.B-10)
die Gefahr el peligro (III 4)
gefährlich peligroso/a (II 4.A-T)
jdm sehr gefallen encantarle a algn. (I 5.A-T)
jdm gefallen gustarle a algn. (I 5)
es würde mir gefallen me encantaría (II 5.A-T)

gefallen agradar (IV 2.B-5)
das Gefühl el sentimiento (III 3)
gegen 00.00 Uhr sobre las 00.00 (II 6.A)
der Gegenpol el polo opuesto (IV 2.B-8)
gegenüber enfrente de (I 6)
gegenwärtig, heutig actual (III 2.A-8-T)
der/die Gegner/in el/la oponente (IV 4.A-3)
der/die Gegner/in, der/die Oppositionelle el/la opositor/a (IV 5.B-10)
gegnerisch contrario/a (IV 2.B-1)
geheim secreto/a (II 5.A-7)
das Geheimnis el secreto (III 3)
sich Geheimnisse anvertrauen revelarse secretos (III 3)
mit jdm. (aus-) gehen salir con alg. (III 3.A-3)
gehen ir (I 5)
gehören zu pertenecer a (III 2.A-8-T)
Ich hoffe, es geht euch gut. Espero que estéis bien. (II 1.A)
Wie geht's? ¿Qué tal? (I 1.A-T)
die Geige el violín (II 3.A-7)
das Gelände el recinto (II 6.A)
gelangweilt aburrido (I 4.B-T)
gelb amarillo/a (I 8.B-4)
das Geld el dinero (II 5.A-8)
der Geldautomat el cajero automático (IV 1.B-3)
die Gelegenheit la oportunidad (II 3.A-T), (III 1.A-1-T)
gemäßigt moderado/a (II 2.A-2)
Wie gemein! ¡Qué barbaridad! (II 1.A)
gemeinsam común (III 5.A-6)
der gemeinsame Außenzolltarif la tarifa exterior común (IV 4.A-T)
gemeinsame Interessen / Hobbys haben compartir intereses (III 3.A-6)
der gemeinsame Markt el mercado común (IV 4)
im Netz gemobbt werden sufrir un ciberacoso (III 4)
das Gemüse la verdura (I 8.A-T)
das Gemüt, die Energie el ánimo (IV 2.B-8)
genau, exakt exacto/a (III 1.B-9)
der General, die Generälin el/la general (IV 4.A-T)
die Generation la generación (IV 2.A-8)
generieren generar (IV 2.B-4)
genießen disfrutar de algo (II 1.B-3)
das Genre el género (IV 3.B-1)
geographisch geográfico/a (IV 5.A-T)
das Gepäck el equipaje (III 5.A-8)
gerade justo (IV 1.A-8)
gerade etw. getan haben acabar de hacer algo (II 5.A-T)
geradeaus todo recto (II 5.A-7)
das Gerät, der Apparat el aparato (III 4.A-3)
geräumig amplio/a (III 5.A-13)
gerecht justo/a (II 6.B)
die (Un-) Gerechtigkeit la (in-) justicia (IV 4)
das Gericht el plato (II 2)
gern geschehen de nada (I 8.A-8)
der Geruch el olor (III 5.B-4)
das Geschäft, das Einkaufszentrum el shoping (IV 3.A-2)
geschehen, sich ereignen producirse (IV 3.A-6)
geschehen, verwirklicht werden realizarse (IV 4.A-1)
geschlossen, verschlossen cerrado/a (III 3)
der Geschmack el gusto (II 2.B-10)
die Geschwister los hermanos (I 2.A-T)
die Gesellschaft la sociedad (III 2.A-8)
die Gesellschaft, die Begleitung la compañía (IV 3.A-1)
die Gesellschaftsschicht la clase social (III 2.A-8)
das Gesetz la ley (IV 2.B-2)
gestern ayer (II 2.A-7)
gesund sano/a (IV 2)
die Gesundheit la salud (IV 2.B-1)
das Gesundheitssystem el sistema sanitario (IV 3)
das Getränk la bebida (I 6.B-T)
getrennt separado/a (II 7.A-2)
die Gewalt la violencia (IV 5.A-T)
gewalttätig violento/a (IV 5)
das Gewicht el peso (III 5.A-13)
etwas gewinnen ganarse (II 3.A-T)
Es gibt ein Gewitter. Hay una tormenta. (II 1.A)
gewöhnen an acostumbrarse a (II 1.B-3)
gewöhnlich, üblich habitual (IV 3.B-9)
der Gips el yeso (IV 1.A-11)
die Gitarre la guitarra (I 5)
das Glas el vaso (II 6.A-6)
der Glasschrank la vitrina (I 6.A-2)
das glattes Haar el pelo liso (I 4.A-6)
der Glaube la fe (III 5.A-6)
glauben an creer en (III 2.A-8)
glauben, dass creer que (I 6.B-9)
die Glaubensrichtung, der Glaube, die Anschauung la creencia (IV 1.A-3)
die Glaubwürdigkeit la credibilidad (IV 5.B-11)
gleich ya (I 3.A-T)
gleich um die Ecke a la vuelta de la esquina (IV 1.A-11)
gleichzeitig al mismo tiempo (II 4.A-T)
das Glück la suerte (I 6.B-T)
zum Glück por suerte (I 6.B-T)
Was für ein Glück! ¡Qué suerte! (I 6.B-T)
glücklich feliz (II 1.A)
Glückwunsch! ¡Enhorabuena! (IV 5.A-4), ¡Felicidades! (III 3.A-T)
Glückwünsche las felicitaciones (II 7.A-T)
die Glühbirne, Glühlampe la bombilla (II 6.A)
der Gott, die Göttin el/la dios, diosa (II 1.B-3)
das Grab la tumba (III 1.A-T)
Es ist ... Grad (über/unter Null). / Wir haben ... Grad. Hace / Tenemos ... grados (sobre / bajo cero). (II 1.A)
die Grafik el cuadro (IV 5.B-9)
grau gris (I 8.B-4)
die (Landes-) Grenze la frontera (IV 4.A-9)
die Grenze, die Beschränkung el límite (IV 4.A-9)
die Grippe la gripe (II 4.B-8)
groß grande (I 4.A-T)
Großbritannien Gran Bretaña (II 1)
die Größe, das Ausmaß la dimensión (IV 1.A-9)
die Großeltern los abuelos (I 1.B-T)
großzügig, großherzig generoso/a (III 6.A-T)
grün verde (I 8.B-4)
der Grund, das Motiv el motivo (IV 2.A-6)
Grund-, grundlegen básico (IV 2.A-T)
gründen fundar (III 5.B-5)
der/die Gründer/in el/la fundador/a (IV 4.A-1)
gründlich, genau detenido/a (II 6.B)
die Grundschule la primaria (II 7.A-2)
das Grundstück, Gebiet el terreno (IV 1.B-8)
die Gründung la fundación (IV 4.A-T)
das Grundwasservorkommen el acuífero (IV 1.B-2)
sich gruppieren, sich zusammenstellen agruparse (III 6.B-5)
der Gruß el saludo (II 1.A)
Grüße an alle! Recuerdos a todos. (II 1.A)
das Guanako el guanaco (IV 5.A-12)
gültig, rechtskräftig vigente (IV 4.A-9)
die Gurke el pepino (II 2.A-6)
gut bien (I 1.A-T)
gutaussehend guapo/a (I 4.A-T)
Gute Nacht! ¡Buenas noches! (I 2.A-2)
Guten Abend! ¡Buenas tardes! (I 2.A-2)
Guten Tag! ¡Buenos días! (I 1.A-T)

H

haben tener (I 2.A-T)
haben, verfügen über contar con (III 2)
der Hafen el puerto (II 5.B-6)
halb (Uhrzeit) y media (I 5.B-T)
Halb so schlimm no es para tanto (II 4.B)
die Hälfte la mitad (III 2.B-2)
Hallo! Hola (I 1.A-T)

halten sostener (III 3.A-2)
die Haltestelle la parada (I 8.A-8)
die Haltung la actitud (IV 5.B-10)
der Hamburger la hamburguesa (II 2)
die Hand la mano (II 3.B-T)
der Handball el balonmano (I 5)
der Handel el comercio (IV 3.A-T)
handeln von tratar de algo (II 3.A-7)
handeln, auftreten actuar (IV 5.B-10)
das Handtuch la toalla (II 5.A-4)
das Handwerk, die Handwerkskunst la artesanía (IV 1.A-5)
das Handy el móvil (I 3.B-T)
hart duro/a (IV 3.A-T)
hassen odiar algo (II 2.B-T)
hässlich feo/a (I 8.B-3)
häufig frecuentemente (III 1.B-5)
Haupt- principal (III 2.A-8-T)
als Hauptgang de segundo (II 2.B-T)
das Hauptgericht el plato fuerte (II 2.B-2), el plato principal (IV 5.A-14)
die Hauptperson, Hauptdarsteller/in el/la protagonista (II 3.A-6)
Hauptstadt-, Großstadt- metropolitana (IV 1.A-9)
das Haus la casa (I 2.A-T)
die Hausaufgaben los deberes (I 3.A-T)
zu Hause en casa (I 2.A-T)
das Haustier la mascota (I 2.B-T)
die Haut la piel (II 1.B)
das Heer, das Militär el ejército (IV 4.A-3)
das Heft el cuaderno (I 3)
heilig sagrado (IV 1.A-9)
die Heirat, die Ehe el matrimonio (IV 3.A-1)
heiraten casarse (II 4.A-9)
heiß caluroso/a (IV 5.A-12), caliente (II 4.B-8)
Es ist (sehr) heiß. Hace (mucho) calor. (II 1.A)
Es ist heiß. Hace calor. (II 1.A)
heißen llamarse (I 2.B-T)
helfen ayudar (I 7.B-11)
hell claro/a (I 8.B-4)
das Hemd la camisa (I 8.B-1)
herausgeben publicar (III 3.B-9)
herausnehmen sacar (I 6.B-9)
sich herausstellen resultar (II 3.B-T)
der Herbst el otoño (II 1.A-2)
herkommmen, stammen aus provenir de (IV 2)
herrichten, herausputzen arreglar (II 6.A-T)
herrlich, großartig magnífico/a (IV 4.B-16)
die Herrschaft el dominio (III 5.B-5)
unter der Herrschaft von al mando de (III 1.B-11-T)
herrschen reinar (III 1.B-11-T)
herrschen, regieren gobernar (III 1.B-11-T)
der/die Herrscher/in, der/die Machthaber/in el/la gobernante (III 1.B-11-T)
herstellen fabricar (III 5.B-4)
herumfahren circular (IV 1.B-2)
herunterfallen caerse (II 4.A-T)
hervorragend extraordinario/a (III 2)
hervorrufen, auslösen provocar (III 2.A-8-T)
das Herz el corazón (III 3)
herzlich cordial (III 1.A-1-T)
heute hoy (I 3.A-T)
heutzutage hoy en día (III 1.B-11-T)
hier aquí (I 1.A-T)
die Hilfe la ayuda (III 3.A-T)
Hilfe! Socorro. (II 4.A-13)
die Himbeere la frambuesa (II 2.A-6)
der Himmel el cielo (III 2.A-8-T)
hinaufsteigen subir (II 1.B-3)
das Hindernis el obstáculo (II 4.A-3)
hingegen, im Gegensatz dazu en cambio (II 5.B-T)
sich hinlegen acostarse (I 7.A-T)
hinsetzen sentarse (I 7.B-T)
hinter detrás de (I 6)
im Hintergrund al fondo, en segundo plano (III 6.B-5)
hinzufügen añadir (IV 3.A-6)
historisch histórico/a (III 1.B-11-T)
das Hobby el interés (II 4.A-9)
hoch alto/a (II 2.A-2)
die Hochebene el altiplano (IV 5.A-12)
ein Foto hochladen subir una foto (III 3)
Hochzeit la boda (II 6.A-9)
hoffen, dass esperar que (+ subjuntivo) (III 3)
hoffentlich, schön wär's ojalá (II 7.A-T)
die Höhe la altura (III 2.B-2)
das Holz la madera (II 6.A-T)
Hör mal! ¡Oye! (I 3.B-T)
hören oír (II 4.A-T)
das Hörverstehen la comprensión auditiva (IV 2.A-T)
die Hose los pantalones (I 8.B-1)
die Hosen- / Jackentasche el bolsillo (II 6.B)
das Hostel el hostal (II 1)
das Hotel el hotel (II 1)
hübsch bonito/a (I 4.A-T)
der Hügel el cerro (II 1.B-3)
der Hund el perro (I 2.B-T)
die Hündin la perra (I 2.B-T)
der Hunger el hambre (I 7.B-T)
Hunger haben tener hambre (I 7.B-T)
der Hungerstreik la huelga de hambre (IV 5.B-T)
der (Sonnen-) Hut el sombrero (III 5.A-7)

I

die Iberer los íberos (IV 4.B-11)
die Iberische Halbinsel la península ibérica (III 1.B-11-T)
der ICE (Intercity Express) ≈ el AVE (Alta Velocidad Española) (IV 4.B-16)
ich yo (I 1.A-T)
Ich habe großen Spaß, Es gefällt mir sehr Me lo estoy pasando bomba (IV 3.B-1)
Ich habe solche Angst! ¡Qué miedo me da! (IV 1.A-T)
die Idee la idea (I 4.B-T)
die Identifikation la identificación (IV 4.A-7)
identifizieren identificar (IV 5.B-11)
sich mit etwas identifizieren identificarse con algo (IV 4)
die Identität la identidad (IV 2.B-5)
ihr/e su (I 3.A-3)
immer siempre (I 5.A-T)
importieren importar (IV 3.A-6)
in en (I 1.A-T)
in Barcelona selbst en la misma Barcelona (IV 4.B-T)
in Erwartung Ihrer Nachricht / Antwort en espera de sus noticias (III 6.A-10)
in Kraft treten entrar en vigor (IV 4.A-1)
indoeuropäisch indoeuropeo/a (IV 4.B-10)
die Informatik la informática (I 3.B-T)
die Informationstechnologie, IT la tecnología de la información *(TI)* (IV 2.A-T)
die Informationsverarbeitung el tratamiento de la información (IV 2.A-T)
informativ informativo/a (IV 3)
informieren informarse (II 3.A-T)
die Inhaftierung, die Haft el encarcelamiento (IV 5.B-2)
der Innenhof el patio (I 3.B-T)
der innere Bereich el interior (IV 5.A-12)
inoffiziell inoficial (IV 5.A-12)
die Insel la isla (IV 1.A-8)
das Inselchen el islote (IV 1.A-8)
das Instrument el instrumento (I 5)
sich integrieren integrarse (III 6.A-6)
intellektuell, gebildet intelectual (IV 1.A-7)
die Intelligenz la inteligencia (II 3.A-6)
die Interaktion la interacción (IV 2.A-T)
interessant interesante (I 4.B-T)
interessiert, interessieren interesado/a, interesar (III 1.A-1-T)
über Internet por internet (I 4.A-T)
interviewen entrevistar (IV 3.A-6)
die Invasion la invasión (IV 3.A-T)
investieren, aufwenden invertir (e → ie) (IV 2.B-5)
inzwischen, derweil mientras tanto (II 5.B-1)
isolieren, absondern aislar (IV 3.A-6)
Italien Italia (II 1)

italienisch, der/die Italiener/in italiano/a (I 2.A-6)

J

ja sí (I 1.A-T)
Ja, bitte? Diga (I 5.B-T)
die Jacke la chaqueta (I 8.B-1)
das Jahr el año (I 2.A-T)
... Jahre alt werden cumplir (los) ... años (II 2.A-3)
die Jahreszeit la estación (III 2.A-3)
das Jahrhundert el siglo (II 1.B-3)
der Januar el enero (I 6.B-2)
die Jeans los vaqueros (I 8.B-1)
jede/r cada (II 1.A)
jene / jener dort aquel / aquella (I 8.B-T)
jetzt ahora (I 2.A-T)
der/die Jude / Jüdin, jüdisch (el/la) judío/a (III 1.B-11-T)
die Judikative el judicial (IV 4.A-3)
die Jugend la juventud (IV 4.B-T)
der/die Jugendliche/r el/la joven, los jóvenes (II 1)
die Jugendlichen los adolescentes (III 4.A-2)
die Jugendorganisation la organización de jóvenes (II 1)
der Juli el julio (I 6.B-2)
der Junge / das Mädchen el/la chico/a (I 1.A-T)
der Junge, das Mädchen el/la chaval/a *(ugs.)* (IV 5.B-8)
der Juni el junio (I 6.B-2)
der/die Jurist/in el/la jurista (IV 3.A-T)

K

der Käfig la jaula (I 4.B-T)
der Kakao el cacao (III 2.A-8)
der Kaktus el cactus (IV 1.A-8)
der Kalender el calendario (III 2.A-8)
Es ist kalt. Hace frío. (II 1.A)
die Kälte el frío (II 1.A)
der Kalte Krieg la Guerra Fría (IV 3.A-T)
das Kamel el camello (II 5)
kämmen peinarse (I 7.A-T)
der Kampf la batalla (III 2.B-2)
der Kanal el canal (II 3.A-10)
der/die Kandidat/in el/la candidato (II 3.A-2)
das Kaninchen el conejo (IV 4.B-16)
Kanu fahren el deporte de canoa (II 4.A)
die Karibik el Caribe (IV 3.B-1)
karibisch caribeño/a (III 2)
die Karriere la carrera (IV 3.B-1)
die (Land-) Karte el mapa (I 3.A-3)
die Kartoffel la patata (I 7.B-T)
der Karton la caja (I 6)
der Käse el queso (I 7.B-T)
das Kastilische (~ Spanisch) el castellano (III 5.B-5)
das Katalanische, katalanisch el catalán (IV 4.B-T)
der Kater / die Katze el/la gato/a (I 2.B-T)
die Kathedrale la catedral (III 1.B-11-T)
kaufen comprar (I 7.B-7)
kaum apenas (III 1.A-T)
kein/e/r ningún, ninguno/a (II 3.A-T)
Keine Ahnung. Ni idea. (II 2.B-T)
keine Lust haben dar pereza (IV 2.B-8)
der Keks la galleta (III 1.A-T)
der/die Kellner/in el/la camarero/a (II 2.B-T)
nicht kennen, nicht wissen desconocer (IV 5.A-2)
kennenlernen conocer (I 8.A T)
die Kenntnisse, das Wissen los conocimientos (III 2.A-8)
ein halbes Kilo ... medio kilo de ... (II 2.A-6)
der Kilometer el kilómetro (II 1.B-3)
einige (ca. XX) Kilometer entfernt sein von ... estar a unos (XX) kilómetros de ... (II 1.B-3)
Kind el/la niño/a (II 2.B-10)
ein Kind bekommen tener un/a hijo/a (II 4.A-9)
Kindergarten el kinder (II 4.A-9)
kindisch, Kinds-, Kinder- infantil (III 4.B-T), (IV 3.B-7)
das Kino el cine (I 5)
der Kiosk el quiosco (I 8)
die Kirche la iglesia (I 8)
die Kirsche la cereza (II 2.A-6)
die Klarinette el clarinete (II 3.A-7)
der Klassenraum el aula (I 3.A-T)
klatschen, applaudieren aplaudir (II 3.B-8)
klauen robar (II 6.B)
das Klavier el piano (II 3.A-7)
das Kleid el vestido (I 8.B-1)
die Kleidergröße la talla (I 8.B-T)
die Kleidung (leicht / warm) la ropa ligera / gruesa (II 5.A-4)
das Kleidungsstücke las prendas de ropa (II 5)
klein pequeño/a (I 4.A-T)
klein (Körpergröße) bajo/a (I 4.A-T)
klettern escalar (II 4.A-3)
der Klick el clic (IV 5.B-13)
das Klima el clima (III 2)
die Klimaanlage el aire acondicionado (IV 3.B-8)
klingen, sich anhören sonar (o → ue) (III 5.B-5)
klug listo/a (I 4.A-T)
die Knappheit, der Mangel la escasez (IV 3.A-6)
die Knie la rodilla (II 4.B-3)
der Knoblauch el ajo (II 2.A-6)
der Knöchel el tobillo (II 4.B-3)
die Knochen el hueso (II 4.A-T) (II 5.B-6)
kochen cocinar (I 7.B-T)
die Koffer la maleta (I 8.B 2)
die Kohle el carbón (IV 4.A-T)
die Koliken los cólicos (IV 3.B-6)
kollabieren, zusammenbrechen colapsar (IV 1.B-6)
Kolonial- colonial (IV 3)
die Kolonie la colonia (IV 3.A-6)
kolonisieren colonializar (IV 3.A-T)
komisch, außergewöhnlich extraño/a (III 5.A-13)
kommandieren comandar (IV 3.A-T)
kommen venir (I 6.B-1)
kommentieren dejar un comentario (III 3)
die Kompetenz la competencia (IV 2.A-T)
der Komplex el complejo (IV 5.B-12)
das Kompliment el piropo (III 3.A)
kompliziert complicado/a (I 4.B-T)
der/die Komponent/in el/la compositor/a (IV 3.B-4)
die Komposition, die Zusammenstellung la composición (IV 1.A-8)
Kondition haben estar en forma (II 4.A)
der Kondor el cóndor (II 5)
der Konflikt el conflicto (III 4)
die Konfrontation, der Zusammenstoß el enfrentamiento (IV 5)
der/die König/in, königlich el/la rey/reina, real (III 1.B-11-T)
konkurrieren, zu Wettkämpfen antreten competir (II 4.A)
können (beherrschen) saber (II 2.A-T)
können (in der Lage sein) poder (I 5.B-T)
die Konstruktion, der Bau la construcción (III 2.A-8-T)
in Kontakt stehen estar en contacto (III 2.A-8-T)
in Kontakt treten mit entrar en contacto con (III 4.A-T)
kontaktieren contactar (III 4.A-4)
der Kontinent el continente (III 2.A-1-T)
das Konto la cuenta (III 4.A-2)
der Kontrast el contraste (III 6.B-5)
kontrastieren contrastar (IV 4)
kontrollieren controlar (IV 3.A-T)
sich konzentrieren concentrarse (III 4.A-5)
das Konzert el concierto (I 5.B-4)
der Kopf la cabeza (II 4.B-3)
Kopf hoch! ¡ Ánimo! (III 3.A-T)
das Korsett el corsé (IV 1.A-11)
kosten costar (I 8.B-T)
Wieviel kostet das? ¿Cuánto cuesta? (II 2.A-7)
köstlich delicioso/a (III 2.A-1-T)
die Kraft, die Stärke la fuerza (IV 2.A-5)
krank enfermo/a (II 4.B-8)
das Krankenhaus el hospital (II 4.A-13)

die Krankenschwester la enfermera (II 4.B-4)
die Krankenversicherung el seguro médico (IV 3.A-6)
die Krankheit la enfermedad (II 4.B-8)
das Krankheitsanzeichen el síntoma (II 4.B-8)
kreativ creativo/a (III 3)
die Kreide la tiza (I 3.A-3)
das Kreisdiagramm el gráfico circular (IV 2.A-5)
der Krieg la guerra (IV 4.A-T)
die Kriminalität la delincuencia (IV 1)
die Krise la crisis *(auch Pl.: las crisis)* (IV 2.A-6)
kritisch crítico/a (IV 5.B-10)
kritisieren criticar (IV 5.B-10)
der Kuchen, das Gebäck el pastel (IV 3.B-7)
der Kuchen, die Torte la torta *(LatAm)* (IV 3.B-5)
die Kugel la bola (II 2.B-10)
die Kuh la vaca (II 5.B-6)
der Kuli el bolígrafo (boli) (I 3)
die Kultur la cultura (III 1.A-1-T)
die Kultur, das Volk el pueblo (III 2.A-1-T)
sich kümmern um encargarse de (III 6.B-9)
kümmern um ocuparse de (II 5.B-T)
der/die Kunde/in el/la cliente (I 8.B-8)
die Kunst el arte (III 2.A-8)
der/die Künstler/in el/la artista (IV 3.B-3)
künstlerisch artístico/a (III 2.A-8-T)
das Kunstwerk la obra (IV 1.A-11)
der Kürbis la calabaza (II 2.A-6)
der Kurs el curso (II 2.A-T)
das Kursende, Schuljahresende el fin de curso (II 7.A-T)
kurz corto/a (I 4.A-6)
kürzlich reciente (IV 4.A-8), recién (IV 3.B-9)
der Kuss / das Küsschen el beso / besito (II 1.A)
küssen besar (II 3.A-6)
die Küste la costa (II 1.A)
die Kutsche el coche (III 2.A-8)

L

das Labor el laboratorio (I 3.B-T)
lächeln sonreír (III 1.A-T)
lachen reírse (III 3)
das Lachen la risa (III 3)
das Ladegerät el cargador (III 5.A-7)
der Laden la tienda (I 6.A-T)
das Lager, das Camp el campamento (IV 5)
das Lager, das Depot el depósito (IV 1.B-2)
das Lama la llama (II 5)
die Lampe la lámpara (I 6.A-T)
das Land la tierra (III 2)
das Land el país (II 1.A-10), la tierra (III 2)
landen, punkten puntuar (IV 4.A-7)
das Landgut, die Finca la finca (IV 1.B-8)
Landschaft el paisaje (II 5)
die Landwirtschaft la agricultura (III 2.A-8)
lang largo/a (I 4.A 6)
langsam lento/a (II 2.A-2)
langsamer más despacio (I 3.A-T)
Wie langweilig! ¡Qué rollo! (II 1.A)
der Lärm el ruido (III 4.A-5)
(hinter) lassen dejar (II 3.A-10)
das Latein el latín (III 5.B-5)
lateinamerikanisch, aus Lateinamerika latinoamericano/-a (II 3.A)
laufen correr (II 4.A-T)
laut fuerte (II 1.B-3)
laut, lärmend ruidoso/a (III 1.A-T)
laut, nach, ... zufolge según (II 5.B-6)
das Leben la vida (I 7.A)
lebendig, lebend vivo/a (III 5.A-6)
die Lebenskraft la vitalidad (IV 1.A-11)
der Lebenslauf el currículum (vitae) (III 6.A-7)
das Lebensmittel el alimento (I 7.B-3)
der Lebensraum el espacio vital (IV 5.A-12)
das Leck, die undichte Stelle la fuga (IV 1.B-2)
die Legende la leyenda (III 5.A-T)
die Legislative el legislativo (IV 4.A-3)
der Lehm, der Schlamm el lodo (IV 1.A-8)
der/die Lehrer/in el/la profesor/a (profe) (I 3.A-T)
leicht (Speise) ligero/a (II 2.B-T)
Leichtathletik machen practicar / hacer atletismo (II 4.A)
das Leid el sufrimiento (IV 1.A-11)
(er-) leiden, ertragen sufrir (IV 1.A-T)
die Leidenschaft la pasión (III 6.B-9)
leider desafortunadamente (II 1.A)
(aus) leihen prestar (II 2.A)
lenken, steuern dirigir (IV 3.A-T)
(er) lernen aprender (II 4.A-T)
das (Er-) Lernen el aprendizaje (IV 4.B-15)
lesen leer (I 3.A-T)
letzte/r/s último/-a (II 2.A-11)
die Leute la gente (I 4.A-T)
das Licht la luz (II 6.A)
die Liebe el amor (II 3.A-6)
die Liebe, die Zuneigung el cariño (III 3)
liebe/r querido/a (I 7.B-T)
Liebe/r/s ... (Anrede in einem Brief) Estimado(s)/a(s) ... (III 1.A-1-T)
(sich) lieben amar (-se) (III 3.B-T)
lieben querer (I 5.B-T)
das Liebesleben la vida amorosa (III 3.B-2-T)
liebevoll cariñoso/a (I 4.A-T)
der/die Liebhaber/in, Geliebte/r el/la amante (III 6.B-T)
Lieblings- favorito/a (I 4.A-T)
das Lied la canción (I 5.A-T)
liegen, sich befinden estar ubicado/a (III 5.A-12)
lila lila (I 8.B-4)
der Link el enlace (III 4.A-7)
linke Seite la izquierda (I 3.B-T)
links a la izquierda (I 3.B-T)
die Lippen los labios (IV 2.B-4)
die Liste la lista (I 3)
der Liter el litro (II 2.A-6)
die Literatur la literatura (III 1.B-11-T)
das lockiges Haar el pelo rizado (I 4.A-6)
es lohnt sich vale la pena (III 1.B-11-T)
Los geht's! ¡Vamos! (I 1.B-T)
(ein Problem) lösen resolver (un problema) (III 3)
losreißen soltarse (II 4.A-13)
die Lösung la solución (III 5.A-T), la resolución (IV 2.A-T)
der Löwe el león (II 5)
der Luftballon el globo (IV 3.A-2)
lügen mentir (e à ie) (III 3.B-9)
Lust haben, etwas zu tun tener ganas de hacer algo (I 5.A-T)
lustig divertido/a, gracioso/a (I 4.A-T)
sich über jdn. lustig machen burlarse de alg. (III 4)

M

die Macht el poder (III 5.B-5)
Macht doch nichts. No pasa nada. (I 5.A-T)
die Macht ergreifen tomar el poder (IV 1.A-9)
Macht nichts!, Halb so schlimm! Ni modo. (II 2.A-10)
der Magen el estómago (II 4.B-3)
magisch, zauberhaft mágico/a (III 6.B-T)
der Mai el mayo (I 6.B-2)
der Mais el maíz (II 2.A-6)
das (erste) Mal la (primera) vez (II 2.A)
nächstes Mal la próxima vez (II 1.B-3)
mal sehen a ver (I 3)
der/die Maler/in el/la pintor/a (III 6.B-5)
die Malerei la pintura (III 2.A-8)
die Mama, die Mutter la madre / mamá (I 2.A-T)
man muss hay que (I 7.B-T)
manchmal de vez en cuando (III 6.A-T), a veces (II 1.A)
die Mango el mango (II 2.A-6)
der Mann hombre (II 3.B-T)
die Mannschaft el equipo (I 7.A-T)
das Mäppchen el estuche (I 3)
die Mapuche los mapuche (IV 5.A-T)
der Markt el mercado (I 8)
die Marmelade la mermelada (I 7.A-T)
der März el marzo (I 6.B-2)
das Match el partido (I 7.A-T)
das Material el material (III 2.A-8-T)

Mathematik (Fach) las Matemáticas (II 7.A-T)
die Mauer el muro (IV 1.A-7)
maximal, Höchst- máximo/a (III 2.A-1-T)
Maya-, der/die Maya (el/la) maya (III 2)
die Mayonnaise la mayonesa (IV 3.B-7)
die Medien los medios (III 4.A-2)
das Medikament el medicamento (IV 3.A-2)
die Medizin la medicina (III 1.B-11-T)
das Meer el mar (I 1.A-T)
das Mehl la harina (II 2.A-6)
die Mehrheit la mayoría (III 2.A-8-T)
mehrmals varias veces (III 1.A-T)
mein/e mi (I 2.A-T)
die Meinung la opinión (II 2.A-1)
Meinung äußern, meinen opinar (II 5.A-1)
die freie Meinungsäußerung la libertad de expresión (IV 3.A-T)
meißeln, gestalten esculpir (IV 3.B-10)
die Melodie la melodía (II 3.A-7)
die Melone el melón (II 2.A-6)
die Menge, die Anzahl la cantidad (III 6.B-T)
der Menschenauflauf la aglomeración (IV 5.B-9)
das Menschenopfer el sacrificio humano (IV 1.A-9)
die Menschenrechte los derechos humanos (IV 4.A-3)
die Mentalität la mentalidad (IV 3.A-2)
das Menü el menú (IV 3.B-5)
das Merkmal die Eigenschaft la característica (III 2.A-8-T), (IV 4.A-3)
messen medir (e → i) (III 5.A-12)
mestizisch, der/die Mestize mestizo/a (IV 1.A-11)
ein paar Meter entfernt von … a pocos metros de … (I 8.A-2)
mexikanisch, Mexikaner/in mexicano/a (II 1.B-3)
mieten alquilar (IV 3.B-9)
die Milch la leche (I 7.A-T)
mild templado/a (III 2.A-1-T)
die Militärdiktatur la dictadura militar (IV 4.A-3)
militärisch militar (IV 3.A-T)
Minderheiten-, in der Minderheit minoritario/a (IV 4.B-12)
mindestens por lo menos (IV 2.A-8-T)
die Mine la mina (IV 3.A-6)
das Mineralwasser mit / ohne Kohlensäure el agua mineral con gas / sin gas (II 2.B-T)
die Mischung la mezcla (IV 3.B-5)
der Missbrauch el abuso (III 4.A-T)
misslingen fallar (II 7.A-T)
mit con (I 1.B-T)
mit dem Ziel con el propósito de que (IV 4.A-3)
mit mir conmigo (I 5.B-T)
mitbringen, mitnehmen llevar (II 2.A-3)
das Mitleid la lástima (II 7.A-T)
der/die Mitschüler/in el/la compañero/a (I 3.B-T)
der Mittag el mediodía (I 7.A-1)
Mittag essen almorzar (I 7.A-T)
mittags a/al mediodía (I 7.A-1)
in der Mitte en el centro / medio (III 6.B-5)
das Mittelalter la Edad Media (III 1.B-11)
mittelalterlich medieval (III 5.B-2)
mittelmäßig regular (I 1.A-2)
das Mittelmeer, der Mittelmeerraum el Mediterráneo (IV 4.A-8)
die Mitternacht media noche (II 6.A)
der Mittwoch el miércoles (I 5.B-T)
Moai *(Statue auf Rapa Nui / Osterinsel)* el moai (IV 5.A-12)
jdn. mobben acosar a alg. (III 3.A-2)
das Mobbing el acoso (III 3.A-2)
das Möbelstück el mueble (I 6.A-T)
die Mobilität la movilidad (IV 4)
die Mode la moda (IV 2.B-1)
modern moderno/a (I 8.B-3)
möglich posible (II 2.A-3)
alles Mögliche (geben) (haber) de todo (I 8.A-T)
die Möglichkeit la posibilidad (III 1)
mollig gordito/a (I 4.A-T)
der Moment el momento (I 2.A-T)
die Monarchie la monarquía (IV 4.A-T)
der Monat el mes (I 6.B-2)
monatlich mensual (III 2.A-3)
der Mönch el fraile (III 5.B-4)
der Mond la luna (III 2.A-8-T)
der Montag el lunes (I 5.B-T)
der Mord, die Tötung el homicidio (IV 1.B-2)
morgen mañana (I 2.A-T)
der Morgen la mañana (I 5.B-4)
motivierend motivador/a (IV 4.A-8)
müde cansado/a (II 1.A-7)
der Müll, der Abfall la basura (IV 1)
die Mülldeponie el basurero (IV 1.B-2)
der Müllwagen, das Abfallsammelfahrzeug el camión de recolección (IV 1.B-2)
der Mund la boca (II 4.B-3)
den Mund halten callarse (II 4.A-T)
der mündliche Ausdruck, die mündliche Ausdrucksfähigkeit la expresión oral (IV 2.A-T)
die (Jakobs) Muschel la concha (de Santiago) (III 5)
das Museum el museo (III 5.A-12)
die Musik la música (I 1.A-T)
der/die Musiker/ in el/la músico/a (IV 3)
die Musikgruppe el grupo (musical) (I 3.B-T)
die Musikrichtung el estilo musical, el tipo de música (II 3.A-7)
muskulös musculoso/a (III 3.A-6)
muslimisch, der/die Moslem / Muslima (el/la) musulmán, musulmana (III 1)
müssen tener que (I 6.A-T)
mutig valiente (II 2.A-2)
die Muttersprache la lengua materna (IV 2.A-T)
die Mütze el/la gorro/a (I 8.B-1) (II 5.A-4)

N

Na klar! ¡Claro! (I 1.A-T)
der/die Nachbar/in el/la vecino/a (I 8.A-7)
nachdem después (de) (I 3.A-T)
der Nachkomme el/la descendiente (IV 5.A-10)
der Nachmittag la tarde (I 5.B-T)
nachmittags por la tarde (I 5.B-T)
die Nachricht el mensaje (I 5.B-2)
nachsehen revisar (I 3.A-T)
die Nacht la noche (I 5.B-4)
der Nachtisch el postre (II 2.B-T)
das Nachtleben la marcha (I 8.A-T)
der Nachttisch la mesilla de noche (I 6.A-2)
nah cerca (I 6.A-T)
sich nähern acercarse (III 3)
naja bueno (I 5.A-T)
der Name el nombre (I 5.B-T)
narrativ narrativo/a (IV 3)
die Nase la nariz (II 4.B-3)
das Nashorn el rinoceronte (II 5)
die Nation la nación (IV 4)
nationalistisch nacionalista (IV 4.A-T)
die Natur la naturaleza (III 5.A-6)
die Naturwissenschaften (Fach) las Ciencias Naturales (II 7.A-T)
der Nebel la niebla (II 1.A)
neben al lado de (I 3.B-T)
nebenbei de pasada *(auch: de paso)* (IV 5)
der Neffe, die Nichte el/la sobrino/a (III 2.A-1-T)
nehmen tomar (I 7.B-T)
zur Neige gehen acabarse (II 5.B-T)
nerdig, freakig friki (IV 2.B-1)
nervig pesado/a (I 4.A-4)
nervös nervioso/a (III 6.A-6)
nett majo/a, bueno/a, simpático/a (II 2.A-T)
neu nuevo/a (I 4.A-4)
neugierig, ungewöhnlich curiosa/o (III 1.B-11-T, 6.A-6)
neutral neutral (IV 5.B-10)
nicht die geringste Ahnung ni la menor idea (IV 2.B-8)
nicht mehr ya no (II 2.A)
Nichts da! Nada de eso (II 2.A-T)
nie nunca (I 5.A-T)
nie (wieder) jamás (III 4.A-T)
niemand nadie (II 2.A-T)

(immer) noch aún, todavía (II 2.B-T)
noch einmal otra vez (I 3.A-T)
der Norden el norte (II 1.A)
nordisch nórdico/a (IV 4.B-16)
der Nordwesten el noroeste (II 5.A-4)
normal normal (I 7.A-T)
normalerweise, üblicherweise por lo general (III 1.A-T)
die Note la nota (II 1.A)
eine Note bekommen sacar una nota (II 7.A-5)
notieren anotar (III 3.A-T)
notieren, aufschreiben apuntar (III 5.B-5)
notwendig necesario/a (III 3.A-T)
November el noviembre (I 6.B-2)
die nuklear Rakete el misil nuclear *(auch: el mísil)* (IV 3.A-T)
nun ja pues (I 2.A-T)
nur solo (I 4.A-T)
nur, bloß simplemente (III 1.A-T)
etwas nutzen aprovechar algo (III 6.A-T)
nützen, hilfreich sein servir (e → i) (IV 2.B-5)

O

oberflächlich superficial (IV 2)
objektiv objetivo/a (IV 5.B-10)
das Obst la fruta (I 8.A-T)
obwohl aunque (III 1.B-5)
oder o (u) (I 7.A-9)
der Ofen el horno (II 2.B-10)
offen, aufgeschlossen abierto/a (III 3)
der öffentliche Nahverkehr el transporte colectivo urbano (IV 1)
offiziell, amtlich oficial (III 5.B-6)
öffnen abrir (I 3.A-T)
oft a menudo (I 5.A-T)
ohne, ~frei sin (II 2.B-T)
das Ohr la oreja (II 2.B-T)
Okay! vale (I 1.A-T)
ökologisch ecológico/a (III 5.A-6)
der Oktober el octubre (I 6.B-2)
das (Erd-) Öl el pétroleo (IV 3.A-6)
die Olive la aceituna (II 6.A-6)
das Olivenöl el aceite de oliva (I 7.B-T)
der Onkel / die Tante el/la tío/a (I 4)
online en línea (III 4)
der Opa / die Oma el/la abuelo/a (I 1.B-T)
die Operation, OP la operación (IV 1.A-11)
die Opposition, der Widerstand la oposición (IV 5.B-9)
optimistisch optimista (IV 4.A-7)
die Orange la naranja (I 7.A-T)
ordnen ordenar (I 6.A-T)
organisatorisch organizativo/a (IV 5.B-13)
sich organisieren organizarse (III 2.A-8)
sich orientieren, sich zurechtfinden orientarse (IV 1.A-2)
der Ort el sitio (II 5.B-T)
die Osterinsel / Rapa Nui la Isla de Pascua / Rapa Nui (IV 5.A-12)
Österreich Austria (II 1)

P

das Paket el paquete (II 2.A-T)
der Palast el palacio (II 1.B)
die Pampa (argentinisches Grasland) la pampa (II 5)
der Papa, der Vater el padre / papá (I 2.A-T)
der Papagei el papagayo (II 5)
der Papierkorb la papelera (I 3.A 3)
die Paprika el pimiento (II 2.A-6)
der Park el parque (I 1.B-T)
die Partei el partido (IV 4.A-3)
die Partnerstadt la ciudad hermanada (IV 4)
die Partneruniversität la universidad asociada (IV 4.B-T)
eine Party schmeißen montar una fiesta *(ugs.)* (IV 5.B-8)
gut passen zu ir bien con (I 8.B-T)
passiv pasivo (IV 2.B-3)
das Passwort la contraseña (III 4.A-7)
die Pause el recreo (I 3.B-T)
das Pech la mala suerte (II 4.B-6)
jdm. peinlich sein darle vergüenza a alg. (III 4)
perfekt perfecto/a (I 8.A-8)
die Person la persona (I 4.A-T)
der Personalausweis el Documento Nacional de Identidad *(DNI)* (IV 2.A-10)
persönlich personal (II 3.A-7)
die Persönlichkeit la personalidad (IV 2.B-1)
der/die Pessimist/in el/la pesimista (IV 5.B-10)
die Petition la petición (IV 5.B-13)
der Pfannkuchen el panqueque (IV 5.A-14)
das Pferd el caballo (I 8.A-10)
die Pferdekutsche el coche de caballo (II 6.A-T)
der Pfirsich el melocotón (II 2.A-6)
die Pflanze la planta (II 5.A-T)
pflegen soler hacer algo (II 5.B-6)
die Pflicht la obligación (IV 1.A-9)
Pflicht-, obligatorisch obligatorio/a (III 6)
Picknick el pícnic (II 2.A-T)
der/die Pilger/in, pilgern, die Pilgerfahrt el/la peregrino/a, peregrinar, la peregrinación (III 5)
die Pilgerherberge el albergue de peregrinos (III 5)
Pilot/in el/la piloto/a (I 2.A-T)
Piñata la piñata (II 1.B-3)
das Pingpong, das Tischtennis el ping pong (IV 3.B-9)
Pinguin el pingüino (II 5)
das Plakat el cartel (III 3.A-2)
der Plan el plan (II 3.B-2), el plano (III 5)
planen planear algo (II 2.A-T)
der Planet el planeta (III 4.A-T)
die Plantage la plantación (IV 3.A-6)
die Plastik, die Bildhauerkunst la plástica (IV 3.B-10)
da ist Platz hay lugar (I 6.A-T)
Platz la plaza (I 1.B-T)
Platz, Ort el lugar (I 6.A-T)
plötzlich de repente (III 2.A-5), de pronto (II 4.A-13)
plus más (II 2.A)
die Poliomyelitis, die Kinderlähmung la polio(mielitis) (IV 1.A-11)
die Politik la política (IV 2.B-1)
der/die Politiker/in el/la político/a (III 5.A-9)
politisch político/a (IV 4.A-3)
der/die Polizist/in el/la policía (II 6.B-6)
polnisch polaco (I 2.A 6)
das Popcorn las palomitas (III 3.A-T)
der Populismus el populismo (IV 4.A-8)
die Portion la ración (II 2.B-T)
das Porträt el retrato (III 6.B-5)
portugiesisch portugués (I 2.A-6)
positiv positivo/a (IV 2.B-1)
posten, hochladen colgar (IV 2.A-8-T)
das Poster el póster (I 6.A 4)
das Potential el potencial (IV 5.B-12)
prächtig, wunderschön precioso/a (III 6.B-T)
das Praktikum las prácticas (Pl.!) (III 6)
der Praktikumsplatz el puesto de prácticas (III 6.A-9)
praktisch práctico/a (III 4)
der Preis (Kosten) el precio (III 1.A-1-T)
der Preis, die Gebühr el coste (III 1.A-1-T)
der Preis, die Auszeichnung el premio (II 3.A-2)
die Presse la prensa (IV 3.A-T)
die Prinzessin la princesa (II 5.B-T)
privat privado/a (III 5.A-12)
privilegiert privilegiado/a (IV 1.B-3)
proaktiv proactivo/a (IV 5.B-13)
das Problem, die Schwierigkeit el problema (III 2)
die Produktion la producción (IV 4.A-T)
profitieren von beneficiarse de (IV 1.A-T)
das Programm el programa (II 3.A)
die Prostitution la prostitución (IV 3.A-T)
der Protest la protesta (IV 5)
gegen etw. protestieren protestar contra algo (IV 5)
die Provinz la provincia (IV 5.A-12)
die Prozentzahl el porcentaje (IV 2.A-5)
der Prozess el proceso (IV 2.B-10)
die Prüfung el examen (Pl: exámenes) (II 3.A-T)
vor Publikum en público (II 3.A-T)

der Puma el puma (II 5)
der Punkt el punto (II 3.A-T)
pünktlich a tiempo (II 2.A-10), puntual (III 3.A-5)
die Pyramide la pirámide (II 1.B-3)

Q

die Quarantäne la cuarantena (IV 4.A-9)
der Quesadilla (*gefüllte Maisfladen*) la quesadilla (IV 1.A-4)
die Quote la tasa (IV 2.A-5)

R

das Rad la rueda (III 2.A-8)
der Radiergummi la goma de borrar (I 3)
das Radio la radio (IV 5.B-12)
der Radsport el ciclismo (I 5)
die Raffinerie la refinería (IV 3.A-6)
der Rahmen el marco (IV 2.A-T)
der Rand el borde (IV 3.A-T)
einen Rat befolgen seguir un consejo (III 3.B-7)
jdm. (zu) etwas raten aconsejar algo a alg. (III 3.A-T)
das Rathaus el ayuntamiento (III 5.A-9)
der Raum, Zimmer el cuarto, la habitación (I 6.A-T)
reagieren reaccionar (II 4.B)
die Reaktion la reacción (II 4.A-2)
realisieren, durchführen realizar (IV 2)
realistisch realista (m. + f.) (III 3.B-10)
rebellisch rebelde (III 3)
rechnen calcular (II 7)
das Recht el derecho (IV 2.B-T)
Recht haben tener razón (II 5.A-T)
die rechte Seite la derecha (I 3.B-T)
rechts a la derecha (I 3.B-T)
recyclen, wiederverwerten reciclar (IV 3.A-2)
die Rede el discurso (IV 4)
reden hablar (I 2.A-T)
die Redewendung el proverbio (IV 4.B-2)
reduzieren, zurückgehen reducir (IV 2.A-5)
das Regal la estantería (I 6.A-T)
der Regen la lluvia (II 1.A-2)
der Regenabwasserkanal la coladera pluvial (*mex.*) (IV 1.B-2)
der Regenschirm el paraguas (III 5.A-7)
der (tropische) Regenwald el bosque tropical (III 2)
die Regierung el gobierno (IV 3.A-2)
das Regime el régimen (IV 3.A-T)
regnen llover (II 1.A)
regnerisch lluvioso/a (III 2.A-3)
reich rico/a (II 4.A-9)
das Reich, Imperium el imperio (III 1.B-11-T)
es reicht basta (II 2.B-T)
reif maduro/a (IV 2.B-1)
rein, pur puro/a (IV 5.A-2)
der Reis el arroz (II 2.B-T)
die Reise el viaje (II 1.B)
das Reisebüro la agencia de viaje (II 5.A-T)
der/die Reiseführer/in el/la guía (turístico/a) (III 1.B-11-T)
reisen viajar (II 1.B)
der Reisepass el pasaporte (III 5.A-7)
das Reiten la equitación (II 4.A)
reiten montar a caballo (I 5)
die Rekonstruktion, der Wiederaufbau la reconstrucción (IV 1.A-10)
die Relevanz la relevancia (IV 4.A-8)
religiös religioso/a (IV 1.A-9)
die Reparatur la reparación (IV 3.A-2)
reparieren reparar (IV 3.A-2)
republikanisch, für eine Republik kämpfend republicano/a (IV 4.A-T)
sich respektieren respetarse (III 3.A-6)
respektvoll respetuoso/a (IV 5.B-10)
die Ressourcen los recursos (IV 5)
das Restaurant el restaurante (I 1.B-T)
retten rescatar (IV 1.B-6)
retten salvar (III 4.B-T)
das Rettungsteam el equipo de salvamento (IV 1.B-6)
der Rettungswagen la ambulancia (II 4.B)
die Revolution la revolución (IV 1.A-7)
der/die Revolutionär/in el/la revolucionario/a (IV 3.A-T)
das Rezept la receta (IV 2.B-T)
der Rhythmus el ritmo (II 3.A-7)
riechen, duften oler (o → ue) (III 3.A-T)
riesig enorm gigante (IV 1.A-7)
riesig, sehr groß enorme (II 6.A-T)
das Rind la res *(LatAm)* (IV 3.A-2)
der Ring el anillo (III 2.B-2)
das Risiko el riesgo (III 4.A-4)
der Rock la falda (I 8.B-1)
eine Rolle spielen jugar un papel (III 3.B-T)
der Rollstuhl la silla de rueda (IV 1.A-11)
Rom Roma (II 5.B-6)
romantisch romántico/a (III 3.A-2)
römisch romano/a (III 5.A-5)
rosa rosa (I 8.B-4)
die Rose la rosa (III 3.A)
rot rojo/a (I 8.B-1)
die Routine la rutina (III 4.A-2)
der Rücken la espalda (II 4.B-3)
die Rückeroberung la reconquista (III 1.B-11-T)
die Rückkehr el regreso (III 5.A-T)
der Ruf, das Ansehen la reputación (IV 1.A-T)
rufen llamar (I 5.B-T)
die Ruhe el silencio, la calma (I 3.A-T)
ruhig tranquilo/a (I 4.A-T), (III 3)
der Ruhm la fama (IV 3.B-1)
das Rührei los huevos revueltos (IV 1.A-4)
die Ruine la ruina (III 2)
russisch, der/die Russe/in ruso/a (I 2.A-6)

S

die Sache la cosa (I 3)
der Saft el zumo (I 6.B-T)
sagen decir (I 7.B-11)
Wie sagt man …? Was bedeutet …? ¿Cómo se dice …? (I 3.A-T)
die Saison la temporada (IV 4.B-1)
der Salat la ensalada (II 2.A-6)
der Salatkopf la lechuga (II 2.A-6)
das Salz la sal (I 7.B-T)
salzig salado/a (II 2.B-10)
(ein) sammeln recoger (III 1.B-T)
der Sammelpunkt, der Treffpunkt el punto de reunión (IV 1.A-4)
die Sammlung la colección (III 6.B-T)
der Samstag el sábado (I 5.B-T)
der/die Sänger/in el/la cantante (II 1.B-13) (II 3.A)
satt haben estar harto/a de (II 6.A-6)
die Satzung, das Gesetz, das Statut el estatuto (IV 4.B-10)
sauber limpio/a (III 5.A-8)
saubermachen limpiar (III 2.A-1-T)
sauer ácido/a (II 2.B-10)
die Säule la columna (III 2.A-8-T)
das Saxophon el saxofón (II 3.A-7)
Wie schade! ¡Qué lástima! (II 1.B-3) ¡Qué pena! (II 2.A-T)
der Schaden el daño (IV 1.A-4)
scharf picante (II 1.B-3)
scharf sein, auf der Zunge brennen picar (II 1.B-3)
der Schatten, die Heimlichkeit la sombra (IV 3.A-T)
das Scheitern el fracaso (IV 4.A-8)
der Schengenraum el espacio Schengen (IV 4.A-9)
schenken regalar (II 2.A-9)
die Schicht el turno (III 6.B-9)
schick, formell formal (I 8.B-3)
schicken enviar (III 4.A-T), mandar (II 1.A)
das Schiff el barco (III 2.A-8)
die Schildkröte la tortuga (II 5)
der Schinken el jamón (I 7.B-T)
(ein) schlafen dormir (-se) (I 7.A-T)
der Schlafsack el saco de dormir (III 5)
das Schlagzeug la batería (II 3.A-7)
die Schlange la serpiente (III 2.B-2)
schlank delgado/a (I 4.A-T)
schlecht malo/a (II 1.A-7)
die schlechte Laune el mal humor (II 6.B)
schließen cerrar (II 6.B)
schlimm, ernst grave (II 4.B)
Schlittschuh fahren patinar (II 4.A-3)

der Schluss (-teil), das Fazit la conclusión (IV 4.A-8)
mit jdm. Schluss machen romper con alg. (III 3.B-2-T)
die Schlüsselidee la idea clave (IV 4.A-8)
schlussfolgern concluir (III 6.B-3)
der Schlussteil el cierre (IV 4.A-8)
schmal estrecho/a (I 8.A-T)
der Schmerz el dolor (II 4.B-3)
der Schmetterling la mariposa (III 3.A-T)
die Schminke el maquillaje (III 5.A-7)
schminken maquillarse (II 1.A)
(sich) schmücken adornar (-se) (IV 1.A-11)
das Schmuckstück la joya (IV 1.A-11)
der Schmutz la suciedad (IV 1)
schmutzig sucio/a (III 5.A-8)
schmutzig werden ensuciar (III 4.A-5)
der Schnee la nieve (II 1.A)
schneiden cortar (I 7.B-11)
schneien nevar (II 1.A)
schnell rápido/a (II 2.A-2)
schnell, bald pronto (I 3)
der Schnellhefter la carpeta (I 3.A-3)
das Schnorcheln el snorkel (IV 3.B-9)
die Schokolade el chocolate (I 7.A-T)
schön hermoso/a (III 1.B-11-T)
schön lindo/a (II 1.B-3)
Wie schön! ¡Qué emoción! (I 6.B-T)
die Schönheit la belleza (III 2.A-8-T)
schräg, geneigt inclinado/a (IV 1.A-6)
der Schrank el armario (I 6.A-2)
Was für ein Schreck! ¡Qué susto! (II 4.A)
schrecklich horrible (I 8.B-9)
Wie schrecklich! ¡Qué palo! (II 6.B)
schreiben escribir (I 3.A-T)
der Schreibtisch el escritorio (I 6.A-T)
schreien wie verrückt gritar como loco/a (II 3.B-T)
schüchtern tímido/a (III 3)
die Schuhe los zapatos (II 5.B-T)
das Schuhwerk, die Schuhe el calzado (IV 3.A-8)
Schul-, schulisch escolar (III 1.A-1-T)
die Schulausbildung, der (schulische) Werdegang la educación y formación (III 6)
die Schulcafeteria el comedor (I 3.B-T)
die Schuld la culpa (II 4.B)
die (weiterführende) Schule el insti(tuto), la secundaria (I 3.B-T)
die Schule el cole(gio), la escuela, la academia (I 2.A-T)
der/die Schüler/in el/la alumno/a (I 3.A-T)
der Schüleraustausch el intercambio (III 1)
das Schulfach la asignatura (II 7)
der Schulranzen la mochila (I 3)
der Schutz la protección (IV 4.B-10)
schützen vor proteger contra (III 1.B-11-T)
die Schwäche el punto débil (III 6)
der Schwamm la esponja (I 3.A-3)
schwanger embarazada (IV 1.A-11)
schwarz negro/a (I 8.B-1)
Schweden Suecia (II 1)
zum Schweigen bringen silenciar (IV 5.B-2)
das Schwein el cerdo (II 2.B-2)
die Schweiz Suiza (II 1)
schwer hier: pesado/a (III 5.A-7)
schwerfallen costarle a algn (II 1.B-3), resultar difícil (III 6.A-T)
die Schwester la hermana (I 2.A-T)
schwierig difícil (II 1.B-2)
das Schwimmbad, -becken la piscina (III 5.A-13)
schwimmen nadar (I 5)
das Schwimmen la natación (II 4.A)
schwindelig sein estar mareado (II 4.B-3)
schwitzen sudar (III 2.A-1-T)
schwören jurar (III 4.A-T)
der See el lago (II 5)
der Seemann el marino (IV 5.A-9)
sehen ver (I 5)
(an) sehen mirar (I 3)
die Sehenswürdigkeit la atracción turística (III 1.B-11-T)
sehr muy (I 1.A-T)
sehr, total súper (I 8.B-T)
sehr, viel/e mucho/a/os/as (I 4.A-T)
die Seife el jabón (IV 1.B-3)
sein ser (I 2.B-T)
seit (+ Zeitangabe) desde hace (+ tiempo) (III 1.A-1-T)
die Seite la página (I 3.A-T)
Auf der einen Seite … auf der anderen Seite … Por un lado … por otro lado … (II 3.A-4)
die Sekretärin la secretaria (III 4.B-T)
selbstbewusst seguro/a de sí mismo/a (III 3)
die Selbsteinschätzung la autoevaluación (IV 2.A-T)
das Selbstproträt el autorretrato (IV 1.A-11)
selbstständig por su cuenta (IV 4.B-T)
selbstständig, autonom autónomo/a (III 6.A-T)
selbstverständlich por supuesto (III 1.B-T)
das Selbstvertrauen la confianza en sí mismo/a (III 6.A-T)
das Selbstwertgefühl, das Selbstbewusstsein la autoestima (IV 2.B-4)
seltsam, merkwürdig raro/a (III 1.A-T)
senden, ausstrahlen emitir (IV 5.B-9)
sensibilisieren, bewusst machen concienciar (IV 5)
der September el septiembre (I 6.B-2)
der Sessel el sillón (I 6.A-2)
setzen, stellen, legen poner (I 5.B-T)
die Show el show (II 3.A)
sich einen Traum erfüllen cumplirse un sueño (IV 1)
sich etwas brechen romperse algo (II 4.A-T)
sicher cierto/a, seguro/a (II 2.B-T)
aus meiner Sicht a mi modo de ver (II 3.A-4)
sichtbar visible (III 5.A-13)
sichtbar machen visibilizar (IV 5.B-2)
sichten avistar (IV 5.A-12)
Sie usted/es (I 2.A-5)
Sie soll bitte nicht gehen! ¡ Qué no se vaya, por favor! (IV 1.A-T)
die Siedlung, das Dorf el poblado (IV 3.B-9)
der Sieg la victoria (III 1.B-11-T)
siegen, triumphieren triunfar (IV 3.A-6)
Silvester (la) Nochevieja (III 6.B-T)
singen cantar (I 3.B-T)
sinken descender *(auch: disminuir)* (IV 2.A-5), bajar (III 2.A-3)
der Sinn el sentido (IV 2.B-8)
der Sitzplatz el asiento (II 3.B-T)
Skateboard fahren ir en monopatín / montar skateboard (I 5)
das Ski Alpin el esquí alpino (II 4.A)
der/die Sklave, Sklavin el/la esclavo/a (III 2.A-8)
die Skulptur la escultura (III 2.A-8)
der Slogan el eslogan (IV 4.A-8)
so así (I 6.A-T)
so tan (III 1.A-T)
so lala así así (I 1.A-2)
so schnell wie möglich, schnellstmöglich lo más pronto posible (IV 1.A-T)
so viel tanto/a (II 1.B-3)
Es ist so, dass … Es que … (I 2.A-T)
die Socke el calcetín (Pl. los calcetines) (III 5.A-8)
das Sofa el sofá (I 6.A-2)
sofort en seguida (II 2.B-T), ahora mismo (III 4.B-T)
sogar hasta (II 1.B-3)
die Sohle la suela (IV 3.A-8)
der Sohn / die Tochter el/la hijo/a (I 4)
solidarisch solidario/a (IV 2.B-1)
sollen, müssen deber (III 5.A-8)
der Sommer el verano (II 1.A-2)
sondern sino (III 1.A-3)
der/die Son-Musiker el/la sonero/a (IV 3.B-1)
die Sonne el sol (I 1.A-T)
Die Sonne scheint. Hace sol. (II 1.A)
sich sonnen tomar el sol (II 1.A)
die Sonnenbrille las gafas del sol (II 5.A-4)

die Sonnencreme la crema solar (II 5.A-4)
der Sonntag el domingo (I 5.B-T)
sich um etwas sorgen, kümmern preocuparse de algo (III 4)
Mach dir keine Sorgen. No te preocupes. (II 7.A-T)
die Sorte, der Geschmack el sabor (II 2.B-T)
die Sowjetunion la Unión Soviética (IV 3.A-T)
das soziale Netz la red social (III 3)
sozialistisch socialista (IV 3.A-T)
die Sozialwissenschaften (Fach), die Gesellschaftswissenschaften, las Ciencias Sociales (IV 3.A-6)
das Spa el spa (IV 3.B-9)
die Spagettis los espaguetis (II 2)
Spanien España (I 1.A-T)
spanisch hier: hispano/a (IV 5.A-12)
spanisch, Spanier/in el/la español/a (I 2.A-T)
spannend excitante (II 2.A)
spannend, rührend, bewegend emocionante (IV 1)
Spaß haben divertirse (II 4.A)
spät tarde (II 2.A-10)
Wie spät ist es? ¿Qué hora es? (I 5.B-4)
spazieren pasear (II 6.A-T)
der Spaziergang el paseo (III 1.B-3)
der Speicher la memoria (III 4.A-7)
die Speisekarte la carta (II 2.B-2)
spektakulär espectacular (III 1.B-11-T)
spenden donar (IV 1.B-3)
die Spezialität la especialidad (III 2.A-1-T)
spezifisch específico/a (IV 5.B-13)
der Spickzettel la chuleta (II 7.A-T)
der Spiegel el espejo (III 6.B-5)
spielen (Sport und Spiel) jugar (I 5)
der/die Spieler/in el/la jugador/a (III 2.B-2)
das Spielfeld, der Sportplatz la cancha (III 2.B-2)
die Spielkonsole la consola (I 5)
der Spinat las espinacas (II 2.A-6)
spirituell, geistig espiritual (IV 2.B-2)
spontan espontáneo/a (IV 5.B-8)
der Sport el deporte (I 5)
Sport treiben practicar deporte (II 4.A)
die Sportanlage el polideportivo (I 5.A-T)
der/die Sportler/in el/la deportista (II 4.A)
sportlich deportivo/a (I 8.B-3)
die Sprache el idioma (I 2.A-6)
sprachlich lingüístico/a (IV 4)
der/die Sprecher/in el/la hablante (IV 4.B-10)
das Sprichwort el refrán (IV 4.B-16)
springen saltar (II 4.A-T)
die … spurige Straße la carretera de … carriles (IV 1)
der Staat el estado (IV 5.A-T)
die Staatsangehörigkeit, die Nationalität la nacionalidad (IV 4)
einen Staatsstreich durchführen dar un golpe (de estado) (IV 3.A-T)
die Stadt la ciudad (I 4.B-T)
die Stadtmauer la muralla (de la ciudad) (III 1.B-11-T)
das Stadtviertel el barrio (I 8)
die Staffel la temporada (II 3.A-6)
der Stahl el acero (IV 4.A-T)
der Stand el puesto (I 8.A-T)
der Standard el estándar (IV 4.B-12)
der Standpunkt el punto de vista (III 3.B-2)
die Stange la barra (II 2.A-6)
die Stärke el punto fuerte (III 6)
die Stärke la magnitud (IV 1.B-6)
stärker poderoso/o (III 3.B-T)
die Statistik la estadística (IV 2)
stattfinden tener lugar (II 3.B)
stattfinden, geschehen, verwirklicht werden efectuarse (IV 4.A-1)
die Statue la estatua (III 5.A-12)
jemandem gut stehen quedarle bien a alguien (I 8.B-T)
stehen bleiben pararse (II 3.B-T)
steigen ascender (IV 2.A-5), aumentar (III 2.A-3)
der Stein la piedra (III 2.A-1-T)
die Stellenanzeige el anuncio de trabajo (III 6)
sterben morir (II 4.A-9)
die Sterblichkeit la mortalidad (IV 3.B-8)
der Stern la estrella (III 6.B-T)
die Stierhatz / der Stierkampf la corrida de toros (II 6.A-9)
der Stil el estilo (IV 2.B-T)
die Stimme el voto (IV 5.B-11)
das hat unsere Stimmung heruntergezogen se nos cortó el rollo (II 4.A-13)
die Stimmungslage el estado de ánimo (IV 1.A-11)
ein Stipendium beantragen pedir una beca (IV 2.A-4)
die Stirn la frente (IV 2.B-4)
der Stoff la tela (II 6.A-T)
stolpern tropezar con (II 4.A-T)
stolz orgulloso/a (IV 1.A-7)
stören molestar (III 2.A-1-T)
die Straftat, das Verbrechen el delito (IV 1.B-2)
der Strand la playa (I 1.A-T)
die Straße la vía (III 5.A-9), la calle (I 2.A-T)
die (gepflasterte) Straße la calzada (IV 1.A-8)
Straßen- callejero/a (IV 3)
die Straßenbahn, die Tram el tranvía (IV 1)
die Strategie la estrategia (IV 5)
die Strecke, die Fahrt el trayecto (IV 1.B-1)
streiten pelearse (I 7.A-T)
die Streitkräfte los ejércitos (III 1.B-11-T)
die Strophe la estrofa (II 3.A-7)
das Stück, das Teil la pieza (III 6.B-5)
der Studiengang la carrera (IV 2.A-3)
studieren cursar (IV 4)
studieren estudiar (I 4.B 11)
der Stuhl la silla (I 3.A-3)
die Stunde la hora (I 5.B-T)
sich gegenseitig (unter) stützen apoyarse (III 3)
die Suche la búsqueda (III 5.A-6)
etwas / jemanden suchen buscar algo / a alguien (I 3.B-T)
süchtig adicto/a (III 4)
Südamerika América del Sur (IV 5.A-T)
super guay (I 2.A-T)
Super! Estupendo. (II 7.A-T)
der Supermarkt el supermercado, el súper (I 7.B-T)
die Suppe la sopa (II 1.B-6) (II 2.B-2)
im Internet surfen navegar por la red (III 4.A-T)
süß dulce (I 4.A-T)
das Sweatshirt el jersey (I 8.B-1)
das Symbol el símbolo (III 5.A-6)
die Sympathie la simpatía (IV 5.B-11)
die Szene la escena (IV 1.A-7)

T

der Tablet-PC el tablet (II 2.A)
die Tablette la pastilla (II 4.B-4)
die Tafel la pizarra (I 3.A-T)
die Tafel Schokolade la tableta de chocolate (III 5.A-7)
jeden Tag todos los días (I 5.A-7)
der Tag el día (I 3)
das Tal el valle (IV 5.A-12)
das Talent (Person und Fähigkeit) el talento (II 3.A-2)
die Tante la tía (I 4)
der Tanz el baile (II 1.B-1)
tanzen bailar (I 5)
die Tänzerin la bailarina (IV 3.B-1)
die Tapas las tapas (I 1.A-T)
Tapas essen gehen ir de tapas (I 7.B-T)
der Tapir el tapir (II 5)
die Tasche, Tüte la bolsa (II 2.A-6)
der Taschenrechner la calculadora (I 3.A 3)
tauchen bucear (II 1)
sich täuschen, falsch liegen, sich irren equivocarse (IV 5.A-T)
das Taxi el taxi (I 1.A-T)
der (Kräuter-) Tee la infusión (IV 3.B-7)
der Tee el té (II 5.B-6)
der Teil la parte (II 1.B-3)
(sich) (auf-) teilen dividir (-se) (IV 5.A-12)
teilen compartir (II 1.A)
die Teilnahme la participación (IV 5.B-12)

teilnehmen participar (II 3.A)
an etwas teilnehmen, bei etwas anwesend sein asistir algo (III 1.A-1-T)
der/die Teilnehmer/in el/la participante (III 1)
das Telefon el teléfono (I 5)
telefonieren hablar por teléfono (I 5)
der Tempel el templo (III 2)
tendenziös tendencioso/a (IV 5.B-10)
die Terrasse la terraza (I 6.A-9)
teuer caro/a (II 2.A)
der (Lied-) Text la letra (IV 5.B-11)
der Text el texto (I 3.A-T)
Texte verfassen redactar textos (II 7)
das Theater el teatro (I 8.A-T)
das Thema el tema (III 5.A-6)
Themen aufwerfen plantear temas (IV 5.B-10)
der Themenpark el parque temático (IV 3.B-9)
der Thunfisch el atún (II 6.A-6)
das Ticket el billete (II 3.B-T)
tief, umfassend profundo/a (III 5.B-6)
das Tier el animal (I 4.B-T)
die Tierquälerei el maltrato animal (IV 2.B-T)
der Tintenfisch el pulpo (III 1.A-T)
der Tintenkiller el borratintas (I 3)
der Tisch la mesa (I 3.A-3)
den Tisch decken poner la mesa (I 6.B-9)
die Tochter la hija (I 4)
der Tod la muerte (III 3)
die Toilette el baño (cuarto de baño) (I 3.B-T)
auf Toilette müssen tener que ir al baño (I 3.B-T)
das Toilettenpapier el papel higiénico (III 5.A-7)
die Toleranz la tolerancia (III 5.B-5)
toll fenomenal, chulo/a, genial (II 1.A)
Wie toll! ¡Qué chulada! (II 1.B)
tolle Zeit haben pasárselo genial (II 1.B)
die Tomate el tomate (I 7.B-11)
der Ton el tono (IV 5.B-10)
die Tortilla la tortilla (I 3.B-T)
total toll/super sein molar mucho (I 8.A-T)
die Tour el recorrido (II 5.A-T)
das Tourismusbüro, die Marketing- / Event-Agentur la agencia de turismo / marketing / eventos (III 6)
der/die Tourist/in el/la turista (I 1.A-T)
die Tournee la gira (IV 3.B-1)
die Tracht el traje (II 6)
die Tradition la tradición (III 5.A-6)
traditionell tradicional (II 5.B-6)
tragisch trágico/a (IV 1.A-11)
der/die Trainer/in el/la entrenador/a (IV 5.B-8), el/la instructor/a (IV 2.A-T)
professionell trainieren entrenar para una carrera (II 4.A)
das Training la sesión (IV 5.B-8)
die Träne la lágrima (IV 1.A-11)
transportieren transportar (III 2.A-8-T)
der Tratsch el cotilleo (IV 2.B-8)
die Traube la uva (II 2.A-6)
sich trauen, etwas zu tun atreverse hacer algo (II 2.A-2)
der Traum el sueño (II 5.B-T)
der/die Traummann / Traumfrau la pareja ideal (III 3.A-6)
traurig triste (I 4.B-T)
das Treffen, das Zusammenkommen la reunión (III 1.A-1-T)
der Treffpunkt el punto de encuentro (II 6.B)
treu fiel (III 3.A-6)
das Trimester el trimestre (II 7.A-2)
trinken beber (I 3.A-T)
etwas trinken tomarse algo (III 2.A-1-T)
trocken seco/a (III 2.A-3)
die Trompete la trompeta (II 3.A-7)
die Tropen la zona tropical (III 2.A-3)
trösten consolar (II 4.B-12)
trotzdem, jedoch sin embargo (III 1.A-8)
die Trümmer los escombros (IV 1.B-6)
tschechisch checo/a (I 2.A-6)
Tschüss! Adiós (I 1.A-T)
das T-Shirt la camiseta (I 8.B-1)
der Tukan el tucán (II 5)
etwas seit (Zeitraum) tun llevar (+ gerundio) (III 5.B)
tun hacer (I 5)
etwas weiterhin tun quedarse (+ gerundio) (III 5.A-5)
die Tür la puerta (I 3.A-3)
die Türkei Turquía (II 1)
türkisch turco (I 2.A-6)
der Turm la torre (I 1.B-T)
das Turnen la gimnasia (II 4.A)
das Turnier el torneo (IV 5.A-9)
die Turnschuhe las zapatillas (I 8.B-1)
Tut mir leid. Lo siento. (I 5.A-T)
es tut mir weh / macht mich traurig, dass me da pena que (+ subjuntivo) (III 3.B-2-T)
typisch típico/a (II 1.A)

U

die U-Bahn el metro (I 8.A-10)
jemandem übel mitspielen hacerle un mal juego a algn (II 3.A-6)
über den Hunger hinaus essen comer más de la cuenta (IV 3.B-7)
überall por todas partes (II 5.B-6)
der Überfall el asalto (IV 1.A-T)
übergehen zu pasar a (IV 3.A-6)
überhaupt nicht para nada (II 2.B-T)
überleben, (weiter)leben sobrevivir (III 4.A-T)
übermäßig, exzessiv excesivo/a (IV 2.B-4)
übermitteln transmitir (IV 1.A-8)
übernehmen asumir (IV 4.A-3)
überqueren cruzar (II 4.A-13)
überraschen sorprender (III 3.A-8)
überrascht sein von quedarse sorprendido/a con (III 2.A-8-T)
die Überraschung la sorpresa (II 3.A-10)
die Überschwemmung la inundación (IV 1.B-2)
die Übersetzerschule la escuela de (los) traductores (III 5.B-4)
übertragen transmitir (IV 5.B-10)
übertreiben exagerar (II 2.B-T)
die Überwachungsdienst, der Aufsicht, die Überwachung la vigilancia (IV 1.A-T)
überwinden superar algo (II 4.A-3)
überzeugen convencer a algn. (II 5.B-T)
übrig bleiben, übrig sein quedar (con alguien) (II 2.A-T)
übrigens por cierto, a propósito (III 1.B-11-T) (III 4.A-10)
die Uhr el reloj (III 6.B-T)
um … herum alrededor de … (I 8.A-2)
Um wie viel Uhr? A qué hora (I 5.B-T)
umarmen abrazar (III 3.A-3)
die Umfrage, Nachforschung la encuesta (III 4.A-10)
umgeben, umringen rodear (III 1.B-11-T)
die Umgebung los alrededores (IV 3.B-9)
die Umgebung, das Ambiente el ambiente (III 2.A-4)
die Umgestaltung la remodelación (IV 1.A-6)
die Umkleidekabine el probador (I 8.B-T)
die Umwelt el medio ambiente (IV 2.B-2)
der Umzug, Parade el desfile (de caballos) (II 6)
sich unabhängig / selbstständig machen hacerse independiente (III 1)
unabhängig werden independizarse (IV 3.A-T)
unabhängig, selbstständig independiente (III 3)
die Unabhängigkeit la independencia (IV 3.A-4)
unangenehm desagradable (III 6.B-5)
unbekannt desconocido/a (III 1.B-12)
unbequem incómodo/a (IV 5.B-13)
und y (e) (I 1.A-T)
und das, obwohl … y eso que (II 7.A-T)
unentschlossen indeciso/a (IV 4.A-7)
unerträglich insoportable (III 2.A-1-T)
der Unfall el accidente (II 4.A)
ungeduldig impaciente (III 6.A-T)
ungekämmt despeinado/a (IV 2.B-5)

ungenügend, mangelhaft insuficiente (IV 2.B-5)
ungerecht, unfair injusto/a (III 4.B-T)
unglaublich increíble (II 4.A-T)
das Unglück, das Desaster el desastre (IV 2.A-8-T)
Universität- universitario/a (IV 4.A-11)
die Unkosten los gastos (III 1.A-1-T)
unmöglich imposible (III 3.B-2-T)
unpünktlich impuntual (III 6.A-1)
unrecht haben, falsch liegen estar equivocado/a (IV 1.A-T)
unser/e nuestro/a (I 3.B-T)
die Unsicherheit la inseguridad (IV 5.A-2)
unter por debajo de (IV 4.A-7), debajo de (I 6)
jmdn. unter Vertrag nehmen, beschäftigen contratar (IV 1.A-7)
jdn. unterbrechen interrumpir a alg. (III 1.A-T)
unterdrücken oprimir (IV 4.A-3)
die Unterdrückung la opresión (IV 4.A-3)
die Unterdrückung la represión (IV 5.B-9)
der Untergang, Fall la caída (III 1.B-11-T)
der Untergrund el subsuelo (IV 1.B-2)
der (Lebens-) Unterhalt el sustento (IV 3.A-8)
unterhalten entretener (IV 5.B-10)
sich unterhalten charlar (I 5.A-T)
die Unterhose los calzoncillos (Pl.!) (III 4.A-T)
unterkommen in hospedarse en (III 5.A-13)
der Unternehmer/in el/la empresario/a (IV 3.A-6)
der Unterricht la clase (I 3.A-T)
sich unterscheiden distinguirse (IV 5.A-9)
unterschiedlich, verschieden diverso/a (III 5.B-6)
Unterschlupf gewähren dar cobijo (IV 1.B-6)
unterschreiben, unterzeichnen firmar (IV 4.A-1)
unterstreichen subrayar (IV 5.B-10)
die Untreue, Seitensprünge las infidelidades (IV 1.A-11)
unumgänglich indispensable (III 3.A-8)
unvergesslich inolvidable (III 1)
unverzichtbar irrenunciable (III 6.B-T)
unvorhergesehen imprevisto/a (IV 2)
unwichtig irrelevante (III 3.B-8)
die Unzufriedenheit el descontento (IV 5.A-T)
der Ursprung el origen (II 3.A-6)
der Urwald la selva (III 2.A-8-T)
der/die US-Amerikaner/in, US-amerikanisch estadounidense (IV 3.A-6)

V

der Vandalismus el acto vandálico (IV 2.A-9)
der Veganismus el veganismo (IV 2.B-T)
Vegetarier/in sein ser vegetariano/a (II 2.B-T)
die Vegetation, die Pflanzenwelt la vegetación (IV 3.B-10)
die Verabredung, das Date la cita (III 3.A-T)
die Veranstaltung el evento (II 3.B)
verantwortlich machen für responsabilizarse de (IV 2)
die Verantwortung la responsabilidad (III 6.B-9)
verantwortungsbewusst, verantwortlich responsable (III 4.A-T)
verärgert enfadado/a (II 4.A-2)
verbessern mejorar (III 6.A-9)
verbieten prohibir (IV 3.A-6)
verbinden conectar (III 2.A-8-T)
die Verbindung la conexión (IV 4.B-16)
sich mit jdm. in Verbindung setzen ponerse en contacto con alg. (III 6.A-10)
verboten prohibido/a (IV 2.A-8-T)
verbrannt, verkohlt, mit Sonnenbrand quemado/a (II 2.B-T)
verbreiten difundir (IV 5.B-13)
sich rasend schnell verbreiten hacerse viral (III 4)
sich verbreiten difundirse (III 4)
die Verbreitung la difusión (IV 4.B-11)
verbringen pasar (I 4.B-T)
verdrängen desalojar (IV 1.B-6)
vereinfachen simplificar (IV 5.B-10)
vereinfachen, erleichtern facilitar (III 4)
die Vereinigten Staaten (von Amerika), die USA los Estados Unidos *(EE.UU.)* (IV 3.A-6)
die Vereinte Königreich el Reino Unido (IV 4.A-T)
die Verfassung la constitución (IV 3.A-T)
die Verfolgung la persecución (IV 5.B-2)
verfügbar disponible (IV 3.B-9)
über etwas verfügen disponer de algo (III 5.A-3)
vergangen, vorherig pasado/a (II 2.A-T)
vergessen olvidar (III 3.A)
im Vergleich zu / mit en comparación con (III 2.A-8)
das Verhalten, Benehmen el comportamiento (III 3)
die Verhandlung la negociación (IV 3.A-T)
verheimlichen, vertuschen tapar (IV 2.B-5)
verhindern, vermeiden evitar (IV 3.A-T)
der Verkauf la venta (III 6.B-9)
verkaufen vender (II 6.B-7)
der/die Verkäufer/in el/la vendedor/a (I 8.B-T)
der Verkehr el tráfico (IV 1)
der Verkehrsstau la congestión de tráfico (IV 1.B-2)
verlangen exigir (IV 5)
verlassen abandonar (III 2.A-8-T)
im weiteren Verlauf a continuación (II 1.A-11)
verlaufen perderse (II 6.B-5)
verlegen cortado/a (III 1.B-T)
verletzen herir (IV 5.B-4), violar (IV 4.A-3), lastimarse (II 4.A-T)
verletzt herido/a (IV 1.A-11)
verletzt, betroffen damnificado/a (IV 1.B-6)
die Verletzung la herida (II 4.B-3)
die Verletzung la lesión (IV 1.A-11)
verlieben in enamorarse de (II 4.A-9)
in jdn. verliebt sein estar enamorado/a de alg. (III 3.A-1)
verlieren perder (II 3.A-6)
verlogen, unehrlich mentiroso/a (III 3)
vermissen echar de menos a (II 1.A), extrañar (III 3.B-2-T)
das Vermögen la fortuna (IV 3.A-2)
vermummen, eine Kapuze aufsetzen encapuchar (IV 5.B-2)
vermummt, maskiert, mit Kapuze encapuchado/a (IV 5)
vermuten, dass suponer que (+ subjuntivo) (III 6.A-6)
die Vermutung la suposición (IV 2)
verneinen negar (II 3.A)
alles verpassen perdérselo todo (II 3.B-T)
verrückt loco/a (I 4.B-T)
sich versammeln reunirse (III 6.B-T)
die Versammlungsfreiheit la libertad de reunión (IV 4.A-3)
verschieden diferente (I 4.B-T)
verschlingen, fressen devorar (IV 1.A-8)
verschmutzen contaminar (IV 1.B-2)
die (Luft- / Umwelt-) Verschmutzung la contaminación (del aire / del medio ambiente) (IV 1)
verschwenden malgastar (IV 5)
die Verschwendung, der Verlust la pérdida (IV 5.A-2)
verschwinden desaparecer (III 2.A-8-T)
das Verschwinden la desaparición (III 2.B-8)
die Version la versión (IV 2.B-5)
versorgen proporcionar (IV 5.B-12)
die (Gesundheits-) Versorgung la atención (medíca / sanitaria) (IV 3.B-8)
das Versprechen la promesa (IV 5.B-10)
versprechen prometer (II 2.A-12)
die Verständigung la comunicación (III 2.A-8)
verständnisvoll comprensivo/a (III 3)
sich verstecken esconderse (III 2.A-1-T)
verstehen entender (I 5.B-T)

der/die Verstorbene el/la fallecido/a (IV 1.B-6)
versuchen intentar (III 3.A-T), probar (I 7.B-T)
versuchen, zu tun tratar de hacer algo (II 4.B-4)
verteidigen gegen defender contra (III 1.B-11-T)
der Vertrag el tratado (IV 4)
(sich) jdm. (an) vertrauen confiar algo a alg. / en alg. (III 4.B-5, 6.A-T)
jdm. vertrauen tener confianza en alg. (III 3.A-T)
die Vertrauensperson, verlässliche Person la persona de confianza (IV 1.A-T)
vertrauenswürdig, zuverlässig fiable (III 4.A-10)
verträumt soñador/a (III 6.A-T)
der/die Vertreter/in el/la representante (IV 1)
sich vertun, sich täuschen confundirse (IV 2.A-8-T)
verurteilen condenar (IV 5)
sich verwandeln in, werden zu convertirse en (III 1.B-11-T)
sich verwandeln, sich zu etwas machen convertirse en algo (IV 2.B-5)
verwöhnt, verzogen consentido/a (IV 1.A-4)
die Verzweiflung, die Hoffnungslosigkeit la desperación (IV 1.A-11)
die Vesper la merienda (IV 3.A-8)
das Video el vídeo (I 3.B-T)
das Videospiel el videojuego (I 6.A-T)
viele, eine Menge (von) un montón (de) (I 8.B-4)
Wie viele? ¿Cuántos/as? (I 2.A-T)
die Vielfalt la diversidad (IV 1)
die Vielfalt la variedad (III 2)
vielleicht quizás (II 5.B-T), tal vez (I 4.B-T)
vier cuatro (I 2.A-T)
viertel nach y cuarto (I 5.B-T)
viertel vor menos cuarto (I 5.B-T)
vierzehn catorce (I 2.A-T)
das Vikunja la vicuña (IV 5.A-12)
violett violeta (I 8.B-4)
virtuell virtual (IV 2.B-5)
das Visum el visado (IV 4.A-9)
das Vizekönigreich el virreinato (IV 1.A-9)
der Vogel el ave (IV 5.A-12)
die Volksabstimmung, das Referendum el referéndum (IV 4.A-T)
voll lleno/a (II 2.B-5)
der Volleyball el voleibol (I 5)
völlig, ganz completamente (III 3.B-T)
von ... aus desde (II 1.A)
von ... an a partir de ... (III 1.B-11-T)
von ... bis desde ... hasta (III 1.A-1-T)
von innen por dentro (I 8.A-T)
vor delante de (I 6)
vor allem principalmente, sobre todo (II 6.A)
vor der Ankunft der ersten Spanier auf dem amerikanischen Kontinent prehispánico/a (III 2)
vorbeigehen an pasar por (I 8.A-T)
vorbereiten preparar (I 6.B-T)
im Vordergrund en primer plano (III 6.B-5)
der Vorfahr el ancestro (IV 4.A-6)
die Vorfahren los antepasados (III 2.A-1-T)
der Vorfall, der Zwischenfall el incidente (IV 5.B-6)
vorgestern anteayer (II 6.A-9)
vormerken reservar (II 5.A-7)
vorschlagen proponer (III 1.B-T)
Vorsicht! ¡Cuidado! (I 5.A-T)
als Vorspeise de primero (II 2.B-T)
Vorspeise la entrada (II 2.B-2)
jdn. vorstellen introducir a alguien (IV 5.B-10)
sich etwas vorstellen imaginarse algo (III 2.A-1-T)
vorstellen presentar (I 6.B-1)
der Vorteil, der Nutzen el beneficio (III 4)
das Vorurteil el prejuicio (III 1.A-T)
das Vorurteil, der Stereotyp el estereotipo (III 1)
vorwärts adelante (II 7.A-6)
der Vulkan el volcán (II 1.B-3)

W

wachsen, ansteigen crecer (III 4.A-4)
Wahl- electoral (IV 5.B-9)
die Wahl (-möglichkeit), die Option la opción (IV 1.A-T)
der Wahnsinn, der Hit la pasada (I 5.A-T)
wahnsinnig alucinante (II 2.A-2)
wahr, wahrhaftig verdadero/a (III 3.B-T)
während durante, mientras que (I 7.A-6)
währenddessen mientras (I 8.A-T)
die Wahrheit la verdad (I 8.A-T)
wahrscheinlich probable (III 4.B-8)
die Währung la moneda (IV 4)
das Waisenhaus el orfanato (IV 1.B-3)
der Wal la ballena (II 5)
der Wald el bosque (II 1.B-3)
die Wand la pared (I 3.A-3)
das Wandbild el mural (III 6.B-5)
das Wandern el senderismo (IV 5.A-12)
wandern caminar (II 1)
Wanderungs- migratorio/a (IV 5.A-11)
die Wange la mejilla (IV 2.B-4)
Wann? ¿Cuándo? (I 5.B-T)
die Ware la mercancía (IV 3.A-2)
warm cálido/a (III 2)
die Wärme el calor (II 1.A)
warten auf esperar a (I 3.B-T)
die Warteschlange la fila *(LatAm)* (IV 3.A-2)
die Wartung, die Instandhaltung el mantenimiento (IV 2.A-T)
Was für ein/e ... ! ¡Qué ...! (I 2.A-T)
Was soll's? ¿Qué más da? (IV 4.B-T)
das Wasser el agua (I 7.B-T)
die Wassermelone la sandía (II 2.A-6)
weder ... noch ... no ... ni ... (II 2.B-T)
der Weg el camino (II 5)
wegen por (II 2.A-T)
wegen, auf Grund von debido a (IV 3.A-6)
jdm. etwas wegnehmen quitarle algo a alg. (III 4.A-T)
wegwerfen tirar (IV 3.A-2)
Weihnachten la Navidad (III 5.A-T)
weil porque (I 4.B-T)
die Weile el rato (I 6.A-T)
der Wein el vino (IV 2.A-8-T)
weinen llorar (II 7.A-T)
auf ... Weise de manera + *Adjektiv* (II 6.A)
weiß blanco/a (I 8.B-1)
weit ancho/a (I 8.B-9)
weit entfernt / nahe liegen quedar lejos / cerca (IV 4.B-16)
weit weg (von) lejos (de) (I 7.A-T)
weitergehen, weitermachen seguir (II 5.A-T)
etwas weiterhin tun seguir (+ gerundio) (III 5.A-5)
Welche/r/s? Qué (I 1.A-T)
der Wellensittich el periquito (I 2.B-T)
Welt el mundo (I 7)
die Weltmeisterschaft el mundial (IV 5.A-T)
wenn (temporal) cuando (II 1.A-11)
Wer spricht? ¿De parte de quién? (I 5.B-T)
Wer? ¿Quién(es)? (I 4.A-T)
die Werbung la publicidad (IV 2.A-T)
... werden ponerse ... (+ adjetivo) (III 3.A-3)
etwas werden hacerse (II 4.A-10)
werfen lanzar, tirar (II 4.A-3)
die Werkstatt el taller (III 6)
wertschätzen valorar (IV 2.B-2)
wertvoll, kostbar valioso/a (III 6.B-T)
Weshalb? Por qué (I 4.B-T)
westlich, West- occidental (IV 2.A-5)
der Wettbewerb el concurso (II 3.A)
das Wetter el tiempo (I 4.B-11)
Es ist (kein) gutes Wetter. Hace / No hace buen tiempo. (II 1.A)
Es ist schlechtes Wetter. Hace mal tiempo. (II 1.A)
die Wettervorhersage el pronóstico (del tiempo) (II 1.A-2)

der Wettkampf, der Wettbewerb la competición (IV 5.B-8)
wichtig importante (I 7.A-T)
jdm. / für jdn. wichtig sein importar a alg. (III 3.A-6)
wichtig, relevant relevante (III 3.B-T)
die Wichtigkeit la importancia (IV 2.B-4)
sich widersetzen, widersprechen, dagegen sein oponerse (IV 4.B-8)
der Widerstand la resistencia (IV 5.B-2)
wie como (I 4.A-T)
wie dem auch sei sea como sea (IV 5.A-T)
Wie? Cómo (I 1.A-T)
wieder tun volver a hacer algo (II 7.A-T)
wiedererkennen reconocer (II 5.B-6)
wiedererlangen recuperar (III 5.A-13)
die Wiederholung la repetición (III 2.A-4)
Auf Wiedersehen! Hasta la vista (I 1.A-T)
wiederverwerten reutilizar (IV 3.A-2)
wiederwählen reelegir (IV 5.B-9)
wiegen pesar (III 2.A-10)
Willkommen! Bienvenidos/as (I 3)
die Wimpern las pestañas (IV 2.B-4)
der Wind el viento (II 1.A)
der Windbeutel el buñuelo (I 3.B-T)
Es ist windig. Hace viento. (II 1.A)
der Winkel el rincón (III 4)
der Winter el invierno (II 1.A-2)
der Wintersport el deporte de nieve (IV 3.A-2)
wir nosotros/as (I 2.A-5)
Wir sehen uns! Nos vemos (I 5.B-T)
die Wirbelsäule la columna vertebral (IV 1.A-11)
wirklich en serio (II 1.B-3)
die Wirtschaft la economía (IV 2.A-5)
wissenschaftlich, Wissenschaftler/in científico/a (III 5.B-5)
die Wissenslücke la laguna de conocimiento (IV 5.A-2)
witzig chistoso/a (II 1.B-3)
wo (Relativpronomen) donde (II 1.A-7)
Wo? ¿Dónde? (I 3.A-T)
Woche la semana (II 2.A-T)
das Wochenende el fin de semana (I 7.A-T)
Woher? ¿De dónde? (I 1.A-3)
Wohin? ¿Adónde? (I 7.B-2)
wohlerzogen educado/a (III 6.A-T)
(be-) wohnen habitar (III 2.A-4)
wohnen vivir (I 3.A-T)
die Wohngemeinschaft, die WG el piso compartido (IV 4.A-11)
die Wolke la nube (II 1.A)
das Wort la palabra (I 3.A-T)
das Wunder la maravilla (II 1.B-3)
wunderbar, herrlich maravilloso/a (IV 5.A-12)
wunderschön encantador/a (I 8.A-T)
der Wunsch, (sich) wünschen, dass … el deseo, desear que (III 3.A-6)
die Würde la dignidad (IV 5.B-T)
die Wurst la salchicha (II 1.B)
die Wurzel la raíz (IV 1.A-8)
die Wüste el desierto (II 5)
wütend furioso/a (III 3.B-3)
es macht mich wütend, dass me da rabia que (+ subjuntivo) (III 3.B-6)

Z

zahlreich numeroso/a (III 6.B-T)
der Zahn el diente (I 7.A-T)
die Zahnbürste el cepillo de dientes (III 5.A-7)
Zähne putzen cepillarse los dientes (I 7.A-T)
die Zahnpasta la pasta de dientes (III 5.A-7)
das Zebra la cebra (II 5)
zehn diez (I 2.A-T)
das (An-) Zeichen el signo (III 1.A-3)
zeichnen dibujar (III 1.B-T)
(auf-) zeigen demostrar (IV 2.B-1)
zeigen enseñar (III 1.B-T)
eine tolle Zeit haben pasarlo bomba (II 5.B-T)
der Zeitraum, die Periode el período *(auch: el periodo)* (IV 2.A-T)
die Zeitschrift la revista (I 6.A-4)
die Zeitumstellung el cambio de horario (IV 1.A-4)
das Zelt la tienda de campaña (III 5.A-11)
zensieren censurar (IV 4.A-3)
das Zentrum el centro (I 1.B-T)
ganz im Zentrum en pleno centro (III 6.B-T)
das Zentrum für Hilfsmittel el centro de acopio (IV 1.B-6)
die Zeremonie la ceremonia (III 2.B-5)
zerschlagen romper (II 1.B-3)
zerstören, vernichten destruir (IV 1.A-9)
das Zertifikat el certificado (IV 2.A-T)
das Ziel el objetivo (III 6.A-10)
das Ziel (Reisen) el destino (II 5.A-T)
ziemlich bastante (I 5.A-T)
die Zitrone el limón (II 2.B-2)
die Zivilisation la civilización (III 2.A-8-T)
zögern etwas zu tun dudar en hacer algo (III 6.A-10)
der Zoll la aduana (IV 4.A-9)
die Zollunion la unión aduanera (IV 4.A-T)
der Zoo el zoológico (IV 3.B-10)
zu, zu viel, zu sehr demasiado (I 8.B-T)
der Zucker el azúcar (II 2.A-6)
die Zuckeranpflanzung el ingenio azucarero (IV 3.A-6)
das Zuckerrohr la caña (IV 3.A-7)
die Zuckerrohrernte la zafra (IV 3.A-7)
zuerst, als erstes primero (I 7.A-T)
Was für ein Zufall! ¡Qué casualidad! (I 6.B-T)
zufrieden contento/a (II 7.A-T)
der Zug el tren (I 8.A-10)
die Zugehörigkeit la pertenencia (IV 4.A-T)
auf etwas Zugriff haben acceder a algo (III 4)
zuhören escuchar (I 3.A-4)
der Zuhörer, das Publikum el auditorio (II 3.B-8)
die Zuneigung el afecto (IV 2.B-5)
zurückkehren volver (II 1), retornar (IV 2.A-8)
die Zurückweisung, die Ablehnung el rechazo (IV 2.B-5)
jdm. zusagen, zu jdm. passen convenir a alg. (III 6.A-7)
zusammen, gemeinsam juntos/as (I 7.A-T)
die Zusammenfassung el resumen (IV 3)
das Zusammenleben, zusammen leben la convivencia *(auch: convivir)* (IV 4.B-2)
zusammenstoßen mit chocar con (II 4.A-13)
zusätzlich adicional (IV 4.A-9)
der/die Zuschauer/in el/la espectador/a (IV 5.B-11)
die Zutat el ingrediente (IV 3.B-5)
sich jdm. zuwenden dirigirse a alg. (III 4.B-T)
der Zweck, die Absicht, das Ziel la finalidad (IV 4)
der Zweifel la duda (II 3.A-4)
der Zweite Weltkrieg la Segunda Guerra Mundial (IV 4.A-T)
der Zwerg el enano (III 2.A)
die Zwiebel la cebolla (I 7.B-T)
der Zwilling, Zwillings- el/la mellizo/a (I 2.A-T)
die (eineiigen) Zwillinge las/los gemelas/os (II 1.B-3)
zwischen entre (I 6)

Comunicarse en clase

Esto dice tu profe:

A ti	A la clase		
Saca	Sacad	el libro / la hoja de trabajo.	Hole / Holt das Buch / Arbeitsblatt heraus.
Escribe	Escribid	un texto.	Schreibe / Schreibt einen Text.
Lee	Leed	el texto de la página …	Lies / Lest den Text auf der Seite …
Trabaja	Trabajad	en pareja / en grupo.	Arbeite / Arbeitet zu zweit / in der Gruppe.
Repite	Repetid	la frase / el diálogo.	Wiederhole / Wiederholt den Satz / den Dialog.
Escucha	Escuchad	la canción.	Höre / Hört das Lied an.
Haz	Haced	el ejercicio / preguntas / frases.	Mache / Macht die Übung. Stelle / Stellt Fragen. Bilde / Bildet Sätze.
Busca	Buscad	en el texto / en internet.	Suche / Sucht im Text / im Internet.
Relaciona.	Relacionad.		Ordne / Ordnet zu.
Presenta	Presentad	el diálogo en clase.	Stelle / Stellt den Dialog der Klasse vor.
Rellena	Rellenad	los espacios vacíos.	Fülle / Füllt die Lücken aus.
Completa	Completad	las frases con los verbos / los adjetivos.	Vervollständige / Vervollständigt die Sätze mit den Verben / Adjektiven.
Ayuda	Ayudad	a tu / vuestro compañero.	Hilf / Helft deinem / eurem Mitschüler.
Dibuja.	Dibujad.		Zeichne / Zeichnet.

Esto dices o preguntas cuando …

Das kannst du sagen oder fragen, wenn …

… necesitas información sobre la tarea.	… du Informationen zu der Aufgabe brauchst.
¿En qué página estamos?	Auf welcher Seite sind wir?
¿Qué ejercicio / tarea tenemos que hacer?	Welche Aufgabe sollen wir machen?
¿Cuánto tiempo tenemos?	Wieviel Zeit haben wir?
¿Cuántas personas forman un grupo?	Wie viele sind in einer Gruppe?

… no entiendes bien.	… du etwas nicht gut verstehst.
Tengo una pregunta.	Ich habe eine Frage.
¿Cómo se dice … en español / en alemán?	Was heißt … auf Spanisch / Deutsch?
¿Cómo se escribe?	Wie schreibt man das?
¿Puede / Puedes escribir … en la pizarra?	Können Sie / Kannst du das an die Tafel schreiben?
Repite por favor y más despacio.	Wiederhole es bitte und langsamer.
¿Puedo hablar en alemán?	Kann ich es auf Deutsch sagen?
No entiendo la pregunta / la tarea.	Ich verstehe die Frage / die Aufgabe nicht.

… necesitas algo.	… du etwas brauchst.
Necesito una hoja / un lápiz.	Ich brauche ein Blatt / einen Stift.
Necesito ayuda con la tarea	Ich brauche Hilfe bei der Aufgabe

… quieres disculparte.	… du dich für etwas entschuldigen möchtest.
Perdón, no tengo mis deberes / mi libro.	Entschuldigung, ich habe meine Hausaufgabe / mein Buch nicht (dabei).
Perdón, llego tarde …	Entschuldigung, ich komme zu spät, …
… por un retraso del autobús.	… weil mein Bus Verspätung hatte.
… porque me he levantado tarde.	… weil ich zu spät aufgestanden bin.
… porque he salido tarde de casa.	… weil ich zu spät losgegangen bin.

… quieres pedir algo.	… du um etwas bitten möchtest.
¿Puedo ir al baño, por favor?	Kann ich auf Toilette gehen?
¿Puedo abrir / cerrar la ventana?	Kann ich das Fenster öffnen / schließen?
No me siento bien. ¿Puedo salir un momento?	Mir geht es nicht so gut. Kann ich kurz rausgehen?

Trabajar en pareja/en grupo

Comunicarse durante el trabajo

Aclarar la tarea	Die Aufgabe klären
¿Qué tenemos que hacer?	Was sollen wir machen?
Tenemos que hacer el ejercicio … por la página …	Wir sollen die Aufgabe … auf der Seite … bearbeiten.
¿Cuánto tiempo tenemos?	Wieviel Zeit haben wir?
Tenemos … minutos. Tenemos tiempo hasta las …	Wir haben … Minuten Zeit. Wir haben Zeit bis …
¿Hay preguntas?	Gibt es noch Fragen?

Opinar y sugerir	Eine Meinung äußern und Vorschläge machen
Pienso que …	Ich denke, dass …
En mi opinión …	Meiner Meinung nach …
(No) Es verdad.	Das stimmt (nicht).
La idea (no) me gusta (mucho).	Die Idee gefällt mir (nicht).
(No) Estoy de acuerdo.	Ich bin (nicht) einverstanden.
Podemos …	Wir können …
¿Por qué no … ?	Warum … nicht?

Pedir algo	Etwas erbitten
¿Tienes una hoja/una pluma para mi?	Hast du einen Zettel/einen Stift für mich?

Continuar y terminar	Weiterarbeiten und zum Ende kommen
¿A quién le toca?	Wer ist dran?
Te toca a ti.	Du bist dran.
Contiuna/Continuad con …	Mache /Macht mit … weiter.
¿Estás/estáis listo/-a/-os/-as?	Bist du/seid ihr fertig?

Hay que terminar.	Wir müssen fertig werden.
Ya tenemos prisa.	Wir müssen uns beeilen.
Solo nos quedan … minutos.	Wir haben nur noch … Minuten.

Comparar — Vergleichen

Qué tienes en …	Was hast du bei … ?
Yo tengo … ¿y tú?	Ich habe da … und du?
Sí, es correcto.	Ja, das ist richtig.
No, no es correcto.	Nein, das ist nicht richtig.

Evaluar el trabajo de los demás — Den anderen ein Feedback geben

En general … • Im Allgemeinen …

El diálogo/ la presentación me gusta porque …		… no me gusta (mucho/nada) porque …	
es creativo/-a	kreativ	es aburrido/-a	langweilig
es comprensible	verständlich	es exagerado/-a	übertrieben
es auténtico/-a	authentisch	no es muy creativo/-a	nicht sehr kreativ
es realista	realistisch	no es lógico que …	es ist nicht logisch, dass …

La lengua • die Sprache

usa/usan muchas palabras nuevas/las herramientas	er/sie verwendet/ verwenden viele neue Redemittel	usa/usan pocas palabras nuevas/las herramientas	er/sie verwendet/ verwenden kaum neue Redemittel
usa/usan un vocabulario muy variado	er/sei verwendet/verwenden ein abwechslungsreiches Vokabular	el vocabulario es poco variado	das Vokabular ist nicht sehr abwechslungsreich
casi no hay faltas	er/sie ist fast fehlerfrei	hay bastantes/muchas faltas	es finden sich ziemlich viele Fehler
la pronunciación es auténtica	die Aussprache ist authentisch	la pronunciación me parece muy alemana	die Aussprache klingt ziemlich deutsch

La actuación • die Darbietung

la actuación – die Darbietung los gestos – die Gestik la expresión de la cara – der Gesichtsausdruck	(no) es/son (no) me gusta/ gustan porque es/son	vivo/-a – lebendig exagerado/-a – übertrieben interesante ≠ aburrido/-a – interessant ≠ langweilig auténtico/-a ≠ artificial – authentisch ≠ gekünstelt profesional – professionell creíble – glaubhaft divertido/-a – lustig realista ≠ poco realista – realistisch ≠ wenig realistisch

Bildnachweis

Adobe Stock: -DisobeyArt – S. 46 (#8), 116 (#2) // -siempreverde22 – S. 56 or // -Ingo Bartussek – S. 70 (#2) // -John – S. 116 (#1) // -joserpizarro – **S. 116 (#4).**

Alamy Stock Foto: -dbimages, dbtravel – S. 19 u // -ZUMA Press, Inc. – S. 31 o // -MARKA – S. 60 l // -Keystone Press – S. 69 ol // -MARKA, massimo barbaglia – S. 69 or // -MARKA, patrick frilet – S. 74 (#8) // -Pictorial Press Ltd – S. 82 u // -Luis Sandoval Mandujano – S. 116 (#3) // -EFE, Elvis Gonzalez – S. 120 (#2).

Análisis: año VII, n° 90, septiembre de 1984, Santiago, Soc. Periodística Emisión Limitada, 1977-1993 (Santiago : Ed. Antártica) . Colección Biblioteca Nacional de Chile, disponible en Memoria Chilena (http://www.memoriachilena.cl/602/w3-article-81517.html) – S. 120 (#1).

Böhm, Elisabeth, Bamberg: S. 3 (#6), 62, 67 o, 69 u, 70 (#1), 71 Mr.

Bridgeman Images: -De Agostini Picture Library, M. Seemuller – S. 15 o // -De Agostini Picture Library, G. Dagli Orti – S. 15 u.

Bravo, Susanne, Gotha: – S. 58 (u 4x), 59 or, 61 M+ur, 70 (#4+5), 71 or.

Bundeszentrale für politische Bildung/www.bpb.de, Bonn: – S. 121.

BZgA: Mit freundlicher Genehmigung der Bundeszentrale für gesundheitliche Aufklärung. Sämtliche Rechte vorbehalten. https://planus-media.de/kampagnen.html - S. 44 l.

Cartoonmovement/Osval: – S. 66.

Coca Pérez, Juan Pablo, Gines: - Cover M, S. 3 (# 1-5), 10 (#4, 5), 13 o, 25 (Mädchen), 37, 38 o, 46 (#1+6), 48 (2x), 52 (2x), 87, 90 M, 102 M, 106, 112 (Mädchen), 113 (Mädchen), 143 (2 x Mädchen), 163.

Colegio Alemán AVH/Deutsche Schule Mexiko-Stadt Süd – S. 8 u.

Consejo de la JUVENTUD de España – S. 46 (#9).

Controlaclub/Comunitat Valencia – S. 44 r.

Daniel Villa Fotografia 5534742143@DanielVillaMx – S. 26 u.

dpa Picture Alliance: -epa-Bildfunk, Tate_Modern – S. 19 o // -CPA Media, Pictures From History – S. 60 or // -EPA-PHOTO, EFE FILES, Domenech_Castello – S. 63 or // -EFE, Alejandro Ernesto – S. 68 ur // -Ulrich Baumgarten – S. 75 u // -Wolfram Steinberg – S. 81 u // -Philipp von Ditfurth – S. 82 o // -Ossinger – S. 111 o // -ZUMA Press, El Mercurio/GDA via ZUMA Wire – S. 125 or // -akg-images – S. 129 // -dpa/epa – S. 135.

Ediciones A.M., Las Rozas – S. 89.

Fotógrafa y Técnico Audiovisual/Camila Pizarro Álvarez – S. 108.

Fotolia: -Aleksandar Todorovic – S. 65 o // -nito – S. 78 (#2).

Getty Images Plus/iStock Editorial: -NataliaCatalina – Rückseite l // -shakzu – S. 9 (#5) // -MaboHH – S. 63 ur, 65 ur // -Ansud – S. 74 (#5) // -tabadam – S. 103 oM // -iStock Editorial,截 Tituz – S. 112 (#2), 137 (#8) // - JackF – S. 136 (#3), S. 138 (#8) // -typhoonski – S. 136 (#7) // -jaguarblanco – S. 137 (#2) // -garytog – S. 137 (#4) // -KarSol – S. 137 (#7), S. 142 (#6) // -torukojin – S. 140 (#2).

Getty Images Plus/iStockphoto: -leonardodesign21 – Cover l // -filipefrazao – Cover r // -xeni4ka – Rückeite r // -4zevar – S. 4 (#2) // -IkonStudio – S. 5 (#1) // -nantonov – S. 5 (#2) // -Aliaksei_7799 – S. 6 (#2), S 136 (#1), S. 138 (#3, 4, 6), S. 139 #5, S. 140 (#1), S. 141 (#2), S. 142 (#1), S. 143 (#5), S. 144 (#1), S. 145 (#2) // -ma_rish – S. 6 (#1), S. 136 (#9), S. 137 (#10), S. 138 (#7), S. 139 #8, S. 140 (#6, 7), S. 141 (#4), S. 142 (#7), S. 143 (#7), S. 144 (#3), S. 145 (#4) // -diegograndi – S. 8 (#1) // -yyyahuuu – S. 10 (#2) // -LarisaBlinova – S. 10 (#3) // -Phototreat – S. 13 u // -javarman3 – S. 14 // -chelovek – S. 16 o // -ronstik – S. 21 l // -LIVINUS – S. 21 M // -diegograndi (25 o-Kathedrale) // -StreetFlash – S. 29 (# 4) // -komyvgory – S. 30 ur // -DGLimages – S. 34 l // -omgimages – S. 34 r // -shironosov – S. 35 l // -Darunechka – S. 35 M // -monkeybusinessimages – S. 35 r // -VEX Collective – S. 43 // -Dannko – S. 46 (#2) // -yurok – S. 46 (#3) // -deniskomarov – S. 46 (#4) // -Rohappy – S. 46 (#5) // -Nednapa – S. 46 (#7) // - Khosrork – S. 51 o // -gpointstudio – S. 51 u // - DC_Colombia – S. 53 // -sirene68 – S. 56 ol // -MaboHH – S. 57 ol // - skarau – S. 58 o // - iprogressman – S. 59 ul // -NicoSimon – S. 64 or // -yelo34 – S. 70 (#4), 74 (#3) // -ELIKA – S. 71 u // -dolgachov – S. 74 (#1) // -Poike – S. 74 (#2) // -TatianaMironenko – S. 74 (#4) // -OceanProd – S. 74 (#6) // -DisobeyArt – S. 78 (#3) // -artJazz – S. 79 (#1) // -RossHelen – S. 79 (# 2+3) // -MarianVejcik – S. 80 ol // -Martin Holverda – S. 80 or // -serkorkin – S. 80 (Zeitleiste) // -davidcreacion – S. 80 (Symbole in Zeitleiste: # 1-4, 6, 9, 14) // -Marvid – S. 80 (Symbole in Zeitleiste: # 5, 7, 10, 11, 13) // -Mischoko – S. 80 (Symbol in Zeitleiste: # 8) // -Naveed Anjum – S. 80 (Symbol in Zeitleiste: # 12) // -3D_generator – S. 83 // -PeterSnow – S. 84 u // -epic11 – S. 85 // -Arkadivna – S. 86 // -We-Ge – S. 90 ol // -MariaKuzkina – S. 92 ol // -jotily – S. 92 or // -Halfpoint – S. 94 (#1) // -ASIFE – S. 94 (#3) // - JBryson – S. 94 (#4) // -Tetyana Rusanova – S. 96 u // -Benjavisa – S. 99 // -zhuzhu – S. 112 (#1) // -SmallCoot – S. 112 (#5) // -s_illes79 – S. 112 (#6) // -Hans Harms – S. 113 or // - Jiann Ho – S. 113 M // -tankbmb – S. 113 ur // -AlexRaths – S. 114 u // - Mady2110 – S. 115 (#1) // -progat – S. 115 (#2) // - Lesyy – S. 115 (#3) // -loooby – S. 115 (#4) // -LarisaBlinova – S. 115 (#5) // -Davizro – S. 122 (#3) // -Jcomp – S. 124 (#1) // -Vadim_Key – S. 124 (#2) // -ericcrama – S. 124 (#3) // -Rachel Kramer – S. 125 M // -VvoeVale – S. 128-135 (Bücher) // -monticello – S. 128-135 (Bücherstapel) // -TomasSereda – S. 130 // -Seydoux – S. 136 (#4, 5), S. 137 (#3), S. 138 (#5), S. 139 (#3), S. 140 (#3), S. 141 (#1), S. 142 (#4), S. 143 (#4), S. 144 (#2), S. 145 (#1) // --Panya- – S. 138 (#1), S. 139 (#1), S. 140 (#8), S. 142 (#2) // -solargaria – S. 138 (#2), S. 139 (#2, #7), S. 140 (#4, 9), S. 142 (#3), S. 143 (#1) // -Abdecoral – S. 139 (#4) // -Olga Turkas – S. 139 (#6), S. 140 (#5) // -Gala98 – S. 142 (#5) // -Bazz777 – S. 143 (#2) // -hugocorzo – S. 145 (#3) // -arbaz bagwan – S. 153 (#1) // -Olga_Bell –S. 153 (#2) // -Supirloko – S. 153 (#3) // -apatpoh – S. 153 (#4) // -ourlifelooklikeballon – S. 153 (#5) // -iarti – S. 153 (#6) // -Vasilyevalara – S. 153 (#7) // -marina_ua – S. 153 (#8) // -Gluiki – S. 153 (#9) // -Victor Metelskiy – S. 153 (#10) // -OstapenkoOlena – S. 184 (#1) // -R-DESIGN – S. 184 (#2) // -Demkat – S. 185 // -eriksvoboda – S. 188 (#1) // aristeer – S. 188 (#2) // -vitoriya89 – S. 190 // -gorbachlena – S. 193 (#1) // -Leysan – S. 193 (#2) // -Dzyuba – S. 195 (#1) // -Bignai – S. 195 (#2) // -Photoplotnikov – S. 196 // -sergegeyskleznev –S. 197 // -chengyuzheng – S. 201 // -Hennadii – S. 203 (#1) // -Nerthuz – S. 203 (#2).

Getty Images: - Lya Cattel – S. 61 or.

Getty Images Plus: -Top Foto-Gruppe_Top Photo Corporation – Rückseite M // -Photos.com – Buchrücken // -iStock Unreleased, luoman – S. 57 or // -Photodisc, Jack Hollingsworth – S. 94 (#2) // -Creatas, Jupiterimages – S. 132 // -DigitalVision Vectors, bergserg – S. 136 (#2, 6, 8), S. 137 (#1, 5, 6, 9).

Hohmann, Melanie, Fulda: – S. 9 (#4), 10 (#1), 12 (2), 20, 25 u, 29 (# 1, 2, 3, 5), 141 (#3).

Instituto de la Juventud, Madrid – S. 78 (#1).

iStockphoto: -acrylic – S. 27 r // -DESKCUBE – S. 27 l // -René Lorenz – S. 112 (#4) // -GoodLifeStudio – S. 124 (#4) // -aldomurillo – S. 133 (#1) // -Choreograph – S. 133 (#2) // -JackF – S. 133 (#3) // -Pollyana Ventura – S. 133 (#4) // -Zinkevych – S.133 (#5) // -Deepak Sethi – S. 133 (#6).

Juan Carlos Yañez Palacios/Fundación UNAM, A.C.: – S. 21 ur.

Martirena – S. 124 u.

mauritius images: -John Coletti, John Wartburton-Lee – S. 8 r // -Alamy, Roger Cracknell 01/classic – S. 16 u // -Alamy, Wendy connett – S. 17 // -Alamy, IanDagnall – S. 64 ur // -Alamy, Julio Etchart – S. 67 o // -Alamy, Miroslav Dakov – S. 67 ur // -Alamy, Media Minds – S. 68 o // -Alamy, Ian Nellist – S. 74 (#7) // -Alamy, UtCon Collection – S. 90 or // -Alamy, Luis Sandoval Mandujano – S. 102 ol // -Alamy Live, ZUMA PRESS, Inc., NurPhoto, Pablo Rojas Madariaga – S. 103 ol // -robertharding, Aaron Mccoy – S. 103 or // -Alamy, Werner Dieterich –S. 111 u // -Alamy, Historic Collection – S. 119.

Movimiento Democracia, Sociedad y Desarrollo para Venezuela, http://dsdvzla.com, dsdvzla@gmail.com – S. 123.

Photo Scala, Florenz/Photo Schalkwijk, Art Resource – S. 16 M.

Richter, Smilla, Bad Tabarz – S. 75 o.

shutterstock: -Oxlock – S. 4 (#1), 6 (#1) // -Marc Sitkin – S. 21 o // -Emilio Aranguren – S. 30 ul // -Kobby Dagan – S. 31 u // -penguinline – S. 49 // -Larina Marina – S. 102 or // -Urban Napflin – S. 131.

ullstein bild/Giribas – S. 112 (#3).

VG Bild-Kunst: -Banco de México Diego Rivera Frida Kahlo Museums Trust/VG Bild-Kunst, Bonn 2019 – S. 15 o+u, 17, 19 o+u // -Estate of Alberto Korda/VG Bild-Kunst, Bonn 2019 – S. 60 ol.

Wingenfeld, Lena, Petersberg – S. 9 (#3).